中国社会科学院　学者文选

刘思慕集

中国社会科学院科研局组织编选

中国社会科学出版社

图书在版编目(CIP)数据

刘思慕集 / 中国社会科学院科研局组织编选. —北京:中国社会
科学出版社,2016.8 (2018.8 重印)

(中国社会科学院学者文选)

ISBN 978－7－5161－8037－2

Ⅰ.①刘… Ⅱ.①中… Ⅲ.①日本—文集 Ⅳ.①K313.07－53

中国版本图书馆 CIP 数据核字(2016)第 085044 号

出 版 人	赵剑英
责任编辑	赵 丽
责任校对	董晓月
责任印制	李寡寡

出 版	中国社会科学出版社
社 址	北京鼓楼西大街甲 158 号
邮 编	100720
网 址	http://www.csspw.cn
发 行 部	010－84083685
门 市 部	010－84029450
经 销	新华书店及其他书店

印刷装订	北京市十月印刷有限公司
版 次	2016 年 8 月第 1 版
印 次	2018 年 8 月第 2 次印刷

开 本	880×1230 1/32
印 张	17
字 数	427 千字
定 价	99.00 元

凡购买中国社会科学出版社图书,如有质量问题请与本社营销中心联系调换
电话:010－84083683

出 版 说 明

一、《中国社会科学院学者文选》是根据李铁映院长的倡议和院务会议的决定，由科研局组织编选的大型学术性丛书。它的出版，旨在积累本院学者的重要学术成果，展示他们具有代表性的学术成就。

二、《文选》的作者都是中国社会科学院具有正高级专业技术职称的资深专家、学者。他们在长期的学术生涯中，对于人文社会科学的发展作出了贡献。

三、《文选》中所收学术论文，以作者在社科院工作期间的作品为主，同时也兼顾了作者在院外工作期间的代表作；对少数在建国前成名的学者，文章选收的时间范围更宽。

中国社会科学院
科研局
1999 年 11 月 14 日

目　　录

编者的话

"笔走龙蛇作美芹,等身著译印风云。"朱庭光同志的七绝句,高度概括了思慕同志用手中笔作刀枪,与敌对势力斗争,文笔犀利,又文字优美的写作生涯;形象准确地评价了思慕同志著译丰硕,紧密配合现实斗争的辛勤笔耕,坚定地在国内外风云变幻中战斗的精神。

刘思慕同志,大家亲切地尊称他为刘思老。他是一位"出死入生临危不惧"的革命者,是一位忠于真理、为国家民族和人民献身的坚贞斗士,又是一位"诗笔挥来如有神"的诗人和散文作家,更是以其著译均与时代息息相关、享誉国内外的著名国际问题专家和历史学家。

刘思慕,原名刘燧元。广东新会人。1904年1月16日生于一个职员家庭。

1926年11月,思慕经孙中山原首席政治顾问鲍罗廷介绍,进入莫斯科中山大学第五班学习,于翌年7月回国。为追求革命真理,又于1932年春只身赴德国、奥地利自费留学。在德、奥一年多的留学生活,扩大了他的视野,增加了他对国际形势、对德国法西斯主义、对人民阵线以及第二次世界大战的危机等问题的感性认识，这为他以后深入研究国际问题打下了深厚的基础。由于经济困难，他被迫于 1933 年秋回国。离欧前夕，他在维也纳写了"留别欧洲的朋友们"的抒情长诗《流转》，表达了留学德、奥时的革命浪漫主义情绪。在他回国后撰写的长篇散文集《欧游漫忆》中，描绘了"暴风雨前夜的柏林"，并以讽刺的笔调勾勒了戈培尔在露天酒馆疯狂叫嚣的场面，记述了"历史的花叶惨然变色后"的人民的苦难，抒发了他"泞盼赤色风暴的袭来"的慷慨奋激的心情。王瑶教授在《野菊集》序言中评论道，思慕同志这些作品在发表的"当时就产生了引人注目的社会影响，受到读者广泛的欢迎"，"作者的文笔优美固然是一个原因，但更重要的是它的内容富有时代感和现实感"，"这些作品不仅是现代文学史上理应珍视的文献，而且今天仍然有它的现实意义和美学价值"。

思慕胸怀报国之志于 1933 年秋回到广州，后在上海打入国民党要害部门，深入虎穴开始为共产国际远东情报局搜集国民党的情报。因被叛徒出卖，蒋介石下手令"拿办他"，C.C 头子陈立夫也下令通缉他。思慕辗转逃至泰山，由于冯玉祥的保护，得以脱险逃亡日本。冯玉祥在其遗著《我所认识的蒋介石》一书中曾述及此事。

1936 年春，思慕只身逃往日本避难，化名刘希哲。在东京一年多，深居简出，一边学日语，一边翻译、写作。他翻译出版了 60 万字的《歌德自传》（生活书店，1937 年版），还用思慕及其他笔名给国内报刊《申报·〈自由谈〉》《申报半月刊》《世界知识》《中流》等杂志写短文，并开始写《闲话日本宗教》等有关日本问题的著述。

1937 年"七七"事变爆发，卢沟桥的枪炮声，对刘思慕来说，犹如听到"天外传来祖国战斗号角的呼唤"，为了投入抗日工作，他冒着被蒋介石通缉杀头的危险，于 1937 年 7 月底回到了上海。

思慕从日本回到祖国后，随即投入抗日救亡运动，从事抗战宣传、新闻工作。他在上海、武汉等地，宣讲国际时事及其他政治问题，为邹韬奋主编的《抗战》三日刊写了许多文章。后来又在国际新闻社香港分社和雅加达侨报《天声日报》工作，写下了大量新闻报道和评论文章。他还挤出时间为生活书店撰写《日本的财阀、军部与政党》（《黑白丛书》）和《中国边疆问题讲话》（《青年自学丛书》），在为宋斐如主编的《战时日本》写稿的同时，还与郑森禹等合编《战时日本全貌》一书。并在1940 年出版了《战争途中的日本》和《欧战纵横谈》等著作。

上述几部书籍，是思慕这一时期的有重要意义的代表性著作。《中国边疆问题讲话》一书，对帝国主义侵略进行了严厉的揭露和批判，遭到蒋介石政权的查禁。《日本的财阀·军部与政党》一书，可说是我国学者首次深入分析日本财阀、军部、官僚三者关系的力作。不仅集中阐述了日本这三种政治力量的性质、内容和作用，而且以日本法西斯化进程为中心，考察了他们彼此间的关系和演变。该书分析了"在法西斯化行程上财阀、军部由'对立'而到提携"的演变，指出官僚在财阀与军部勾结方面的作用及地位："法西斯化工具——新官僚与军部财阀的勾结"，"并且在军部和财阀之间尽了拉拢和牵线的任务"。全书在最后对日本政局的趋向做了分析，许多都被后来时局的发展所证实。特别是《战争途中的日本》一书，是思慕在这一时期对日本问题进行深入研究的集大成之作。这部著作对日本政治、外交、财政、经济以至社会文化各个方面，都做了深入广泛的研究。它探讨了"在战争前夜日本国内外情势"，从"日本军事法斯化的迈进""日本工潮的澎湃""最近日本的党狱""日本政变中右翼运动的抬头"等四方面阐述了日本政治矛盾的尖锐化，从"日本对华强硬政策的里面""'反苏神圣同盟'声中的日苏国交""日德协定在日本国内的反响""政战火上的日本外交"等四方面说明了日本在"国际上的孤立与挣扎"。它更用深刻的笔触对 1937 年后一年多日本的"军事法西斯独裁的加强""议会风波"，"从广田外交到宇垣外交"；"战时财政经济的难关""战时日本的社会文化""反战与社会革命危机"做了阐述。本书令人信服地说明了日本军事法西斯主义怎样从加紧备战，走到疯狂的侵略战争之途，指出它必然走上最终的崩溃，可说是一部现实感颇强的研究著作。《欧战纵横谈》在香港《星岛日报》连载时，因其观点正确，文笔锋利，曾屡次遭到香港英国当局的检删。这部著作对德国纳粹并吞奥地利、捷克，瓜分波兰进行了抨击，对英国首相张伯伦，法国总理达拉第推行绥靖政策，向希特勒低头，大搞慕尼黑阴谋亦进行揭露。他还对"奇怪的战争"的真相做了揭示，描述了莱茵河畔、齐格菲阵线附近英法联军与德军对峙地区，一片静寂悠闲的"西线无战事"景象，这与大火熊熊的华沙末日的悲惨画面，形成强烈对照，淋漓尽致地表现出英法的背信弃义、见危不救的丑态。

　　思慕在致力于国际问题论著之余，重新拿起他早年所酷爱的散文创作。其中主要是在茅盾主编的《文艺阵地》《申报·〈自由谈〉》上连载的散文《樱花与梅雨》。它通过对日本国情的具体描述，写出了日本在战云笼罩下一般市民的窒息忧郁的生活气氛，有对日本畸形社会漫画式的描绘，有对日本社会和民族心理的病态特点的剖析，也有对同样遭受战争苦难的"日本兄弟们的深切同情"，因而强烈地反映了慷慨激昂的时代气氛和思慕的爱国热情，与《欧游漫忆》一样，受到了读者的广泛欢迎，产生了引人注目的社会影响。

　　1940—1945 年，思慕历尽苦难，先是 1940 年夏离港出走爪哇巴达维亚城（今印尼雅加达市），接着是 1941 年 12 月—1942年春的死里逃生，从印尼脱险，经科伦坡、加尔各答、缅甸等地回到昆明，此后又过了近一年的军旅生涯。1943 年春到衡阳担任《力报》总主笔，并于 1944 年年初与羊枣、张铁生等执笔编写了 20 多万字的《战争中的世界》，因受审查时"遗失"而未能出版。1944 年夏到桂林，任《广西日报》主笔一个月，经历了伤心惨目的湘桂大撤退，从桂林逃到贵阳，到 1944 年冬，历尽艰辛，才到达昆明。在李公朴的鼓励下，他参加了中国人民救国会，翌年（1946）参加了中国民主同盟。他又在美国新闻处任编辑，余时便为《民主周刊》《云南日报》《扫荡报》《正义报》《真报》及《评论报》等撰写国际评论以及抨击国民党统治区腐败黑暗的杂文，直到抗战胜利。

　　1945 年年底，思慕举家迁至香港，参加中国共产党在香港的宣传据点《华商报》的复刊工作，担任该报总编辑。从此，他直接在党的领导下从事人民的新闻工作。他还兼任中国新闻学院院长，也担任过达德学院教师，主讲《社论研究》，也常去做时事报告。这一时期，他还兼职主编《世界展望》半月刊。1949 年初，随着解放战争的节节胜利，香港《文汇报》总编辑徐铸成离港北上，思慕又应邀任该报总编辑，原由陆诒主编的《光明报》，刘尊棋、金仲华负责的英文《远东通讯》，都因陆、刘、金秘密北上，交思慕主持；他一身数职，更是夜以继日地拼命工作，积极宣传党的主张和中国人民解放战争的胜利形势。

　　思慕精力充沛，才思敏捷，辛勤耕耘，他在繁忙的业务工作之余，在艰苦的条件下，仍从事国际问题和日本历史及现状的研究工作。从 1948 年 7 月开始执笔一个月后即完成的 10 万字专著

《战后日本问题》，便是他在香港时期的代表作。这是一部涉及战后日本各个主要方面的综合性研究著作。这部著作，依据当时中国、日本、美国的各种资料，对日本战败投降、美国单独占领日本及对日政策、战后改革、东京审判、日本人民运动和日本经济复兴等刚发生不久，或正在进行的事件都做了阐述，书中关于战后改革中的"解散财阀"和"农地改革"的论述，本身就是两篇精彩的专题学术论文。这部著作还将日本的被占领和管制的方式与德国的情况作了比较和对照，揭示两者"大不相同"的实质；同时从历史的角度，对明治维新以后日本资本主义的发展及走上军国主义道路等历史特点做了追溯，不仅比较分析了战后与战前日本的不同（如对"新宪法"与"明治宪法"作的比较分析），而且对日本帝国主义与英、美、法等帝国主义的异同，也作了对比分析。书中写道："日本既是一个帝国主义国家，与英、美、德、法等帝国主义国家一样，它是给独占大资本家所支配的"，"但是，比起英、美、法等帝国主义国家来，战前的日本帝国主义却有一些不同的特点。那就是，它是一个特殊形态的法西斯国家——带有浓厚的封建气味的军事法西斯国家"。"这即是说，日本的法西斯化是通过军部独裁的形式来推行，在法西斯的舞台上，军人站在前台，而大财阀居于幕后。""日本的资本主义虽有高度的发展，但封建制度和势力仍在日本的政治和经济机构中占重要的地位。这首先表现于天皇和天皇制……天皇实是日本最高的政治负责者，而不是像英国君主那样有名无实。"这部著作的广阔视野、深刻洞察力和犀利准确的笔触，即使时隔66年后的今天读来，亦使人惊异和钦佩。

　　郭沫若同志对这部书做了很高的评价。郭老在为这部书写的《序言》中说，刘思慕"在业务的百忙之中写出了这部《战后的日本问题》，把三年来的日本近况和美帝扶日的真际，几乎毫无遗漏地暴露了出来。这实在是一部最切合时宜的力作"。"当我把这部力作一口气读完了之后，我低下头来了。我默祝着：这样的一部好书，实在是应该人手一部的。""我要向思慕先生表示感谢并祝贺，他实在是做了一件有意义的工作。……我要想到他的业务百忙而资料实在也不容易到手，能够有这样的成就，已经足以惊人了。""作者的实事求是的精神尤其值得我们学习。"

　　思慕在香港时期的另一部著作是《战前与战后的日本》。这本书，深入浅出地阐述了"日本原是怎样一个国家""地理上有甚么特色"、"日本人是天生侵略的民族吗"、"日本怎样强起来的"、"过去怎样侵略我国"等战前日本历史问题。也有针对性地回答了"战后统治日本的是些什么人""日本经济真个复兴了吗""日本人民的觉悟和力量怎么样"等战后日本的现实问题。该书通过充实的资料，深刻地分析了近代日本对外侵略的原因："归根到底，现代日本的对外侵略还是因为这个后进的资本主义国家，很快就成为帝国主义国家"，"与日本的民族性并没有什么关系"。这部书还用确凿的史实驳斥了原子弹决定日本投降的论调，较全面地科学地阐述了日本投降的各种因素："谈到日本怎样会被打败，不少美国人归功于原子弹的威力"，"平心而论，原子弹的功劳是有一点的，但并不是决定的因素"，主要的原因，"首先是日本本身的弱点"，其次是苏联参战"有决定性的作用"，"最后，中国八年抗战的功劳是不可埋没的"；"一句话，打败日本主要是靠中、苏、美军民的血汗，而不是靠一两颗原子弹"。

　　1949 年 8 月底，新政治协商会议即将在北平召开，思慕以华侨代表的身份被邀参加。10 月 1 日开国大典时，他应邀登上了天安门城楼。

　　新中国成立以后，思慕于 1949 年 10 月 15 日去上海，任

《新闻日报》总编辑；翌年初，兼任上海文化局副局长，并兼了不少如"和大""中苏友协""文联""记协"等人民团体的领导职务。他在紧张的公务和频繁的社会活动之余，还挤出时间勤奋地写作。除在报刊杂志上发表大量国际评论和随笔外，在上海的五六年，还为世界知识出版社、上海人民出版社、华东人民出版社等撰写了专著《美国重新武装日本问题讲话》《美帝军事狂想的破灭》《苏联的社会主义建设》《时刻记住资本主义包围的存在》《中东的革命风暴与侵略火焰》《怎样学习国际时事》以及译著《马克思主义的经济危机论》等，这些著述，不仅有较强的现实意义，而且均有一定的学术价值。由于他总是怀着极大的热情，精力充沛地对待工作，当时在上海的同志送给他一个"雅号"叫作"刘积极"。

1954 年 3 月，思慕以中国记者团团务委员身份参加了由周恩来总理率领的中国代表团，出席讨论和平解决朝鲜问题和恢复印度支那和平问题的日内瓦会议。他竭力去完成党交给他的任务，频繁地出席各国代表团召开的记者招待会，与各国新闻记者广泛接触，阅摘各国代表团所散发的大会材料和各报社、各通讯社的大量报道。他积累了丰富的素材，及时向国内用电报发回十多篇通讯以及会议花絮式的专电。回国后又在《世界知识》上发表了连载的《日内瓦散记》。思慕在日内瓦会议期间的活动受到记者团党组的重视和读者的好评。

思慕于 1956 年 3 月至 1957 年 7 月调北京任北京国际关系研究所副所长，兼世界知识出版社社长和总编辑。后又奉调回沪任《新闻日报》社社长，后合并成《解放日报》，任副总编辑。

1957 年思慕向党提出了入党要求，很快得到了批准。经过近半个世纪的奋斗，思慕同志终于由革命民主主义者转变为共产主义者和马克思主义理论工作者。

1960年5月，他兼任新成立的上海国际问题研究所副所长。一年后回到北京国际关系研究所任副所长，潜心研究国际问题和世界历史。除重点研究欧洲经济共同体、美欧关系课题之外，1962年曾以专家身份出席在加纳阿克拉召开的第一届非洲史学会议，1964年参加了北京国际学术讨论会；1965年又参加了阿尔及尔第二届亚非会议的专家会议。

在十年动乱期间，思慕被隔离、抄家、批斗，又到江西"五七干校"劳动"改造"，几年间在暗淡的油灯下一直写那写不完的"交代检查"，劳目伤神。1973年患视网膜脱离，因拖延时日，致右眼视力无法恢复。卧病近百日，曾在病榻写下抒怀七绝四首。其中一首道："不愁华佗医无术，总比丘明胜一筹。远瞩高瞻凭马列，犹留只眼眺全球。"充分表现出他在文化大革命中虽然身受残酷迫害，但对党和人民事业的信念仍坚定不移，对马克思主义坚信不疑。他的心始终是向着党和人民的，当他刚被解除隔离补发39个月的工资时，他将其中四千多元作为党费上缴，"靠边站"时期，亦将每月工资的一半上缴，合计近九千元。党的十一届三中全会以后，他坚决拥护并积极执行党中央的路线、方针和政策，常以"将被十年浩劫耽误了的时间夺回来"自勉，在自己的工作岗位上兢兢业业、勤奋工作，直到生命的最后一息。

1979—1982年，思慕担任中国社会科学院世界历史研究所所长、学术委员会主任。1982年后改任世界历史研究所顾问，兼中国社会科学院研究生院世界历史系教授。在此期间，他关心和致力于我国世界史学科建设，为推动学科发展做出了巨大贡献。

他在研究所领导工作中，在个人的研究工作和培养年青一代的过程中，总是反复强调历史研究要与现实相联系，要注意为现实政治斗争服务。他在史学研究中坚持以马克思主义为指导，同时又十分重视解放思想，独立思考，强调要以马克思主义的基本原理为指针研究新情况，解决新问题。他在《为争取在一个不太长的时间内改变我国世界史研究的落后面貌而努力》一文中说："我们决不能走资产阶级史学家'为历史而历史'的老路，我们要坚持为现实政治斗争服务。世界史研究的对象是世界的过去事情，离现实远一点，但它仍能为现实政治斗争、为'四化'服务。"他在《从国际现实谈到世界史研究》一文中又说："学习研究历史，不是单纯为研究而研究，而是要结合现实，着眼现实，我们通过历史（本国的和世界的）研究，能够更清楚地认识世界，以便更好地改造世界。"他在为新中国成立以来出版的第一部关于日本明治维新的专题文集《明治维新的再探讨》写的《序言》中，不仅阐发了明治维新史研究的学术意义，而且强调了其现实意义。他说："从日本近代史学科本身建设的需要的角度来看，作为日本历史发展的里程碑的明治维新有待于我们系统深入的研究；结合我国目前'四化'建设的需要来看，为了借鉴历史经验，我们也要确切地了解日本怎样从明治维新（堪称'第一次近代化'）的昨天演变为经济高速度发展的今天。"

思慕对国际关系史有深入的研究，发表过不少著述，提出了很多引人注目的观点。例如他在《和平共处五项原则的产生及其国际意义》一文中认为，列宁是在 1919 年 9 月明确提出社会主义国家和资本主义国家和平共处思想的。他说，那时列宁预见到随着国内战争的胜利，国际关系将出现"社会主义国家和资本主义国家共存的时期"。提出这一思想的历史背景是在十月革命影响下兴起的欧洲革命高潮已经过去，俄国共产党（布）已明确提出将党的中心任务转向经济建设的新轨道。思慕的这一观点及其分析，与认为十月革命一胜利列宁就提出并执行和平共处政策的传统观点是不相同的新观点。

1980 年，思慕作为中国史学家代表团副团长，出席了在罗马尼亚首都布加勒斯特举行的第十五届国际历史科学大会。他向大会提交了题为《中国抗日战争的宣传工作》的学术论文，并在大会的分组会上宣读，获得了各国史学界同行的好评。回国后，他写下了万言的《罗马尼亚见闻》长篇通讯，并收集了旧作，交由重庆出版社于 1984 年出版了《国际通讯选》，谁料竟成为他最后的遗著。

在歌德逝世 150 周年时，他于 1982 年完成了重译出版《歌德自传——诗与真》的巨大工程。在长达 12000 字的新《序言》中，他对歌德的评论，已不仅是一般文学评论，而是一篇很好的评价历史人物歌德的学术论文。他从歌德的哲学思想、宗教观、社会历史观三方面对歌德的两面性做了深入的剖析。他指出："歌德的这种两面性，是同他在世界观方面的更根本的两面性有密切的关系的。"他最后写道："总的来说，歌德在世界观方面的主流还是唯心主义（带有神秘气味的唯心主义），而不是唯物主义；是个人主义，而不是集体主义，是英雄史观，而不是群众史观。""作为反映封建社会过渡到资本主义社会的时代精神和矛盾的诗人和思想家，歌德的成就和贡献是伟大的。"值得一提的是，思慕重译此书，是极端认真负责的，他除根据原文版本以外，又参考了英、日译文及其他歌德传记，充分发挥了他掌握六国外语（英、德、俄、日、法、西班牙）的优势。顺便提到，思慕一次与一位英国记者交谈，那位记者对其英语水平之高很惊异，问他毕业于英国哪所大学，哪里知道他是在中国土地上，主要靠自学掌握多种外语的。

思慕着力研究的另一个课题是第二次世界大战史。他认为，当前研究这段历史是具有极其重大的理论意义和现实意义的："无论是为了明确第二次世界大战当年与今天国际形势的同异，认真总结和充分吸取这场人类空前浩劫的经验教训，从而朝着正确方向努力，制止或延缓新的世界大战的爆发，或是为了在有关第二次世界大战史的纷纭众说中辨明真相，澄清是非，准确地还原二战史的本来面目，从而加深我们对于现代战争的根源、本质及其规律性的认识"，都要求我们迅速地把"二战"史的研究搞上去。他在"二战"史研究中特别强调应注意中国抗日战争在"二战"中的地位和作用，因为"我国是抗击法西斯侵略者最早、时间最长、遭受牺牲和损失很大的国家"。他在《中国抗日战争及其在第二次世界大战中的地位和作用》一文中认为："在太平洋战争爆发以前，中国战场成为打击日本法西斯的主要战场；在太平洋战争爆发以后，仍然是亚洲大陆上同日本侵略者斗争的主要战场，有力地支援了世界人民反法西斯战争。"

思慕 80 岁高龄时，还在带研究生，还到中国社会科学院研究生院、外交学院兼课，并到上海复旦大学讲学。对所讲的四个专题每篇都专门写了讲稿，一遍又一遍地逐字逐句进行推敲，并尽量采用最新的资料，为了把讲稿准备得更充分些，他甚至推迟了行期。他为一系列世界史研究著作或论文集写下一篇又一篇的序言，这不仅需要他认真审读论著，而且还在篇篇序言中提出许多独到的见解和指导性的观点。他身兼数职，参加一系列会议，并认真准备讲稿。如他任中国日本史学会名誉会长，参加了1980 年在天津举行的第一届年会，作了报告，1982 年在沈阳举行第二届年会时，他虽未能亲临，亦认真地寄去了 3000 字的书面发言稿《谈谈有关日本史的几个问题》。他有求必应，为一位又一位副教授、副研究员晋升职称评阅论文，为一家又一家报纸杂志撰写文章。他为老朋友落实政策出具证明，为老战友的冤案奔走呼号，为故去的一些老战友撰写一篇又一篇悼念文章。他主持完成《辞海》国际分册的修订工作，承担了主编《中国大百科全书》外国历史卷的工作。他还搜集、整理旧作，甚至补写海外通讯，编成《野菊集》和《国际通讯选》。仅从以上简单列举他在革命生涯结束前短短五六年时间里的累累硕果，已能充分显示他的惊人毅力和感人的拼搏精神。

思慕生命的最后一年，是在通读陈正飞教授撰写的《第二次世界大战史初探》（以下简称《初探》）原稿中度过的。此时的思慕体弱多病，经常头昏，全身乏力，但他拳拳以科学研究事业为重，抱病认真通读《初探》稿，常常工作至深夜。他尊重作者，看稿时一丝不苟，在100万字的原稿上，几乎每页都留下了他的笔迹。在重大观点和问题上，他都慎重地认真推敲，有不同看法时，均记下来与作者反复商议讨论。即使对具体细节，也绝不轻易放过，不厌其烦地一一改正。每读完一章都写下"通读浅见"，列举商讨的问题和意见。临终前两个月左右，他抱病为《初探》撰写了两千字的序言，执笔前还拟好提纲，征询意见，写成后又不耻下问，推敲修改。在逝世前12天，已觉"精神更差"，即使在病势转重关头，仍力争看稿，在病危住院时，还以书稿为念。表现了一位老学者鞠躬尽瘁，死而后已的高贵品德和崇高精神。

1985年2月初，思慕在疾病的煎熬中完成了牵挂的几件工作后，向中央组织部提交了离休报告，同时，他整理了手头的资料，分门别类，在书架上贴了20多个标签，"苏美关系""美国政治""第三世界"，等等，还有一袋袋历史和现状的研究资料，准备撰写一部有关国际问题的著作，还计划写回忆录。

也是在2月初，他还带病由老伴曾菀和探亲在家的三儿子士肪陪同出席民盟的中常委会和二中全会。

　　还是在2月，他接受《群言》杂志的约稿，为《群言》创刊号撰写《世界和平的前途》。2月12日晚饭后，他突然昏厥，苏醒后，他强带笑容，宽慰惊慌中的亲人。13日晨，他继续伏案写稿，手抖得厉害，一笔一画都很费力。亲人要送他去医院，他坚持说："不，……约定今天要交稿，我还没有写完……"直到中午，他吃力地写完最后一个句号，签署了"刘思慕"三个字，并亲自在电话里对编辑部的同志说："稿子写得不好，用或不用都没有关系，由你们定。"下午，他才住进医院，诊断为"脑血栓"。

　　第二天下午，他像孩子似的拉着老伴的手恳求她答应他出院，说："叫我住在医院是叫我活受罪，不做事我一天也受不了。""我要读书，我要看报，我要回去写文章。"

　　2月18日上午，思慕病情急剧恶化，语塞，半身瘫痪，医院开始抢救。18日下午，他完全昏迷。据给他治病的医生说，他的脑血管已经全部阻塞，这说明血栓的形成已有相当时日。这位饱经风霜、历尽磨难的革命战士，是忍受着多么巨大的痛苦，以多么坚强的毅力走完生命的最后途程的啊。

　　1985年2月21日下午3时，思慕在北京逝世，终年81岁。

　　这部《刘思慕集》主要收录了思慕同志到中国社会科学院后的论著。由于思慕同志研究国际问题五六十年，且其著述多与时代风云息息相关，为真实反映思慕同志学术生涯，书中亦选编了其在不同时期，不同方面的一些代表作。本文集的出版，不仅是思慕同志从事研究诸多著述的一个总结，也表明中国社会科学院及世界历史研究所对他取得的成果的首肯和重视，使人备感欣慰。

　　本文集是在中国社会科学院世界历史研究所及其学术委员会的支持和指导下，由汤重南、张晓华、刘士昀具体负责选编工作。

本文集能出版，要深深感谢中国社会科学院领导及科研局的同志们，正因为有他们的关怀和大力支持，才能顺利呈献给广大读者。

由于篇幅关系，本文集只收入了思慕同志关于日本问题、国际问题、第二次世界大战史及世界历史研究等几个部分的代表性著述。

除专著《战后日本问题》全文收录，并单独作为一个单元编排外，全书即按上述几个部分分为不同的专题，每个部分原则上又以发表时间为序，照原件发排，选编者仅对个别文字做了些技术性修订。

汤重南　张晓华　刘士昀

2006 年 7 月 26 日初稿

2014 年 7 月 26 日修订定稿

郭沫若《战后日本问题》序言

日本投降后仅仅 3 年，和约一直还没有签订，而它的侵略性的威胁，又像暴风雨要来时的乌云一样，一刻一刻地浓重起来了。

这是因为美帝国主义为了它自己的统治者独占资本家的利益，在尽力扶植日本，利用日本的工业潜能和好战野性，来间接地奴役远东各民族。美国独占资本家是猎人，日本将成为他的鹰犬，而我们是被猎的对象。

远东各民族的人民是不甘心的，我们中国人民是尤其不甘心的，我们受了日本帝国主义几十年的榨取、挟制、侵蚀，更经了 8 年的血战，牺牲了千万的生命，不可计数的财产，所换来的才是做奴隶的命运，我们能够甘心吗？

反美扶日的运动在远东各民族都掀卷了起来，在我们中国尤以极迅速的步骤展开而深入着，是有充分的理由的。

但也有些丧心病狂的人，或素受美帝豢养的"学者"，一直到今天都还在替美帝辩护，想帮助它欺骗人民，并麻醉人民的爱国自卫的意识。这些人实在是可恨，但感情上的憎恨是无济于事的。"学者"们的伎俩惯能伪装出一个心平气和，大有"举天下而非之不加沮”的超妙。因此，我们还必须多做些揭露欺骗，解除麻醉的工作。

要怎样才可揭露欺骗，解除麻醉呢？最好的办法是实事求是地把事情的真相表白出来，使天下的人能够有目共见。事实是一面照妖镜，任何善掩饰的狐狸，在这之前都要露出原形来的。

刘思慕先生有鉴于此，在业务的百忙中写出了这部《战后日本问题》，把3年来的日本近况和美帝扶日的真际，几乎毫无遗漏地暴露了出来。这实在是一部最切合时宜的力作。我很感谢刘思慕先生，他把原稿给我看了，并要我写一篇序。当我把这部力作一口气读完了之后，我低下头来了。我默祝着：这样的一部好书，实在是应该人手一编的。

我自己在日本前后住过20年，自信对于日本的认识也还比较真切。但自抗战发生以来，我离开日本已经11年了。离开得太久，资料很不容易得到，谈到日本问题，便不免感觉到空虚。要和敌对者论辩，你如举不出具体的事实来，你是不能致敌死命，而征获第三者的信赖的。我自己也时常在怨艾，资料纵不易得到，但经常见于报章杂志的报道也未始没有，平常为什么不下点苦功把它们搜集起来呢？该惩戒的是这种玩忽的态度啊！

但我现在可得到满足了，是刘思慕先生这部力作补偿了我的缺憾。尽力推荐这部书的责任在我是义不容辞的。我要向刘思慕先生表示感谢并庆贺，他实在是做了一件有意义的工作。刘思慕先生是很谦逊的人，对于他自己的著作，或许会认为有些地方还未能满意，但我要想到他的业务百忙而资料实在也不容易到手，能够有这样的成就，已经足以惊人了。

我要再说一遍：这部力作实在是最切合时宜的，而作者的实事求是的精神，尤其值得我们学习。

1948 年 8 月 11 日

战后日本问题

一 比比战前的日本和波茨坦宣言

一九四五年八月十日日本接受波茨坦的投降条件，结束了第二次世界大战中远东方面的战争，但日本真的战败了么？

据美记者康德（David Conde）的报道，东京一个英国名流曾说："日本有没有打赢这场仗，现在还不清楚，但它的确没有打输。"也有人说，日本在军事上打输，但在政治上打胜。这些话是信口开河，还是信而有证呢？

仅仅在表面上被打败了

是的，从表面上看来，日本明明被打败了。一九四五年九月三日"米苏里"号舰上日本代表重光葵签降以后，日本的属土朝鲜、台湾、南库页岛、千岛、琉球、小笠原、硫磺等岛，太平洋代管岛等被迫归还或被剥夺了（比起它侵略最盛时，日本领土由四百二十六万二千九百一十二方哩减至一百四十七万六百一十一方哩，人口由五亿零五百万减至投降初期的六千九百万人，现则恢复到七千八百六十二万七千人）；本土也被盟军占领了，发号施令的最高权力转入盟军总部之手了；军事机构和陆海空军队是荡然无存了；甚至内务省也取消了；大批战犯锒铛入狱了，有一部分（例如谷寿夫、田中久一、山下奉文、本间晴雅等）且已"明正典刑"了；日本对中国和若干胜利国的赔偿已经开始了。这一切都像是说明侵略好战的日本已在履行投降的条件，自食其报了。

然而，正如一头猛虎被打出血，去掉了一些皮肉以至尾巴，一时间蜷伏不动，而要害未曾被击中，锐牙利爪未被拔除，就不一定算是被击败，可能仍有后患那样，上述那些现象也不一定说明日本已经是一败涂地，不足为患了。

要确定日本帝国主义是否真正被击败，是否不能再发动侵略和侵略的战争，有一个标准可据以判断，那就是规定日本投降条件的波茨坦宣言。为帮助读者观察战后日本的动向，让我们把该宣言的投降条件复述一下。

波茨坦宣言是判断的标准

该宣言说："以下为吾人之条件，吾人决不可更改，亦无其他另一方式，犹豫迁延，更为吾人所不容许：

"（一）欺骗及错误领导日本人民使其妄欲征服世界者之权威及势力必须永久铲除，盖吾人坚持非将负责之穷兵黩武主义者驱出世界，则和平安全及正义之新秩序势不可能建立。

"（二）直至如此之新秩序成立时，及直至日本制造战争之力量业已毁灭而有确实可信之证据时，日本领土须经盟国之军队予以占领，俾吾人在此陈述之基本目的得以完成。

"（三）开罗宣言之条件必将实施，而日本之主权必将限于本州、北海道、九州、四国及吾人所决定其可以领有之小岛之内。

"（四）日本军队在完全解除武装以后，将被允许其返乡获得和平从事生产生活之机会。

"（五）吾人无意奴役日本民族或消灭其国家，但对于战犯（包括虐待吾人俘虏者在内）将处以法律之裁判，日本政府必须将阻止日本人民民主趋势之复兴及增强之所有障碍予以消除，言论宗教及思想自由以及对于基本人权之重视必须建立。

"（六）日本将被许维持其经济所必需及可以偿付赔款所需要之工业，但可以使其重新武装作战之工业不在其内；为此目的，可准其获得原料（别于统制原料），日本最后参加国际贸易关系，当可准许。"

如果上述这些条件，战后日本都已在切实履行，那么，我们便可以说，日本之被击败，日本侵略根株的挖除，已获得相当的保证了。然而，事实上，除了第三条关于领土一项外，其他各项却未见切实实施，甚或反其道而行之。我们试问一下："欺骗及错误领导日本人民其妄欲征服世界之权威及势力"真正被铲除了没有？"负责之穷兵黩武主义者"被"驱出世界"没有？"日本制造战争之力量"被毁灭了没有？日本军队有没有伪装地存在？日本的战犯是否已经尽法惩处？有没有被纵容？足以"阻止日本人民民主趋势之复兴及增强之所有障碍"是否已经消除？言论宗教及思想的自由和基本人权是否已获得适当的保障？对于这一连串的问题，我们的答案不能只是个"否"字，下文将以事实来阐明。

日本的"美国的革命?"

是的，在麦克阿瑟和为他捧场的人看来，在美国的占领和管制之下，像发生"奇迹"似的，日本已经过根本的改造。麦克阿瑟竟把日本的"精神上的革命"比于英国的"大宪章"和"美国独立宣言"。"美国自由同盟"主席鲍尔温应美国驻日占领军当局之邀到日本考察回来，著文对日本"改革"的成就，颂扬备至，称作日本的"美国革命"。但事实是不是真的这样呢？要解答这个问题，让我们首先以一些篇幅简括地说明在投降之前日本是怎样一个帝国主义国家，造成它的黩武侵略是哪些政治经济和社会的特点。

与战前有根本的不同吗？

不消说，日本既是一个帝国主义国家，与英美德法等帝国主义国家一样，它是给独占大资本家所支配的。在战前，日本十几个大财阀，五个大银行（参阅第八章）控制了日本整个国民经济，因而也操纵了政治。日本政府实在是为着这些资本家的商业利润和在世界市场的独占而疯狂地向外扩充，以至挑起侵略战争。在大财阀中，三井、三菱、住友、安田四个大财阀特别是日本帝国的实际统治者，政党不过是他们的代理人，军阀也不外是他们的猫脚爪（法西斯军人骑在他们头上而替他们效劳）。

但是，比起英美法等帝国主义国家，战前的日帝国主义却有一些不同的特点，那就是，它是一个特殊形态的法西斯国家——带有浓厚的封建气味的军事法西斯国家。

日本的资本主义虽有高度的发展，但封建制度和势力仍在日本的政治和经济机构中占重要的地位。这首先表现于天皇和天皇制。这一个所谓"万世一系"的天皇，不仅是被视为神明，注定应宰割世界的神裔，而且他本身是个大财阀大地主的结合，是日本的统治机构的最尖端，内阁对天皇负责而不是对议会负责。通过那环绕着周围的元老重臣以及"统帅权"，宣战媾和的大权，天皇实是日本最高的政治负责者，而不像英国君主那样有名无实。

其次，除了元老重臣之外，封建的遗物如枢密院、贵族院，对实际政治都有重大的影响，使日本的"议会政治"再打折扣。

在社会方面，贵族与贱氓那样的阶级悬殊并没有废除，封建的习俗大部分被保存着。在思想上，不独"忠君"的教条支配着日本人民，而且封建的宗教"神道"教被奉为国教。

封建势力依然强大的基本原因，在于地主剥削制的根蒂差不多原封不动，这即是说，土地所有制依然是封建之旧。以战前日本的土地而论，虽说小地主较占多数，但封建大地主所拥有的土地面积为数不少。而小地主也是以剥削地租为生的寄生阶级。日本的农户中经营的土地在町步（等于二点四英亩）以下的小农占全数四分之三，耕地之属于自耕农者不过百分之四十八，佃农向大小地主纳租常超过其收获的百分之五十（参阅第八章）。这说明日本的土地所有制度还是封建的剥削制度。日本政治的封建阶层的势力就是建立在这剥削制度基础之上的。封建剥削的重压，一方面使国内购买力薄弱，国内市场狭隘化，予对外扩充以刺激，他方面造成大批破产的农民，使转化为廉价的劳动者，增强日本货品对外的竞争力。同时，表面上"人浮于地"（人口过剩）的现象在思想上构成了日本法西斯对外侵略的借口。

军阀，黩武主义者，在日本政治中占重要的地位以及日本法西斯——帝国主义之特别饶有军事的色彩，也是与封建势力的存在有关。明治维新以前，日本为封建军阀——"幕府将军"和"武士"——统治。明治维新并没有把这种势力彻底清除，而只是意味着封建地主、军人与新兴的资产阶级的妥协。"军部"通过了陆海相在内阁中的特殊地位（如"帷幄上奏权"，即内阁中的陆海军大臣对天皇直接负责，不经过首相而上奏；又如陆海相可自荐继任人选等）以及军事参议院等，操纵政治外交。同时军阀与财阀勾结，武士变相的浪人在国内替财阀压迫劳工，在国外充他们侵略的马前卒经过"中东"（或称日清战争，即我们常称的甲午战争）、"日俄"战争和第一次大战的胜利，军阀趾高气扬，黩武主义更根深蒂固。军部以至少壮军人越来越跋扈了，军人团体（例如在乡军人会）的运动连同学校的军事教育，散布黩武主义的毒素，在社会中影响很大。武士道的崇拜以及歌颂战争和军人的纪念物，成为日本社会生活的中心。这一切使日本帝国主义的侵略更加疯狂和野蛮。

像德、意一样，独占资本的发展和碰壁，使日本走上法西斯化之路，使它的统治者以对内强化独裁，对外加紧侵略，作为企图解决社会和世界矛盾的法门。但是，以日本封建军人的势力雄厚的缘故，日本这一个法西斯国家，特别要冠上"军事"两个字。这即是说，日本的法西斯化是通过军部独裁的形式来推行，在法西斯的舞台上，军人站在前台，而大财阀居于幕后。标榜着"日本主义"的法西斯团体多是以少壮军人为领导者和干部，不满意于自上而下的缓进的法西斯化，急进的军人更发动政变（例如一九三六年的"二二六事变"），谋以武力建立纯粹的法西斯政权。许多军人的团体也就是法西斯运动的组织。在军事法西斯的统治之下，日本人民的民主力量被窒息了，黩武侵略更如疯似狂。

以上所说的就是战前日本帝国主义的特色，也就是波茨坦宣言所谓"欺骗及错误领导日本人民使其妄欲征服世界者之权威及势力"所在的地方，也就是该宣言所谓"阻止人民民主趋势"的最大的"障碍"。

战后日本的黩武侵略力量是否已经被摧毁，它的经济政治是否已经民主化，那就要看战前日本这些基本特点有没有被廓清。

二　麦克阿瑟的片面管制

"战败国"的日本与战败国的德国，虽同是被战胜国占领和管制着，但占领和管制的方式却大不相同。

跟德国的管制不同

德国以至柏林分归苏美英法四强占领，该四国的军事首长为四占领区的首长，四国同时在柏林合设盟国管制委员会共同处理德国问题。四占领区分设苏美英法军政府，直接统治德国。

不错，执行占领和管制日本的最高当局是所谓盟国最高统帅（Supreme Commander of Allied Powers）简称"盟总"（SCAP）。但事实上"盟总"之"盟"只虚有其名。占领日本的实只是美国一国，管制日本的实只是代表美国的麦克阿瑟元帅。同时，日本政府在组织上依然存在，并不像德国那样以军政府来代替日本政府。"盟总"的号令依然通过日本之手来颁布和施行。

在日本投降以后，盟国派去日本驻扎的，除了美国以外，虽还有英、澳、纽、印军以及南京政府的四十名宪兵，然实都是"象征"的占领，英印军且已全数撤回。初时美方生怕苏军会占领北海道，后来曾假惺惺地邀请英苏派军参加日本占领，苏联知道是种姿态，婉辞谢却了，只派了八百个军事观察员到日本各地去。但美国却有第八军一军，相当强大的舰队和海军陆战队占领日本各地。①

————————

① 驻日美军初有十五万人，英军初有四万人，英军于一九四七年开始撤离，印军于七月撤走，纽西兰军则于一九四八年七月撤走，现盟国占领军约为六万至七万人。

　　说到"盟军总部"，机构是够庞大的，下设经济与科学、宣传与教育、自然资源、公共卫生与福利、政府、法律、国际检察、民用交通、统计与报告，及间谍、情报与外交等十组，组成军政府，指导监督日本政府。"盟总"的要员都是由美国人担任，发号施令的最高执行人是麦克阿瑟，类于美国驻日大使的"盟总"政治顾问（旧任为阿契逊 Atcheson，现任为施巴德 Se-bald）在政治上辅弼麦氏。麦氏的一切行动，直接对美国军部负责。军政府设有一个咨询机构"国务院陆军部海军部联合委员会"，关于对日管制政策的决议，经该委员会讨论后交陆海军联合参谋部颁发命令与麦氏执行。

两个盟国委员会

　　其他盟国既不能插足于"盟总"，苏联曾要求由中美苏英四国共同管制，但美国只答应组织远东顾问委员会，供麦氏的咨询。到了一九四五年十二月莫斯科会议，决定设立两个委员会来辅助"盟总"。一个是"远东委员会"，由英、美、中、苏、法、荷、加、澳、纽、印、菲十一国代表所组成，设于华盛顿，其任务为树立盟国占领管制日本的共同政策，类于一个立法机关。另一个是盟国管制日本委员会，由英美苏中四强代表所组成，设于东京，为"盟总"的咨询和顾问机关。现任的委员人选是美国代表施巴德（兼任主席），中国代表商震，苏联代表吉斯伦柯，英国代表萧氏。照该会的组织法，麦克阿瑟在实施政策之前须先咨询管制会而得其同意，但如遭管制会多数反对，麦仍得以其最高指挥官的权力，任意施行其政策。不过，关于如下三大问题，管制会中有一人反对时，在远东委员会决定以前，麦克阿瑟不得施行其政策：（一）日本的基本政治组织的变革（例如宪法修改）；（二）日本管理制度的根本变革（例如军政府的废除）；

（三）日本政府的全体变更（例如内阁的全体更选）。麦克阿瑟除了应将对日政策逐一交管制委员会咨询之外，该会各盟国代表亦得建议该国所欲实行的政策，或把麦克阿瑟过去所发指令加以检讨。至于远东委员会决定的对日政策，经美政府通知后，麦克阿瑟当提付管制委员会讨论决定而加以实施。

这两个机构虽像能够牵制麦克阿瑟，但事实上两机构并不能行使它们的职权。

日本的太上皇

美国给予麦克阿瑟这一个最高指挥官的权力是足够大的。日皇与日政府的权力，是受最高指挥官的节制。最高指挥官有实施投降条件，指挥占领行动及统治日本所必要的大权。最高指挥官假日本政治机关（连日皇在内）之手行使其权力。如日本政治机关不能满意地适合最高指挥官之需要，最高指挥官得凭其职权与职责变更政府机关或人物，或作直接行动。凭着这样的大权，刚愎成性、习于骄慢横态的麦克阿瑟，便更独断独行。莫斯科会议决定设立远东委员会和四强管制委员会之初，麦克阿瑟满怀不高兴，认为"讨厌"，但他并没有因这两个机构的存在而稍戢其片面的行动。远东委员会十一国中，除苏联外，不是在经济上依存美国，就是他附庸或殖民地，所以美国代表满可以操纵该委员会。即使该委员会对占领政策有所决议，麦克阿瑟总部也可片面予以变更或废弃。比方去年六月间远东委员会通过的对日基本政策，实际上不过将杜鲁门所宣布之"美国对日政策"（见后）略加修正。又如美方交远东委员会所讨论的解散日本经济独占组织的计划，本很温和，但最近美国务院和陆军部已确定片面予以放弃。再如麦克阿瑟没有预先得到远东委员会的准许，即擅自派遣日本无线电专家参加日内瓦国际无线电会议，这明明是美方片面的专断行动，抹杀了远东委员会。苏代表驻美大使潘友新提议斥责麦克阿瑟，委员会许多代表都不高兴美国派遣日本代表参加国际会议，但以畏惧美国之故，不是投反对票便是弃权，苏联的控诉便被否决。

至于东京对日管制委员会也同样不被麦克阿瑟和他的代表放在眼里。虽然苏代表严守波茨坦宣言的立场，不放松美国任何违反该立场的行动，但在那儿的苏代表是孤军奋斗的。英国政府已经自己承认英国在占领日本的工作上没有担负任何的任务，因此管制委员会的英代表除了有时温和地批评或反对美方的措施之外，大体上是唯唯诺诺的。至于中国，用《密勒氏评论周报》的话来说，"东京的中国代表，只要美国占领当局命令他如何做，差不多每一次他都是遵命的"。另一个美记者劳特巴哈也说："中国代表差不多从不提出议案，除了支持阿契逊之外，极少说话。"① 一九四七年十二月卅一日，该委员会举行例会，苏代表吉斯伦柯照议事规程建议，请该委员会把苏联要求"盟总"报告日本解除军备的实情列在议事日程之内，但施巴德却拒绝苏方的请求，并诬苏联此举志在获得"充分的情报"。这不仅表示美方不许其他盟国过问像解除日本军备那样重大的事，而且在这方面一定有不少不可告人之隐。又如一九四八年三月三日，卢田内阁成立后，苏代表在管制委员会上猛烈抨击卢田均，指斥他曾与日军阀合作，但施巴德即截断他的发言，说苏代表无权干涉"由日本国会以民主手续选出之政府"，这显然与莫斯科会议决议关于该会的权限的规定不符。吉斯伦柯曾五次要求主席允许他继续发言，每次都遭施巴德拦住。由于麦克阿瑟与其代表的专横

---

① 参见劳特巴哈（R.E. Lauterbach）《危险来自东方》（Danger from the East）一至七页。

独断，对日管制委员会现在形同虚设。每两星期召开例会一次的该会，近四个月来只讨论过一个问题，每次开会常常几十秒钟就结束了。美国的政策如不变，这个委员会可能无疾而终。

也当作活神来膜拜

被称为"老头子"（Oldman）的麦克阿瑟（今年六十八岁），早在菲律宾的时候已以跋扈骄慢著称，他指挥西太平洋战事的成功和美国所赋予的盟军统帅的崇高位置，更使他的个人英雄主义发展到最高度，而成为狂妄不下于希特勒的独裁者。在日本，他不仅是太上皇，是"麦帅陛下"，而且是被宣传成为日人所膜拜的"神"。他有决断，自信心强，同时他是一个狭隘的国家主义者，在记者的面前，他称苏联为"俄国熊"，称中国人为"中国佬"（China man，带有轻蔑的意味）。他自称为"开明的保守派"，实际上是一个反共反民主的军阀。当然，美国今日在日本所实施的管制政策的根源，是应当从华尔街整个的制霸世界计划中寻求，但麦克阿瑟个人的这种特点更增强了美国对日管制的片面性。

说到辅助麦克阿瑟的"盟总"官员，自然是物以类聚。"盟总"的主要人员，多半是由美国工业和金融独占企业派遣来的"专家"，以及赫斯特（麦克阿瑟的好友）、麦柯米克报业托拉斯和其他报业大王派遣来的一辈狂妄不法、贪污腐化的文丐[①]。他们不仅反苏，甚至还反英[②]。初时，"盟总"还有一些"自由分子"，或"粉红色分子"，但现在这些稍进步的分子，连同那些与麦的意

[①]　参见《上海时代日报》（一九四七年十月廿日）皮台尔斯基著《美国战败在远东》。

[②]　据英国民主管理协会编印的小册子《日本》第七页。

见在任何方式上有所不同的军官和高级文官已被淘汰殆尽，"盟总"变成一个差不多清一色的麦克阿瑟机关。纵然不能说，所有"盟总"的官员都是"唯唯诺诺的人"，但极少人有勇气在主要问题上和麦克阿瑟争论得太久，却是事实①。这样子一副滑润而配合无间的麦克阿瑟机构，当然忠实地为美国的独占资本服务。

三　美国对日政策的实质

宽大不自今天始

单从表面上看来，"宽大"到危险的程度，是美国片面管制日本政策的特色。其实，美国一开头，甚至在日本还没有投降之前就对日本表示"宽大"了。在波茨坦会议前后，美国副国务卿格鲁②和海军部发言人查贾里瑞士海军上尉之流就曾对日本提出所谓"软性"的和平条件。答应如果日本在苏联参战以前投降，可不摧毁日本的工业基础。波茨坦宣言没有明确规定天皇制的取消，也是美国对日宽大政策的表现。麦克阿瑟到了日本之后，保全和尊重日皇，并假手相当完整的日本政府机构来管制日本，这打下了此后政策的基础。不错，在一九四五年伦敦五外长会议到莫斯科四外长会议期间，由于日本对美还没有完全就范，由于四强之间还保持相当的合作，美国反苏反民主还没有怎样露骨，美国舆论主张严厉管制日本的倒占多数③。一九四五年九月

---

① 例外不是没有的，例如一九四八年七月廿二日麦克阿瑟致函卢田均，命令他修改公务员法，不许公务员和公用事业职工罢工，"盟总"劳工课课长季伦和副课长史坦契菲尔德便以辞职来表示抗议。参阅第九章《如此民主自由》。

② 最近格鲁与一些亲日人士组织美日协会。

③ 据一九四五年八月廿一日美民意测验所举行的测验，主张极端严厉管制日本的占百分之十四，主张严格管制与惩罚战犯的占百分之三。

廿二日白宫发表对日的基本政策，包含如下要点：（一）保证日本不再威胁和平；（二）组织负责和平的日本政府，（三）美愿与民主自主的政府合作，而不强迫日本组非民意的政府。再过几天，国务院又宣布，日皇须唯"盟总"之命是从，"盟总"的措施无须先与日方协商。同时，麦克阿瑟对日政府的干涉也像是严厉起来，像迫使东久迩内阁下台，废除神道教为国教，削除天皇的神性，取消日本军部等，都是那时干的。

马脚渐露出了

可是，事实上，美国之违背波茨坦宣言的立场，日渐明显，由一九四五年十二月七日美总统赔偿专使鲍莱所发表的日本赔偿计划，到一九四七年一月斯揣克代表团所建议的反赔偿计划①，就已暴露出美国助日复兴政策由暗而明的事实。一九四七年三月十七日——杜鲁门主义宣布之后五天——麦克阿瑟发表一个声明，那就可以视为一种"新政策"的具体的表现。所谓"新政策"，就是说麦克阿瑟已断然抛弃波茨坦会议的立场。在该声明中，麦氏宣布如下几点：（一）与日本订立和约和建立非军事性的管制的时机已成熟；（二）日本在"新宪法"上明言放弃宣战的国家权力，对世界和平大有"贡献"；（三）和约签订后应许可日本建立小规模的军备；（四）日本已成为一个民主国；（五）不应向日本索取大量的赔偿；（六）只有恢复日本的对外贸易才能解救它的经济危机。跟着，同年五月八日，当时任副国务卿的艾其森公开说："重建欧亚两个大工厂——德国和日本，是两洲复兴所系的措施。"同时，共和党头子胡佛还建议美国单独谈判对德对日和约。同年六月九日，美国国务院与陆军部发表

---

① 　详见第十章《经济复兴的新威胁》。

联合公报，正式宣布在复兴日本经济的前提下，于八月十五日起开放日本的对外贸易。七月十一日，美政府没有事先跟别的盟国商量而宣布定于八月十九日召集远东委员会十一国开会，准备对日和约。这些表示麦克阿瑟所宣告的"新政策"已逐步转化为行动了。

公开的扶日措施

然而，自一九四八年初开始，这种"新政策"的实施，已到了变本加厉肆无忌惮的地步。随着一九四七年底伦敦会议的失败，美苏间的"冷战"愈演愈烈，同时，中国内战发生了不利于美国的重大变化。美国便以这种新的形势为词，公开地和明确地接二连三地宣布了积极助日复兴，在远东防苏防共的政策和计划。下录的一连串的言论和行动，就可作为美国厉行"新政策"的注脚：

一九四八年一月六日，美陆长罗耀尔在旧金山演说，主张"在日本建立一个自给自足的'民主国'，一要十分强大，十分稳定，而足以支持得住，并充作将来远东发生的任何极权战争威胁的一个制动机"。

一月八日，美联社报道："美国政府现在更赞成恢复日本为亚洲最强的工业国。华府和东京已展开一个决心的运动，把日本赔偿减到最低限度。目前奠定一个强盛的日本，不仅为防苏所必需，且可充作亚洲的工厂。"

同月十五日，麦克阿瑟派遣他的参谋次长霍克斯返美，向国会就明年度日本经济复兴方案，详作说明，力求通过，并携带麦氏写给陆长罗耀尔的特别书简。

二月廿六日，美国务政策院企划局长反共专家肯南被派往日本与麦克阿瑟和日首相卢田会谈。

三月九日，美国政府公布第二次到日的斯揣克调查团减缩日本赔偿，复兴日本工业的报告。

同月，美陆次德莱柏所率领的观察团抵日本，四月初返美后发表全力扶植日本经济复兴的计划。

四月十二日，美陆军部民政司长诺斯所率领的代表团抵日，研究扩大日本贸易和经济复兴的办法。

五月六日，麦克阿瑟总部的特别顾问阿克曼建议复兴日本经济的五项计划（包含减低日本工业限制至最大限度，扩大对外贸易，减少赔偿等）。

五月十七日，美陆军部根据据德莱柏视察团的报告，建议日本赔偿额削减至一亿六千五百万美元（比任何建议都低），东北台湾的敌产正式认为赔偿品，并在经济上大规模援助日本，使它每年的输出能达十五亿七千五百万美元。

这一切说明了美国现在在日本做的一套，已经明白地不是管制日本，而是扶植日本，不是防止日本帝国主义侵略的复活，而是为它厚培植经济上的基础。其为撕毁波茨坦宣言，自不待言。

反共反苏

美政府对日政策这样的"宽大"，当然不是有所爱于私人，而是为着美帝国主义自私的利益，不消说，美帝国主义是要把日本变成它的殖民地的，而且事实上日本现在已是美国的殖民地。不过，在美帝统治世界整个计划中，日本这一殖民地是有它的特殊的任务的。美作家阿伦在所著《国际独占资本》一书说得很对，美国对日政策的目的，是要"确立对日本的片面管制，把远东这一块帝国主义的咽喉阵地保存着，作为美国向远东侵入的一块垫脚石，作为对付苏联的一个堡垒"。

关于利用日本来反共反苏一点，美国并不讳言。在日本投降以前，美国曾向日提出"软性"的和平条件，不独为预防苏联参战，干预和约的决定起见，而且欲以此保存日本作战力量的根株，俾将来可以借以应付苏联。在日本投降后，据说，当苏联要求在北海道登陆的时候，麦克阿瑟吼叫道："这不行，如果那些坏红军要进来，倘若有了战争，我们就把军队驻在他们本国基地之间！"一九四七年二月，日本大选之前，麦克阿瑟的发言人奉命对记者声明美国的态度说，"美国憎恨一国又一国的树立了一党专政而摧毁了民主。美国将在世界任何一地打击的——像过去打击纳粹主义，法西斯主义和东条的日本主义那样——正是这种反民主，纯政治，无忌惮侵略的共产主义。"这里所说的"共产主义"虽然主要是指日本国内的进步的人民的力量，但也暗暗包括社会主义国家的苏联在内。一九四八年初以后，美国反苏的全球性"冷战"毫无顾忌地展开，以反苏反共为扶植日本的理由，已出诸官方人士之口。战时美第三舰队司令海尔赛上将于二月廿三日在费城演说称："日本必须和欧洲一样复兴，因为将来有一天日本可能是我们与未来侵略者之间的堡垒。"所谓"未来侵略者"无疑是指苏联。在肯南动身赴日的时候，美国高级官方人士告合众社记者说："马歇尔派遣他的外交政策高等顾问肯南赴日本，是美国想剧烈改变其对日政策，竭力建设日本为一堡垒，以阻止苏联在远东扩张的先声。"肯南返国后表示："鉴于美苏关系在世界各地都更恶化，重视日本作为亚洲防共堡垒的军事重要性，实有必要。"（合众社华盛顿四月二日电）

美国选择日本作为远东反苏的前哨堡垒，是毫不足怪的。第一，日本既密迩苏联远东区，有不少良好的海空根据地，在军事地理上可作为自东方进攻苏联的跳板。第二，日本是东方工业

（特别是军事工业）最发展的国家，有八千万人口，现在在军事政治上既受美管制，在经济上又仰其鼻息，美国正好利用它的人力物力，充反苏之用①。第三，日本本是反苏的轴心国家，由政府机构到社会意识形态，都是为侵略战争而塑造，是美国反苏的理想的前驱。这诚然不是说，美国拣中了日本做反苏堡垒，便不再要中国做反苏基地，但中国政府的不长进，使它更加垂青日本，却是事实。所以美高级官方人士于一九四八年二月二十七日告合众社记者说："马歇尔决定协助日本复兴，一部分是由于他获致的结论，即中国政府将永不能在抵抗亚洲共产主义中处于决定性的地位。"

防共的真意

同时，我们还要知道，所谓利用日本来"防共"，实际上就是利用日本作为美帝国主义控制和奴役远东人民的工具，日本人民固是在控制剥削和奴役的对象之内，但中国人民特别是主要的对象。以这一点而论，日本在亚洲的作用，正如西德之在欧洲一样。美方所谓扶助日本复兴，使成为"亚洲的工厂"，就是把"工业日本，农业中国"的日本帝国主义侵华口号的适用更扩大，而成为"工业日本，农业亚洲"和"兵工厂日本，战场中国"。美帝的企图，是拿它的资本与日本的技术，工业设备和廉价劳动结合起来，掠夺亚洲各国的原料，恢复日本在亚洲的工业领导地位，从而独占亚洲各国的市场。换句话说，美国要利用日本，化远东各国为美日双料殖民地，而中国是这些双料殖民地中

---

① 澳洲雪梨《星期太阳报》正确地指出：美国对日政策"是在实际上将这个国家造成美国的保护国，建立对日本人员和工业的管制权，而将他造成和平时期对抗苏联的缓冲和战时的佣兵"。

最大的一个。而且，在美国看来，东南亚的印度、印尼、越南、缅甸的民族运动固还没有被压下去，整个朝鲜和中国的"赤化的危险"日形严重，美国单靠菲律宾或太平洋其他美占岛屿来做侵略和奴役远东的基地是不够的，日本必须发展为这样的基地。日本自第一次英日同盟以来便当西方帝国主义国家在远东的警犬，有了近四十年的统治奴役远东殖民地人民的经验，美帝自然认为它可以"胜任愉快"。美进步团体"日美民主委员会"主席松冈说得对，美国扶植日本政策"不仅是为华尔街和日本大财阀的利润而奴役日本人民，而且也把日本化为反对中国人民的军事和供应基地"。美记者康德也同样看到美国利用日本控制中国的政策对中国的威胁，他很形象地说道："日本不久又将带着他们的事件旅行袋向中国出发。"关于美国对日政策对远东人民的威胁，苏评论家马尔柯夫正确地指出："美国对日政策，不但不去消灭日本将来对远东人民的威胁，相反的，已经在使这种威胁成为一种现实了。美国对日政策，和它要恢复亚洲殖民地统治并镇压民族解放运动的政策，是有着直接的联系的。"

为使日本这个殖民地发挥上述的两种特殊的作用，美国就要扶植日本，重建日本，使成为特殊的殖民地——在超级帝国主义国家美国的支配之下，恢复日本帝国主义。用美第八军军长艾契尔伯格的客气话来说，美国要使日本变成"强大的友邦"。

为恢复日本的"强大"而扶植日本，美国不仅要在经济上加速日本的复兴，而且自然要重新武装日本。事实上，美国扶植日本的政策，确已从经济发展到军事的阶段了。

也许会有人感到奇怪，为什么美国这样快就把侵袭珍珠港的深仇忘得一干二净？为什么美国不怕养虎为患？这些疑问都是以常人之心理来推测美国统治者，却不知操纵美国对日政策的华尔街主人有他们的"生意人眼光"（德莱柏语）和算盘。

华尔街的算盘

一个国家的独占资本常常与别国的独占资本有血肉相连的姻亲关系的，美日的独占资本自不是例外。在战前，日本的大独占资本固然需要美国市场去推销日本的丝和其他商品，但也需要美国的原料和机器。另一方面，美国大资本家对日本工业的投资非常有利，他们与日本的资本家共同榨取日本的廉价劳动，而获得超利润。战前美国大公司在日投资总额虽未超过五亿美元，但与日本大财阀的结合——如成立卡特尔的协议——已有一些事实被揭露出来。根据东京占领军当局的一次较早的调查报告：美国制铝公司通过它的加拿大支公司，掌握了住友制铝厂的百分之三十的股份；国际电话电报公司跟威士丁豪斯电器公司与住友五金工业会社订有关于磁性钢的专利契约。威士丁豪斯公司也掌握有三菱工业会社的股票。国际电话电报公司的一个附属公司，握有百分之二十的住友电器的股份，并保有选出四分之一董事的权利；跟纽泽西美孚煤油公司有密切联系的潮水联合煤油公司 Tidewater Assoiciated Oil Co. 在三菱石油会社中握有值二百万美元的股份，在珍珠港事变以前且经常以原油供给三菱。此外，日本五大银行和美国银行事业间也曾有着密切的关系。其他跟日本产业有关系的美国企业公司还有通用汽车公司，全国铝业公司，纽泽西美孚煤油公司，李贝—奥文斯—福特公司 Libbey-Owens-Ford①。据日本方面的报告，在战前，摩根财团所属的通用电力公司 I. G. E 对三井系的东京芝浦会社有投资，又摩根系之 I. S. E 公司对日本电气会社投资达百分之四十九。又威斯丁豪斯对三菱电机也有投资。

① 美国阿伦著沈志远译《战后世界与政治》五九——六〇页。

现在，日本既已在美国的片面占领和管制之下，美日独占资本变成一家亲，美帝国主义正好透过美日独占资本主义的结合，恢复日本帝国主义，使其在远东为超级的美帝国主义服务，像美帝所扶植的西德在欧洲所担任的角色一样。

何况现在美国正患资本和生产的过剩，而比较安全和容易受控制的德日两国正提供美国以理想的商品与投资市场。战后日本的廉价劳动力更为丰富，但缺乏原料与资本，美国资本家正好以其雄厚的资本和丰富的原料，与日本廉价的劳动力及其过去对远东市场的经验相结合，透过日本财阀独占远东市场，而部分地缓和美国的经济危机。所以，单从经济的观点看来，扶植日本复兴正是与美国统治者华尔街财阀利益相吻合的。

新近美国独占资本家积极投资于日本工矿业，已有不少的事实报道出来。

一九四八年四月间，通用电力公司的社长希罗特访问日本，视察东京芝浦会社的工场，准备助其进行改造。同月，I·S·E（国际标准电力公司）的副社长对东京电气会社也有同样的投资准备。美国某公司已与日新化学会社接洽，预备利用其和歌山一个工厂，共同成立一新公司，资本一亿元，美资占百分之五十一。日本矿业会社则与美资"合作"开发川山矿，由美输入机械设备。他如丰田汽车制造厂、三菱矿业金属、三菱电机、松尾矿业等会社都成为美国投资的对象。卢田政府更准备减低资本税，加紧遏制工运来吸引美资。

至于再武装日本，使日本军事上能成为美帝国主义侵略远东的工具和基地，在战时既为美军需工业家推销制成品，在战时又可以替美国打先锋。华尔街的战争贩子自以为得计，养肥了的日本会不会像第一次世界大战后的德国那样反噬，却在他们的算盘之外了。

　　对麦克阿瑟的管制政策有辛辣的批评的美国记者康德，在他所著的《谁在策动美国的对日政策》①一文中，强调地指出美国扶植日本的政策是受了日本政商界领袖的影响。他说："自从美军占领以来，聪明伶俐的观察者就早已看出日本的领袖们有一种自存的策划，希望用手段软化战败后所受的打击，这些计划之一就是大规模招待占领军，想借此制造出一种亲善的空气，使他们的宣传能够乘机生效，这班人用献媚的方法首先解除美方的戒备，第二步再证明日本真正的敌人是苏联，日本的对美作战，只是犯了一种错误。"康德引一些事实说明日本政商界领袖怎样貌作驯服，怎样迎合美占领军的爱好，以至怎样用啤酒艺伎等来献媚，据康德的透露，前首相重光葵自夸麦克阿瑟的政策无形中受了他的影响。重光在一九四六年秋天致友人的信中说："麦帅说，他对于我们的建议愿加考虑，在他决定行动时，是否会受到我的建议的影响，我却不得而知。但据我所知道，当盟军占领时所采用的方法，和我建议的方针相同。"

　　王芸生的《日本半月》一书虽没像康德的那样明言，但也暗示日本人对美占领军的恭顺逢迎，有使美国政策软化的功用。他说："天真烂漫的美国大兵，的确给日本人迷住了，到处是九十度的鞠躬，到处是粉黛的笑脸，听见英语就是命令纶音。鲜蹦活跳的美国孩子，处在这种一呼百诺无所不从的环境里，他怎会不感到心满意足呢？"②

　　康德那些话当然不是没有理由，但是，说日本人"策动"美国对日政策，那就未免言过其实。如上所指出，策动美国扶日政策的主要还是美国独占资本自私的利益，而不是媚美的日本领

①　密勒氏评论报，一九四七年八月二日。
②　王芸生《日本半月》第一节"暗淡险巇的前路"。

袖。这种政策是在世界人民民主力量空前抬头，战后经济恐慌行将袭来的时候，美帝制霸世界政策的一部分。即使日人不是这般百依百顺，美国还是会扶植日本的。西德对美的献媚远比不上日本，而美国还是积极助它复兴，就可为明证。不过，有了日本这一套软工夫，美国自然较放心和较迅速地来推行它的扶日政策了。

四　天皇和宪法的新装

谈起日本，少不免谈到日本天皇，在战后，天皇变做怎样呢？应该怎样处置呢？这是人们会提出的问题。

天皇与天皇制

关于战前的日本天皇，野坂参三（冈野进）正确地指出他担当两重的任务的："第一，日本的封建，专制，独裁的政治制度（即天皇制度），是以天皇为核心而组成的，根据这种制度他拥有绝对的统治和独裁权。第二，天皇是神的化身，因此在人民中间起了半宗教的作用。"

天皇虽有过一千多年的长时间成为幕府将军的傀儡，然自明治"维新"以后，凭着"王权复古"和钦定的宪法，日本天皇便成为封建地主与新兴资本家结合的代表，成为这样一个独裁政权的核心。虽然天皇本人是常为财阀军阀所操纵，但他实是日本政治的最高负责者，是统治权所在的地方。依照那旧宪法的规定，"天皇为国家之元首，总览统治权"，举凡立法，行政司法，发布命令及规定行政官制、军制、俸给、统率陆军、宣战、媾和、订约、戒严……都是天皇的权限。陆海军大臣直接对天皇负责而不对内阁总理负责。辅弼他的元老重臣和枢密院可以决定内阁总理人选，以至倒阁。重大的事件经由天皇亲自参与的"御前会议"决定。这说明天皇确是封建，专制，独裁制度的核心，不同于君主立宪制的英王。

自称为天照大神（日神）的嫡裔（裕仁说是天照的第一百廿四代的子孙），"万世一系"的天皇，既是神裔日本民族的最高家长，也是神的化身，国教"神道教"的中心（神社所祀奉的是天皇），同时又是"八弦一宇"（即天下均隶日本版图之谓）的神命之承受者。因而，在日本人心目中，天皇不仅是日本民族的神，而且应该是全世界的神化统治者。

凭着这样特殊的地位，天皇变成日本人的肉和灵的主宰。在日本人的心目中，他就是国家的体现，就是日本。实际统治日本的独占财阀和跋扈军阀也总得在他名义之下行事。于是天皇便成为忠君狂热，穷兵黩武，君临天下的日本主义的中心。日本人为天皇而生，为天皇而死。进攻沈阳、上海、卢沟桥、珍珠港的日本兵是在天皇的名义之下作战，在塞班，硫磺岛和冲绳岛阵亡的日本兵在死时也还喊着"天皇万岁"。

我们这样子说，并不是故意夸大天皇的权威，而只是想说明战时天皇在日本整个帝国主义体系中的地位，因而在战后万万不能姑息，纵容，或错误地加以"利用"。

然而，战后的天皇变做怎样呢？

天皇的保全和优容

波茨坦宣言对于天皇的处置并没有具体的规定。日本请降的照会，接纳了波茨坦宣言，但要求附以一项谅解，即"上述宣言，并不包含任何要求有损天皇陛下为至高统治者之皇权"。当时美国的答复，则谓"按照波茨坦宣言，日本政府之最后形式，将依照日本人民自由表示之意愿确定之"，暗示日皇的处置将由日本人民自行决定。但同时又规定："日本天皇必须授权并保证日本政府及日本帝国大本营能签字于必须之投降条款，俾波茨坦宣言之规定能获实施。"这不仅容许天皇的存在，而且宣告盟国对日的管制须通过天皇之手。

在日本投降之后，天皇是否应列为战犯，成为争论的一个问题。在投降之前，盟国人士主张严厉惩罚天皇的为数不少，即在美国，民意测验所于一九四五年八月廿一日以"战后如何对付日皇"一问题为问，答案主张处以死刑的占百分之三十三，审判和由法庭决定的占百分之十七，终身监禁的占百分之十一，放逐的占百分之九，而主张置之不理的仅占百分之四，利用为盟国统治日本傀儡的百分之三。当时美国官员对天皇并没有说过什么坏话，国务院所发表的关于日本的白皮书，且有为天皇解脱战争责任的文件。

正式投降以后，麦克阿瑟总部所宣布的战犯名单，没有天皇裕仁的名字。英方高级外交人士曾施用压力阻挠裕仁受审。但其他盟国中，澳、纽的态度有一个时期与美、英不同，一九四六年初曾传澳、纽政府所提出的日本战犯名单中也列入裕仁。苏联的态度最为明朗，苏报指控裕仁为战犯，苏检察官哥伦斯基指出天皇于一九四一年七月二日的御前会议中任主席，决定秘密进行对苏战争的军事准备，欲以裕仁作为战犯加以审讯。

至于日本人民对裕仁的态度，我们可以想象得到，经千多年的天皇迷信的麻醉，是不容易对天皇有所触犯的。但日共明白认定裕仁本人应负战争责任，应该逊位。日共曾经指出："天皇是这次侵略战争中最重要的战犯"，因为"他曾宣布战争，并领导进行战争，破坏了人民的生活，结果毁灭了日本"。松本治一所领导的"部落民"（即秽多贱民）全国大会新近决议取消天皇制。此外，有不少的日本工人也认为裕仁应该和东条一同受审判。

推卸不了的战罪

只要不是健忘的人，都知道日本对英美宣战，是用裕仁的名义颁发诏书的。在八年侵华战争中，裕仁不仅在议会中促他们臣民完成侵华的目的，而且还表扬每一次的胜利。称赞珍珠港的攻击者和神风队员的是他，称誉希特勒，接见汪逆精卫的是他，鼓励和督促一切战争的努力的也是他。每一次有关侵略战争或国际阴谋的重大会议（所谓"御前会议"），少不得由裕仁任主席。对于这些阴谋或行动，天皇总是预先知道而且表示同意。这些事实已由木户、近卫等大臣的日记和战犯的供词中暴露出来。前联合舰队总司令兼军事参议官丰田副武海军上将曾被询问道："天皇知道攻击珍珠港的计划吗？"丰田答说："是的。所有海军计划都会经奏请批准。"木户说，在战争过程中，天皇是日本消息最灵通的人。

然而美国既力予庇护，美国操纵的东京战犯法庭于一九四八年二月十九日发表的总控诉书竟宣布："按照旧宪法握有政府一切权力的天皇，并不负战争责任。"其所举的理由则是"各战犯在法庭上亦已自行证明天皇仅依其顾问之建议行事，无力反对各顾问之决定与建议。"这样子，裕仁逍遥法外已成定局了。固然，因为裕仁的战罪实不容易说脱，故一九四八年五六月间又有裕仁可能逊位以表示其对战争应负一部分责任之说，但已被盟军总部否认。①

---

① 日本投降之初，东久迩宫亲王任首相时曾表示日皇裕仁可于适时的机缘逊位于太子。

天皇的改造：从神到人

是的，在麦克阿瑟总部方面看来，天皇的权力和威望已被削减了。麦克阿瑟所谓把天皇"改造"的工作，开始于一九四五年十二月，皇室奉命安排了裕仁第一次的"记者招待会"，以为这样子可以揭开天皇神秘的面目。一九四六年元旦，麦克阿瑟更导演了所谓破除天皇神权的杰作。天皇颁布诏书自行宣布他并不是真正的神圣的。这个小人物说：

> 我们曾……毫不畏缩地进行消除过去时代中错误领导的实施……我们与我国人民之间的纽带……并不是依据传说和神话，他们未曾被虚假的观念所预示，说天皇是神圣的，日本人优于其他种族，以及命定要统治世界……天皇不是活神。

麦克阿瑟对于他自己导演这一出神还原为人的把戏，发表公开声明予以赞扬，但正如日共的批评："天皇否定神权的宣言，表示了由于国际情势的压迫和人民的攻击，他是被迫退让了……好像是一只章鱼在饥饿的时候吃起自己的触角来一样。"然而，麦克阿瑟这种门面功夫实在还是失败的，"盟总宗"教组长彭斯 W. K. Bunce 事后曾很失望地说："我们尽力告诉日本人天皇不是神圣的，但他们还是把他当作是神。"即在一九四六年七月时战犯重光葵也在巢鸭狱中写道："即使胜利的敌人也不能触犯我们的天皇陛下，他本身就是神。"有些右翼的小党在进行竞选运动时更在各地区宣扬天皇制度的"神圣"，以打击"左"派活动。右翼各党甚至还想组织一个维持天皇制的"联合阵线"。社会党右翼也不反对天皇制度。

　　麦克阿瑟总部另一桩"消除"天皇神权的"措施"就是下令废止神道教——以天皇为最高的崇拜对象的宗教——作为国教，禁止政府官员参加官方的神道教典礼。但这也只是官样文章，神宫神社依然作为"民族纪念物"而被保存着，天皇仍被准许到伊势神宫去祭拜天照大神，和到其他神宫举行其他祭典。甚至在公布"新宪法"那一天，天皇竟穿着节日的袍子，依照神道教的仪式，正式向"宫中藏有皇室祖先灵魂的三大圣殿"祭告新宪法的公布。首相吉田茂以下百官都参加这个典礼。可见天皇还是以神的代表或最高祭师自居。

天皇与新宪法

　　以一九四六年十一月三日宣布生效的"新宪法"而论，尽管麦克阿瑟自夸为"改造"天皇的杰作的一个重要部分，它实含有保持天皇制度的作用，它虽然把旧宪法的"大日本帝国由万世一系之天皇统治之"以及"天皇为国家元首，总揽统治权"的条文改作"国家的主权是在国民"，但却规定了"天皇根据日本国民的最高总意，为日本国的象征和国民统合的象征"，确保了天皇的崇高神秘和不可缺少的地位。同时，他虽然削除了"天皇神圣不可侵犯"一句话，天皇的"天"字依然保存，与削除天皇的神性的目的相反。而且，新宪法规定："天皇依内阁之辅弼及同意为国民执行下列国务：一、宪法之修正，法律、政令及条约之公布，二、国会之召集，三、众议院之解散，四、众议院施行总选举之宣布，五、任免国务大臣、大使及法律所规定其他历史之批准……"我们可以说，除了削去统率海陆空军的权力外，新宪法所赋予天皇的大权差不多与钦定的旧宪法没有两样。所以，美国的日本通拉蒙特 W. C. Lamont 博士批评道："天皇从一个接续祖先的承继人的观念，转化为只是国家的象征，比起一八六八年天皇提升为国家的道德中心来，并不能算是更革命的。"又日重臣牧野伯爵曾被问起新宪法对天皇有什么影响，牧野答道："没有什么，他原本是一位立宪的君主。"这话也可解释为：天皇的地位不会因新宪法的颁布而有重大的变更。换句话说，"新宪法"依然保存了封建专制的"天皇制"。

而且，日本政府仍然固执着天皇神圣的理论。日司法省宣布，"冒犯"天皇者仍将予以处罚，不因宪法"天皇为神圣不可侵犯"的条文之删除而失效。一个名叫松岛的共产党员就曾因为讽刺裕仁浪费食物，而被控"毁谤"，主控官要求判他十年监禁。一九四七年一月，众院开幕时，副议长松本治一即拒绝照旧例拜谒日皇，右派议员便闹"罢免松本"运动。一个工人在车站上见到皇太子说了一句"裕仁的儿子"而被警察逮捕，控以"藐视皇室"罪。

裕仁威望高起来

麦克阿瑟"改造"天皇的工作不限于此。他在给裕仁披上了"人"的外衣之后，还要给他披上"民主"的外衣。① 麦克阿瑟总部除了授意裕仁不时对人民广播之外，还予以出巡东京和全国各地的充分自由，俾接近人民，装作"平民化"和关切"民生疾苦"的姿态，于是，一向被关在二重桥的深宫里的天皇便坐着汽车，跑到工厂以至农村去，假装亲切向农民工人问这个问那个。过去，皇辇过处，临街的窗帘都拉下来，现在连村妇都得与天皇对语，自然受宠若惊，增加了对天皇的敬畏与喜爱，于

---

① 可是，在他方面，麦克阿瑟初时召见日皇，以"你"称呼日皇，最近却以封建的名词"陛下"等称他了。

是投降后的天皇的威望，并没有低落，而反增高起来①。在选举的前夜，天皇的出巡，更助右翼政党一臂之力。日共和苏联都曾抗议反对天皇出巡的自由，但麦克阿瑟总部置之不理。

新宪法的欺骗

说到日本"新宪法"其他方面，在条文上，是比明治钦定的"帝国宪法"有若干的进步，较接近于英美型的民主。例如基本人权有了相当的保障，以众院为主的国会权限扩大了不少，贵族院改为参议院，亦由民选，首相和内阁人选须由文官充任。然而基本人权的规定仍有若干保留，私有财产受到绝对的保护，没有什么经济民主的规定。

在"新宪法"中，麦克阿瑟和他卵翼下的日本政府最自鸣得意的部分，是"放弃战争"的一章，该章规定："日本国民诚实希求基于正义与秩序之国际和平，永久放弃发动国权之战争与武力行使，或以武力威胁为解决国际纷争之手段，为达到此项目的，不保持陆海空军及其他战力，不承认国家之交战权。"日本一些报纸称赞这是世界宪法史上最崭新的姿态，最进步，最理想的条文。其实这是旨在骗人而又骗不了人的不通的规定。谁会相信宪法上有这样一条规定便能够防止日本再发动侵略战争？而且，事实上，日本当局心目中并没有这一条的宪法，他们新近的言行，且连这纸上的条文也已撕破（参阅第十一章）。关于日本新宪法这个欺骗的规定，鲍尔说得很中肯：

---

① 盟国管制委员会英国代表鲍尔 W. M. Ball 说："在我个人有一种强烈的印象，认为天皇虽然努力使他自己'民主化'，然而在绝大多数的日人心目中，他依然是日本的政治元首和天子。我想天皇的实际政权恐怕比战前还要来得强。"（引自《太平洋》季刊一九四八年三月号）

我想日本人的感想是很明了的。他们对于废止战争和武力的宣言并不重视。当作者在日本和日本的重要人物谈话，征求他们的反响时，发现在三个阶段中他们有三种答复。在一九四六年四五月间，他们的反响大半是带着畏怯和带着希望的："我们对于本身的安全将仰仗联合国崇高的理想。"在几个月后，那反响又改变了："是的，我们已经明了，我们不能保有任何的武力，因此，我们自动的宣布予以废止，想借以获得良好的印象，那看来似是很聪明的办法。"在最后的阶段中，作者又发现他们重点的转移："日本在战略上是这样的重要，所以我们可仰仗美国人的保护。当然，倘使美国愿意我们来参加这种防卫的工作，那么只要我们能够得到工具，我们是很愿意这样做的。"

让我们补足鲍尔一句，目前的阶段，他们的反响是"我们愿意参加反共第二战场"（卢田均语），而美国已逐渐使他们得到所需的"工具"了。

这一套民主的伪装，这样了破绽百出是无足怪的。宪法的起草工作，就不是经过民主程序的。起草工作最初由第一号战犯近卫文麿主持，近卫自杀后，由币原内阁的战争疑犯松本蒸治国务相主持，松本被黜后，再由内阁幕后人物与麦克阿瑟总部人员草草拟成。各界人民代表并没有参与起草工作，事先未经远东委员会的同意，麦克阿瑟就予以批准。但因为它是麦克阿瑟太上皇钦定的缘故，在议会通过的时候只有四个日共议员和一个无党无派议员反对。日共特别攻击宪法中关于天皇的规定，认为是使天皇专制政体合法化。他们誓言继续为反对这个假民主的宪法而斗争。

五　换汤不换药的战后内阁

战时日本最后一任内阁是铃木贯太郎内阁，日皇宣布投降后半月，产生了东久迩内阁。东久迩以皇族而任首相，在日本近代政治史上还是第一次，这表示日本旧支配势力想以出身皇族的人组阁来作为号召，挽回人民因战败投降而对皇室信仰的动摇，进行天皇制的输血工作。但东久迩宫亲王本身也是个军阀，又以侵华第一号战犯近卫文麿，飞机大王中岛知久平等作为内阁的支柱，根本上是军国主义内阁的延长。同时，它又不能与当时还想粉饰日本民主的麦克阿瑟的命令相配合。结果东久迩内阁仅以一个月的寿命，于一九四五年十月五日宣告崩溃了，继起组阁的是亲英美的外交老官僚币原喜重郎。

由币原内阁，经吉田，片山而到卢田内阁，到本书执笔时（一九四八年七月），卢田内阁也已岌岌可危。诚然，这四个内阁在名义上已经不是军人内阁了，而且差不多是循所谓"宪政成轨"而成立的"政党联立内阁"。然而，不管是自由党的吉田内阁，社会党的片山内阁，或民主党的卢田内阁，实都是一丘之貉，都是保守反动的政权，只是反动的程度微有不同了吧。

币原内阁

以币原内阁而论，它虽像是比东久迩内阁较为亲美柔顺，但即在几次改组之后，仍然是一个与军阀财阀有密切关系的反动政府，建立在过去参加了侵略战争的责任者身上。首相币原喜重郎曾任日本外相和驻美大使，同时又是三菱大财阀岩崎男爵的女婿，代表战前与美国独占资本勾结的利益。美国选中币原来做这个买办政权的头子，并不是偶然的。同时币原曾以反对军部用急进的手段侵略我东北著称，麦克阿瑟正好拿他来伪装民主和平。其实，币原本质上还是帝国主义者，与军部的差别只是手法漂亮一点而已。

可是，币原对于麦克阿瑟虽貌为恭顺，但并不忠实服从，麦氏所发的命令，币原常常以怠工或偷天换日的手法去进行。他的"政绩"就是反对修改宪法，收罗黩武分子为阁员（如松本丞治、岩田宙造、楢桥渡等），庇护财阀地主，压迫民主运动等。这自然激起各方面的倒阁运动。

战后的第一次选举在一九四六年四月十日举行。在选举的前夜，为准备竞选，政党恢复活动了。在当时三百个左右的大小政党中，自由党、进步党、社会党、共产党、协同民主党、国民党等占了较重要的地位。这次选举的结果，旧政友会化身的右翼政党自由党成为众院第一党，另一个右翼政党、民主党化身的进步党居次，社会党的议席仅少过进步党一席，共产党第一遭获选了六名议员。选举揭晓之后，币原初图恋栈，不成，则加入进步党作总裁，企图重握政权，后来见形势不利，才于四月二十二日总辞职，又准备奏荐一鼻孔出气的自由党总裁鸠山一郎组阁。等到鸠山被麦克阿瑟总部发表为黩武分子予以整肃，币原则一面拒绝社会党的组阁要求，一面怂恿他的外相吉田茂加入自由党为首领，然后奏荐吉田为首相，自任国务相。五月十六日产生的吉田内阁大体上实是币原内阁的延长。

吉田内阁

在位整整一年的吉田内阁是由自由进步两党联合组成，曾一度拉社会党入阁却没有成功。吉田历任驻沈阳总领事，田中（有名的"田中奏折"的田中义一）内阁外务次官，曾出使英美，而且是丝业大资本家日本重臣牧野伯爵的女婿。日本投降以后，吉田任币原内阁的外相时，曾竭力反对修改宪法，反对解散财阀。吉田内阁的另一个支柱藏相石桥湛山，是一个参与侵略的分子，代表战后暴发户的利益，以推行通货膨胀政策，与放纵黑市资本，来制造"新圆阶级"。

比起币原内阁来，吉田内阁对于民主化阻挠的企图，更为明显而积极，除了竭力使币原内阁时代发表的以确保天皇制为中心的新宪法草案在第九十届议会中通过之外，它的反民主的"政绩"至少有如下几项：（一）发表维持治安的声明，禁止劳工参加生产管理；　（二）向议会提出劳动调整法，压迫劳工；（三）借口"突破粮食危机"，强迫农民"供出"——强迫征实，以剥削农民。

由于吉田内阁这种高压措施，以及石桥财政的通货膨胀政策，人民对政府的斗争极为广泛而激烈。自吉田奉命组阁那一天起，打倒吉田内阁运动一直没有间断，其间却有如下四次高潮：（一）一九四六年五月十九日东京五十万人要饭大游行；（二）同年十月的劳动攻势，有好几十万工人参加，是对于吉田禁止劳工管理生产的答复；（三）同年十二月十七日，全国各地举行的"倒阁国民大会"，单是东京参加者四十万人；（四）一九四七年二月一日日本全国政府与市政职工以及其他企业工人五百余万的总罢工的威胁（但这次罢工遭麦克阿瑟禁止了）。

吉田内阁的反民主的措施，对于美国是正合此意，所以麦克阿瑟的政治顾问阿契逊曾称赞道："日本的目的实际上已与美国的目的一致了。"然而，日本人民反对吉田内阁的怒潮却一次比一次更汹涌更壮阔，麦克阿瑟总部为缓和人民的反对起见，乃以客气的口吻致函吉田建议进行新的大选，以实施一九四七年五月三日生效的新宪法。

在选举举行之前一个月，政党的分野略有调整：进步党和自

由党的卢田均派合并改称民主党。协同民主党和国民党合并，称
为国民协同党。

在选举之前夜，麦克阿瑟公开警告日本人民，不要选举左派
人物。政田又府曾向国会提出一个对于反动政党有利的选举法改
正案，实行所谓"中选举制"——缩小选区的范围，并限制加
入选举名单的议员数目，以打击社、共两党。同时，大资本家，
尤其是因投机和供应美国占领军而发财的"新富户"，都以数千
万日元供给反动的自由党与民主党，作选举运动的费用①。

由于麦克阿瑟对选举干涉，不许投左派的票，而人民对于自
由民主两保守政党的失望，弃权率达三成以上，选举之不自由，
由此也可看出。

众议员和参议员选举的结果表列如下：

党名	众议员席数（上届席数）	参议员席数
社会党	一四三（九六）	四七
自由党	一三三（一四〇）	四四
民土党	一二六（一四五）	四二
国民协同党	三一（七四）	一〇
共产党	四（六）	四
小党派	一六	四
无所属	一三	九二

由于中下层人民和知识分子的"左"倾，以及共产党对于
社会党的相当支持，社会党在众院中跃为第一党，它的领袖松冈

---

① 新近发现，在此次选举前夜，日建筑商人饭田精太经手，向自由民主两党
"献金"各一百五十万元，向社会党之西尾末广"献金"五十万元。

驹吉被选为议长。在参院，所谓无党派的议员，实是由老官僚、反动教授、贵族、前贵族议员组成。连自由、民主两右翼政党合计，在一百五十名以上，占参议员全体过半数，故参院是反动势力的天下。

即在众议院，社会党的一百四十四席，还是占全体四百六十六席的少数。反之自由、民主两个反动政党的议席合计却近二百六十席，可以操纵众院。所以，一般说来，反动阵营在这次选举中还是没有失败，而社会党的抬头，又使美方可以振振有词的炫称日本的"民主化"，所以麦克阿瑟对选举的结果深表满意。

片山内阁

按照所谓"宪政成轨"，社会党是有资格组阁的，但它在议会的议席数不容许他组织一党内阁，独揽政权，所以社会党中执会委员长片山哲虽被推为首相候选人，他只得提议由社会党、民主党、自由党及国民协同党四党组织联合内阁。为获得其他三党合作，社会党右翼甚至愿意订立四党政策协定，答应不让该党的左翼入阁，以及在重大的政策问题上先征求三党的同意。可是，吉田所领导的自由党为觊觎下届政权，宁愿保持反对派的地位，它要求社会党肃清一切左翼分子，社会党又做不到，它便拒绝加入政府。于是，两院几乎全体一致选出的片山首相，只得放弃与自由党合作。社会党、民主党与国民协同党联合组成的片山新政府于一九四七年六月一日成立。民主党的新总裁卢田均占了副首相和外相的要位，内相和藏相也落于民主党之手，社会党自己占得七个阁员，都是右翼分子。所以，在人选上，片山内阁也不见得比吉田内阁进步多少，在政策上，片山内阁一开头就已向反动势力低头。它与币原和吉田内阁不同的地方，只是它的"民主"的外衣上绣上一枝"社会主义"的花朵。然而，在就任的第二天，片山发表的向全日本国民广播演说，就表现出他的所谓"社会主义"是怎样一回事了。片山说：

> 新内阁不偏极右极左，而将取中庸之道。对共产党已绝缘。惟欲努力确立国民之幸福生活，尽力于建设文化的国家。至于实现新宪法之条文，则为脱却封建的军阀主义的精神，而必须实行精神革命。又为克服经济危机，食粮困难，而突破日本当面之危机，希望国民复兴产业，协力再建祖国。更希望劳动大众抑制其欲望。最近余将以公正之目的及手段，尽力劳动者酬报态势，惟暂时仍希望勤劳大众，抱牺牲精神，忍耐一切。

这即是说，片山内阁所走的仍然是反共的所谓"中庸之道"的路线（反动的路线），他的"社会主义"就是要求工人和一般国民束紧肚带。

社会党在竞选的当时，曾开出反通货膨胀，扑灭黑市，控制经济金融，给予农民利益，保障劳工生活等政治支票，都没有兑现。通货膨胀，黑市猖狂如故，物价更加飞涨，片山倒要规定一千八百元为最高工资和薪金，纵然最低的生活费实数倍于这个数目。土地的改革迄今没有真正触及，强迫农民献粮的做法也没有取消，农相平野力三更进行分裂农民团体。即使片山内阁自夸为社会主义性改革的"煤矿国家管理法案"及"经济力集中排除法案"，实际上原是极温情的措施，并经内阁通过，但在自由党及民主党阁员的反对与攻击之下，也不敢积极推动。结果，片山内阁左右都不讨好，左翼人民及一股工农，已对它不满和失望，极右翼的旧势力还嫌它反动得不够彻底。平野农相的辞职和被驱逐出党还不能怎样缓和工人的不满。在极右派方面，以吉田、币原为首，策动保守政党的大联合，力谋推翻片山内阁。甚至身为外相的卢田均也表示："片山内阁已失去国民之信仰，处于不得不让出政府之时。"这说明三党联合内阁内部露出分化之象。同时，社会党内部左右的斗争不会因平野力三的脱党而解消。在一九四八年一月十六日举行的社会党代表大会上左翼占了多数，大会在左翼压力之下，通过了取消四党政策协定的决议，要求钢铁及银行国营，停止战时公债付息，但仍不能改变该党的右倾的政策。可是，再过一月，片山内阁终于以邮电火车加价问题为导火线而坍台。片山内阁为填补预算赤字，提出二十七亿元的追加预算，由邮电火车加价来筹出。社会党左翼认为这种变相征税，加重了大众的负担，坚决反对，但民主党、国民协同党和以片山为首的社会党右翼，执着维持原案。社会党左翼有议员数十余人，该党右翼不愿因此争执而造成分裂。加上吉田与平野等党派的倒阁运动声势强大，议会的难关不易突破，片山内阁又不敢解散议会重新选举，便不得不于二月十一日提出总辞职。

卢田内阁

片山内阁坍台以后，吉田所领导的自由党号召联络各小党派，颇有组织新内阁的雄心，但在麦克阿瑟看来，正在工潮澎湃，社会党群众向左倾之时，吉田右得太过露骨，上台怕会激发工潮。卢田均在外相任内，把麦克阿瑟奉承得不错，在麦眼中，正是所谓"中道而行"的人物。他早与社会党右派西尾末广，水谷长三郎等勾结，成立了瓜分政权的谅解，可获得他们的支持。同时，卢田通过大承造商菅原通斋关系，筹得数千万日元，收买小党派和其本党的脱党分子，终于一九四八年二月二十一日在众议院表决时压倒自由党，而夺得首相一席，偿其夙愿了。

在战争时期，卢田均是英文《日本时报》的社长兼主笔，在这个报纸上，曾经有系统地登载他的鼓吹圣战的军国主义论文。他同时是东条政府情报局的顾问，这个机关对于战争和狭隘的爱国主义的宣传曾起过重要作用。因为是法西斯的"大政翼赞会"的积极分子，卢田在一九四二年初曾被该会及东条推荐为国会议员。卢田的侵略和反民主的思想并不会因日本投降而改变。在片山内阁的副首相兼外相内，卢田在对外方面曾公开声明日本希望收回琉球等岛屿，和在台湾取得"特殊移民权"。在内政方面，他曾大声疾呼反共，坚决反对实行任何社会主义政策。所以，以卢田为首班的内阁决不会比片山内阁较左，而只会较右。

卢田最初虽有组织民主，自由，社会和国民协同四党联合内阁之意，但吉田要争取领导权，拒绝参加卢田内阁，结果，卢田内阁还是片山内阁的老搭档——民主、社会、国民协同三党的联合。

在阁员的分配上，社会党比民主党还多，国民协同党仅占两个配角的位置，可表列如下：

首相兼外相　卢田均　（民主党）

副首相　西尾末广　（社会党）

藏相　北村德太郎　（民主党）

法相　铃木义雄　（社会党）

文相　森户辰男　（社会党）

商工相　水谷长三郎　（社会党）

农林相　永江一夫　（社会党）

递信相　富吉荣二　（社会党）

运输相　冈田势一　（国民协同党）

厚生相　竹田义一　（民主党）

　　劳动相　加藤勘十　（社会党）

　　国务大臣兼经济安定部长　栗栖赳夫（民主党）

　　国务大臣兼内阁书记官长　苫米地义三（民主党）

　　国务大臣　一松定吉（民主党）

　　国务大臣　野沟胜（社会党）

　　国务大臣　船田享二（国民协同党）

　　在这些阁员中，卢田本人、粟栖、一松、西尾、森户、水谷、铃木等都是片山内阁的旧人，不是投机官僚，便是社会法西斯主义者。从这点看来，卢田内阁可以说是片山内阁的延长。然卢田内阁与它的前任有一个表面上不同的地方，就是社会党"左派"和接近"左派"的人物却也点缀在卢田内阁之中。

　　坚决反对社会主义化的卢田之所以作一百八十度角的转变，敢于"吞进社会党左派"是有他的作用的。片山内阁的坍台，是由于党内的左派相当地反映出劳动人民的要求，提出若干近于社会主义化的政策，造成党内的对立。卢田内阁当前的任务在于如何接受美国援助，加速重建日本工业，但这必须劳动者的"合作"。为敷衍或欺骗劳动者，教他们为复兴日本资本主义服务，日统治者就必须利用那对劳动者有相当影响的社会党左派力量。而且，美国和日本反动派最害怕民主人民统一阵线的结成，卢田把社会党左派拉进内阁去，成为与党，就可以杜绝这个统一战线的结成运动。这自也为麦克阿瑟总部所赞许的。社会党"左派"加藤勘十原与民主党总干事苫米地义三有勾结，卢田获选组阁后，加藤等假惺惺地以停止军事公债付息，普通银行收归国营，实行第三次土地改革为条件，获得卢田的"谅解"，便欣然入阁为大臣了。

　　然而，芦田上台未久，狰狞的面目便毕露。卢田在就职后对议会第一次演说，便宣告对鼓动劳工争议的活动将采坚决步骤，其后甚至扬言应把劳工法律作"类似美国塔虎脱·哈特莱法案"的修正，"以资吸引外国资本"。他又宣告，在这个危机时期言论自由的行使必须"有所限制"。到了新近，卢田对于停止军事公债付息的诺言也差不多要违背了（结果是延付一年），这种"过河拆桥"的做法，使社会党"左派"在劳动人民中丧失威望，陷加藤勘十于窘境。最近，民主党脱党的愈来愈多，吉田，币原和平野力三等的保守新党的大联合，推翻卢田内阁运动高唱入云，而副首相西尾末广非法接受政治基金五十万元案被发现，更给反对者以攻击的把柄，卢田内阁辞职之说甚嚣尘上。一九四八年六月十八日左派群众在东京大开打倒卢田内阁大会。卢田政府于七月三十一日发出禁止公务员罢工命令以后，全国劳工掀起反抗的怒潮。卢田内阁又开始碰到吉田内阁的命运了。

不过，日本内阁的命运还是握在麦克阿瑟总部的手上，卢田的上台本来是因为他获得麦帅的欢心，为之撑腰。上台之初，吉田会标榜"护宪"抨击卢田，这即是说他认为依照"宪政常规"，片山联合内阁辞职后，内阁一分子的民主党也应连带负责，不能组织新阁，而应由反对党的自由党起来组阁，片山到卢田的政权是"私相授受"，违背宪法。可是，麦克阿瑟总部即为卢田辩护，认为卢田当选首相"完全合乎宪法的规定"，"护宪运动"的声浪只得平息下去。现在，卢田内阁既以"导入外资"；（美资）为中心任务，予美资的控制以种种方便（如减少公司课税、取消红利限制、修正劳工法律等），在美方看来，正是先意承志，百依百顺，除非万不得已，美方是不会让这样听话的买办政权坍台的。（在本书校样时，成立将近七个月的卢田内阁终于总辞职了。）

无论怎样，投降以后，日本的五代内阁，依然是一丘之貌，依然是旧的反动势力的政权，人物虽有调换，本质上并无差别。而且，不独最上层的执政者是旧家伙，整个官僚机构也没有什么重大的变动，这由政治"整肃"工作之极不彻底，也可证明。

为执行肃清对侵略应负责任分子于政治机构之外的工作，日本于一九四六年一月曾有中央整肃委员会之设，但该委员会工作并不努力，有时却被利用来作为排除异己的工具①。到了一九四八年三月，日本政府宣告政治整肃结束，取消整肃委员会的声明，说共铲除了特务、军警、教育界和公务员的不良分子二十万六千八百六十一人。但事实上，所有中央和地方的国家机关至今仍充满了狭隘爱国主义分子，被清除的不良分子多是一些次要人物。许多最著名的日本军阀主义的代表并未受到整肃。例如以卢田内阁的阁僚而论，至少有卢田、西尾、一松、北村、森户、永江、竹田七个大臣，根据他们过去为军阀作帮凶的行为，都是些应受肃清的大人物，而迄今对实际政治仍然保持他们的影响。据《时局情报》一九四八年一月号载称，前自由党总裁，著名的反动分子鸠山一郎，虽然因为苏联代表在盟国管制委员会的要求已被整肃，但迄今仍继续在幕后影响自由党的政策。一度被"追放"的反动分子犬养健和栖桥渡仍然是卢田的民主党的秘密领袖。被整肃的鹤见佑辅在美国备受优待，到处发表演说。还有，已告解散的整肃委员会又于一九四八年五月向"盟总"提呈名单，请求将名单内所列前被整肃的官员前藏相石桥湛三，以及上述之犬养健，栖桥渡等二百五十一人准复公职，结果，栖桥和蜡和政道等一百二十九名获准取消追放。其后犬养健也获准在整肃

---

① 一九四七年四月选举前夕，自由党所把持的中央整肃委员会，为打击民主党，"追放"了该党的中心领袖犬养健、栖桥渡、石黑武重等多名。

的单子上除名。正如芝加哥太阳报所指出："我们追求这些新目的，就允许了日本保守分子控制国会，政府和各政党……我们自觉地让日本政府把我们的整肃会变为一幕滑稽剧。"由这种种事实，我们更可以看到，战后日本政治机构在人事上的改变，连换汤不换药也谈不上了，再把战后日本政党的分野和离合变化加以检视，这个判断当得到更强有力的证据。

六　挂羊头卖狗肉的政党

说到战后日本的政党，除了由地下转为合法公开的共产党外，不管党的名称怎样变换，党的领袖怎样更动，至多也只是新瓶装旧酒，本质上没有怎样跟战前不同。

关于共产党，我们留待第十二章再说，现有的民主、民主自由、社会、国民协同四个较大的政党以及一些小党派的演变和本质，我们应在这里论述一下。

在日本投降的时候，议会中，法西斯型的"大日本政治会"已经解散了，还有一个名为"翼壮议员同志会"的小团体也解散了。在投降之后，日本已经没有一个御用的政党或官制的结社，政治一时成了真空状态。但是再过两个月，美国占领 就绪以后，为适应美国式的民主，日本各式各样的政客便以旧属"大日本政治会"和"翼壮议员同盟"的议会势力为中心，采取"旧政党"的路线，纷纷组织新党。最初成立的是社会党，自由党，进步党，协同民主党等全国性的政党。事隔两年多，这些政党已经有不少的嬗变了。

卢田的民主党

现在当权极右派之一的民主党，前身原是进步党，而进步党的骨干则由太平洋战争前民主政党町田忠治派，前政友会中岛知久平派，及自称少壮派的犬养健等所组成，成立于一九四五年十一月十六日，"进步"其名，反动其实。战前的民政党本就是代表大资产阶级大地主的政党，与大财阀三菱关系特别密切。町田是投降于法西斯军阀的老政客，中岛是有名的飞机大王，犬养健（被刺死的首相犬养毅的儿子）是近卫的亲信，曾任汪逆伪政府的经济顾问。该党的分子多属大日本政治会的各式各样的活动人物。最初的总裁是町田，后为应付麦克阿瑟，改拥三菱的女婿币原喜重郎。民政党的顽固老议员斋藤隆夫也是该党的重要领袖之一。"绝对拥护天皇制"是该党政纲的中心。到了一九四七年三月时，自由党内的卢田均、楢桥渡为首的一派，因为主张与社会党合作（利用社会党）不为党魁吉田所采纳，脱离了自由党。同时，进步党内犬养健所领导的少壮分子不满意于币原斋藤等顽固派对社会党采取与吉田同样的态度，要求解散进步党，厉行革新。于是，他们与卢田派合流，再纠合了一些国民协同党和无党无派分子而成立民主党。芦田均旋代币原任总裁，币原改任名誉总裁。然而，"民主党"实际上仍是反民主，所谓革新止于改头换面。新政纲依然坚决拥护天皇制，极力保全地主利益；与自由党稍不同的，只是在经济方面由主张自由经济转变为"必要的统制"——官僚统制，以及在政治上极力假装亲近社会党，利用社会党作为一种工具，以便为独占资本建立坚实的基础。正如日本赤旗报所指出："就这种意味来说，民主党就比自由党对人民更加危险得多了。"

杂凑而成的民主党，在一九四七年四月大选的前夜跃居议会的第一党，但仍难买选民的心，加以犬养、楢桥等遭整肃，挫折很大，选举结果，反退居社会党和自由党之次。然而卢田均却向社会党送秋波，助成了片山登台，而民主党亦入阁成为与党。到了片山内阁坍台，卢田玩弄社会党左派得手，起而组阁之后，民主党便面临着内部分裂。在卢田上台之前，币原旗下议员二十余名已脱离民主党自成一派。上台之后，田中逸万，斋藤隆夫等"顽固的太阳会"分子，或借口不满于卢田的"左"倾，或为自由党所吸引，先后脱党，于是民主党所属的众议员由最近一次大选后的一百二十六名减至八十四名，残余的太阳会分子也与吉田有勾结，民主党声势大大地削弱了。民主党既面临着吉田策动的保守新党大攻势的外患，而又有此内忧，这是民主党政权摇摇欲坠的一个原因。最近卢田为厚集自己的力量，谋纠合民主党，国民协同党和社会党右派组织"中央新党"，但没有成功。

民主自由党

日前日本议会第一党的位置，已由社会党让给吉田为首的保守新党——民主自由党。这一极右派政党前身的自由党，原是以战前政友会鸠山一郎派为骨干，于一九四五年十一月九日组建。这个党虽始终披上"自由主义"的外衣，但实际上是极反动的大地主，财阀和官僚政党。在战前，它的前身政友会是与三井大财阀关系较为密切，在战后则与所谓"新圆"阶级，黑市操纵者结不解缘。以领袖而论，初任总裁的鸠山一郎原是法西斯臭味很浓的人物，曾任田中义一内阁的文相，极力钳制思想，又曾于游欧之后著书《世界的面貌》，讴歌希特勒和墨索里尼。鸠山被整肃后，继任总裁的吉田茂的反动也不减于鸠山，所不同的，就是吉田是一个较为圆滑的外交官僚，很有当美国买办的资格。以政治主张而论，他高揭："保国体，维持天皇制"，"保护个人财产"，"发展传统的家族制度"等政治口号；在经济政策上则标榜自由经济，极力阻挠土地改革和坚持实物佃租制。其后，该党修改的新政纲更明白揭橥反共和亲美的路线。

在战后第一次大选后，自由党跃为议会第一大党，吉田遂坐上首相的交椅，然第二次大选之后在众院却降为第二党，在参院则居首位。自卢田、栖桥等"革新派"脱党之后，自由党削弱了，与民主党的矛盾亦加深。片山三党内阁成立之后，吉田联络民主党的币原派攻击片山内阁和卢田。到了片山内阁末期，以反对石炭国家管理案为契机，吉田等又策动联合各党的极端保守派，以自由党为中心，组织一个新的大保守党，以压倒社会党，降服民主党内的少壮派，对抗民主阵线。当时币原派，参议院松平恒雄领导的"绿风会"（代表宫廷贵族势力）及宇垣一成，若枫礼次郎等老顽固分子，佐藤尚武等老外交官僚也予以支持。到了卢田内阁上台之后，吉田为着拆卢田的台，加紧拉拢反卢田的分子。于是，在卢田内阁成立第五天，吉田的新党便匆匆成立了，改名做民主自由党。吉田仍任总裁，币原则担任最高顾问。在议会中凑成的分子有斋藤派议员三十五人，加上临时从民主党、社会党、无所属议员的"第一议员俱乐部"各拉来一名，合上自由党本身的基本队伍，一共一百五十二人，虽未能超过众议院的半数，但已成是第一大党。他的"新"政纲，也不外是增加生产、振兴贸易、导入外资、发展文教以及倡导所谓"从过去军阀的自给自足经济走向和平的通商经济"等，并不见得有甚特殊的地方。不过，民主自由党在众院的席位已经差不多等于民主党的一倍，它还四处拉人加入，民主党和社会党内部如再行分裂，民自党这个反对党与在朝三党在议会中达到势力的平衡，也不是没有可能。

社会党

自诩为介于极右翼资产阶级政党和极左的共产党之间的社会党，其实连中间偏右也还谈不上；它的名字"社会党"是要沾社会主义的光，但实际上并没有什么社会主义的气息，甚至比西方的社会民主主义，也有不如的地方。一句话，它只是日本独占资本家欺骗小资产阶级和劳工的一种工具。

社会党脱胎于战前的社会大众党，而社大党则由过去麻生久、河野密、龟井贯一郎等领导的社会民众党与安部矶雄、片山哲、松冈驹吉等领导的日本劳农党合并而成。社大党仅属所谓议会主义的改良主义者，时常与大资本家妥协而出卖工农，党员中不少且为社会法西斯分子。对华侵略战争发动后，社大党原形毕露，曾发表"转向声明"，积极支持侵略。其后，麻生、河野一派，且与军阀勾结，并追随近卫之后，投身于大政翼赞运动。即安部、片山一系，亦高喊"举国一致"、"拥护团体"。社大党的记录如此，它的化身自然也不会左到哪儿去。

一九四五年十一月二日社会党组成时，虽加入了旧无产党（包含劳动农民党）的加藤勘十，铃木茂三郎等左派分子，以及农会的左翼领导者黑田寿男等，但同时也由右派方面吸收来"日本国家社会党"，"皇道会"（平野力三任领袖）等成分，而且党的大权始终握在右翼的片山哲、西尾末广、松冈驹吉、平野力三等人的手里。麻生、河野等虽被整肃，属于该系的"大政翼赞"分子仍活动异常。以该党委员长片山哲和实际上领导一切的西尾末广本人而论，过去的记录并不干净。在新近平野力三被追放时，平野就唆使他的喽啰反噬，缕举片山和西尾在战时如何赞成总动员法，以及协助"产业报国运动"等，认为他们也应该追放。

以党的基本政纲来说，社会党的纲领如次："一、本党作为国民勤劳阶层的结合体，争取国民政治的自由，而期民主主义体制的确立。二、本党排除资本主义，断行社会主义，而期望国民生活的安定与向上。三、本党反对一切军国主义的思想及行动，藉世界各国民的协力，而期恒久和平的实现。"然而在事实上，社会党并不是代表"勤劳阶层"——工人阶级——利益的政党，而毋宁是小资产阶级的"结合体"。今天社会党在企业内，特别是工场内的组织并不强。它的社会的基础除了劳动贵族之外，已渐移向小市民，中小企业家和公务员方面，由该党所属的国会议员的阶层区别即可征见①。至于"民主""自由"等字眼，实与社会党连接不上。目前社会党的干部中还没有一个人配称为彻底的共和主义者。他们借口顾虑国民的感情，而回避对天皇制的斗争，甚至公然拥护提出"天皇制度下的社会主义"的口号。至于"排除资本主义"，"断行社会主义"更是空话。他们实际上进行牺牲劳动者权益的"劳资协调"，反对以农民为本位的彻底的土地改革。即其所标榜的重要产业和银行国有，也只是把这些事业交给天皇制度下的官僚机构来管理而已。政纲第三项之"反对一切军国主义的思想与行动"，话是说得好听，但在该党占中心地位的，正是一些漏网的旧战犯。社会党像西方的社会民主党一样是合法的议会主义者，但同时是君主主义和军国主义者，这是日本社会民主主义者比西方社会民主主义者还不如的地方。

　　社会党对于政权——或不如说对于大臣的椅子——是热衷的，为着组阁，社会党不惜与反动的极右翼政党订立所谓"四党政策协定"，为着贪恋大臣的椅子，不惜在议会投卢田的票。

———————

①　据日本《自由国民》杂志十二号（一九四八年六月十日）神山茂夫所著《日本社会党论》一文，社会党议员职业出身别如下：社长董事三七，工会职员一六，农会职员一五，自由职业者和公司职员三四，公共团体职员二八，党职员九，官吏二。

社会党的左派

是的，社会党有左右派之分，但"左派"并不见得是真正的左。左派的领袖除了职工运动"老将"加藤勘十和经济理论家铃木茂三郎之外，还有"社会主义者"荒畑寒村，农民运动家黑田寿男等，但最有影响的还是加藤与铃木两人。在战前，日本无产党时代，加藤、铃木等也曾倡导过人民战线运动，从事过反军事法西斯的政治斗争。在战后，他们所倡的调子也比片山、西尾等为高。例如右派露骨地主张和实践劳资协调，而左派则表面反对，并赞同罢工斗争。在日本投降之初，左派也曾跟共产党接近，商组人民联合战线。但是事实上，左派的理论既缺乏明确性，在行动上，是向右派降服。正如荒畑寒村的自白，社会党仍为"右派干部的党"，左派的比较漂亮的言论仅替实际上为大资本服务的社会党遮掩其丑恶而哄骗劳工而已。

在社会党中，左派诚然有相当的势力，它在下院占有五六十个议席。然而，随着他们的领袖的真面目之逐渐暴露，他们在群众中的声望逐渐削弱。一九四七年五月中片山登台之前夜、左派社会党领袖加藤和铃木为着拉拢自由、民主两党入阁合作，竟发表了在组织与思想上与共产党绝缘的宣言，向反动派表白一番。这个宣言，曾引起社会党工农党员的愤怒与抗议。片山登台之后，社会党的领导人向右转，党内工人阶级的党员却走向左倾，许多下级干部加入了共产党。为迎合工人这种倾向，在一九四八年一月的社会党代表大会里，看风转舵的左派曾提出取消四党协定，停止偿还战争公债的决议，而经大多数通过，继因左派拥野沟胜任农相遭拒绝，左右两派表面形成对立。片山辞职与卢田上台之间的一段时间，左派以本身在议会握有举足轻重的位置，初则高抬身价，公开宣布为"党内的在野派"，继则放出钩子，认为只要政策协定能一致，未尝不可以谈谈与民主派的合作。但是右派坚持政策协定与投票选举分两事，要求左派服从党的决议，举卢田任首相。左派初则提出片山第二次组阁的意见，终也接受了右派的意见，投卢田的票。但是投票时也有十五名左派议员没有服从决议，而左派中的左派（被称为"纯正左派"）大将农会领导者黑田寿男则称病缺席。向党内右派和民主党投降的结果，加藤和野沟都坐了大臣的椅子，但铃木仍踌躇未敢落水。一九四八年七月三日众院表决大预算时黑田等所领导的纯正左派议员十一人投反对票，该党右派干部便将黑田等六名开除党籍，跟着左派议员石野久男等十人同情黑田而脱党，社会党便陷于大分裂，益见削弱。七月底卢田政府借词奉麦克阿瑟的命令，拟订新公务员法，不许公务员罢工，片山已赞同，劳相加藤陷于尴尬的地位。

国民协同党

另一个"中间"性的政党"国民协同党"，比社会党更是偏右。国民协同党的前身是"国民党"和"协同民主党"，于一九四七年四月选举之前合并而成。总裁是三木武夫，是曾经在美国念书的商人。其他的领袖还有千石兴太郎、德川义亲、船田中等。该党的基础是农业合作社，构成它的社会阶层是中小资本家、中小地主、失意官僚和落后的知识分子。它的基本纲领是"根据协同组合（合作社）主义，建设民主的新日本"。它宣传"资本主义与社会主义的结合"，活现出它的小资产阶级政党的幻想。

在未合并之前，国民党和民主协同党在众议院中共占七十四席，合并之后，经过一九四七年四月的选举减至三十一席。但是，它还算是第四党，社会党或民主党组阁时，还需要它凑凑数，所以他也分得一两个大臣的位子。这个党基本上是反共右倾，为做官而投机。所以，自由党的前干事长大野伴睦曾嘲笑国协党魁三木，说他一辈子都主张"举国内阁"论，只有如此，小党派才能分得一杯汤喝喝，弄个一官半职。不过，在卢田内阁上台之前，该党的早川派议员已脱党转投入平野力三的新党去，国协党仅剩了二十九名议员，在广大小资产阶级当中的影响也大为削弱。在将来，国协党势将逐渐解消，而给民主和民自两党所吸收。

其他小党

至于其他的小党派，较可注意的是原属社会党平野力三所组织的革新社会党（一九四八年三月二十日成立）。右翼的农会领导者平野，原是战时法西斯组织"大政翼赞会"头子之一，在片山内阁农相任内，平野以分裂农工运动，延迟土地改革为事，特别激起社会党内工农党员的责难。为把社会党政府的罪过一股脑儿都推在平野身上，他的死对头西尾迫使他辞职。于是平野初则向吉田暗送秋波，继则独树一帜，组建了革新社会党，在下议院中占有十六席。据说平野为着设法免于追放，不仅花钱活动，而且还用过美人计。像卢田一样，平野的新党也向暴发的建筑承造商找后台。

在参院中，还有一个"绿风会"的组织，值得一提。这一个会说是由"无党无派"议员组成，但实是老官僚，反动教授，贵族，前贵族院议员的极右翼的结合。该会的首领是与天皇家族有关系的松平恒雄。松平曾任宫内大臣，出使过英美，现任参议院议长。该会分子与吉田的保守新党接近。

战后政党的几个特征

基于上边简单的论述，关于战后日本共产党以外的各个政党，我们可得出如下的结论：

一、在战后日本政治舞台上，虽出现了许多式样不同的政党，但本质上还是天皇制之下日本型的特殊独占资本御用的政治工具，彼此不同的地方只是分工上的不同，扮相上的不同而已。

二、比起战前（大政翼赞会以前）的旧政党来，今日的政党是经过相当的"再编成"的，党名也换过，但在实质上，基本的社会构成上，与"政友"、"民政"、"社会大众"等党没有多大的差别。这因为日本的社会经济结构和统治基础并没有因日本投降和美军之占领而起基本的变化，今日的政党与战前不同的地方，只是多了一重买办性吧了。

三、这些政党并不是群众的政党，而是主要以议会为舞台。党的力量不建立于议员质量的发展，而盯在议员的数字上，因而议员的强引拉抢成为政党的活动中心。议员即是奇货可居的政治本钱，便飘摇不定，朝秦暮楚。尤其民主党与自由党间，双方主要人物也随时转来转去（如卢田均之由前自由党转入民主党为总裁，币原、斋藤之转入民主自由党）。

四、战后日本搞政党的人，都不是什么新人，而是战前日本的职业政客。他们的记录差不多没有一个是干净的，不是大政翼赞会好汉，便是"圣战"的讴歌者。战后摇身一变，变得成功地成为"民主战士"，坐上大臣的椅子，变得失败的便被整肃或收监。因为是由职业政客构成，党内的小组织也特别多。会与会，派与派的小组织之间，也是成员穿来穿去，飘忽无定。

五、战前和战后的日本政党都像其他资本主义国家的资产阶级政党一样，接受资本家津贴，敲竹杠和分赃。但在战后，既有庞大的隐蔽军用物资，又有无数的暴发黑市商和建筑承造商，生财之道更容易，没有哪一个反动政党的领袖不从这些地方接受所谓"不当财"。所以，今日日本更谈不上政治道德了。

资产阶级政党分立的原因

最后有一个问题，须稍加剖析的，即是民主与民主自由两党既然同是反动的资产阶级政党，为什么不统一起来而各自分立呢？

两党之迄今还不能合流，诚然与卢田和吉田两党魁的政权欲之强及彼此个人间的恩怨有关，但更重要的原因却由于如下两点：一、民主与民主自由两党虽同是代表资产阶级，但所代表该阶级的阶层仍各有不同。民主党是以产业资本家和中小工商业者的上层为骨干，而民主自由党则比较上以地主势力以及新兴的黑市资本为主，前者比较狡猾圆滑，后者则比较死硬；前者倾向于"修正资本主义"，实施官僚的统制，以及与工会和"社会主义"政党"合作"，从而利用之，后者则或多或少反对这种做法。这种阶层和倾向上的差别，使保守政党还合拢不来。二、日本的无产阶级的全体还不十分统一，工会组织和政党都分裂为社会民主主义与共产主义的两个阵营，全国统一战线还未能建立，无产阶级的分裂和不够十分强大，使保守势力亦认为无统一的必要。

七　战犯与东京法庭的滑稽剧

波茨坦宣言的第十条明明写着："吾人无意奴役日本民族或消灭其国家，但对于战罪人犯，包括虐待吾人俘虏者在内，将处以法律的制裁。"血债要用血来偿，特别是受了日本六七十年侵略，八年来被日寇滥炸、屠杀、死亡了几千万生命的我国人民，是有理由和权利要求尽法严惩日本的战罪人犯，来清偿这笔民族血债的。

　　然而，日寇投降三年来，在美国的宽大政策之下，这笔血债偿了多少，日本战犯有多少被惩治？让我们先看看东京的国际战犯法庭的滑稽剧。

战犯逮捕的迟缓

　　麦克阿瑟率军进驻日本后，于一九四五年九月十二日开始逮捕了东条英机和他的全体阁员，前驻菲大使村田省藏，前攻打巴丹半岛日军司令本间雅晴中将等三十九名战犯。这以后直至十一月中，差不多两个月的期间，麦克阿瑟总部对于战犯的逮捕，并不起劲，这期间只逮捕了"马来之虎"山下奉文，侵华巨魁土肥原贤二，法西斯主义团体大日本青年党党魁和炮轰美舰"潘纳"号凶手桥本欣五郎，前首相阿部信行及前内相安倍源基等若干名，但近卫、平沼、木户、荒木等大批侵略巨魁，虽已遭舆论指责，仍然逍遥法外，近卫且任铃木内阁的国务相，负责草拟新宪法，并且实际上操纵了铃木和东久迩内阁。到了十一月十七日和十二月一日才逮捕了荒木、小矶国昭（前关东军参谋长，朝鲜总督，并曾继东条任首相）、南次郎（前陆相，朝鲜总督，大日本政治会总裁）、真崎甚三郎（前台湾军司令官，陆军教育总监，法西斯少壮军人领袖）、松井石根（右翼团体大亚细亚协会创立者，侵华华中军总司令，南京大屠杀首犯）、松冈洋右（前满铁总裁，外相，亲德外交家）、白鸟敏夫（前驻意大使，"革新派"领袖）、梨本宫守正亲王（陆军元帅，皇室最重要的主持人）、平沼骐一郎（前枢密院长，首相，老牌法西斯领袖）、广田弘毅（前外相，首相，亲军阀的官僚）、丰田副武（太平洋战争中联合舰队司令）、小林跻造（前联合舰队司令，台湾总督，翼赞政治会会长）、畑俊六（前侵华军总司令）、西尾寿造（前侵华军总司令）、多田骏（前侵华华北军司令）、后宫淳（前侵华华南军司令，侵华军总参谋长）、池田成彬（三井财阀的代表，前藏相）、鲇川义介（前满洲重工业开发会社总裁，满洲大财阀）、中岛知久本（飞机大王）、谷正之（前外相，驻"满"大使）、天羽英二（前内阁情报局总裁）、古野伊之助（前同盟通讯社社长）、德富苏峯（军部喉舌老记者）、大川周明（前满铁东亚经济局理事长，法西斯团体领袖）等共七十名。到了十二月六日，近卫和木户幸一（前内大臣，日皇的亲信重臣），也列入战犯名单，然而近卫却于十二月十五日投狱限期前一天自杀殒命了。近卫这一着不仅是自己畏罪，想逃避战犯法庭的裁判，而且是为犯罪的天皇和整个日本统治阶层灭口。侵华祸首近卫之不能明正典刑，迟迟始下令逮捕他的"盟总"应负其责。

二十八名头号战犯

其后续有检举和逮捕。到了一九四六年一月十九日麦克阿瑟发表了关于设立远东国际军事法庭的特别宣言，并公布"远东国际军事法庭条例"，组织远东军事法庭，审判日本侵略战争的祸首，即所谓 A 级战犯。东京国际军事法庭以一九二八年六月四日皇姑屯炸死张作霖事件为日本这次侵略战罪的开始时期，并以此为准，检举了下列二十八名 A 级战犯：

一　首相与重臣——东条英机、平沼骐一郎、广田弘毅、木户幸一、小矶国昭。

二　陆海军领袖——荒木真夫、板垣征四郎（前关东军参谋长，陆相，侵华军总参谋长）、松井石根、南次郎、土肥原贤二、畑俊六、永野修身（前海相，联合舰队司令）、岛田繁太郎（前海相，军令部长）、梅津美治郎（前关东军司令，参谋总长）、木村兵太郎（前关东军参谋长，侵缅军司令）、武藤章（陆军省军务局长，侵菲军第十四方面军参谋长）、佐藤贤二（陆军省军务局长）、冈敬纯（海军省军令局长）。

三　执行侵略政策的外交官僚——松冈洋右、重光葵（前外相）、大岛浩（前驻德大使）、白鸟敏夫、东乡茂德（前外相）。

四　主持日本经济动员或占领区榨取的大官僚——贺屋兴宣（前藏相，华北开发会社总裁）、铃木贞一（前兴亚院政务部长，企划院总裁）、星野直树（前伪满总务长官，东条内阁书记长官）。

五　日本帝国主义的理论家——大川周明、桥本欣五郎。

与纽伦堡不同

从表面看来，东京的战犯法庭与审讯德国战犯的纽伦堡法庭的性质完全相同的，实则有很大的差别。东京军事法庭不像纽伦堡那样，基于国际协定而设立，而是由麦克阿瑟以命令设立的。法庭由远东十一国（美、英、苏、中、法、荷、澳、加、纽、印、菲）的法官组织。这些法官虽由本国提名，但由麦克阿瑟任命。澳洲法官韦伯（sir William Webb）任庭长，也是出自麦克阿瑟的任命，检察官也不是由盟国地位平等的代表构成，而是由以检察长美人基南（Joseph B. Keenan）为首的一班人员构成，基南也是由麦克阿瑟任命。美方在法庭和检察官方面所占的支配地位，自不免使审判进行受了影响。东京法庭更有一个与纽伦堡法庭不同的地方，就是检察官首先发言，而最后发言的是战犯辩护者，而不是检察官。

上开的二十八个A级战犯名单，都是属于"元凶巨憝"之列，那是没有问题的，但"元凶巨憝"漏网仍多。首先，实际上支配日本帝国主义的政治和享受侵略战争之果的财阀，一个也没有列在这名单之内。像前藏相三井财阀代表池田成彬，满洲工业大王鲇川义介，飞机大王中岛知久平都不算是 A 级战犯。这并不是因为他们的罪恶不昭著，而只是因为美国的华尔街大老板与日本独占财阀向有血缘关系，今后更要拉得紧些。即侵华重要军阀，如侵华军总司令冈村宁次、侵华海军司令长谷川清、前华中侵略军司令山田乙三、前关东军司令植田谦吉等，到本书执笔时还不见检举，甚至还在南京（冈村）台湾（长谷川）活动。

纽伦堡的审判，不管戈林、卢森堡等战犯怎样企图拖延，历时约一年之后，终于一九四六年九月卅日结束，幸逃法网的只有巴本、沙赫特和弗里彻。东京法庭条例虽也有迅速进行审讯的规定，但实际上却以蜗牛的步伐进行，从一九四六年四月起，拖了二年，到了一九四八年二月下旬才算审讯完结。辩护律师方面为使审判拖延不决起见，向法庭提出堆积如山的各种各样的文件，庭长韦伯也任他们作题外或横生枝节的陈述，以致到了一九四七年夏天，法庭所耗去的纸便达一百吨之多。在这之间，松冈，永野两个战犯已经病死，大川周明据说患"神经病"，大闹法庭之后就免予出庭受审。实际上 A 级战犯只余廿五人，但到执笔时止，还没有宣判。

法庭变成了演讲台

纽伦堡法庭每个德国战犯至多只有一个辩护律师，而且律师都是德籍的。但东京法庭的日战犯共有辩护律师五十余人，除了日籍律师之外，还有美籍律师廿多人，其中包含一些穿军服的官员。这些美国律师在替战犯洗刷罪状的工作中，表现出跟他们日本同事不相上下的热心，他们企图颠倒黑白，否认日本有过侵略的行为，甚至抨击美国本国亦所不惜。美军占领当局和国务卿马歇尔曾经自告奋勇地向法庭提出一些材料，美国辩护律师都大加利用。麦克阿瑟总部情报组官员布莱克中校且曾两次出庭作证，替重要战犯辩护。

由于美方对战犯这样纵容协助，东京法庭竟变为日本侵略者的演讲台，苏联的检察官虽屡次大声疾呼，要求处东条等极刑，但南京方面所提出的证据，只寥寥可数，而且软弱无力①。南京国防部次长秦德纯代表中国第一次出庭作证人，遭美律师穷结，甚于犯人之被鞫讯。日籍的辩护律师和证人，本身不是战犯，就是旧的反动将军、情报人员、外交官。再加以美方的处处袒护，东京法庭倒显出是为日本战犯洗脱罪状以及日本的极端国家主义和军国主义宣传而设。在法庭上，战犯、美日辩护律师和证人用种种的花言巧语来为日本帝国的侵略和血腥罪行强辩，不仅说成正当的防苏，而且说成有功于世界人类。防共反苏特别是他们爱用的论点。在为侵华辩护时，松井石根把孙中山先生的"大亚细亚主义"与日本的"大东亚主义"混为一谈，土原肥还自称为"中国之友"。其他侵华的战犯不是说进攻中国的动机是在做成一条"防止赤化"的安全地带，便是说原因与中国的反日有关。对于苏联的造谣中伤，更是无所不用其极。东京法庭的审讯，虽也暴露了日帝处心积虑，进攻苏联和占领苏联领土的事实，但日战犯与其辩护人却总力图证明其"合理"。他们甚至利用目前美国的反共反苏而引"杜鲁门主义"为同道。一个美国辩护律师公然的说日本希望有一个稳定的"独立"的东北，以阻止苏联共产主义南下，吞并整个中国。右派日本报纸更抓住每一次机会，详尽的登载关于审讯工作的虚伪报道，大事宣扬军国

---

① 见王芸生《日本半月》第十节"远东国际法庭与战犯"。

主义的思想。

天字第一号战犯东条的审讯经过，特别可以说是东京这个滑稽剧最精彩的一幕。东条的日籍律师清濑一郎曾经是亲军阀的反动议员，参加过"国策研究社"，这个社团曾参与拟制侵略民主国家的计划。照理清濑应坐在被告席上，而他竟居然做了东条的律师，美检察长也不加以检举。清濑逞其狡辩，比战前还声名鹊起。东条的申辩书，不仅为天皇洗脱，而且强调日本之作战"是出于自卫"，且日本"并未侵略亚洲大陆，仅曾步入大陆，将受西方桎梏的亚洲各族予以解放而已"。东条这一篇答辩书竟被允许编印成书，在日本销售数十万册，为日本最畅销书之一。答辩书的序且说"每一国民都应阅读"。经过审讯后，东条毫没有悔过之心。他于一九四八年三月五日晨接见法国新闻记者说："第三次世界大战不可避免，日本复兴是必然的。"据《朝日周刊》透露，东条等坐了两年监之后，成为民族英雄，声望更隆，日人对他们的拥护比以前更热烈。

由于东京法庭对日战犯的宽大到了"枉法"的程度，所以东条感激涕零，日本人也说："国际法庭对日本人民的思想有好影响。"

这些战犯是拘留在东京巢鸭监狱中的，备受优待。据荒木贞夫的次女幸子所发表的探监记①，战犯宿舍设备周全，生活也悠闲舒适，每天吃三餐，下午一茶，西餐日本餐任便，探监的也吃得到一客下午茶。这样的舒服哪里像监狱，倒像是高等疗养所。所以荒木小姐探过监之后，便很得意地说："幸福将会降临到我们的头上。"据另一报告，这些战犯在监狱里过的日子异常惬意，可以随便看报、下棋、打麻将以至看电影：其中星野直树等

---

① 据一九四八年三月十一日《香港工商日报》译载日本《妇人公论》的文章。

已养得比以前还胖。

战犯一批一批的释放

麦克阿瑟和美检察长最荒谬的行动，就是擅自释放重要的战犯。先后给麦克阿瑟和基南释放或免予审讯的有名战犯已经有好几批了。负责的皇族如梨本官守正王、侵华军阀如西尾寿造、多田骏、小林跻造、真崎甚三郎、高桥三吉（前联合舰队司令）、东条阁僚如岸信介（前商相）、青木一男（前大东亚相）、寺岛健（前递相）、安滕纪三郎（前内相），推行侵略的外交官僚如谷正之（前外相）、天羽英二、本多熊太郎（前驻德和驻伪汪政府的大使）、须磨弥吉郎（前驻南京总领事，西班牙公使），军部的爪牙如儿玉誉士夫（前海军省驻沪采购代表），亲军财阀如鲇川义介、中岛知久平、久原房之助（前政友会久原派领袖）、石原广一郎（石原产业董事会长）、法西斯头子如大川周明、笹川良一（国粹党主席）、后藤文夫（前大政翼赞会副会长）等都恢复了自由。

更可耻的，美籍官员以至检察长竟和日本大战犯往来交欢，视同密友。前外相松冈病死时，许多美国律师和美国军官曾去送葬，并给坟墓献花圈。检察官基南跟前朝鲜总督外相宇垣一成大将，前首相海相米内光政海军大将，前首相冈田启介海军大将，前首相若槻礼次郎（九一八时代任首相）四战犯打得火热。这四人曾请基南到热海海滨别墅去消磨假日，基南更在官邸举行了一次"和平之友"的鸡尾酒会招待这四个大战犯，并且致辞说："我在日本一年有半的时间，认识了四位是真正的和平主义者，特设此宴，聊表敬意。"后来，这四个家伙还向基南献绣旗，猫鼠一窝，互相吹拍，天下还有比这个更荒唐的吗？

八 纸上的"财阀解散"与"土地改革"

要根绝日本帝国主义侵略力量，必须挖掉它的经济基础，要使日本政治真正民主化，必须使它的经济民主化。这即是说，日本的独占资本体制和封建的土地制度非摧毁不可。

一九四五年八月二十九日，美政府给麦克阿瑟的训令曾有规定："凡因过去的社会关系或其他理由不能信赖来指导仅以达到和平民主为目的之努力之人，应禁止在经济界中保留重要的位置。"并应"帮助解散在日本商工业的大部分具有支配力的大产业和金融康拜因（combines）"。这种规定就含有在经济上挖日本帝国主义侵略的根的意思。远东委员会于一九四六年七月十日通过的对日政策基本原则也明确地规定："（一）日本的劳工，工业及农业机构应根据民主基础组成；（二）凡经济界人士，其过去的历史不能信任其能指导日本经济上的努力，以达到和平及民主目的者，均由最高统帅禁止其恢复重要地位；（三）制定关于大工业及银行独占组织之解散，并在较广大之管制及所有权之基础上，代以其他组织之计划。"

在占领之初期，麦克阿瑟总部像照着美政府训令和远东委员会的决定，在经济的民主化方面有所作为，着手解散大财阀组织和改革土地制度，然而事实上这些改良的方案本已很不彻底，加上日政府的怠工，和麦克阿瑟总部缺乏实行的诚意，殆成为纸上文章，最近更在有些地方反其道而行了。

财阀的王国

众所周知，战前日本的独占资本已有高度的发展。三井、三菱、住友、安田、太仓、山口、川崎、古河、涩泽、浅野等十五个大财阀控制了日本工商业的三分之二以上。其中，三井、三菱、住友、安田四大财阀拥有全国财富的百分之四十，全部股份公司投资百分之六十，单三井一家就占百分之二十五。这四大财阀跟涩泽和川崎的银行事业合并计算，掌握了银行、信托公司和保险公司全部基金（金融资本）百分之五十七。单单三大财阀就至少控制了一半的煤和钢的生产，全部商船吨位的半数，以及全部对外贸易的百分之三十三；最大的三井、三菱两财阀就建造了半数以上的轮船吨位，控制了全国的造纸工业，百分之七十的面粉工业，全部炼糖业，以及大部分的化学工业。战争只加速了这些大财阀对于较小的公司的合并，更增长了他们的腰包。战争结束后根据"盟总"的报告，四大财阀拥有营业资本一百二十亿日元，控制银行存款和银行资产一千一百一十亿元。

这些大财阀既然是发动指使日本军阀对外侵略的幕后人，而又坐地分肥，在占领区大发其财，消灭这些财阀，实是应有的一着。

但是，日本投降后，日本的统治者如币原，吉田之流既都是财阀的代理人，白宫真正的主宰华尔街财阀又与日本独占资本有血肉的关联，希望美日当局摧毁日本大财阀，便有类于与虎谋皮了。币原曾对美国人说："旧"财阀是"好"的，只有"新兴"的财阀才是"坏"的。吉田也曾公开替财阀洗脱对侵略战争应负的责任。美国陆事部长罗跃尔更说：没有财阀，"没有这些最能干，最有经验的国家领导者"，日本的经济复兴是不可能的。美日当局在这样的观点之下"解散"财阀，其为怠工欺骗，自不足怪。

"解散"的计划

一九四五年十月，大财阀的代表与"盟总"当局商谈过之后，决定由安田财阀代表四大财阀提出自动解散的计划交给"盟总"。这计划的要点是：

（一）持股公司（Holding Company）及财阀同族所有的股份资产，均交给新设之"持股公司整理委员会"清理，持股公司便须解散。（二）持股公司及财阀同族交给股份资产时，领取收据，俟股份资产处分完毕，调换十年期限的政府公债，收据及公债原则上均不得出卖、移转、抵押。（三）股份资产公开时，从业员有购入优先权，又限制股份一次购买额，以防个人或家族多购，足以构成控制权。麦克阿瑟接受了这个方案，于十一月六日发出指令，日政府依照这方案解散大财阀，并添了如下一项：财阀全家须从第一线撤退，今后直接间接不得参加一切经营。其后，同月二十五日"盟总"再作枝节上的补充，翌年四月得到日本政府的接受。同年十二月议会通过成为法案，即所谓："经济力集中排除法。"同年美陆军部和国务院派出的以爱德华斯（Corwin Edwards）教授为首的财阀调查团到日本去，爱德华斯教授不满意于安田财阀所提出的方案，认为不能消灭财阀。根据爱德华斯的报告，美政府做成一个政策的声明，交给麦克阿瑟征求意见，麦氏稍加修改，表示同意，由陆海军部和国务院批准，送交远东委员会考虑，这就是有名的"远东委员会文件第二百三十号"。到了一九四六年十一月，大财阀的主要持股公司才开始解散，一九四七年二月，日本政府才下令清算三井高公等五十六个财阀家族的八千万美元的个人财产，把他们的财产置于整理委员会的监督管理之下，形式上剥夺了他们对企业的支配权。日本政府之迟迟执行"盟总"的指令，使人极怀疑它要给财阀以变卖或隐匿其资产的机会。至于财阀持股公司的股票的接管和处理，也进行很慢，清理委员会由一九四六年八月开始办公，时历两年，到现在还没有处理完竣。

本来，彻底的消灭财阀的办法，就是如苏联代表在盟国管制日本委员会所提出的，将日本财阀的财产收为国有，而不给予任何补偿，这不是美日当局所能做到的。以现行的解散财阀的办法而论，不仅是极其"温情"，而且破绽百出。

计划本身就多毛病

如平野义太郎所指出[1]，麦克阿瑟总部的解散财阀办法至少有如下的缺陷：（一）财阀解体的实行机关持股公司整理委员会，除少数资产阶级学者（如美浓部亮吉教授）当作陪衬而列在其中之外，负责的地位完全被金融资本的代理人（如委员长为兴业银行理事笹山忠夫，常任委员野田岩次郎是日本棉花实业公司外事部长）所占据，自然不会彻底去做财阀解体的工作。（二）仅把股票分散，还不能实现所有的民主化，因为，由于企业的所有和经营分开，股票公司债务化，一般的股东变成公司的债权者，保有较少的股份也可支配公司的经营。何况，继续不断的通货膨胀，已使勤劳大众成为身无长物的赤贫者，实没有购买财阀股票的余力；即使极少数薄有储蓄的人，买得若干股票，但这种小股东并不能长久保持股票，结果还是转卖出去，而财阀收集少数的股票，依然可以重握公司的支配权。如果这些股票为黑市商人或所谓"新圆阶级"暴发户买到，结果仍将经济权力从旧财阀转入新财阀手中，以暴易暴，那里算民主化？（三）旧财阀家族虽被逐出于"第一线"外，

---

[1]　平野义太郎：《论财阀解体》（载一九四八年十一月二日上海大公报）。

不许参加经营，但补上去的经营干部都是先前财阀家族的部下；此举仅仅加速了财阀人事的新陈代谢过程而已。资本关系虽断，人和人的关系，一如往昔的连在一起，故仅仅财阀资本关系的整理和旧财阀的头等人物的放逐，决不能使财阀解体。（四）目前施行的财阀解体办法，规定财阀把股票拿出来换回以十年为偿还期的公债票，因而财阀可取得公债利息。这将使财阀家族成为寄生的利息生活者而且被保障，这对于国家的财政是极大的负担。

事实证明平野的视察是对的，被解散的财阀的股票，现在出卖期中，但据说消化力不佳，很多落在证券业的手里，将来仍免不了资本集中的命运。财阀家族的"追放"虽比政界为严厉，但新人都是替身，他们本人则混入政界，财阀与政界的联络更加完善。再次，财阀解体后，与财阀有关的公司均已改换名称（如三井系的"三井建设工业"改为"三建工业"，三菱系的"三菱商事"改为"东京商事"。住友系的"住友金属工业"改为"扶桑金属工业"，中岛系的"中岛飞行机"改为"富士产业"等）。日政府借此加速经济复兴，优先保护生产额巨人的工场，优秀的机械设备和生产技术既集中于财阀工场手中，故与财阀有关的公司倒获得政府准许通融借款及其他的便利，它们的事业反较强盛起来。据读卖新闻一九四八年二月四日的统计，复兴资金的大额贷金，还是为三井、三菱等大财阀所吸收。单是三井矿山公司占了三十亿日元，三菱矿业占了十九亿元。至于战后资本集中的趋向，实在有加无已，金融资本特别是如此，看下列两表便明①。

---

① 据《朝日评论》一九四八年一月号宇佐美诚次郎所载论文。

一　日本普通银行的集中表

	银行数	存款（亿元）	贷款（亿元）
一九三七年末	三七七	一二四	七十
一九四一年末	一八六	二九四	一五七
一九四七年八月	六二	一四九二	六一〇

二　帝国（三井）、三菱、住友、安田、三和
五大银行的支配状态表（一九四七年八月）

	银行数	贷出额（亿元）	存款（亿元）
普通银行会计	六二	六一〇	一四九二
五大银行	五	三〇四	七一九
持股银行	二七	一三三	三六三
五大银行所支配	三二	四三七	一〇八一
	（51％）	（71％）	（72％）

如上所述，我们已可以看到，美日当局所进行的解散财阀的工作，不仅不彻底，而且是马虎敷衍，离经济民主化的目的不知多远。可是，随着美国扶日复兴政策的日益积极，美方连这样的门面工夫也要大打折扣以至放弃。

索性取消了"财阀解散"

一九四七年下半年，美国的独占资本家以及他们的代言人共和党议员对于解散日本财阀的办法已暗中酝酿反对，他们恐怕消灭大工业家银行家权力的政策会摧毁了日本资本主义制度。同年十一月特别国会开会时，共和党参议员诺阑（William

F. Unowland）公开指摘此种政策，说是"苏联以外最社会化"和"非盎格罗撒克逊式"的措施，要求彻查远东委员会文件第二百三十号[1]。一九四八年一月，麦克阿瑟总部宣布免除三井（帝国）、三菱、住友、安田四大家银行适用过度经济力集中排除的法令。跟着，在美国国会的顽固派和华尔街的独占资本家的压力之下，同年三月间据传美国务院和陆军部已确定放弃解散日本独占财阀的计划，撤回远东委员会第二三〇号文件。差不多在那个时候，美陆次德莱柏率领的代表团访日，代表团员本身也是大资本家的约翰斯敦霍夫曼等居然接见三井财阀的最高顾问池田成彬，三菱重工业公司现任总经理冈野保次郎，浅野财阀的浅野良三，工业大资本家石川一郎等，这些财阀代表就停止经济力集中的排除和解除若干经济战犯的追放等问题提供意见，相谈甚欢。与德国独占资本勾结的德莱柏早就惋惜过日本财阀的追放，说是影响了日本生产的复兴，对于他们的意见，自然加以"善意"的考虑。五月一日麦克阿瑟总部宣布：原拟分散改组的日本大公司三百二十五家，现决定减为一百三十一家，享受豁免分散之一百九十四家公司，有五十家完全保留原状，其余一百四十四家则须将其与主要生产部门无关之附属公司出卖，唯公司本身仍保留完整。这显然是德莱柏与日财阀密谈的产物。五月十八日德莱柏，约翰斯敦等提交陆军部的报告书，更明白建议，财阀和其他经济的独占组织之分散，必须尽量缓和，并限制改组至最低限度，以免引起长期不安定的情形，而保证合理的竞争。这等于说，美统治者已撕破它的"协助日本经济民主化"的假面具，而要完全取消经济集中力

---

[1]　据一九四一年一月四日《纽约下午报》乌尔（A. H. Uhl）所撰《日本独占在美国找到了朋友》一文。

排除法案了。

　　诚然，麦克阿瑟总部中对这个问题有两种不同的意见，负责反托拉斯工作的威尔斯，代表那些与日本工商业有竞争的美国工商业家，主张依旧实施这些解散财阀的法案，但他拗不过代表美国独占资本家的麦克阿瑟和经济组长麦克瓦特。这两派的斗争自然还是以威尔斯的失败而结束。

封建的土地制度的轮廓

　　关于日本的土地问题与土地改革，自不是短少的篇幅所能详细论列，这里只能描出一个轮廓。

　　在资本主义有高度发展的日本，农业的比重依然相当大。据一九四七年十月一日的统计，日本全国人口七千八百六十二万七千人中农业人口占百分之四六有奇。故土地问题关系重大。日本的土地所有是相当集中的，全国百分之三的大地主拥有百分之三十的可耕地，大约佃出土地的二分之一。在土地所有者中间，有三千个地主每人拥有平均一百二十二英亩，有二十五个地主每人拥有平均四千五百英亩①。另据一九四〇年的统计，耕地所有的分配如下：所有自一町步（一町步等于二点四五英亩）至三町步——九十四万三千五百二十二户；三至五町步——二十二万二千三百四十七户；五至十町步——十万六千四百九十三户；十町步或十町步以上——四万五千七百八十四户。日本土地所有分配的情形既是这样，所以小自耕农和佃农占大多数，在全国农家中佃农约占百分之七十左右。看下表便明：

---

　　① 据一九四八年一月美国《外交季刊》所载《日本农业改革的前途》。

农户类别	户数		百分比	
	一九四六年四月二十六日调查	一九四七年八月一日调查	一九四六年四月二十六日调查	一九四七年八月一日调查
自耕地主	214054		3.8	
自耕农	1655244	2153611	29.0	36.5
佃农				
自耕农兼佃农	1127166	1183408	19.8	20.0
佃农兼自耕农	1061188	996986	18.6	16.9
纯佃农	1637051	1573838	28.7	26.6
不耕作土地的农户	3245	1386	0.1	0.0
合计	5694948	5909229	100.0	100.0

日本佃农每年要以他的收获的一半或一半以上（通常是实物）缴纳佃租。终年辛劳，而结果如此，故佃农通常是要欠债，受地主高利贷的榨取。此外，地主的半封建的剥削依然存在。佃权受不到法律的保障，地主可以随时取回土地，因而过去佃租争议频繁发生。日本帝国主义是以这种半封建的土地制度为基础。农民和佃农的贫乏化，使日本国内市场狭隘，予日本资本主义的对外侵略以刺激，同时破产的农民提供工业资本家以廉价劳动，增加其对国外市场的竞争力。大地主固是日本反动统治的支柱之一，他们更利用农民的落后性作为培养军国主义的温床。军队的下级军官通常由地主子弟构成，炮灰的源泉则主要唯农民是赖。

农地改革法案

为了保持半封建的剥削，过去日本政府并没有怎样施行土地改革。占领之后，一九四五年十一月，币原内阁奉麦帅的面谕草拟一项实际上志在保全地主的"土地改革"法案，即所谓"第一次农地改革"，但仍遭遇国会的反对。十二月九日，麦克阿瑟总部指令日本政府于一九四六年三月十五日以前草拟土地改革计划，日议会乃连忙通过这一法案。但麦克阿瑟总部认为该法案太不像话，不予接受，日政府只得准备新的方案。于一九四六年三月十五日提出。这计划依然是规避敷衍。同年五月，麦克阿瑟总部乃向盟国管制委员会提出土地改革问题征询意见。英国代表鲍尔建议一个比较进步的计划作为答复，得到盟管会其他会员国的支持。日议会后来采纳了这个计划，于十月二十一日通过了所谓"第二次农地改革法案"。

　　法案的内容是这样：（一）不在村地主的全部耕地须卖给政府，在村地主则可保留一町步（北海道则为四町步），预计可将原为佃出的耕地二百余万町步（约五百万英亩）转到佃农手上，即原有的佃农的百分之八十将可变成自耕农，但仍将有约六十万町步（约一百五十万英亩，等于全部耕地十分之一）继续出租。（二）政府按照一九三九年的官定地价——即水田每町步九七八三·三〇元，旱田五七七三·七〇元——向地主收购，而以较廉之价——水田每町步七五七六元，旱田四四六九·八〇元——算作是津贴，转售给佃农。政府付给地主的是三十年内偿还的债券，而佃农可一次偿付地价或分三十年偿付。（三）原来的佃农有优先买受之权，有多余的劳动力的佃户亦得买受，但佃农连原有和新购的耕地不得超过三町步。（四）依照此法案实施的改革应于两年内完成，即地主土地的收买和卖给佃农应于一九四八年十二月底以前完成。（五）农地改革执行机关为"农地委员会"。分市町村，府县和中央三级。市町村农地委员会由地主三人，自耕农二人，佃农五人以及"有学识有经验的人"三人构成。府县农地委员会由市町村委员会佃农方面所推选的佃农十人，市町村委员会地主和自耕农方面委员所选的地主六人，自耕农四人，以及农林大臣自"有学识有经验的人"中指派十人构成：至于决策机关的中央委员会则由佃农八人，地主八人（均由府县委员会的佃农地主方面的委员选出），"日本农民联盟"及较保守的"全国农民联盟"代表各一人及大学教授四人组成。（六）违反本法案者处六个月以下的徒刑或五百元以下（实等于几天工资）的罚金。以外，日政府还颁布农地调整法，规定禁止实物地租，水田地租不得超过收获总值百分之十五，旱地不得超过百分之十五，佃约须用书面，地主不得随意收回租出之耕地。

法案本身的缺陷

这法案的本身已有不少的缺陷。第一，在村的地主仍得保留一町的土地出租，许多农会组织就恐怕地主以这一町地为核心，利用高利贷、荒年及其他机会恢复他们对土地的控制权。第二，土地改革法案一般只适用于耕地，而不适用于更广大的林地和荒地（一九三六年，佃农租来的耕地共有二百八十万町步，但私有的林地荒地共达一千万零五十万町步），这使得那些使用地主所有的林地的山区农民不能自农奴似的生活中解放出来。第三，农地改革未顾到与耕地有附属关系的水利权，握有水利权的地主仍可制佃农的死命。第四，各级的农地委员会中，地主仍有相当大的发言权，加之以所谓"有学识有经验"的人中选出的委员，实际上无非是地主的代言人，故农地委员会的决定自处处为地主的利益设想。

以该法案的实施而论，美日当局更纵容地主的偷龙转凤，怠工破坏，未见实效。关于实施上面的破绽，可指出如下几点：

实施上的破绽

（一）一次农地改革法案于一九四五年十二月提出国会，二次农地改革法案于一九四六年十月才通过，再过好几个月才开始实施，故地主有很充裕的时间来玩弄花样，或强迫佃农退佃，假装自行耕种，以避免为政府收购①：或把土地分与子弟，使他们成为自耕农；或把土地售与一个有名无实的人，而以高价转售给他的佃户。

（二）法案开始实施之后，地主尽力反抗破坏。他们开始组织自己的团体，企图获得自耕农，非耕种农户等的支持。他们不仅恫吓佃农和政府官吏，甚至向法庭控告政府侵犯财产私有权为"违宪"。代表地主利益的日本政府固予以庇护，有些出身南部诸州的美方官员，一向同情地主，更煽动他们此种反抗情形。不痛不痒的罚则不会使他们有所戒惧。最近美国扶日政策的表面化，更引起地主们对废止该法案的希望。

（三）向在地主积威之下的日本佃农，文化水准既低，又怕地主的恫吓，他们中有许多人对土地改革采取淡漠的态度，不积极争取土地改革的彻底实施。加之农民运动内部分裂，平野力三所领导的右翼农民组织更为地主服务，对土地改革怠工。

有此三种现象，再加之以日本历届内阁都没有诚意实施土地改革、因而进行得很迟滞，表面上也离完成之期很远。据日本官方的统计，自一九四七年三月底至一九四八年三月底，政府六次收买的农地面积共一，三四三，〇〇〇町步，连地主作为财产税

---

① 例如东京有一个名山形的大地主，在相田附近拥有数百町的耕地，一听到土地改革的消息，即跑到相田去，宣布收回佃出的土地，而答应以低廉工资雇回佃户作长工。佃户初不答应，向当地警局控诉，警局不受理，雇农只得对地主屈服。（前揭《危险来自东方》一二三页）

缴给政府的土地合计，共为一，六二二，〇〇〇町步。这等于全国佃农地面积的百分之七三点九。从表面上看来，成绩还不坏，但卖给佃农的土地数目却少得很。至今年（一九四八年）三月底，在这一年中，由政府卖给佃农的土地合计仅四十二万七千三百町，还不到已收买的耕地总面积百分之三十。照日本当局的解释，卖出迟滞的理由是因为农地委员会的人手不足，卖出之前须把分散的土地加以交换分合，以及对于佃农的购买申请的许可郑重其事，不过无论如何，美日当局之没有诚意实行土地改革是无可否认的事实。因此，进步的农民方面提出了"第三次农地改革"的要求，希望对第二次农地改革予以根本修正，撤销在村地主得保留耕地一町步的规定，以及林野、牧场、开垦地全面的"解放"（即亦须由地主转移佃农之手），一九四八年四月上旬的日本农民联盟全国会议即以此为重要议案提出。但执政的民主党已决议坚决反对。

总而言之，在美国管制和日本保守政府统治之下，所谓经济民主化，至多也是徒有其名，真正的经济民主化还有待于人民政权的建立。

九 经济复兴的新威胁

"日本将被许维持其经济所必需及可以偿付货物赔款等工业，但可以使其重新武装作战之工业不在其内；为此目的可准其获得原料，日本最后得被允许参加国际贸易关系。"

这是波茨坦宣言关于投降后日本经济的规定，是够宽大的了。当然，签字于波茨坦宣言的盟国都没有使日本经济陷于破产，但问题却在于战后日本经济的恢复是循什么路线——波茨坦路线还是反波茨坦路线。这即是说，是否意味着日本帝国主义的复兴。

先看看赔偿的处理

提供这问题的解答以关键的，看先是赔偿处理的情形。如果盟国要日本所提供的赔偿足以降低他的工业水准至不足为患的程度，足以挖空了日本帝国主义复活的现存经济基础，则日本经济复兴之不致构成对远东人民的威胁，便可获得有力的相当保证。然而，片面管制日本的美国究竟怎样处理赔偿问题呢？

在日本投降之前，有一部分美国人提出："我们将使日本成为一个大农场"，"我们将拆掉日本一切机器"的口号。但是，到了日本单独归美国管制之后，美国对日本赔偿问题的态度便愈来愈软了。

一九四五年十二月七日美总统赔偿专使鲍莱（Pauley）发表日本赔偿计划，主张维持一九三〇年的工业水准，不独保留全部纺织，生丝等基本工业，而且保留年产铣铁五十万公吨，钢块二百五十万公吨，硝酸一万二千五百吨，商船保有一百五十万吨，火力发电二百万瓩，但不许生产铝、镁、轴承等。超出此限量的工厂则拆充赔偿。这与我国舆论所要求削减日本工业至一九二八年水准的主张相差已远。并且，如鲍莱自己所承认的，也超出日本人民在平时所需要。一九四七年二月，陆军部派大企业家斯揣克（C. Strike），再去日本调查，斯的意见书竟宣布赔偿应只及于一部分军需工业，应让日本保有可用以偿付输入物资的一切工业，因而，他建议的赔偿方案只及鲍莱的百分之三十。麦克阿瑟将两方案予以折中，而成为鲍莱案的百分之六十至六十五，远东委员会根据美方建议，初于一九四六年五月通过一临时赔偿品折中方案，前后共指定工厂一千〇二所充赔偿。由于美国对日政策的变更，到了一九四八年一月，指定赔偿的工厂减至八百九十家。美国没有征求远东委员会的同意，曾指令麦克阿瑟，对这批工厂先提出百分之三十，按照中国百分之十五，英、荷、菲各百分之五的比率分配。同时，麦克阿瑟"暂"行指定赔偿的工厂七百家照常开工。

一九四七年四月，美国所操纵的远东委员会，决定将日本工业设备保留于一九三〇至一九三四年的水准，这即是保留于一九三一年"九一八"沈阳事变以上的水准。依据远东委员会的决定，铣铁年产得增至二百万吨，钢块三百万吨，造船十五万吨，硝酸三万吨，商船保有量三百万吨，都比鲍莱计划为高，而且，炼铝炼镁和轴承工业均许可恢复。日本对这一个决定虽表欢迎，但仍不满足。

由斯揣克到德莱柏

一九四八年二月二十七日，第二次访问日本归来的斯揣克代表团（即海外咨询协会）向陆长提出报告书，主张"除基本战争工业外，一切生产设备（包括重工业在内——笔者注）都不移作赔偿"，即是把上述麦克阿瑟所决定的再减为百分之二十三。详言之，斯揣克报告书建议拆毁充赔偿的工厂，仅为兵工厂，一部的炼铝炼镁和造船设备，八个人造橡皮工厂，但钢铁（每年生产量八百余万吨）、机械工具、轴承、人造油类发电机、硫酸等与战争有关的工业则主张全部保留，商船建造且建议每年增至四十万吨。由这一个方案的内容看来，美国以大减日本赔偿来扶植它复兴的计划，显然不是以提高日人的生活水准为目的了。

同年五月十八日，美陆次德莱柏代表团所发表的报告，对于赔偿一项的建议又更比斯揣克方案为宽大。在赔偿方面，德莱柏主张早日解决，不应将其工业生产能力冻结于一九三〇至一九三四年的水准上，而提高至一九三七年以上。军需工厂赔偿品单中，应剔除硝酸、人造橡皮、制铝、制铁、造船各厂。全部赔偿价值仅为六亿六千二百二十四万七千日元，按一九三九年的汇率折算，约合一亿六千万美元。而且，日本在中国华北、台湾及其他各地区的"资产"已落入苏联及中国之手的，都要认作赔偿物资，在应得赔偿额中扣除。中国八年抗战，公私财产损失估计达五百亿美元，就算以德莱柏所定的一亿六千万美元的一半给中国，也抵不过损失的百分之一。

由鲍莱方案演变为德莱柏的建议书，美国的赔偿计划实在已变了质，它所考虑的已不是盟国在战时的惨重损失如何稍为弥补，远东的安全与和平如何确保，而是如何保全日本帝国主义经济的基础，以及如何恢复日本为亚洲工业强国了。

美积极扶日的计划

而且，美国扶助日本经济复兴，不限于把赔偿额削减到最少，且有更积极的一面。以德莱柏的报告书而论，它强调日本经济复兴的最大阻力是粮食和原料的缺乏，因此美国要运用权势克服那些施诸日本贸易的"歧视"，帮助日本尽量扩充出口贸易，使它的出口总值增加到目前的八倍到九倍，以偿付它的原料和粮食的大量进口。输入粮食原料的对手主要是英镑区和东亚各国，而中日间要迅即恢复积极的贸易，前者将以多重原料供给后者，后者供给前者以各种工业品。同时，德莱柏主张加速日本毛棉丝纺织工业的生产，取消商船建造每艘排水量只能在六千吨以下的限制，鼓励日本增加商船吨位，在今后五年内，从百万吨加到四百万吨（中国现有的商船吨数还不足一百万吨）。为加速日本经济复兴，美国正实施以日本为中心的远东"马歇尔计划"，源源贷款给日本。关于美国赠与和贷给日本的款项的总数，我们还得不到综括统计。以最近的数字而论，一九四七年度，美国对日本的贷与和资助共达四亿美元。在一九四八年度，除了已经确定的六千万美元的棉花借款之外，日本预期可自美国获得"直援救济日本平民"款三亿七千五百万美元，在美购买棉花、染料、纺织设备的周转金一亿五千万美元，合计几及六亿美元。据说，六月廿六日麦克阿瑟又派员返华盛顿秘密请款廿五亿美元，以充"复兴日韩经济之用"。

除了贷款赠予之外，美国还多方设法供应日本以粮食和工业原料。在救济的名义下，美国向日本源源输入米面，以至乳牛乳羊等，工业原料则有棉花、煤、铁等。此外，美国还替日本自马来亚和中国获得铁砂盐和粮食的供应，自澳洲获得羊毛，自荷印获得橡皮、锡和热带特产，好把日本帝国主义再喂肥。

为便利日本对外贸易的扩充，麦克阿瑟总部不征求其他盟国的同意，准许日本经济界派出对印通商考察团，出席国际丝业会议及国际纤维博览会的代表团。美国与接受马歇尔计划援助的欧洲国家所订立的双边协定中，以最惠国条件予日本，使这些国家的远东殖民地不能以关税壁垒来阻碍日本货的倾销。

战后经济基础还是健在

美国这样子扶植日本，在经济方面的借口是要使日本能够自给自足，人民至少维持相当高的生活水准，同时免去美国纳税人每年大部为供应日本而支出的四亿美元的占领费（按事实上占领费大部分是由日本人民负担）。诚然，投降后日本一般人民的经济生活是艰苦的，但事实上，比起德国或一些惨受战祸的战胜国家来，战败国日本的经济情况并不算太坏。在投降之时，它的经济机构在组织上差不多原封不动，它还保有相当多量的消费品和工业原料的储藏，一九四六年日本的米产又丰收，如果日本政府的行政管理得宜，日本由战时经济过渡到平时经济不会遭遇像目前所碰到的经济灾难。然而，日本军阀财阀对于重要物资的藏匿，为财阀谋私利而以大众为牺牲的官僚统制，过度庞大的预算和通货膨胀政策的厉行，以及黑市投机之被优容，粮食配给的缺乏效率，使战后日本财政经济陷于贫乏混乱的状态，一般人民更在饥饿线上挣扎，而日政府和企业家为诱致美国更大的援助，减少赔偿至最低限度，更对生产的恢复怠工，甚至故意夸大日本经济的困难，以博取美国和世界的同情①。

　　但是，投降以后日本产业的基础并不见有重大的削弱，比"七七"事变以前反而强大得多，它的产业构造也不见得比战时有多大的不同。看以下三表便知②：

一　投降以前和以后的日本工厂数

	一九三四年		一九四一年		一九四六年	
	工厂数	百分比	工厂数	百分比	工厂数	百分比
金属工业	6610	8.2	11011	8.1	9083	10.7
机械器具	9181	11.4	25601	18.8	20201	23.7
化学工业	4313	5.4	9473	6.9	6835	8.0
电气煤气	552	0.7	713	0.5	690	0.8
瓷器及土石	3723	4.6	7095	5.2	4462	5.2
纺织工业	24399	30.4	32412	23.8	11438	13.4
木材及制木	6730	8.4	14526	10.6	15893	18.6
食料品工业	13500	16.8	21559	15.8	10153	11.9

---

①　参阅［美］毕逊 T. A. Bisson《日本的赔偿与改造》，见一九四七年十二月十七日《远东调查》（Far Eastern Survey）。

②　据一九四八年五月十五日《东洋经济新报》：《日本产业的构造之变化》。

续表

	一九三四年		一九四一年		一九四六年	
	工厂数	百分比	工厂数	百分比	工厂数	百分比
印刷及制书	3234	4.0	3783	2.8	1552	1.8
其他工业	8070	10.1	10294	7.5	4925	5.8
合计	80311	100.0	136477	100.0	85232	100.0

二　投降以前和以后日本工厂从业者数

	1934 年		1941 年		1946 年	
	从业人数	百分比	从业人数	百分比	从业人数	百分比
	（千人记）		（千人记）		（千人记）	
金属工业	210	8.7	500	2.1	406	12.6
机械器具	365	15.2	1702	37.6	1027	31.8
化学工业	226	9.4	466	10.3	434	13.5
电气及煤气	11	0.5	19	0.4	20	0.6
瓷器及土石	92	3.8	163	3.6	137	4.2
纺织工业	1026	42.7	968	21.4	492	15.3
木材及制木	87	3.6	207	4.6	364	11.3
食料品工业	174	7.2	258	5.7	177	5.5
印刷及制书	69	2.9	76	1.7	55	1.7
其他工业	142	5.9	164	3.6	113	3.5
合计	2403	100.0	4524	100.0	3225	100.0

三　投降以前和以后日本工业生产额

	1934 年		1941 年		1946 年	
	生产额	百分比	生产额	百分比	生产额	百分比
	（百万元）		（百万元）		（百万元）	
金属工业	1497	15.9	5490	18.9	11404	13.3
机械器具	1159	12.4	8269	28.6	24748	28.8
化学工业	1481	15.8	5357	18.5	14528	16.9
瓷业及土石	252	2.7	803	2.8	2932	3.4
纺织工业	3168	33.8	4383	15.2	7587	8.8
木材及制木	229	2.4	1136	3.9	9374	10.9
食料品工业	1046	2.2	2443	8.5	8235	9.6
印刷及制书	204	2.2	359	1.2	2014	2.3
其他工业	335	3.6	662	2.3	4987	5.8
合计	9370	100.0	28901	100.0	85801	100.0

　　这几个表明白地指出：（一）投降以后，日本工业的规模依然比一九三四年为大，并不因美飞机和原子弹轰炸而有重大的损失。以工场所雇佣的职工来说，增大了百分之三十四，而比起战争期间的一九四一年，也不过减少百分之四十。（二）由一九三四年到一九四一年，日本产业的结构由以轻工业的纺织业为中心，转为以那些与战争有关的重工业及化学工业为中心，这种趋势至一九四六年大体上仍没有变，金属、机械和化学三种工业的比重依然是百分之十左右（以从业者数和生产者计算）。这即是说日本的战争潜力实在没有经过怎样摧毁。

五年复兴计划

在斯揣克的赔偿报告书发表后，麦克阿瑟就拟订一个援日六年计划，目的在于使日本经济迅速复兴，一九五三年实际的工业水准比一九三〇至一九三四年平均提高百分之六十。以这计划为蓝本，日本经济安定本部制定了一个所谓"经济复兴五年计划"，把完成的时期从六年缩减到五年。德莱柏的报告书发表后，经济安定本部把原拟定的"五年计划"大加修正，预期借着美国资本的支持和对人民的加紧剥削，于一九五二年恢复以至超过一九三〇至一九三四年的水准。

详言之，这一计划议定增加破产及制造品产额三倍，劳工生产及国家税收各一倍，提高出口额九倍。预期纺锤之数目增至五百八十三万锭（等于一九三〇至一九三四年平均为八百万锭的百分之七五），棉纱九亿九千万磅（等于一九三〇至一九三四平均十一亿五千八百万磅的百分之八十五），人造丝二亿一千万磅（几等于一九三〇至一九三四年平均八千一百一十七万磅的三倍），煤产四千四百万吨（等于一九三〇至一九三四年平均三千一百七十三万吨的百分之一四〇），钢块三百八十四万吨（等于一九三〇至一九三四年平均二百七十二万二千吨的百分之一四〇），电力三百九十九亿二千万千瓦时（等于一九三〇至一九三四年平均一百六十八亿一千一百万千瓦时的两倍半），食米六千七百九十二万一千石（等于一九三〇至一九三四年平均六千一百零三万石的百分之一百一十一）；又预计一九五二年的出口总额值十六亿四千六百万元，人口总值十六亿五千七百万美元。输出的主要商品为棉纱五亿九千四百万磅，人造丝一亿四千万磅，毛织品四千万磅，主要纤维四千二百十万五千磅，水泥三十四万吨，硫化氢十二万吨。为获取工业生产所必需的原料，日本计划输入特级煤五百万吨，普通钢材二十万吨，盐一百八十七万吨。

这一个计划显示，在美国鼓励下的日本统治者复兴经济的努力，依然侧重与战争有关的重工业的恢复，而同时再谋以纺织品泛滥于世界尤其是远东市场，换取它必需的工业原料。日帝国主义恢复经济和军事侵略的野心不是从这里已透露出来吗？

也许有人以为德莱柏的报告书和日本经济安定本部的"五年计划"都只是纸上谈兵，不足为虑。然而，事实上，日本原来的不曾经过怎样破坏的工业设备和再经加紧榨取的廉价劳动，加上美国资本和进步的技术的结果，这一两年来，日本的工业生产和制造品的输出，已见急剧的增加，美日预期的目标不难达到。

增产的实绩

据东洋经济新报的调查，以一九三一至一九三三年中每月平均产额为100，日本生产的总指数在一九四七年一月为51.8，一九四八年一月为59.8，二月61.1，三月68.3；矿业生产指数在一九四七年一月为68.9，一九四八年一月为96.3，二月为95.0，三月为99.0，几已完全恢复；工业生产指数在一九四七年一月为22.1，一九四八年一月为28.3，二月30.6，三月36.4，恢复得也相当快。就中，石炭和钢材的增产特别快，由一九四七年一月至一九四八年三月，每月石炭产量由二百万零九千吨增至二百八十六万三千吨，钢材由二万六千九百十一吨增至七万零八百八十四吨。

据另一估计，以一九三六年为100，各部门企业的生产数如下表：

	1940 年	1943 年	1945 年	1947 年 8 月①	1948 年 2 月
电力煤气	130.0	142.2	77.1	129.8	95.6
钢铁业	126.4	125.7	13.8	14.0	16.6
化学工业	158.4	108.0	23.3	95.7	69.9
瓷业	107.8	67.9	19.2	28.2	21.0
制纸业	130.6	91.1	29.4	31.1	28.6
纤维业	70.4	38.0	2.9	13.0	12.4

（电力、化学、纤维业为七月数字，钢铁为九月，瓷业制纸为八月。）

　　关于日本最近工业生产和输出增加的情况，我们虽得不到完备的数字，但以铣铁、铜、煤等而论，差不多每个月都创造了战后新纪录。它们的产额，如制飞机原料的铝的生产可恢复至年产二万吨，比战前还多。以与输出最有关的棉纺织业而论，日本现有纺锤三百六十七万锭（我国纺锤开工的只有三百五十万锭），组机十七万二千台，运转（开工）率等于全部设备的生产力的百分之七十四（一九四八年三月份）。一九四五年棉纱的产额只有四千三百万磅，一九四七年已增到二亿六千六百万磅，增加了六倍多。一九四八年的棉货生产也是逐月增加，由二月到四月，棉纱由六万二千八百包增到八万六千包，棉布由三千八百万平方码增至五千万平方码。以输出而论，一九四七年上半年棉布的输出为一六三，三七八，五七五平方码，至第二季一季已增至一五七、二〇〇、〇〇〇平方码，已超出英国之上（英国为一四五、〇〇〇、〇〇〇平方码）。一九四七年八月十五日后，日本开放私人贸易，输出自更剧增。据日本贸易局长永井的报告，一九四八年五月份的国际贸易私人方面达到一千九百六十二万四千美

────────

　　①　电力、化学、纤维业为七月数字，钢铁为九月，瓷业制纸为八月。

元，此前一年九月份——恢复私人贸易的第一个月份——的一百三十五万元增加了十几倍。最近，日本与英镑区订贸易协定——今后可用英镑而不须用美元购买日本纺织品及其他货物，故永井预期一九四八年度的输出增加可至三亿六千万美元，比上年的二亿七千万美元增加百分之三十三。

甚至造船工业除了为日本自己加紧制造自五百五十吨至四千五百吨的商船外，最近还开始替丹、挪、法、比等国建造货船共达十七万二千吨。

日本的输出品通常有百分之六七十销往远东各国，随着日本经济的复兴，远东各国单在经济方面所受威胁的重大，自不待言。

十　日本开始再武装了！

目前美国扶助日本复兴，已由经济而进至军事的阶段。不管美方怎样辩护否认，硬说"没有任何人能提出日本军力之任何部分现正予以恢复的证据"（司徒雷登语），纸还是包不了火，谎言是掩盖不了事实的。

解除武装的规定履行了吗？

波茨坦宣言曾明白规定：必须完全解除日本的武装，消灭日本制造战争的力量，驱逐穷兵黩武主义者，摧毁可以使其重新武装作战之工业。依据波茨坦宣言，远东委员会于一九四七年七月十二日通过的对日政策基本原则，训令麦克阿瑟总部"积极使日本解除武装，并废止军政，日本将无任何陆军空军，秘密警察组织，或任何民航机构及宪兵，而仅许有适当的民事警察。日本帝国大本营高级官员以及极端国家主义与军国主义机构的参谋领袖等应予以拘捕，并再作处置；所有战犯，均应施以严格的裁判，其中包括以残酷手段施诸联合国战俘的战犯；日本战事力量之现存经济基础，应予销毁，日本不准生产旨在维持军事力量或军事设施之货物；日本不能从事于有助于发展军事力量之任何研究"。一九四八年三月二十三日，远东委员会发表对日一般政策决议全文，禁止日本未来军事活动，前日本军阀不得在政府或教育机构中担任重要职位，并指定麦克阿瑟着手销毁日本剩余战争机构。该决议具体地规定：（一）日本除负责治安的警察得持有或购买武器军火外，其他一概禁止，嗣后禁止日本自造任何军事用品，各项航空机，暨海军作战及辅助舰船；（二）解散日本军事组织，任何时期不得重设陆海军部及最高军事会议等；（三）日本海陆空三军宪兵队及秘密警察复员人员的登记录都应予以没收，并交给盟国最高统帅于日后加以销毁，日本今后不得再编制和保有类此性质的记录。

远东委员会的决议大体上是不错的，美国代表表面上也支持这种决议，只是为掩饰麦克阿瑟在日本所干的重新武装日本的行动。

在"新宪法"中，日本自誓"放弃战争"，"不保持陆海空军及其他战力，不承认国家的交战权"。然而，这一支票由战犯盘踞要津、军国主义的基础原封不动的日本政府发出，显然是对国内和世界的哄骗。

事实是最雄辩的，让我们缕举事实来说明。

不错，从表面上看来，日本的正规的陆海空军和秘密警察已经复员了，日本的军政军令机构如陆海军省、军事参议院、陆军参谋本部、海军军令部以至在乡军人会的组织等都已经解散了。日本的大型军舰都已被毁，军用飞机也荡然无存。但这些门面上的"成就"还是离波茨坦宣言的精神和远东委员会的军事决议很远很远，何况麦克阿瑟与美政府所做的正是反其道而行呢。

军事机构依然存在

首先以军事机构而论，苏联代表德莱夫阳柯将军在一九四六年十月五日盟国对日委员会的会议上揭露一个事实，说"日本内阁所属的复员局（新近才撤销）便是为人工掩饰的参谋总部，在这个机关内，日本高级军官正在研究战争经验和日本军事失败的原因，可能还要制定新侵略计划。在这一个复员局中，我们找到了以前从事侦察苏联的日本参谋总部大多数军官"。美代表阿契逊虽极力否认苏代表的指摘，但第二天纽约先驱论坛报的驻东京女记者巴尔顿便报道："今天获悉，昨天苏代表认为地方复员局可能担任日政府与前陆海军军官间的联络工作一事，美军政府和情报人员已在调查中。""盟总"一个官员承认："我们久已知道这种情况，但我们不能透露我们所知的和正在做的是什么。"

关于再武装日本的计划，麦克阿瑟早已公开声言。一九四七年三月十七日，麦氏在东京记者俱乐部致辞时说过，他很想准许日本拥有若干军备。跟着，由日本天皇裕仁为首的日本统治阶层人士，马上就开始发言，必须拥有自己的军队以保卫他们的国家而防御"侵略"了。到了同年五月，英美通讯社都盛传外务省某官员曾向各盟国人士探询，对于日本占领状态终止后，设立十万人的陆军和少数空军以防止工潮和走私，维持内部秩序的要求，将采取何种态度。其后，外务省虽加否认，但实等于"此地无银三百两"。一九四八年初，在泄露出来的日外务省密拟的对和会要求的秘密文件中，日方拟要求盟国准许日本保有若干飞机以为发展渔业及海岸巡逻之用，以及建立武装警察，并不限制人数。最近美当局强调反共反苏，积极备战，日首相芦田均便表示：日本现为解除武装国家，无力镇压共党，希望美国酌允恢复军备。

现在，占领并未终止，和约更未订立，但麦克阿瑟已实践他的诺言和逐步实现日方的再武装的要求了。关于这些，可以分做军事、经济和思想的再武装来说。

陆海空军的再建

以军事的重新武装而论，可分陆海空三方面加以检讨：

一、陆军——战前日本的常备军约有廿三万名，警察约六万一千余名，合计近三十万人。由战后到最近，世界有名的日本警察不止原封不动，而且大见增加。官方发表的警察数字为十三万三千名，已为战前的两倍多。非官方的估计则为二十万名，据说又要增加到三十万名。又据今年五月五日读卖新闻所载，单东京一处警察数目最近已从七千八百人增加到二万四千五百人。麦克阿瑟总部警政课长安顿，认为现在日本警察每二名佩枪一支，实嫌不够，应每名一支。日当局还要求发给机枪。据调查，警察成分一部分是过去老警察，一半以上是复员军人。三十万名警察便有三十万名武装人员，相当于战前常备军警的合计数。一九四八年三月廿五日国会开会时，众议员中野平治询问卢田首相，据说为准备国际非常状态，将设立特别常备部队，真相如何？当时卢田只得含糊以对。所谓"特别常备部队"当属正规军无疑。至于指挥警察的最高机构，即辖于首相的"国家保安委员会"实为变相的陆军省，各地"警官区"则为变相的军管区。一九四八年五月成立的警政大学，是变相的士官学校或陆军大学。此外更有纯军事编制的"开拓团"，人数达十二万四千（至一九四七年底止），借口集体开垦，在旧飞机场、操场上从事军事训练，实是日本旧军官潜伏活动之所，亦可注意。

二、海军——首先，以日本的海军基地而论，不独十分完好，而且扩大改善。当一九四七年初中国记者团访问日本时，他们亲眼看到"横须贺军港还未尽毁，神户基地完好无恙"①。据较近的报道，美军已耗巨资把日本主要军港横须贺、吴港、佐世保恢复，并加以改善，使其现代化。一九四七年六月十五日，美驻日政治顾问的发言人答复中国文化界的抗议也只得承认"日本少数海军根据地确有在技术上改善的必要，以便支持近代的盟国海军设备，并符合我们进步的习惯"。前一年，美众院军委会建议，上述三个主要军港应交给美国用作海军基地，日人们正以此等港口将按照美国标准建设而自傲。美太平洋舰队司令蓝姆赛曾公开在珠珍港说："日本的佐世保、吴港与横须贺的海军基地，再加上冲绳岛，关岛的基地，合在一起，可以形成美国强大的前进基地网。在这些基地中，美国将选定东京附近的横须贺作中心。"

其次，说到舰队的重建，也在逐步进行中。日外务省密拟和平条款已表示希望有一个海岸防御队，实力足以"在领海内对付海盗和缉私"。一九四八年初，美国借口防止走私，曾将潜艇廿八艘交给日警驾驶，在日本领海、内海、日本海和东中国海巡逻。到了四月，麦克阿瑟再借口"防止走私与进入日境"的迫切需要，并不征求盟国同意，片面准许日本于五月一日成立海上保安厅，以大久保健夫为第一任厅长，下设秘书、保安、灯塔、水路四处，在小樽，盐灶，横滨，新潟，名古屋，舞鹤，神户，广岛，门司等大城市均设办事处。该厅全部武装人员现有八千人，并拥有每舰吨位数百吨（美方自认不超过五百吨），每小时可驶行一十海里的保安监察舰共三十八艘。日本政权授权该厅将来此项舰队可增加至一百廿五艘，保安队人员可增至一万。但据

① 见王芸生所著《日本半月》第一节"暗谈险巇的前路"。

苏联红星报的报道，拟议中的该厅人员有好几万，都将准许携带兵器以行使职权。日本报纸且有讨论以机关枪和旧炮配备这些水警者。为避免国际舆论的反对，该厅暂设于运输省内，将来再谋扩大改组，而直隶内阁。由此种种，可见海上保安厅实为变相的海军省，而海上保安舰则为重建舰队的初步。所以，日"产业别组合会议"的领袖土桥一吉指摘日本海上警察可能威胁其他远东国家。

此外，日本还有扫雷舰一百艘（美方承认不足五十艘），日本新式渔船多有武装，以及无线电和测量器具等设备。麦克阿瑟特准日本捕鲸，大可注意，因为一个日本渔业专家曾经说："捕鲸之船之勃兴，于战时即可改为输油船、大运输舰及海上修理母舰，故军事价值颇大。"由此可知战后日本打鱼和捕鲸活动的恢复，也含有军事目的。

三、空军——首先日本的飞机场，比起战时来，有多没有少。美记者康德早已指出："在日本境内，现在到处还有飞机场和军事建筑存在……从九州到北海道，随处可见战时留下的防空洞，地下工厂与司令部。"美国在日增辟的新式战略机场，在本州北部的青森地区已建筑庞大空军基地，后者尤引起国际上的注意。该机场名唤三泽，位于东京以北三百五十航空哩，离苏联在远东的军事前哨海参崴七百哩，在战斗机的飞行距程之内，还可见该机场的建筑主要是为对付苏联而设。美国花了一千三百万美元的巨款，动员四千多的日本男女，从事该机场的建筑。该机场总长度为九千五百公尺，有钢骨水泥跑道八千五百公尺，可供美远东空军最巨型的轰炸机的升降。迄至一九四八年初，轨道已完成了五千公尺，战斗机已可在该机场升降。基地应设有可存贮空军最巨型炸弹的炸弹库，喷气式燃料贮藏区域。这消息首由纽约报纸泄露出来，东京美当局不能不予以承认，但美远东空军新闻处长华伦说："因该机场建筑消息传出之故，空军方面颇觉不安"（一九四八年五月四日美联社东京电），这是做贼心虚的自画像。这些事实经中国的爱国人士揭露出来之后，美驻日政治顾问也只得厚颜承认："盟国军队对日本机场的保留与维持乃军事安全范围内的问题，且亦仅限于为维护占领工作所必需的机场。"这可说是不打自招。

　　其次，美国之训练日空军已有蛛丝马迹可循。一九四七年五月，苏联真理报载，库页岛来讯称："据东京消息，在日美国占领当局，现正征募前日本飞行员，包括所谓神风机驾驶员在内。美国占领军当局支给日本飞行员的月薪高达一万日元。此等飞行员现正在琦玉等县之机场受夜间飞行训练。征募之举现正在北海道、四国、埼玉、群马与东京等县分别举行。受征募的飞行员在布佐、熊石、大田等机场受训，日本飞行员已组成特别航空部队，飞行则于夜间为之。"这个消息传出后，美远东空军司令官怀特赫德虽加以否认，但承认美空军所雇佣的日人数千名中确有若干前日本空军飞行员及其他前航空人员在内。最近美驻日政治顾问发言人虽说前日本神风队飞行员已送到美国训练的指摘"纯属荒谬的错误"，但此说并不是无稽。据美记者凯尔恩的报道：日本神风队飞行员围绕着美军飞机场请缨，要编入部队去跟俄国打仗。又据一九四七年四月十八日美联社东京电的报道：每夜有运输机在夜航中飞过东京，日人带着阴谋的神气，抬头望望，轻轻地说："一个新型的驾驶员（一个正在受美国训练的日本人）正在驾驶着那架飞机，我知道，美国正在利用以前的日本驾驶员来驾驶美国飞机。那些飞机是从木更津机场起飞的，我们的驾驶员每月收入三千日元，另供膳食。"美联社说这些是谣言，但空穴来风，决不是没有一点影子。至少，美方已承认；美国西北航空公司从事训练日本的地勤人员及无线电报员，而这些人大部分为前日本空军人员。（一九四八年四月十八日中央社东京电）我们知道训练有素的民用航空人员转为军用航空是很容易的，何况谁也不能断定美国所训练的日本航空员没有军事的训练呢。

第一次大战之后的德国，由于凡尔赛和约的束缚，仅保留维持国内治安用的军队十万人，海空军都受限制，但希特勒还能重整军备，再起侵略，何况现在日本于投降不足三年之后，陆海空军又已具备雏形呢。

军火工厂仍在开工

说到军器，日人在投降时会有计划地在各地藏匿枪械弹药，美英占领军虽已陆续发现了数以吨计的机枪、步枪、子弹、手榴弹等，但未被破获的还不知有多少。这些埋藏着的军火，将为日本重新武装的来源之一。

但是，构成日本战争潜力的主要源泉，还是它的被保存和重建的军需工业与重工业。一九四八年初，麦克阿瑟颁布了一项秘密命令，从赔款名单中剔除了二十个坦克制造厂和四十五个军需厂，把它们的设备加以保留。军事工业如八幡制铁、日本钢管、中岛飞机、畑野坦克等工厂不但不予拆卸充作赔偿，反而加以扩充。帝国兵器第一工场、关东兵工、日本特殊钢等四十五个军需工厂，三鹰航空兵器工厂等一百零八个飞机工厂，现在更大规模地增加生产。飞机工业的主要原料之铝的生产已快复旧观。德莱柏已经声明飞机工厂要保留，不能拆充赔偿，因而连南京政府的赔偿专员也不许参观（据吴半农报告）。一九四八年一月，麦克阿瑟总部已准日本制造炸药。这一连串的事实，说明日本的军事潜力在迅速恢复之中，稍假以时日，日寇要再全面武装并不是难事①。

至于以思想上的武装来说，投降后的日本，实在并没有怎样解除。军国主义的侵略思想仍然在日本统治者和许多人的心里盘踞和滋长着。

首先，一切以鼓舞日本人民以武力征服世界的事物还是存在着，纪念日本侵略战争胜利的建筑物，没有被摧毁。所以有人说："靖国神社还供奉着历代战死者的灵位，上野公园里峙立着西乡隆盛的铜像，日比谷公园内建筑着'海军进行曲'的碑。这些哪一件不在给日本人以军国主义的陶醉的回忆。"②

军国主义思想根株未除

关于战犯的逍遥法外，我们已在前一章谈过，即以教育的"改造"而论，军国主义的思想根株还是被保存着。就整肃军国主义教育者来说，美军占领日本的第一年，被审查的日本教师一万六千人中只有三百三十一人被认为抱有军国主义思想而被追放。据另一统计，由一九四六年五月到一九四八年三月，审查人数共六万六千余名，已被整肃的只有四千余名，还不到一成。未被整肃的一群，据说有二千余名，根本是正式军人之改业教育者。最初主持整肃工作的文相前田多闻本身曾任纽约的鼓吹战争的宣传机关"日本研究所"的所长，实无怪其然。

麦克阿瑟总部和它所聘用的教育专家虽说计划改造日本儿童的头脑，但是除了灌输了一些美国式教育的皮毛，并没有做了什么。军训的废除也只限于大城市的学校。以教科书的修改而论，

① 关于重工业和军需工业的复兴详情参阅第九章。
② 见王芸生《日本半月》第三节"战后日本人的思想及其对华的认识"。

日人对于它的侵略罪恶，还是力加掩饰。例如日文部省审阅之下编撰的日本历史教科书《我国之进展》一书，虽已把一些神话去掉，但仍把日本侵略的丑恶嘴脸抹上一层的白粉。该书记叙"七七事变"有这样的话：

> 初时，当日的日本政府力图使事件尽早解决，与中国讲和，但战争扩展下去，以致无法实现……在那种情况之下，政府宣布战争是以在东亚建设新秩序为目的。此外，它甚至宣布不以国民政府为对手。情势发展至此，日本对中国问题的立场显然与美英分歧。

又如记叙到并吞朝鲜的史实时，该教科书只说：

> 日韩进更两个条约的谈判之后，我国合并了朝鲜①。

教材和教师都没有经过大刀阔斧的更动，而社会环境还是充满军国主义的毒素，日本在思想上的侵略种子，潜滋暗长的危险极大，实不待言。

军国主义团体的复活

另一种危险，不容我们忽视的，就是法西斯的军国主义秘密团体的复活。

在投降以前，日本虽没有像德意那种全国性的法西斯政党，但军国主义的浪人团体如黑龙会、玄洋社及模仿德意法西斯组织的"大日本青年党"等，对于日本帝团主义的对外侵略，也起

---

① 见前揭《危险来自东方》第五章："日本头脑的改造。"

了推动的作用，以至直接立下功劳。这些极端国家主义的团体以天皇为中心，与军人结不解缘。因而日本的法西斯主义具有封建的军事的性质。这些团体的存在和活动，既是日本民主化的阻力，同时也是培养侵略战争细菌的暖床。

即在投降之后，美占领军到达之前，这些法西斯军国主义团体还与急进军人勾结，以集体切腹自杀、暗杀、暴动，来阻挠投降的实现。麦克阿瑟总部初时虽禁止这类团体的活动并予以检举，但取缔实不彻底。由于天皇制之被保存，战犯之被纵容，整肃工作之有名无实，日本现政权之包庇，以及美日当局的反共反民主的政策的鼓励，这些反动组织，正如东风吹拂下的野草一样，又蓬勃再生了。这些反动团体多如牛毛，大小不一。已被"盟总"发现的只有一百七十二个。但据东京警厅所知，全国有一千二百六十个，单东京就有二百五十个单位。它们的形式五花八门，有些伪装政党公开出现，有些在各地方潜行活动。投降前有名的极右翼分子，如内田良平、笹川良一、石原莞尔、橘孝三郎、头山秀夫等依然为这些反动团体的领导者，比较著名的有"日本国民党"、"全国勤劳者同盟"、"新锐大众党"、"北日本青年党"、"农民党"、"菊旗同志会"等。构成这些团体的分子虽也有小市民、流氓、失业者黑市商人等，甚至现政府官员也参加其中，但多是以复员军人为骨干。例如北日本青年党的党员二分之一以上是复员军人，菊旗同志会的中央委员长原是陆军一等兵，十三个中央委员中有十一人是复员军人，南九州分会的主席原是神风队员。他们的编制其实也是军事性的。复员的陆海空军都各有其秘密组织。这些反动团体所卖的政治膏药虽各有不同，但有如下的共通特点：（一）恢复旧日本，阻碍破坏新日本的发展；绝对拥护天皇制，更不消说。（二）宣传煽动国际关系的恶化将到战争的程度，希望浑水摸鱼。例如反动团体的组织者现正不断宣传美苏战争不可避免，应赶速召集编制旧日本将校，大批派遣到中国，组织训练和统率政府军作战。又如头山秀夫（玄洋社大头子头山满的儿子）公然主张日本再武装，协助美国在中国打倒共产主义。（三）反共反苏以至亲美。随着美占领军当局反共的加紧，这些团体便高揭反共的大旗，首联合组成"全国反共团体协议会"。他们甚至公开作反共（反民主反劳工）的暴力行动，真木康年所领导的新锐大众党曾刺伤左翼工会负责人听涛克己，就是最著名的例子。在表面上，他们以亲美为护符，但事实上却不一定如此。一九四七年天长节（日皇诞辰），"亲生联盟"的盟员游行示威，竟沿途高唱其日军对美英作战时的军歌——特攻队之歌。这可见他们的心目中实没有美国。

这些以军人为中心的法西斯军国主义团体正方兴未艾，而且活动日益露骨，对于日本军事和侵略思想的再武装，当然有很大的促进作用，绝不能等闲看过。

十一　如此"民主自由"！

在战争以前，日本压根儿不是民主国家，"九一八"以后，法西斯的"准战时体制"和"战时体制"更把日本人民所能保有的可怜的民主权利剥夺净尽。波茨坦宣言的第十项强调："日本政府必须将阻止日本人民民主趋势之复兴及增强之所有障碍予以消除，言论宗教及思想自由以及对于基本人权之重视必须建立。"一九四五年十月四日麦克阿瑟自己发表手令也说："日本国民个人的自由及人民基本权利，特别是信教，集会，言论，出版的自由，应予尊重和鼓励。"日本的"新宪法"，除了照一般宪法之例规定保障基本权外，还承认工人组织工会，集体谈判合约的权利，及婚姻自由，男女平等的权利等。在美国占领几及三年的期间，日本的民主化究竟有什么成绩呢？

"我衷诚相信，民主在日本业已确立了"，这是一九四七年三月十七日麦克阿瑟在东京新闻记者俱乐部中所吹的牛。但事实告诉我们日本的民主并没有确立，日本人民的自由权利却在被限制和摧残。麦克阿瑟所推行的毋宁是反民主政策。

"民主"的外衣

不错，从表面上看来，麦克阿瑟特别是在占领的初期，已为法西斯日本披上"民主"的外衣了。这一类的措施有如下几项值得一说：（一）修订选举法，实施普选，二十岁以上的男女均有选举权，二十五岁以上的男女均有被选举权，因而有选举权者从一千五百万人增至四千三百万人，其中女子占二千一百万人；战后第一次的普选，女性获选为众议员的达三十九人。（二）释放一切政治思想犯，包括共产党在内，日共成为合法的政党。（三）废止思想警察及一切束缚思想、言论、集会自由的法令，如维持治安法，新闻及图书审查法，限制组织工会的法令等。（四）废止贵族院和贵族阶级。

然而，这些多半是门面工夫，没有好久，麦克阿瑟总部和日本政府又在种种借口之下，把人民的自由权利加以限制和摧残了。

劳工的自由被摧残

首先，工人的民主自由是备受摧残的。工人罢工示威的自由受到很大的限制。一九四六年工人罢工怠工运动风起云涌，币原内阁即发表了"保持秩序"的"四相声明"。币原内阁在一连串的群众示威运动中坍台之后，五月廿日麦克阿瑟总部发表了禁止多数暴民示威和捣乱的警告。恫言"如这些少数分子不自制，余为统制计，不得不讲求必要的措置"。吉田内阁成立后，于六月十三日发表了维持社会秩序的声明，强调维持治安和禁止职工参加生产的管理。这个声明事实上等于"治安维持法"的复活。但摧残人民自由权利最昭著的一件事实，还是麦克阿瑟对一九四七年二月一日大罢工的禁止。当时可能有五百多万职工参加的全国总罢工计划，不仅为着增加工资，而且有打倒吉田内阁的目的。麦克阿瑟为维护反动的日本政权起见，于一月卅一日午后二时三十分发布一道命令："有鉴于日本现状，不许罢工。"本来，麦克阿瑟总部以秘密的恫吓来破坏罢工已不止一次，这回公开的高压行动更给反动的日本统治当局以鼓励，使其更放胆地来摧残人民的自由。一九四八年三月底日本百多万交通通讯工人为要求增加工资而决定总罢工，麦克阿瑟总部一不做二不休，又来一次明令禁止。而在第一道禁令后四十八小时，卅五万政府工人与煤矿工人宣告罢工，于是麦克阿瑟发出第二道命令，禁"一个工业或一群工业……互相关联工作有系统或有组织的停工"。一方面美国扶植日本复兴不遗余力，一方面美国"民主"的假面具也已揭开，于是卢田首相也得意忘形，于四月一日宣称：劳工法律应予修正，"以资吸引外国资本"，并宣布他本人赞成一种"类似美国塔虎脱·哈特莱法案"的法案。到了七月中，日本政府公务员和公用事业职工反对卢田政府所定的过低的工资而酝酿罢工，麦克阿瑟于七月廿二日致函卢田，命其禁止公务员罢工和集体议订合约。卢田竟拿了鸡毛当令箭，不顾全国工人的反对，颁布命令，规定政府工人没有权利以威胁（罢工或怠工）为后盾，订立限制性的集体合约。触犯者将被判处一年以下的徒刑和五千日元以下的罚金。这道命令如被议会通过成为法律，就等于塔虎脱·哈特莱法案。同时对于工会其他方面的干涉却愈来愈露骨。例如一九四八年五月间国营铁道劳动组合全国大会，共产党系与中间派的革新同盟系结成统一战线，反共的"民主化同盟"失败，当两派斗争得最烈时，麦克阿瑟总部劳动课教育班长亲自出马，莅会演说，露骨的要求工会支持"民主化同盟"，甚至说让共产党在工会里活动，等于容许了一个"赤色的东条"。在一九四七年三四月间和一九四八年七月的工潮高涨时，遭逮捕的劳工领袖像过去一样被拷打，有些还被美军法庭藉词"妨害占领"判处苦工监禁。

日共所受压迫

共产党在名义上是合法的政党，但受到歧视和压迫。例如卢田在就职后对议会第一次演说就发表许诺说："鉴于某种分子，传布有害影响，鼓动劳工争议，引起社会不安，工业阻滞等事实，对此种活动采取坚决步骤。"所谓某种分子，是指日共。又如美日当局曾禁止日共定于一九四八年二月十四日在东京举行会议。卢田更于五月二十日在议会公开扬言将在官公职人员中肃清共产党分子，后以日共议员的严诘，卢田只得改口仍承认日共为合法政党，没有"考虑"排除日共于官公职之外，只对此事加以"研究"而已。

法西斯分子曾谋杀日本左翼工会领袖听涛克己，袭击工会的会所以及北海道的共产党党部。这种行动完全获得日本政府的援助和麦克阿瑟总部的纵容，也可说是摧残民主权利的一种方式。一九四八年七月十九日，日共领袖德田球一在佐贺县被一个法西斯青年炸伤，美国共产党曾公开指出，这是出自美国的唆使。

言论新闻自由备受摧残

至于言论和思想的自由，也并没有真正的保障。不错，投降以后日本共产党已有它的日报《赤旗》和机关报《前卫》了，左翼的刊物书报已如雨后春笋般出现于日本文化界。在书店里，关于社会科学的书很多，马列主义的书陈列一片。然而，麦克阿瑟所布思想和新闻统治的网，并不见得比战前日本所布的松多少，而且一天比一天密起来。

麦克阿瑟总部是有新闻检查所的，检查官的检扣删削新闻真可以说得上"宁枉毋纵"，一九四五年九月十八日颁布的出版法规定新闻要忠实，不许渲染，禁止足以扰乱社会安宁的东西，或批评盟国，或导引"不信或愤恨"占领军，但是，事实上检查官并不依照这些标准，据《纽约时报》记者克兰（B. Crane）检视了六十条被"盟总"检扣的新闻，发现只有两三条好像是违反出版法的，所以，劳特巴赫说得好，麦克阿瑟检扣新闻的理由有些时候只是代表个人的偏见。① 例如日本时事新报于一九四六年十月三日发表一篇社论，警告日人不要相信麦克阿瑟是活神，已给"盟总"检查所通过刊登出来。英文日本时报准备予以转载，并加上一点适当的评论。社论送交检查所通过了，但该报印刷以后，占领军官员赶到印刷厂里把所有的报纸都没收了。这是一个典型的例子。在军事安全的理由之下，凡攻击天皇或有利于劳工的新闻言论都被检查所删削，甚至来自美国的新闻也横遭干涉。华莱士辞职前致杜鲁门总统书以及其后的演说，在东京被检扣了四十八小时。当这些东西最后放行的时候，已被割成碎片，不能卒读了。关于美国劳工运动的新闻，常被禁刊。一九四七年元旦，美国产业职工大会主席摩莱向日本劳工致贺词，给"盟总"检查所扣了几天，把涉及民主的字样都删除之后才放行。产业职工大会对于塔虎脱·哈特莱反劳工法案的声明，麦克阿瑟总部也不许自由

① 见前揭《危险来自东方》第四十六至四十七页。

主义的《民报》刊出。最近"盟总"名义上虽说取消新闻检查，但实际上仍存在。

除了检查之外，麦克阿瑟统治日本新闻的巧妙办法是操纵白报纸的配给。反动的报纸如"朝日"、"每日"等获得大量的白报纸配给，发行销售数逾一百万份，而左翼的报纸如东京《民报》因白报纸缺乏而只印十万份。①

本来，在占领的初期，日本一般报纸有左倾的趋势。一九四五年底，日本新闻从业员工会有见于"盟总"迟迟不把报界的军国主义者排除，曾举行长时间的罢工，迫使那些应列为战犯的报馆当局辞职和要求改变编辑政策。首先获得成功的是有名的黄色新闻《读卖新闻》，反动社长正力松太郎被迫辞职，职工参加管理，自由思想的铃木东氏主持编辑，面目一新，销路大增。这种斗争且扩展到《朝日新闻》和其他大报去。这使麦克阿瑟害怕起来，下令革除和逮捕了"读卖"六个工会领袖。其他报纸的许多工会领袖也被革职。结果"读卖"、"朝日"、"每日"等大报依旧为战前的旧老板所拥有，面目言论几一成不变。

新闻记者们的厄运

甚至美国记者在日本的报道自由也备受限制。麦克阿瑟总部是不欢迎以至讨厌记者的。各组主任没有总部的许可，就拒绝和外国记者谈话，据说，麦克阿瑟会拍给陆军部一个电报，宣告他并不欢迎不利于他的占领的若干报纸代表前来日本，这些报纸包括《基督教科学箴言报》《纽约先驱论坛报》《芝加哥太阳报》

① 见一九四七年十二月六日密勒氏评论报的社论。又在占领的第一年，主持白报纸配给委员会，由自由思想的日本人控制，削减右翼大报的配给额，而增加新的进步报纸的配给额，但麦克阿瑟大不以为然，下令改组该委员会，排除进步分子。

《旧金山纪事报》《纽约下午报》。麦克阿瑟总部借口东京房屋缺乏，不许更多的记者留在日本。他颁行旅行限制办法，使一度离日到远东别地旅行的外国记者不再回到日本来。

先驱论坛报记者凯莱（F. Kelley）曾详述过麦克阿瑟统治下新闻检查制度被滥用的情形。箴言报的特派员瓦尔克（G. Walker）对于占领的优劣点拍发过许多分析深刻的电讯，但当他打算从另一国家回到日本时，他的护照曾一度遭麦克阿瑟扣留，他唯一的罪名就是写劣点和优点都"缺乏爱国心"，还有，我们在本书屡次提及的前密勒氏评论报驻日记者康德，也曾在美国报纸写过批评"盟总"检查日本报纸的文章，揭露吉田内阁对待侨日朝鲜人处理失当的情形，以及对麦克阿瑟的占领有过种种辛辣而恰当的指摘，他虽然在一九四六年七月得到记者许可证，但突然在一九四七年三月接到通知，他必须离去。给麦克阿瑟赶走的美国著名记者还有《新闻周刊》的柏根汉（C. Pahenham），哥伦比亚广播公司的柯斯特罗（W. Costello），远东问题专家 A. Roth 等。"盟总"对待说公道活的记者的办法，除了驱逐之外，是在美国报社的编辑或老板那里大说坏话，撤回住屋，以至恫言送上军事法庭；每月都有"敌意记者"的黑名单，分送各地，以断绝特派员的新闻来源。美国式"新闻自由"本来就是假的，在日本更给麦克阿瑟打出原形，丑态百出。东京的外国记者俱乐部曾屡为此种不当的干涉提出严重的抗议，有时麦克阿瑟迫得让步，有时却悍然不顾，康德之不因外国记者们抗议而被允留在日本，就是一例。一九四八年二月十九日，东京各盟国记者以长二千五百字的抗议书致送各报主笔协会和联合国新闻自由委员会及麦克阿瑟，控诉"盟总"对各报作间接的检查，并恫吓压迫盟国驻日记者。但这种控诉的效果还是很微，麦克阿瑟还是一意孤行。

其他的牵制

在日本，出版的自由，也同样可怜。虽没有焚书之举，但"盟总"却将浇好的铅版熔毁掉。为着阻止进步的书刊流传，麦克阿瑟总部在种种借口之下禁止或留难书的出版。史诺的《红色的中国》的日文版是最畅销书之一，但他的第二本书《对亚洲的斗争》日文版就被麦克阿瑟的检查官熔掉了铅版，理由是"会引起危险的思想"。他的另一本书《在我们一方面的人民》的日文本出版也碰着困难。"盟总"还颁布一条似乎很堂皇的法律，凡日本人要翻译外国书籍，必先呈缴该著作人允诺的证件。这显然也是为限制外国的进步书籍的翻译而设，因为，比方说日人要翻译斯大林的著作，就要先得到克里姆林宫的允诺，那自然不是容易做到的事情，翻译家只得放弃不译。

其他的思想统制，同样严密，经济安定本部初时还有一些同情社会主义的专家做事，栗栖赳夫做了长官之后，他们被清除出去。鼓励自由讨论和宣扬民主的青年教师，常被戴红帽子而被辞掉，进步的学生也常被开除。思想统治的严厉，由归自苏联的日侨所受的待遇，特别可以看出。被俘的关东军在西伯利亚过的是自由而愉快的生活，可是，当他们中有两千个于一九四八年五月间进入舞鹤港的时候，税关立刻下令没收所有苏联出版的新闻、杂志、图书，上陆之后全体在指定地点集合，一连举行了两天的"思想检查"，还要经过文部省特派员的训话，做完这一套手续之后，才每人发给一点日用品和文部省特别编印的新闻材料一份，然后准许各人回籍。

戏剧电影的检查，也够严厉。占领初期，美国兵曾经上演过独幕歌剧"御门"，因为这剧涉及天皇，从前是被禁演的。一九四七年七月，一家日本公司准备第一次上演这出音乐讽刺剧的时候，"盟总"就以保护天皇和皇族自居，出面代为禁止上演。有一个名唤"日本的悲剧"的新闻纪录电影片，描写天皇在战争中的作用，也遭禁止。在追述第一年占领的事迹的新闻纪录片中，凡大群众的场面都被削去，其理由是因为它们有煽动性。新近东京宝冢的演剧部和电影部忽然宣布，为了"整理营业"，决定裁员九百八十余名，被裁的都是比较进步的分子，可见日本也正演着好莱坞肃清左派分子那一类的把戏。

战后日本人民所得的区区民主自由，就是这样的被摧残，被干涉，现在几已荡然无存了。

十二　日帝的防毒剂——日本人民力量的抬头

纵然美占领军当局对于波茨坦宣言中促进日本民主化一项规定的执行只是假装的，纵然不需很久，美当局就证明他自己所努力的倒是扶植反民主的力量，摧残人民民主的权利和自由，但是投降以后，日本的人民民主力量却依然在生长，而且可以说是空前的强大。这表现于日本无产阶级政党的日本共产党的发展和健斗，表现于进步的工农组织——尤其是工会组织——的突飞猛进，和工农斗争的猛烈展开。

民主力量强大的原因

今天日本的民主力量和民主运动所以蓬勃发展，其原因是不难明的。（一）日本工农大众虽则受反动统治者的压迫和社会改良主义者的欺骗出卖，但也有革命斗争的传统，在战前也存在过人数虽少而斗争性强的工人运动，以及百折不挠屡仆屡起的共产党地下组织。有一个时候，在青年中间马列主义的传播与研究比其他国家还普遍。战前这种传统，正构成了今天的发荣滋长的民主运动的种子。（二）日本统治者多年的侵略战争并没有使人民大众的生活有所改善，而只带给他们以败降的屈辱，以及败降后悲惨的经济状况，这自然提高了他们的政治觉悟，使他们识破了统治者的欺骗，从而把自己组织起来，以自己的集体力量，从事经济政治的斗争，来改善自己的生活。（三）败降以后，统治者还是从前的统治者，而且旋即故态复萌，对人民的压迫和剥削与前无异，有些地方甚至变本加厉。在"民主"的外衣底下一切资产阶级政党都是一丘之貉，贪污腐败，敌视人民，即社会党也不能够掩饰它为资本家服务的真面目。这自然使人民不满现状，而图实现真正民主政治，来推翻现状。（四）在第二次世界大战以后，世界民主运动的进展，特别是中国的民主斗争的胜利，给日本人民以感召和鼓励。

有了这四种原因，美军当局在占领初期所做的一些民主表面功夫，便像在堤坝上打开一个小缺口那样，使日本民主洪流泛滥了开来，终于汹涌澎湃，已不是任何堤坝所能遏止了。

日本共产党

日本共产党无疑的是站在真正民主运动的最前面。这个由多年的地下斗争和牢狱生活转而成合法政党的共产党，虽比中国、意大利、法兰西的姊妹党还小，但发展之速即几乎是空前的。日共的公开活动始于一九四五年十月二日，那时正式党员只有一千二百人，经过两年半之后，日共已发展到拥有十余万党员了。在战后第一次的普选中，日共获得二百一十万的选票，六席的众议员，位列第五党。第二次大选略见挫折，但大选以后，日共在群众中的威望和影响倒日见增加。拥护日共的有组织的工农群众已达三百万以上，教师、文化工作者和青年知识分子还不计算在内。它的机关报"赤旗"拥有数十万的读者。有名的小说家森田草平和哲学界泰斗出隆教授，年纪均在六十以上，现在都加入了共产党。

现在日共的领导人物是德田球一（总书记），曾在监狱里熬过十八年的悠长岁月，绝不妥协变节，到了日本投降后才恢复自由。德田在佐贺演讲而遭法西斯暴徒行刺时，炸伤了十八处，仍直立不倒，继续讲下去，至讲完为止，这充分表现出他的勇毅的精神。于战后自中国回到日本去的野坂参三（即冈野进）任宣传部长，是党内的第二位领袖，对于日共政治路线的拟订有颇大的影响。主编"赤旗"的志贺义雄，名作家宫本显治、藏原惟人都是该党的重要领袖。这些领袖都可以自豪是始终一贯地反对日本军阀，反对日帝的侵略的。

以日共的政治路线而论，它当前所要求的是彻底的民主革命。除了要充分保障人民的自由和认真改善人民生活之外，它的政纲有如下的特点——

（一）在政治上：

（1）打倒天皇制，树立人民共和政府。

（2）严正实行波茨坦宣言，支持民主主义诸国的和平政策。

（3）废止现行的新宪法，制定根据民意的民主宪法，设立民主的一院制。

（4）集合一切民主主义的势力，结成人民战线。

（二）在经济上：

（1）一切寄生的土地所有，全部无代价没收，无代价的分配给农民，取消高利贷及农民所负银行的债务。

（2）反对强迫征实征购，反对地主官僚的农民机构，确立自己的农民组织。

（3）银行全归国有，由人民管理。

（4）食粮及其他日用品必需物资亦由人民管理。

（5）劳动人民管理重要企业，由人民共和政府施行统制。

这个作为工农前卫的群众政党是极富于斗争性的。他们是站在劳动者和一切劳动大众的前头，为他们的日常要求而展开经济斗争，把握斗争的指导权。投降以后每一次的大罢工或群众示威，差不多都由日共领导。在一般政治上，日共是彻底反封建反法西斯的。日共力图把人民大众的不满情形，转化为打破天皇制，根绝帝国主义的政治斗争。也许在初时日共对于天皇制的革命的立场，不能一下子为人民所接受，但它把天皇制与天皇分开来处理，认为天皇制必须打破，而天皇的保留与否由国民公决的现实主张，却渐得到人民的同情。

以日共所努力的人民统一战线而论，在占领的初期，曾有酝酿，但以社会党右翼领袖坚决拒绝日共这种要求，遂未成立。一九四六年，野坂参三和老社会主义者山川均发起的"民主人民联盟"，虽是一个统一战线的雏形，然没有广大的群众基础，社会党又拒绝参加，另树"救国民主阵线"的旗帜。该联盟本身分子也太复杂，像石桥湛山那样的财阀代言人也曾参加进去。这个组织后来还是夭折了。到社会党跃为议会第一党，社会党左派宣布与共产党绝缘，共社成立统一战线的希望更断了。不过，日共所坚持的统一战线政策，在工农群众中显已卓有成效。

由于日本是在被占领的状态之下，日共的政治纲领虽拥护波茨坦宣言，但没有对于美国的公开反对。自美国扶日复兴的政策变本加厉以后，日本统治阶级如醉如痴，借口"导引外资"，一方面加紧对劳工的压迫剥削，他方表示甘受美帝的长期控制。日共野坂参三乃发表时局主张，指摘卢田内阁倚靠外国的买办政策，间接表示了反对美国奴役日本和利用日本作工具奴役亚洲的政策。野坂指责卢田的买办政策：（一）将削弱日本的经济和丧失它的独立性，从而当然要丧失国家的独立；（二）使日本不仅向外国乞食，而且成为国际纷争的中心，扰乱了国际的合作与和平。所以，野坂说，日共主张以自力更生重建日本经济，动员和利用所有物资与人力来进行恢复工作，自力不足之处才要外国援助。照野坂的意见，日本并不是反对外国的投资，但认为必须依照如下的条件：（1）投入的外国资本应当全部用于恢复日本经济而具有追求和平的目的，不能掺杂着其他任何政治意图；（2）当吸收外资时，必须保证日本的独立主权；（3）投入的外资必须置于人民的管制下。日共并反对以奴隶劳动为基础的对国外市场的倾销。

日共的力量已逐渐强大，日共的政治主张又如此光明正大，所以它的发展与成功，确是远东和平的基础之一。李纯青先生说得对："今天我们反对麦帅管理日本的姑息政策，是反对其保护法西斯残余，培养保守势力与军国主义。日共，也只有日共，态度跟我们一致，若将来再有战争，就是说，日本帝国主义再起侵略，或跟随美国作战'报仇'，为祸中国，日共，也只有日共，会坚决起来反对，做中国人民最可靠的朋友……改造日本的伟大责任，实际也就落在日共肩上了。"[①]

劳工运动的发展

日共的群众基础是日本的工人阶级，日共目前努力的中心是劳工运动。有组织的工人运动的发展，构成日本民主的堡垒。

日本资本主义虽有高度的发展，但职工会却从未在日本工业社会中植下深固的根据。二十世纪二十年代之初，职工会运动已被遏制，到了三十年代之初，日本职工会运动再抬头，但是组织在职工会的工人，还未超过四十五万人，约等于当时日本全体工

---

① 见《世界知识》第十七卷第廿二期《日本共产党现势》。

人的百分之八至十。改良分子之过多，以及他们之极力阻挠工会之统一，也妨碍了战前职工会运动的发展。随着日本战时体制化（法西斯化），职工会再被压迫，成立普通工会和集体议定合约都在禁止之列。战前期间，只保存在着模仿纳粹，为侵略战争服务的"劳动阵线"组织。

日本投降以后，美日当局不得已撤销反职工会的法规，职工会便像雨后春笋般簇生和活动起来。日政府马上通过法律来限制职工会的活动，也不能遏止它的蓬勃发展。到一九四七年五月，日本已有一万九千个职工会，团结着五百五十万人。据最近（一九四八年六月）的报告，地方工会增加至三万个单位，包括六百五十万的工人，像这样的数字比起有强大的工会的法意两国，已无愧色了。战后日本工人生活没有改善而且更加恶化①，促使日本工人谋以组织的力量改善生活，是职工会运动急剧发展的主要原因。

然而，像其他资本主义国家那样，战后日本的工人组织仍然是分裂的。受了右翼社会党影响的一些工会，组成了"日本劳动总同盟"。这些工会都依照地域的原则建立起来。"总同盟"的会员共有九十万人。会长是社会党的右翼领袖松冈驹吉（现任众议院议长）。"总同盟"是改良主义黄色工会的集团，反对政治的斗争，而仅标榜经济斗争，但即所谓"经济斗争"也是与资本家协调。松冈们反对职工会的统一，因为他们恐怕这样子一来，下级工会就会摆脱他们的影响。

可是，进步的职工组织是强大而发展的。一九四六年八月，煤矿、五金、铁路、通讯、纺织、码头、印刷等二十个职工会组

---

① 战后，日本的童工女工仍很普遍，目前工人的工资为战前水平的五十余倍，而物价已涨达战前一百一十多倍，每日工作时间普遍是十二小时。

成了"产业别组合会议",最初包罗了一百五十万工人,团结了差不多日本产业工人的半数,不论在组织的质与量上都占着第一位。它的纲领反映出日本广大工人群众的要求与愿望。纲领强调政治的斗争,指出职工会应当成为反封建主义,军国主义及法西斯主义斗争的推动力量,应当建立民主的统一战线,用全力去树立全民支持的民主政府。"产业别组合会议"前一任的主席是曾被反动暴徒刺伤的听涛克己①,现在的则为菅道,它的理事虽多不是日共党员,思想上则在日共的影响领导之下。由于它确实为工人谋利益,加盟的工会日益增多,所包罗的工人已增到三百万了。有组织的政府公务员和公用事业职工二百四十万人殆在它的领导之下。

除了"总同盟"和"产业别组合会议"以外,还有几个职工组织结合成的日本劳动组合大会(约二十万人)及所谓独立部门的职工联合会。

不管"总同盟"的领袖们怎样破坏工人的团结和工会的统一,但职工会权利之被蹂躏却使工人们痛感有强化团结之必要。一九四七年二月三日,全日本劳动组合会议召开第一次会议组织委员会,参加的有三十三个大工会和工会联合会的代表一百人。在世界职工联盟代表访日的前夜,到了三月十日,正式成立"全国劳动组合联络协议会",参加的有三十八个主要工会联合会,除了"产业别组合会议"之外,还有全国劳动组合大会,全国国营铁路劳动组合,全日本教师组合联合会,官公厅劳动组合协议会等,所代表的职工达三百余万人,即"劳动总同盟"的领袖在群众压迫之下,也不能不加入(虽然其后退出)。这是

---

① 听涛克己年四十四岁,出身神户教会学校。曾任朝日新闻驻伦敦记者,最初组成"全日本新闻无线电工会"。

产业职工会统一运动史上一件值得秉笔大书的大事。到了今年五月，日本劳动人民更有"工农联络委员会"的组织，计划把统一战线扩展到农民方面去。

随着职工会组织的扩大与强化，大罢工和示威使成为投降后所惯见的现象。罢工是在保障八小时工作，规定最低工资，订立集团合同，实行工人监督生产，反对无理开除工人等口号之下举行。由于一九四六年中以来，日本反动派转向劳动人民展开攻势，罢工的规模越加增大和强于政治性。一九四六年的"十月攻势"，一九四七年二月一日全国五百万人大罢工的酝酿，一九四八年三月底，百余万交通通讯工人大罢工的准备，同年"五一"东京五十万工人的大示威等，特别表现出日本工人组织的力量和斗争性。有组织的日本工人曾与其他阶级不满政府的人民联合起来，要求打倒反动的吉田内阁，反对片山内阁出卖劳动大众的政策，罢工是常获得胜利的，一九四六年十一月，十万铁路工人五十天的罢工终达到目的，是一个例子。这使到麦克阿瑟总部害怕起来，说罢工是"致命的政治武器"，而多方设法加以禁止和破坏。美日当局除了以立法或命令取缔罢工之外，动辄借故把工会的领袖开除。但工会并不因这种高压而松弛斗争，他们采用"山猫""活塞"式的机动性罢工，来回避总罢工的禁令，而达到正当防卫的目的。日本有组织的工人这种顽强的斗争性，实是阻止美帝奴役日本和重建日本侵略力量的一个有力的保证。

农民组织

比起工人来，日本农民是落后的、散漫的，然而在投降以后，日本的贫农佃农也有了他们自己的组织——日本农民联盟，为了保卫被地主侵犯的贫农佃农权利而斗争，为进步的土地改革和国家民主化而斗争。它的队伍一天一天地强大，会员人数从一九四六年五月的六十万人增到现在的一百二十万人以上。初时，他的主席是社会党右派领袖平野力三（现已为社会党开除）。这个亲法西斯的领袖和他的同道曾企图把农民联盟变成一个和地主官僚"和平合作"的组织，但这个组织的下层却很早就发生了反对派，平野无法操纵，在它的领导之下，贫佃农们展开了反对地主专横的斗争。单在一九四六年的上半年，依据政府极不完全的统计，就发生了八千一百四十五件的租佃争议。若干地区的农民拒绝向政府缴纳谷物，因为政府没有尽责对农民配给肥料和耕畜。

随着日共对农民联盟的影响之增大，平野的领导地位日益动摇。在一九四七年二月举行的大会中，平野竞选主席失败，社会党的"纯正左派"领袖黑田寿男（现在也被社会党开除）当选为主席，平野且被开除会籍。事后，平野企图分裂农民联盟，也没有成功。在同年四月大选以前，农民联盟也提出自己的代表参加竞选，同时也支持民主党派推选的代表。它的竞选口号是实行进步的土地改革，保障农民必要的原料、工具和肥料，国家和地方劳役的地主化，地方自治机构的民主化等。

一句话，摆脱了右派领导的农民联盟，已努力于国内民主统一战线的建立，地主统治的迅速扫除，以及日本的真正民主化了。

知识分子的组织

至于日本学生和教师，在战后也组织起来，而且日趋于"左"倾。一九四八年六月十六日，日本全国国立大学和高等学校一百五十所学生约二十万名，主要为反对政府增加学费而实行全国罢课，这是日本空前未有的事。学生提出的口号中还有"反对干涉学问自由和学生自治活动"。在罢课学生的街头演说中，有大喊反对美国和反对采取美国式教育制度的；美国占领以来，日人公然喊出反美口号，这也是第一次。七月中，日本全国大学和高等学校的教授教师五万人，也为要求改善待遇而罢课。日本社会的斗争这样剧烈，正反证美国和日政府的高压政策之心劳日拙。

十三　日本野心的再暴露及其反响

从上头的论述，我们已可看见，在美国片面管制之下，日本帝国主义的基础还是差不多原封不动，波茨坦宣言已变成废纸；在美国锐意扶植之下，日本经济已在迅速复兴中，甚至武装的恢复也已在积极进行之中。

但是，我们当不会忘记，在它投降了三年之后，日本至少在法理上依然是我们的敌国——是中国，远东各盟国以至美国的敌国，因为对日和会还没有召开，对日和约没有订立，在国际法上盟国与日本的敌对状态依然存在。

和约问题

是的，关于对日和约的初步探讨早已开始了，但以美国专横独断之故，盟国环绕着对日和约而展开斗争，对日和约问题已被搁置下来。

在初时，美国企图早日召集对日和约的会议，在有利于美国和日本的情况下草拟和约。一九四七年七月十一日，美国就对日和约的初步工作提出一个具体的照会，分送远东委员会的中、英、苏、法、澳、纽、加、印、菲、荷等十个国家，建议远东委员会全体委员国的代表于八月十九日在旧金山或华盛顿举行准备对日和约的会议，美并主张会中取消四强的否决权，而行使出席委员国三分之二的多数表决。美认为对日和约应由与日作战的远东十一国共同起草，而不应由四强负责。美国如此主张显然因为远东委员会其他十国，除了苏联以外，不是美国事实上的殖民地（如菲、加、中），就是在经济上须倚靠美国（如英、法、荷、澳、纽等），可以任美操纵之故。

对于美国这一建议，英澳纽加等国大体上赞成，但主张会议稍迟举行，并应由十一国的外长（不是美方所说的代表）集议，签定和约原则。

但是，苏联于七月廿七日答复美国，坚决反对美方的建议，苏联的理由认为：（一）四强曾于一九四五年十二月莫斯科会议上决定，四强参加盟国对日管制委员会，远东委员会的决议必须获得四强的协议，故关于对日和会的召集，必须先由四强共同决定，而不应由美国单方面发出请柬。（二）外长会议原旨在于作为草拟和约的预备者，依据对德和约程序，应先由外长会议拟草对日和约。苏联并建议，关于准备对日和约的外长会议召集日期，应由中英苏三国驻美大使与美国代表商定。

苏联这种"反建议"于八月十三日遭到美国的拒绝，美方甚至表示不顾苏联是否参加而召开远东委员会全体会议。但苏联于八月廿九日向美提出备忘录，坚持原议。

中国政府初时表示大体上赞成美方的建议，只主张十一国中三分之二多数表决通过之议案，须再经东京盟国对日管制委员会四强中三强之同意。其后，一方面由于国内大部分舆论的反对，他方面因为南京企图借对日和约问题要挟美政府大量的援助，便发表一种"折中"方案，即主张邀请远东委员会十一个国家参加起草和约会议，但一切决定均应获得四强的支持（四强仍保留否决权），同时并表示不出席没有苏联参加的对日和会。

美国认为南京政府这种姿态是一种"勒索"，在美国给他相当的经济援助之后，南京便可能让步。十一月廿七日，苏联答复南京照会，建议中英美苏四国外长于一九四八年一月在中国开会讨论日本和约之准备问题，美国南京均不表同意。因此，对日和约初步会议的召开，尚遥遥无期。

在美国，主张与德日单独订立和约的大不乏人（胡佛就是一个），一九四八年七月廿三日合众社东京电传："美国在某种情形下，或将立即与日本签订和约。"不过，美当局目前敢冒此大不韪与否还是问题，所以国务院连忙叫驻华大使司徒雷登出来否认。但是，无论怎样，美国已准备长期占领日本，化它为殖民地，而任和约问题延搁下去。日本政府也希望在美国长期卵翼之下，把经济军事的基础打好，而把国内民主力量消灭掉，乐得和会迟迟不开。日方已明白地说："日本与太平洋各盟国极可能永不筹订和约，再延宕若干月之和会，届时已不具何种意义。"但英澳等国则要求提早签订对日和约，贝文且赞同不管苏联参加与否，早开和会。至于南京政府放弃上述的"折中"主张而完全附和美国的消息更时有所闻。不过，没有苏联参加的对日和会，等于白开，对日和约问题只有无限期地搁起来。

侵略野心的复活

然而，尽管日本还是"敌国"的身份，日本已经是故态复萌，野心复炽。虽然在占领的初期，日本对盟国甚至对中国都卑躬屈节，对他们的宽大表示感激，然而没有多久，除了对美国还貌为恭顺之外，对其他盟国已是目空一切。由于美国派给他以"亚洲工厂"和"亚洲反共堡垒"的地位，他又俨然以东亚的领导者自居。所谓工业日本，农业中国与亚洲，日人已放言无忌。在投降初期，日人称我华侨为"中国人"，现在则恢复"支那人"的称谓，或与朝鲜人和台胞同称为"第三国人"，以别于美英等盟国。在日华侨地位的低落与前无异，依然不时被日当局歧视、迫害。侨商违反黑市的禁例特别受到重罚。一九四六年七月十九日东京涩谷侨胞摊贩遭日警枪杀拘捕的惨案，更可看日本的排华情绪。载运海南铁砂到日的中国商船也要遭日警严密监视。一九四八年四月，日本借口朝鲜人学校不遵守日本教育法例，加以封闭，引起神户等地朝鲜人的大骚动，鲜人被捕杀者甚众。这事件显示日本依然视朝鲜人为殖民地人民，欲继续加以压迫和同化。据"盟总"法制局中国课长童维纲称："一般日本人民对中国政府在审讯日本战犯方面之宽大态度，并不感激，反觉中国政策之软弱，以为中国政府深恐日本将来一旦复跻于列强之地位时加以报复。"（中央社一九四八年五月十六日电）这很可以表现出日本的"狂奴故态"。

至于日本的侵略野心的复活，也已经有许多迹象可寻。日本备有测量仪器的武装渔船，频频侵入我国领海，南到海南，北达胶东，已是周知的事实。对于已被剥夺的旧属地，日敌更是不能忘怀。众院老议员尾崎行雄曾公开主张朝鲜、满洲和台湾将来应举行公民投票，以决定是否仍归属日本。币原前首相参加的座谈会主张日本将来再参加我国东北的"开发"。去年（一九四七）底，日外务省所草拟的关于和约的秘密备忘录，除了要求避免由盟国管制委员会实施和约条款，盟国不得干涉日内政、削减赔偿、保留武装等之外，还要求继续保留千岛群岛、琉球群岛、小笠原及附近岛屿，可能包括硫磺岛在内。卢田均在任外相时已公然要求苏联归还千岛和日人在台湾保有特殊"殖民权"。在就任首相之后，卢田均于一九四八年四月八日对中央社记者表示，希望收回苏联所占若干岛屿和扩大渔船活动范围。他说苏联于日投降后占领之北海道以东各小岛，无论在地理上、法律上，或历史上均不是属于按照战争结束前盟国协议划归苏联之千岛群岛。关于渔权问题，他说，日本渔船活动范围甚小，仅能达白令海南太平洋及中国海岸之少数地区，然因日本人民仰赖海产为食物，希望渔区可以扩大。新近东京的《新中国杂志》撰文倡言"美国应援助日本复兴，日本则将援助中国之经济复兴"。其特别提出日本援华之理由有三：（一）"日本在应用科学方面较中国更进步"；（二）"中国历来派遣留学生赴日，有时多至三万，他们认为日本是远东的西方科学与文化基地"；（三）"日本不仅在华投有巨额资本建立铁路，工厂；且曾派大批专家使此种事业进行……日本在太平洋战争中失败，并未使中国停止期望日本之领导，将来重建经济而发现需要技术上的援助时，势必呼召日本专家协助。"此外，在美方宣布日本人口过剩粮食不足之后，日本《东洋经济学者》杂志已公然提出移民二千万到国外去的要求了。

更可注意的，日本帝国主义过去干涉我国舆论的横暴态度现在也再暴露出来。当今年五月间南京当局发表演词表示不变对日宽大政策之后，卢田均对中央社记者发表谈话，一方面佯示"感激"，他方面却说：最近中国报纸与此政策相反的言论，"迄今已引起日本国内之不安"。日敌不忘干涉我国之心不是昭然若揭吗？

一句话，随着美国的纵容鼓励，日本包藏的侵略野心已不能自掩，而且胃口愈来愈大了。

国际的反响

正因为这个缘故，盟国朝野反对麦克阿瑟扶日复兴政策，对日帝卷土重来的危险提出警告的声浪，一天比一天响。

不管美国当局和华尔街的代言人怎样为扶日政策辩饰，有眼光的美国人士还是对美国的养虎为患的政策加以批评。例如美远东问题专家拉铁摩说："假使你拿日本工业和美国比，那就等于对自己开玩笑。必须把日本和它的亚洲邻国相比。它有很多工业劳动者，有大批技术知能丰富的管理和生产人员。几年之内，它又能在亚洲大部重握工商业霸权。日本的工业会变成一颗定时炸弹，在十年或二十五年后爆炸！"阿诺尔德（David Arnold）说："华盛顿的政策，即对美国本身安全也是一大威胁。杜鲁门主义者赠给日本的刀锋，现在指着苏联，但那个刀锋终有一天会转向美国本身，这即是法西斯主义者的老习惯。"美众议员沙多斯基（Sadowsky）也于今年五月十日宣称："太平洋地区人民对于美国恢复日本军力的忧虑，不减于欧洲人民对于美国复兴和重新武装德国的忧虑。"美人在沪办的密勒氏评论报，除了不时刊载康德（David Gonde）、狄恩（Hugh Deane）等驻日记者暴露美国对日错误措施的文章之外，还大声疾呼："监视日本鬼子！"（Watch the gaps）"制止日本鬼子！"（Stop the gaps）的口号。

在其他盟国中，苏联在东京四强管制委员会和华府远东委员会的代表，为贯彻波茨坦宣言管制日本的规定而作韧性斗争的事实，已是"众所周知"，苏联报纸更不断地暴露和抨击美国纵容扶植日本，一反波茨坦宣言的种种措施。例子太多了，不必在这里详述。

甚至于在澳洲和英国，美国对日政策也引起不安。虽然澳外长伊瓦特去年访问东京，与麦克阿瑟会晤之后已经软化不少，但澳洲舆论对于美国对日政策的抨击或不满仍时有所闻。曾任东京盟国对日管制委员会英国代表的澳人鲍尔可说是美国对日政策的批评者，他在《日本杂感》一文①中明白表示："因为我不相信

----

① 见前揭《太平洋杂志》一九四八年三月号。

日本的统治者已有了什么重大的改变，所以，我认为如果骤然下结论说日本不会再成为一个黩武的强国，那实在是很冒险的。"今年七月初，澳洲国会代表团七个团员，因曾与天皇握手，遭到澳洲报纸的攻击。雪梨电闻报说："我们不需要代表我们的人物给予日本领袖们以些微的表示，说我们的耻辱已成过去，他们现在九十度的鞠躬和带着虚伪笑容的道歉，便可以使我们觉得满意。"以英国而论，不管贝文怎样追随美国，英国工商业家，特别是纺织业家——不能不对美国扶日政策表示不满以至警惕。有代表性的《经济学家》周刊今年四月卅日写道："美国政府应该及时解释它想采取什么步骤来使复兴的日本经济力不致变为新战争的危险根源。"该杂志又指出美国的政策在恢复日本，使之成为"东亚的工厂"，这"自然要使过去在自己的肩上完全承受日本侵略战争的重担的澳洲人与中国人不能了解华盛顿新政策，他们提出一个问题，日本在恢复自己的力量以后将走哪一条路。美国不应忽视他过去在太平洋上同盟者的意见与感觉"。

菲律宾虽然事实上还是美国的殖民地，但菲人对于美国扶日政策表示相当强烈的反感与惊恐。菲商会反对马上恢复对日贸易。马尼拉时报更讯讽地说："近卫文麿虽然已经死了，但他的精神还在美国国务院里活着。"

以我国而论，除了朱世明、刘子健、胡适、胡秋原之流以外，全国人民都是反对美国扶日政策，正视日本复兴的危险的。无数的学生、教师教授、文化工作者、知识青年以至工商业家正以口头、文字和行动对美国扶日措施提出强硬抗议，反美扶日已成为日益深入扩大的全国性运动了。

这样说来，不独日本国内的反帝国主义侵略的人民力量已经抬头，远东盟国的人民对日帝卷土重来的警惕性也已提高，中国更不是"九一八"或"七七"以前的中国，这些是防止日帝国主义复兴的有力的保证。

不过，美帝扶日既日益积极，不因同盟国的反对而敛迹，远东各国人民正视这种威胁和起来加以制止，是非常必要的。

后　记

本书完稿付排之后，美国"经济合作总署"的高级官员，于八月八日宣布，数额一亿七千五百万的"援华"借款，将间接用于协助中日贸易之复兴，南京政府应供给日本以煤（主要是开滦煤）铁（主要是大冶铁）等工业原料，而由日本售给中国以工业品，自美国"援华"款下取得美元，作为货价，而日本拿这些美元转向美国买棉花。跟着前任行政院长张群决定于八月廿日到日本去"访问"一番。这些事实说明了美帝国主义之扶植日本无所不用其极，在美帝导演之下，以中国为牺牲的新的"东亚共荣圈"已在形成之中。

面临着这种威胁，对于美国管制下的日本之认识，是更有其必要了。作者撰写本书，由于材料、篇幅和时间的限制，原没有打算作全面和深入的论述，而只想以美国片面管制和扶植日本的政策为中心，描出战后日本一个轮廓，看看波茨坦宣言关于日本的规定是否已经履行，投降三年后的日本与投降前的日本究竟基本上有什么不同。这些问题得到解答，美国扶日复兴会不会危及中国和其他远东盟国的安全一问题也可以不辩自明了。

本书的论述就是以此为中心而展开的，虽然组织得不够严密，写得也不够生动，但总希望这种已触及战后日本问题的各主要方面的综括的论述，能够帮助一般读者认识日本和正视美国扶日的危险。

本书所根据的资料大部分是采自报馆资料室，东京和上海的朋友也提供了或多或少的日英文资料。以日本书报外销解禁未久，手头的日文材料虽已尽量应用，还嫌不多。但所有曾帮助作者搜集资料和在其他方面帮忙的朋友，都值得感谢。

郭沫若先生在百忙中分神读过本书原稿之后复赐撰序言，虽奖饰之处使人惭愧，披励后进之意又使人感奋，应深深致谢。

本书匆匆执笔，错误自所不免，至盼日本问题专家和读者予以指正。

思慕一九四八年八月十二日于香港

（《战后日本问题》士林书店发行，1948 年上海）

日本财阀、军部、官僚关系的演变与法西斯化

（1937 年）

在法西斯化行程上财阀、军部由"对立"到提携

在日本资本主义的现阶段，为确保金融资本、独占资本的利益，除了强行大陆政策以外，真没有别的出路，同时由自由主义的经济进于统制经济，把一切牺牲转嫁在大众的肩上，对于它们的反抗断乎弹压，也是绝对必要。因此法西斯的独裁是应时之物。法西斯化的直接担当者为日本的社会机构、政治机构上头的各种势力——军部、官僚或民间法西斯团体。这些势力彼此各具有互异的立场，但在基本的方向上终是一致的。像上头听说过的那样，因日本国家机构内封建残余的强大，资本主义的发展依存于军事的力量，及在国际关系上日本与苏联、中国对立之故，军部在法西斯潮流中便起中心的推动作用，故有"军事型"的法西斯之称。

独占资本一般地是向着法西斯化的方向进行的，它的利害客观地是与法西斯化过程一致的。前已说过，日本一些财阀的

"先觉"在前许多年已对法西斯主义赞美，"亲军"的新兴财阀自身已法西斯化，但是财阀与急进的法西斯派及立于法西斯化的前头之军部，在枝节问题上有利害的对立，这也是事实。为什么这样说呢？

我们知道，资产阶级是最"实际的"，日本法西斯的政治纲领（如"庶政一新"）带有空想的成分还不打紧，但经济上的纲领，在财阀看来，实与日本资本主义经济的当面的现实的需要相去颇远，在某种程度上有太过法西斯化的倾向。比方战时编制化在某种程度上急进地强行的结果，便与财阀的利害抵触，引起金融的破绽，财政的混乱，这是财阀最恐惧不过的。再具体地来说，以广田内阁的财政和经济政策论，与国民的经济力不相当的庞大预算，漠视军需产业生产能力的军事费用的支出，军需产业积极膨胀对消费品产业的压迫，单纯按着战时体制的税制整理，不是产业界当前必要的统治的强化（例如电力国营）都会招来这种结果，所以财阀与广田内阁的推动者的军部发生一时的对立。至于非合法的法西斯运动（如"二二六"事变）所招致的不利更大，所以大多数财阀在目前更是反对。

这样子，对于法西斯的指导者不能充分信赖的金融资本，务求以最少的危险与最少的牺牲的代价来谋自己支配的强化。这种方针，使财阀的一部分与法西斯的排除政党的要求也对立起来，但是，财阀早已对老朽的政党不信赖了，因此财阀有时候徘徊于法西斯和政党之间，不知怎样取舍才好。广田内阁的坍台，是军部急进派胜利的结果，前已说过，这就引起财界的不安。对于谁是后继的内阁一事心怀恐惧的财阀，给宇垣组阁以全力的支持。宇垣内阁的流产使这种恐怖更增大了。到了军部声明无条件地支持的林内阁在经济的领域对金融资本表示大大的让步以后，财界才稳定起来，而财阀与军部"拥抱"的政权才能实现，法西斯化的行程也得坚稳地再度前进。

可是，在他方面，军部的让步是什么意味呢？我们也说过，"打倒财阀"是日本的急进法西斯的一种社会的煽动口号。但像我们所周知的，法西斯主义绝不是财阀和金融资本的反对者，倒反是独占金融资本的独裁的武器。这种内部的性质在法西斯运动开始的时候是隐蔽的，到了法西斯运动的后一阶段便显露出来。并且，在实际上推动法西斯化的军部对于财阀的妥协，是必要的。军部纵然有许多的大计划，到头也不能抹杀现实。例如以准战时体制过度强行的结果，恶性财政膨胀的威胁迫来，物价腾贵，军费也等于削减，工业的生产能力如与军费支出不相应，准战时经济政策的施行也发生障碍。陷于生活不安的国民大众，对法西斯势力非常愤慨。在这情势之下，军部不能不觉悟过来，1937年1月，军部的声明开头说："积极的变革倒召来不利的影响，徒劳无功一事是十分明白的"，就是军部的态度开始转变的表现。于是军部由"广义国防"（经济统制，资本主义修正）的高调转到"狭义国防"（国防的生产力扩大、"满洲国"强化）去，更重要的，就是避免国防计划与财界的摩擦而极力谋求与财界——特别是金融资本和军需工业资本的调和。军部法西斯与支配的资本间的关系的调整，由林内阁五大政纲中"国防军需的充实"、"生产力的增进"之紧密的结合，充分地表现出来。

在经济的领域内，对支配资本的让步诚然会引起法西斯一部分的不满，但在政治领域内的法西斯的前进一步已可补偿。林内阁的政党党员入阁的否认，"祭政一致"的"日本主义"的口号的提出，"文教审议会"、"企划厅"等国策统合机关的成立，已表示比广田内阁更进一步了。

在财阀方面，对军部也有相当的让步。财阀已表示承认准战时体制的原则，不像高桥任藏相时代那样把法西斯势力的主张从属于财政经济的要求，而把法西斯势力的主张置于第一位，尽可能地使财政经济的要求与之相适应，前藏相结城一上台，便答应"国防与生产力的调整"，就是这个意思。

当初林内阁从财界物色官僚时，首有各务镰吉，津田信吾（纺织业大财阀）、鲇川义介入阁之说，但结果，财阀送来与军部"拥抱"的代表却是结城丰太郎和池田成彬，这也不是偶然的。

结城与池田不单是金融资本家和今日运转资本主义机构的最高技师，而且与军部法西斯有颇深的关系。结城原来与池田同是国本社（以平沼骐一郎为领袖，网罗荒木、真崎、松井、永田等军人及一些官僚、财界人物的法西斯组织）的会员，在军部上层有不少的知己。林铣十郎任陆相时，结城不论昼夜常趋陆相官邸与林恳谈，因此与林个人的关系也很密切。在满洲问题方面，据说结城比普通的财界人有较深的认识。当任兴业银行总裁时，他与乡诚之助男共组"日满实业协会"，并以满铁辛迪加的干事银行的当事者的资格参划"满洲国"的经济建设，结城前年在满洲视察旅行的时候，首与关东军当局畅谈，意气投合。去年12月开业的"满洲兴业银行"就是基于他的建议而成立。因这种关系，他与军部的青年将校也通声气。

至于三井财阀的指导者池田虽为急进的法西斯派的怨府之的，而且因此而从财界引退，但是池田借着国本社的关系，进而与军部的革新的青年将校接触。其后永田在军部得势的时候，池田由吉田茂的拉拢，与永田一派有相当深的交谊，永田暗杀案公审时，池田和他的亲戚实业家太田被传为证人。到了池田引退，军部的一部分人竟有惋惜之声，这样说来，结城、池田集团的出现，正是应时势的需求，它们在财阀与军部拥抱及法西斯化完成中，确有很大的作用。

法西斯化工具——新官僚与军部财阀的勾结

官僚在"非常时"有重要的作用——即是说，为合法的法西斯化行程的有力的工具，上面已略为说明。本来，官僚在根性上是倾向于权力集中，统制思想，而与民主主义为敌。所以在意识形态上它们容易与法西斯主义水乳交融。何况，投机主义也是官僚的家传的宝刀，到了军部法西斯得势，新官僚便摇身一变，变做十足的法西斯主义者。国家的统制经济的提倡，行政机构的改革，皇道主义的职工会的设立等法西斯主义的调子，也由一些新官僚唱出来。含有否定政党以致减弱议会力量的意味的内阁审议会，和"革新"政治参谋部的调查局，都是出自新官僚的献策。新官僚领袖的后藤文夫本身就有农村主义者法西斯的称号。新官僚参加的国本社和国维会，都是一种标准的法西斯组织。所以，我们可以说，新官僚是日本型的法西斯运动现阶段的一个代表，代行合法的"革新"工作的势力。

事实上，新官僚在法西斯化的行程中，是与军部和财阀——特别是军部——相勾结，并且在军部和财阀之间尽了拉拢和牵线的任务。后藤文夫、河田烈在国本社已与军部的上层分子和一部分的财阀（结城、池田）相联络。伊泽多喜男与三菱的关系很深，更是八面玲珑。伊泽和后藤又借着国维会和朝饭会与荒木派、永田派都有来往。1934年秋，后藤在特别大演习地的福井地方，与荒木及参谋本部中坚将校，开"农村对策联合协议会"，即有名的福井会议。后来以后藤为中心与调查局长吉田茂、警保局长唐泽俊树及永田军务局长团结起来，从事政治的"革新"的企图。当时宣传军部的中坚将校与各省官僚间——即文武官僚间——有横断的结合。唐泽与永田同是信州人，有同乡的关系，往来更密。前已说过，借着吉田茂的拉线，三井财阀的指导者池田便与永田结纳起来，林内阁以永田的介绍也成为财阀的信赖者。出自后藤的建议的内阁审议会，网罗有三菱的各务谦吉，三井的池田成彬，住友的小仓正恒等大财阀代表，军部虽没有积极参加，但据说是由永田的赞助而成立。在广田内阁时代，调查局的新官僚与军部的关系还极密切。林内阁末期设立的国策统合机关——企划厅，总裁是结城丰太郎，干部还是旧调查局的分子和各省的中坚官僚，海陆军的将校也参加其中。在近卫内阁中企划厅也是最重要的机关，广田弘毅兼任总裁。这个新的官僚机构在沟通财阀和军部和促进法西斯化的作用上，当有比调查局更大的成就吧。

日本政局的趋向

以上短短的论述，虽没有把日本的现阶段的政治的特征和它的前途充分地阐明，但至少已使我们得到一个一般的观念。归纳起来，我们可作如下的结论：

（一）日本的政治经济的构成中，封建的要素颇多，资本主义的发生即采取国家干涉主义和帝国主义的形态，官僚和军部的发言权本已很大，到了"非常时期"，军部更成为法西斯化的推动力，官僚成为法西斯化的武器，互相勾结，日本的法西斯运动因呈"军事型"之观。

（二）不过，日本资本主义已到独占金融资本的阶段，独占金融资本虽对于国家机构和军事的势力倚赖很深，但实通过这个机构和势力而支配日本，军部和官僚客观上到底还是为财阀的利益卖力气。法西斯化本是独占金融资本到特定的阶段的产物，日本财阀自身也早已露出这种倾向；但在财阀看来，非法的急进的法西斯运动，对于今日的日本尚无必要，军部所倡的法西斯政策，在某些部分又与财阀的利益相抵触，所以财阀与军部间有相当的对立，这种对立因双方的让步而缓和，遂产生军财两阀拥抱的林内阁和近卫内阁。

（三）军部在经济领域上对财阀的让步，是日本法西斯主义受了"五一五"、"二二六"事变的教训的结果。广田内阁与马场财政的反响，把空想的观念的残余清算了，而适应着日本资本主义的现实的必要，以坚固的步调前进。这样，日本的法西斯，便开始由所谓"军事型"进入一个与独占金融资本完全适合的较高的阶段。

（四）新官僚是政党政治废弃以后，迎合时势，代政党而兴的势力、法西斯行程中的有用的工具，它们与军部财阀都有相当的勾结。日本法西斯愈近于现实主义，新官僚在实际政治上的作用便愈大。

（五）财阀与财阀间，独占金融资本与产业资本间，有种种的矛盾，军部也派别分歧。财阀与军部拥抱的政权虽已开始，这些矛盾仍未能消除，前任林内阁的不稳定，政党的倒阁运动和近卫内阁的先强后弱，都是这些矛盾的反映。不过，独占的金融资本终于在支配一切，法西斯化的行程经过种种的曲折，而仍徐徐地前进，如果人民大众不加阻难，政党也会逐渐法西斯化。

（六）在其他方面，军财两阀拥抱着向着法西斯化坚稳地前进的结果，虽使财界的利益与国防调和，但必然以国民大众为牺牲，从前军部唱过的"国民生活安定"的高调，至多也只能变做"未完成的交响乐"。国防的扩充与大众的生活总是两极的对立。所谓物价调节及其他社会政策只是一种欺骗，在目前生产力的扩充也是在劳动加紧榨取的基础之上进行着。财政膨胀的结果已引起澎湃的工潮了，在军财两阀拥抱的政权下的新官僚正在尽力弹压着。工会运动的破坏和改组，以及义务劳动制不是已为日本法西斯所采用，便是在计划之中。假如日本的反法西斯——反军部，独占资本和官僚——的统一战线，还不结成，社大党在议会的进出也是没有用的，它将会陷于与德国的社会民主党同样的可悲的命运。

（七）现在是日本的法西斯势力内部重新调整以及法西斯势力和支配资本间的关系重新调整的时候，在狭义国防未有相当成就以前，对外的政策也不得不暂时由急进而趋于缓进。对中国的经济提携的空气，对英国协调的态度，是佐藤、广田外交异于有田外交的地方，这也反映出日本现政权的需要。不过，从上头的论述，我们知道大陆政策的强行是日本资本主义的续命汤，也是军部得势，法西斯化推进的一个原因。日本的大财阀大部分是好战的，纵然不都是冒险的。它们与满洲的开发有极深的利害关系，现在军部的中坚人物大抵是满洲开国的功臣。所以日本今后的对华政策纵使改变一点花样，但根本的侵略政策，决不因军财两阀的拥抱而有所变更。等到法西斯化行程已把地盘打稳后，日本对华的攻势当趋积极。所以，我们对于佐藤和最近广田的外交辞令，儿玉等财阀的亲善口吻，不应存什么幻想，而应加紧做我们的防御抵抗和进一步收复失地的工作。

（摘自《日本的财阀、军部与政党》，上海生活书店 1937 年版）

闲话日本宗教

　　离开大谷光瑞师（日本佛教的头头）所抨击的"匪国"（见《光瑞纵横谈》指中国），到这个"现代"的国家来，已经有好几个月了，虽还没有机会钻到内地和社会的里面去，看个究竟，但至少从噤若寒蝉的报章杂志，乌鸦噪林似十钱一本的小册子所显示或暗示的一鳞一爪，以及零零碎碎的耳闻目击，知道日本在意识形态方面的开倒车，并不见得比这"匪国"有逊色，甚至驾而上之。在物质生活上支配着日本的虽是三井、三菱等王国，在精神生活上支配着日本的却是封建甚至更原始的社会意识形态。详言之，在这方面，是单纯的忠君爱国的"日本主义"和低级宗教或不如说"邪教"平分的天下。这两者当然不是绝对的对立物，而是从畸形的日本资本主义的母胎里所产的孪生儿。要知道这话怎样讲，让我们先从"邪教"说起吧。

　　读者或者说我夸大其词吧？假如我说，"邪教"的扩张力比三井，三菱的资金网还大一点。但是数字却告诉我们：1925 年，日本的"类似宗教的团体"，也就是"邪教"团体只有 98 个，到了 1930 年，便增加到 416 个，现在已有 800 多个。三井、三菱支配下的企业数能够以这样的速率增加吗？

　　而且，单就以"检举"或"扑灭"的"邪教"的内容来看，可令人吃惊的地方还多着呢。读者也许有人还会记得，去年冬天大本教出口王仁三郎的"大不敬"（对天皇）事件吧？这是近世日本邪教史第一桩惊天动地的事。现在被目为"邪教"的大本教，在当时却拥有40万的信徒，出口王仁个人便挟有四五百万的资金，而且在前年的秋天，这位怪物还要站在法西斯团体的前头，谋全国"爱国团体"的统一，与法西斯的生产党结成"昭和神圣会"，"以期基于皇道的本义的祭政一致的确立，神国日本的伟大使命的遂行……"它的盛大的结合式恰就在东京军人会馆举行。在这位怪汉的百万金钱的魔力吸引之下，全国的名士、军人如蚁赴膻，二条公爵担任了神圣会的总裁，出口自任总管，生产党的首领内田良平任副总管。在各军人团体的"明伦会"、"皇道会"、"青年日本同盟"，"神圣会"都与有联络，真是盛极一时。后来出口以"大不敬"和违反治安维持法被检举，变作阶下囚，与"神圣会"有联系的法西斯团体和一部分军人倒没有被牵连，这也是可寻味的事。（见木下半治著《日本法西斯》，第185—189页）

　　可是，大本教被"扑灭"没有多久，到了最近两个月，日本又发生两桩轰动全国的"邪教"案了。第一件就是曾任皇宫女官长，历任花嫁、鹤岭女学校校长，现任文部省所管教育团体、拥有700万会员的大日本妇人联合会理事长兼大日本女子青年团理事，被尊为"日本女性社会教育之母"的男爵夫人岛津治子女史及其他闺秀三名，在8月末因邪教不敬事件而被检举。这位有体面有声望，站在日本女性最高峰的贵妇人，所干的偏是女巫一样的怪事，在家里设立"法座"，以"神凭"（神灵附身）、"灵感"号召了不少的上流妇人做信徒，到了被拘留仍不改变她的狂信。这的确是对这个"现代"国家的大大的讽刺了，太有损于日本女性的面子了。所以，结果这几位名流妇人虽尝了好几天的囹圄风味，到头来还是靠着"感应性精神病"、"偏质症"、"妄想性痴呆症"等医学名词，证明她们是精神变态者被释放。这种"龙头蛇尾"的结局，不能不说是饶有喜剧的意味啊！

一波才平，一波又起。9月底，"人之道"教团又以"桃色事件"而兴大狱了，到现在还没有了结。这个教团本是属于神道的"扶桑教"的一派，创立仅十一年，而教徒已号称百余万（实数也有60万），支部遍于全国以至中国台湾、朝鲜和"满洲"。据说，信徒有大部分是知识阶层，"华族"（贵族）、知名的政治家、学者，军人也有不少。教内规模宏大，设有许多学校，发行刊物，它的大阪本部的大铜殿的建筑费，就花了85万元，可见该教生财有道。教祖御木德一的享乐，恐怕超过俗世王侯，至少经常有6名至8名的"侍女"来伺候他。该教的被"检举"，就是因为教祖对一个"侍女"的"贞操的蹂躏"的缘故。

总而言之，日本的"邪教"是极五花八门、光怪陆离之至，这几桩事只是比较突出的例子。近年来被揭发的有供奉灵狐（如"诚光教"）、借神诈财（如"天津教"、"神明教"）、怪术治病（如"大日本观音会"）等类的"邪教"案件，未被揭发的更不知多少。

不过，我这篇通讯绝不是站在狭隘的民族主义的立场，对大谷光瑞师对我国的诽谤反唇相讥，而实是想指出日本的一种畸形的社会现象，加以检视。

应该对这种现象负责的首先是封建臭味还很浓的日本政府的神道设教政策和"民可使由之，不可使知之"的愚民教育。日本政府为了防止危险思想起见，明令军人和学生参加神道布教所。神道和佛教都受政府的奖励，宗教复兴之声高唱入云。日本的教育——尤其是中等以下的教育，后来就是养成驯服像羔羊似的国民为中心，同样标榜"日本主义"的"邪教"自然与受过这种教育的人相吸引。至于女子教育，由小学到大学，都是拿忠君爱国、贤妻良母来做主要的"看板"（招牌）。受过这样麻醉教育的日本女性之有女巫式的岛津女史站在最高峰，也是当然的结果。

其次，近年来日本的大众生活的不安，实是"邪教"骤盛的主要原因。贫穷、失业、饥饿以及政府的高压和愚民政策，使很大部分的民众彷徨无所适从，虽不致像在从前的"匪国"那样结成"大刀会"、"红枪会"的队伍，但至少也投入"大本教"、"人之道"教团的怀抱里了。出口王仁一面高揭"日本主义"之旗，自认为素盏鸣尊（日本的神祖）的化身；他方面却提出"土地国有"、"借债不用还"的口号，这显然是要投合那些在"土地饥荒"和"借金地狱"压迫下的日本农民大众的心怀，无怪乎他有那么大的号召力了。"人之道"教团的"积极性"却差一点了，但它也以入教可免除现世的种种不幸为号召。再次，日本人民大众因物质生活条件恶劣之故，健康状况每况愈下（据最近调查，结核病死亡率之高占列强的首席，患精神病的每万人中有 12 人，壮丁体格比前大差），疾病丛生，而国家的医疗设备不普遍，私人医生取费极昂，多以灵术治病为号召的"邪教"在贫穷到无钱治病的劳苦大众中，自找到一个恰好的活动地盘了。这一点，政府也不得不承认。所以，最近日本"邪教"之盛行，并不见得是"时代错误"，而只是非常时期的社会经济状况的反映。

而且，像一切宗教那样，这些"邪教"既多把现世的不幸归于神意，以信神忏悔为解救之道，统治阶级正好利用它们来麻木人民大众的斗争意识。所以，好些大资本家，贵族参加进去，暗地里给予金钱和其他援助。更有一些野心政客想利用它们的丰富资金来做活动费（如"大本教"之例），或借它们广大的教众来增加选举票（如"人之道"教团之例），有这些人插身其间，它们的声势就更大了。

如果这种观察是对的话，那么，说"邪教"是日本畸形的资本主义在意识形态上的产物，"日本主义"的同胞兄弟，不是太把它抬高了吧！

表面别于"邪教"的是所谓"已成宗教"，计有神道13派，佛教56派，基督教30余派。前两者有寺院和布教所25万3000处，神道中的"天理教"，据称拥有七八百万的信徒；佛教中的"日莲宗"有寺院3700所，僧侣9000人，信徒140万人；"净土宗"也有不小的势力。这些"正教"在意识形态上与"邪教"差别恐怕是"五十步笑百步"，但它们对于"日本主义"、日本资本主义的内外进出的贡献却大得多，这些"已成宗教"之不列于"邪教"之林，有大部分是靠这一手。假如读者问我要证据的话，也可以拣一些举出来。

不消说，这些"已成宗教"都已彻底的"日本主义"化，连基督教也要把圣经的解释改头换面来适合"国情"（例如日本天主教新近便有这种改变）。它们祈祷祖国战胜，高呼："大日本皇国万岁！"但是它们还有更积极的任务。

第一，像基督教为欧美帝国主义前驱那样，"日莲宗"、"净土宗"、"天理教"等，替日本帝国主义在东亚也立下了汗马功劳。它们的布教范围及于朝鲜、"满洲"、内蒙古和太平洋群岛，"日莲宗"曾在"满洲"有广泛的政治活动，在非佛教徒间则有天理教徒供奔走。"满洲事变"后，它们的佛眼神眼又移到内蒙古以至华北、福建来。在《光瑞纵横谈》里，不独称我们为

"匪国"，而且主张"东西南北进"的大谷师本人便曾在内蒙古的喇嘛间做工作。在华北方面，据说"天理教"对"支那人的教化""收比较好的效果"。日本的佛教现在正打算在华北积极扩大它的影响（见 1936 年 10 月号《宗教公论》所载《在北支的日本宗教的现状》）。正如在黑色意大利卵翼下的梵蒂冈免不了帮着墨索里尼来骂骂苏联那样，"日莲宗"也演过这样的把戏。在"一·二八"事变勃发的前夜，恰巧上海有几个日莲僧人与中国人发生冲突，那也是我们忘不了的事。

第二，在日本国内，这些"已成宗教"积极地替资本家和地主向民众灌注麻醉剂。基督教徒的日本社会主义者如"社会大众党"领袖安部矶雄等，在劳资协调上已效了不少的劳，佛教青年团也有同样的作用。前年佛教徒中一派结成"全日本真理运动"（现有会员一万余人），不独带有相当浓厚的"日本主义"臭味，以佛教"现代化"来招纳破落的小资产阶级，而且在实践上是以"协调主义"、思想善导为基础的。例如它的"农村真理道场"，竭力散布着"克服农村经济对立，谋全村一体向上"的烟幕，在都市里还做劳资争议的和事佬。去年 3 月，毛丝纶纺织业罢工，"全日本真理运动"羽毛丝纶业支部便积极谋争议的协调。同年，"共同印刷"有罢工的趋势，资本家方面也急请该教派的健将友松圆谛师来布道，就是最明显的例子。（见《社会评论》1935 年 6 月号）

第三，随着军部的抬头，日本的"已成宗教"也自然要膜拜于军神之前。这是新近一桩极饶兴味的事。据《宗教公论》说："军部与宗教的提携，特别自'满洲事变'以来，益见密切。以荒木将军为代表的军部时代，常常与神道的提携，为各宗派羡慕的目标。"这话听来，虽似肉麻当有趣，但确是事实。为酬答军神的眷顾，早坂司教曾向教众募集约 52000 元的"兵器献

纳金"献上军部（见《政界往来》1936 年 10 月号）。但是，
"最近佛教与军部的亲密程度已取当年神道的地位而代之。例如
军部在 9 月 5 日招待全国佛教界代表的一夕恳谈里解释军部的方
针，今后更加希望佛教徒协力，而所谓军部对佛教界的期望，就
是借佛教教坛之力，作国防思想的宣传，对满政策的助力——特
别是伴随着大量移民政策，通过日满人的佛教信仰作媒介，在满
作协调融合运动等"（节录自《宗教公论》所载《宗教国策之诸
问题》原文）。而且军部还称许佛教最"日本化"，比任何宗教
都适宜于这个使命。于是佛教大师便认这个纶音羽旨为"佛教
界的荣誉"，受宠若惊，而在《宗教公论》上刊行"宗教国策"
特辑，计划贯彻"思想国防的使命"和讨论"满洲开教"的问
题，"努力于满洲国民一般的精神教化"了。

　　闲话日本的宗教，已由"邪教"扯到日本主义，最后还扯
到军国主义来，已经不像是"闲话"了——其实这决不是"闲
话"啊！至少跟我们"匪国"就有切肤的关系。

1936 年 11 月于东京

（原载《世界知识》第五卷第四号）

战时日本百态

一 由狗肉香肠说到"物动"

在纳粹德国开始"准战时体制"的时候，戈林将军已高喊"大炮代牛油"的口号。日本深陷在"支那事变"的泥淖中两年多了，有些饱受了日方招待的外国观光客在回来时却欣然对人说："奇怪得很，东京没有战时色。"也许他们在银座或新宿的西洋料理店里还有香肠、炸猪排可供饱啖，是他们所举的许多例证中之一吧？如果有人告诉他们知道，他们所吃的香喷喷的香肠和黄澄澄的猪排，说不定是死狗肉做的，他们定不相信。不幸的是，这倒是很可能的事，因为8月4日的《读卖新闻》，同月13日的路透社电，明明白白的有这样的报道。以老实见称的路透社这回也破例地夹杂一些俏皮话写道："日本警察侦查的结果，在过去十二个月内，售卖五万多磅的狗肉、死猪肉、死牛肉与顾客的肉店老板、饭店老板、厨子头等一伙五十多个人犯，已经破获了。这些肉店老板把这些肉和下等碎肉掺杂起来，卖给东京许多饭馆。牛肉、猪肉掺杂了四成的狗肉或其他坏肉之后，通常制为肉排、炸肉丸、香肠等来应客。这种勾当干得很有系统。入伙的人们分担捕狗，收买死牲口，或兜售的责任。据说，经过他们之手，三千头的野狗已钻进东京市民的胃肠里去了。而这伙人因此赚得不少钱。"最后，路透社电还引李鸿章在英国吃狗肉的一个流行的杜撰的故事来陪衬。可是，自诩有"洁癖"的日本人真个像被人传为笑柄的李鸿章或一些广东人那样，也有好啖狗肉的奇癖吗？

答案当然是"不"。因为"事变"两年的结果，逼得跟着"变"的，不只是日本人的肚皮的供奉，而且包括日本的一切。

再拿狗来说吧！由于牛羊之革专供军用，狗的皮早已套上"摩登伽"（日语"时髦姑娘"）们的六寸圆肤了。日本乐器"三味线"的"鼓"向来多半是用狗皮来张的，最近因为靴革奇缺的缘故，连这种用途也在"配给统制"的范围之内（7月25日《读卖新闻》），连皮带肉都是有利可图。战时日本的狗真可以说身价十倍，无怪乎日本的屠狗勾当也一跃而变成战时的"新兴"事业了。

除了狗外，最近成为日本报纸的话题的，还有头发。经过国民精神总动员，中央联盟的几个秃了头的老家伙和有名"光头"的石渡藏相的提倡，学生哥儿和大藏省的老爷们的"断发令"便下了。在东京的街上，牛山濯濯的"坊主头"（剃光头）、"和尚头"已多起来，据说这是"精动"（精神动员）的生活刷新之一种。可惜的是，大学生们还多抱着"留发不留头"那样的爱美精神，各大学"发的对策"还不决定。而极力鼓吹"精动"的军部喉舌《国民新闻》，对于"精动"中央联盟诸老的苦心孤诣却讥为舍本逐末（7月3日该报），未免有杀风景。

至于"摩登伽"的烫发之禁，早已由卫道的先生们提倡，"精动"中央联盟更把它正式列入第一期生活刷新的六项目之内。日本的女人既然是好欺负一点，这个禁令似乎颇为雷厉风行。志士们当街抓着烫发女郎的头发，施以侮辱，倒成为一桩时髦的"爱国"行为，以致惹起神户一个外侨的不平，投函英文《日本记事报》，请求公众客气一点。

正如狗皮一样，头发的统制也是今年"物动"（物资动员）计划的一部分，不只有关"精动"而已，构成计划内容的物资，除了铁类、矿物、皮革、木材、燃料、食料等之外，还有棉花和羊毛。据说，人的头发可以替代羊毛，而且胜任愉快。自从1938年7月起，大阪、名古屋等地的纺织业者在商工省的奖励之下，作此种实验，结果，认为长一寸以上的头发药制之后，与麻屑及极少量的羊毛混纺成纱，可以制洋服和领带，强韧而富于弹性。前一月起已有某会社着手于人发混纺的工业化。这样子，人发便变成"国策纤维"了。日本女人们的长头发虽不好拿来"工业化"，但烫发的废止，也可以省掉一些制造发蜡、发胶、发香水的原料凡士林、酒精等工业药品。省下来的钱又可以贮到邮政局里去，对于"物动"计划中的消费节约、贮蓄运动两重要部门，不无小补。

热烈地推行"精动""物动"计划的财主老爷中，住友财阀最近特别为日本报纸所表彰："住友会社自事变以来，早已扣下职工薪资的一部分，以鼓励储蓄和公债的购买。新近总社更发出通令，凡受住友系会社雇用的一切人员，不许添置新衣、新帽，等等，以实施消费节约和服装的简单化。"（8月10日英文《日本记事报》）这样子一来，和平工业更要倒霉，而且军需工业为主的住友财阀的腰包更涨一点了。大财阀们打的算盘是错不了的。

还有一层，不论是"精动"也好，"物动"也好，照例是在"只准州官放火，不许百姓点灯"的原则之下来实施的。不错，昭和天皇也假惺惺地不吃洋酒、洋纸烟，以至不架金丝眼镜了。但是，财主老爷太太公子小姐们，还是过着"国事管他娘的"奢侈生活。今年6月，东京女学生曾组织"铳后国民消费生活调查队"往各百货公司和"欢乐街"调查，据她们的报告说：

"乘汽车的人比较上虽少，但在百货公司前的公共汽车站下车的乘客们却全部蜂拥似的跑进百货公司去；贵金属的购置虽不多，但进食堂的人却多得很。"

至于"花柳景气"的昂扬，受了资本家的战时暴利的润泽，更是公认的事实。随着发战争财的人们的游兴之浓厚化，东京等都市的醉汉也骤然多起来。据说："东京火车站的候车室、月台以及银座一带的街头巷尾，满地都是黄白（醉汉呕吐出来的东西），污臭不堪，东京火车站站长没有办法，特设一列'醉汉专车'，收容曾经闯祸的醉汉。"（据7月《文艺春秋》）因此，有人愤慨地说与其统制女人的头发，不如统制她的丈夫的酒。可是，这位先生不要忘记，"游兴税"和烟酒税正是"挤出"战费的重要财源呵！

不过，物资的缺乏既一天比一天严重化，享乐工具当然也不能例外。比方说啤酒吧，因为造酒原料、酒瓶的缺乏，及久旱缺水之故，已发生恐慌，好几个啤酒厂被逼减产，价格飞涨（8月11日英文《日本记事报》）。又如近卫公子哥儿好玩高尔夫球的钢边球棒，也因钢铁荒的缘故而成为奇货。在这种情形之下，腰包不够膨胀的人当然渐渐叫起苦来，但军需工业家和大财阀们还是可以说："老子有的是钱，多花一个，多拿几个就是了。"

所以，由"物动"到"精动"也好，由"精动"到"物动"也好，吃尽苦中苦的，还是日本的工农大众和薪给阶层。再"动"下去，我们敢断定，日本工农大众也快"动"起来了，骚"动"起来了。

（原载 1939 年《世界知识》半月刊第十卷第一期）

二　黄金梦的一瞬间

正当日本受了德苏互不侵犯协定的炸弹的强烈震撼，从惊呆中回转过来，开始跟它的盟邦德国翻脸，以毒骂泄愤的时候，第二次欧洲大烽火的爆发，又把偏急的日本从懊丧失望之深渊，抛上涂着黄金色的缥缈的梦宫里去了。这个"有顶天"（日语九天中最高的天，意为欢天喜地）究竟是怎样一个境界，是真是幻，让作者调转笔头，把神游其境者初度的经历，介绍一番，也就可以透露出一个梗概了吧。

是的，对于欧战爆发的消息，日本人像是比我们更加关心。英国对德宣战那一晚，"霞关"（日本外务省所在地）官舍的灯，在东京幽暗的秋空中彻夜亮着，电灯电话应接不暇。河相情报部长强睁着倦眼在兴奋地静听英首相和英王的宣战播音。在街上，各报的号外纷飞着，朝日新闻社大楼前面的"电光新闻"（用电光放出的新闻报告）猛然映出，"宣战布告了"几个字，街上万千的东京市民的眼都被吸引了去。在银座，在新宿，人们涌到吃茶店、乐器店去，想从播音机的时事报告知道个详细。

"干起来了！"

"二十五年又来一次了！"

隔岸观火的日本人这样子紧张、兴奋，并不是好凑热闹，而是因为，至少在火头突发的初时，日本尝过第一次大战滋味的人们，谁不心里暗自高兴地说："我们的机会又来了！"

固然，乘机试把陷在两年侵华战争中的泥足拔起来，是他们的乐观的理由之一，所以转向的文学家林房雄欣然走笔写道：
"欧洲的动乱就是东洋的安定。红毛碧眼的趁火打劫之徒，既不
得不从东洋撒手，单是这一件事，也够我们高兴了。"

但是，日本人的好梦，还有比这个更甜蜜的滋味，更灿烂的
色彩，那就是发欧战财的梦。

"时来风送滕王阁"的"风"，日本人唤做"神风"。现在，
欧战爆发，已变成"神风"的异名同义的词了。在谈到欧战的
时候，"神风"两个字便脱口而出。经过一阵"神风"一吹，有
些日本人真有点"飘飘然"了：靠杀人赚钱的军需工业家，迎
着"两重战争的景气"的来临；航业家欣然忆起第一次大战时
商船吨数增加七倍的往事；"支那事变"发生后一蹶不振的和平
工业家，更幻想着否极泰来，一阳回复，向自己描摹出输出贸易
卷土重来的盛况，大有喜极而泣之概。你只要看看欧战爆发后最
初几天东京股票交易所的热闹情况，大多数股票的空前涨势，就
可以了然发欧战财者的梦想狂了。

本来，德波战争一爆发，棉纺织、人造丝、海产、邮船会社
的股票市价已开始上腾，到了英国宣战之后两天，这些股票的价
格便猛涨得不亦乐乎，投机者的狂热，火山般突发。"日本邮
船"由宣战前的80余元涨至119元，"新东"由150元突破170
元的关。据东京股票交易所的调查，9月4日（宣战后的第二
天）日本的各种长期股票的市价总额竟达104亿6017000元，比
起8月末竟骤增7亿1630万元。假如股票价格是可以代表真实
财富的话，这一天的所获便可以够日本"皇军"在中国打一个
多月仗的军费了。

物价自然也跟着飞涨。蜂拥到横滨和神户生丝市场的尽是
买客，卖客一个也没有。丝价逐步上腾，由1330元涨至1380
元。为避免狂飙似的涨风，交易所只得停拍。棉布和人造丝商

为了"待善价而沽",竟居奇不卖,以致引起商工省当局对纺联会和人绢联会的警告。他如农产、水产物的价格也见暴腾。为实现这个黄金色的梦,欧战爆发后的第一艘日本商船"诹访丸"已满载着一船生丝、烟草、罐头和其他食粮,于 10 日解缆,冒着空炸和鱼雷之险,向伦敦出发,准备换取"金羊毛"回来。

可是,欧洲的悲剧在日本引起的不单纯是喜剧,也有悲剧点缀其间。当棉织、生丝、罐头出口商人们欢天喜地的时候,欧战却投给日本财界另一部分人以忧郁的黑影。比方说,化学工业——特别是人造肥料工业——的资本家们吧,他们正担心主要原料——地中海的工业盐,从南洋来的磷砂石和盐化加里——的来源断绝,反使"事变景气"陷于破局。每年骗得红毛绿眼的孩子的钱不下 3000 万元的玩具制造商,本来准备在快将来临的耶稣诞辰再发一注大财,因为战时欧洲的奢侈品消费必然激减的缘故,眼巴巴看着这个希望也随欧洲的炮弹化作硝烟去了。

而且,只需沉下气,再一思量,第二次欧战时代的日本和它的周遭,比起第一次欧战来,已是面目全非,自己至少是过着"第二次的战时生活",日本人便会有几分觉悟到,摆在眼前的喜剧的场面,却值不得那样得意忘形,甚至会变成海市蜃楼那样的虚幻,不仅是军火商人们因为海外钢铁等原料为欧战所吞没而发愁,轻工业家也因为原料入口的限制和能源的缺乏而产生"输出有心、制造无力"之感,即使是战争的骄子之航业家,也既愁远洋的船只抽不出来,又怕满载而出,空船而回,到头来还是不上算。有了这样的暗影,日本的第一流财界对于"发欧战财"的结论,不是说:"大战景气之来不来还是疑问。"(三井物产会向井忠晴氏语)便是说:"无论怎样观察,也不见得大战景气会来临。"（日产化学经理石川一郎氏语）财界代表和舆论都异口同声地警告道："过度乐观应视为禁物！"于是黄金色的梦逐渐暗淡褪色，以至濒于幻灭了。股票市场由狂热而复归于冷静了，不到三日，"新东"股票跌破了160元的关，"钟渊纺织"、"日本邮船"等也差不多恢复了常态。不错，在这三天里头，股票兔起鹘落，交易所中已不知有多少人破了产，有多少人发了财。然而，可怜的是，一般民众却已惴惴然抱着"未见其利先见其害"的畏惧了。首先"事变"物价的高峰更迭上一层欧战物价的高峰，各家庭主妇的家计簿上已漾着生活难的黑影。其次，"事变"期间物资动员的结果，本已动到日本大众没有棉布衣服穿，以稍尝腐肉自足的地步；现在，为着棉花羊毛输入的更加困难，一切可供输出的粮食都尽量运到国外换钱，日本的工农大众更要饿肚皮挨寒冷了。欧战爆发还没有几天，商工省物价局已要求国民们熬受物资供应的不自由和预告将于下月加紧推行粮食节约的运动。将来大众生活的苦上加苦，可想而知。

在政府方面，抓着这个千载一时的机会"收拾事变"的美梦，虽也是做着，但是高物价的抑压，物资重新调整，恶性通货膨胀的避免等现实的问题之处理，却更加棘手。而且，在浑水摸鱼、侥幸偷安的心理笼罩之下，本已失败的国民精神动员更难动得起来了。于是，"精动"中央联盟诸老，评论家长谷川如是闲之流，便敲起警钟，以"人心弛缓"为戒。

由以上种种，可见欧战爆发后没有几天，日本人的悲观气氛便多于乐观气氛。

可是天真的"转向"文学家林房雄却自慰自解似的写道："纵然是有七分的悲观材料，只要还有三分的乐观材料，决不用慌张，我以为要抱这样的心情生活才行。"

是的，西方烽火烧得像夕照似的，空幻成东方天际的彩虹，总有多少魅力，不易完全摆脱。何况，"英法从远东撤退"一类的事，又像是构成林房雄所谓的"三分的乐观材料"呢？

"大战景气的来与不来"，一个较为现实主义的台湾银行总理水津弥吉氏说："要看'支那事变'的归趋而定。"

所以，这个黄金梦的彻底粉碎，还有待于我们给日帝致命的一击。让我们在这时候加紧锻炼我们抗战的铁拳吧！

（原载 1939 年《世界知识》第十卷第二期）

三　东京官场的横断面

战争并没有把日本国民的视线完全移到国外，相反的，"事变"的两年倒使日本国内社会变成一个"沸釜"、一窝蜂，"家骚动"是家常便饭，与"罢"（strike）字更结成不解缘。最轰动的，当然是最高学府东大经济学部教授们的"罢教"。前不多时，日本大学工学部五百名大学生又闹"罢学"了。战时法网严密化的结果，据说罢工的官方统计数字已减了不少，可惜到了今年又突然增加起来。现在，"罢"的传染病竟然又闹到"霞关"官老爷的身上来了。这真使人发生"怪事年年有，今年特别多"之感。

不错，"霞关"这个"关"不是容易过的。做了"霞关主人"，第一个难关要突破的，就是那儿的"下克上"的风气。以广田弘毅那样圆滑的老官僚，在近卫内阁外相任内时也吃过"家骚头"的亏，而逼得挂冠。不过那时联名要求广田引退的，只有事务官三四十人，比起这回野村新外相和谷次官所挨受的"下马威"，在规模上实有小巫大巫之别。

试想象一下，大小老爷三百余名，浩浩荡荡杀到"霞关"

大会议室去，提出外交—文化的口号，向野村外相质问独立自主的外交方针，以"赌职"为抗议，不特气势汹汹，而且名正言顺，但其实只是借题发挥，骨子里不是这一回事。

"非常时"以来，"霞关"的确要对"三宅坂"（陆军省所在地）低首下心，逆来顺受；可是，"霞关"在内部的摩擦和"下克上"的本领上，不见得输给"三宅坂"一筹。在大体上，外务省内有正统派（即现状维持派）与革新派（现状打开派）之分。前者以佐藤、重光、东乡等为领袖，后者以白鸟、谷等为首。此外，还有系阀（例如"亚细亚系"、"欧美系"）学阀（东大与非东大出身）和其他小组织之别。同属革新派的白鸟与谷，也是势同水火。彼此党同伐异，早已把"霞关"变做一个钩心斗角的名利之场。特别是在近卫内阁时代"防共枢轴强化"成为问题以后，两派的相克摩擦非常尖锐。有外相野心的白鸟被排出去，但在省内还保有势力（例如东亚局长栗原正），旧亚细亚系（如谷正之、日高、须磨等）也颇根深蒂固。最近以防共协定的破产为契机，正统与革新两派的斗争到了白热化的地步。据说在干部会上，两派已公然火并，在高等官食堂碰头的时候，两派的唇枪舌剑也大动起来，前传重光葵转任外相一事胎死腹中，恐怕也与两派的相持有点相关。因为这个缘故，阿部首相便从"霞关"的人物中，物色一个号称"美国通"的野村海军大将来镇压一下。怎知这个华府议席上的败军之将，不能买得美国的好感，而且，由于谷次官的作用和他所计划中的大刀阔斧式"外务省肃军"，倒激起正统派的先发制人的"赌职"运动。闯出这场大祸，连阿部首相也感到处理棘手，弄巧反拙。野村是否会象广田那样被逼挂冠，虽还是一个未知数，但在"贻羞中外"一点上，已可以构成"霞关"丑史的一页，与今年5月间的政友会"家骚动"互相比美，以后白鸟系与谷系的斗争，恐怕还方兴未艾呢。

而且这种丑态，在农林省也在酝酿之中。阿部首相为调和由来已久的农林和商工两省的对立，以海军造兵中将伍堂卓雄兼摄农商两相，但是农林省的中坚官僚也不是好惹的，他们与有势力的农业团体结合一起，提出农相专任的口号，表示对伍堂氏的"杯葛"。伍堂为拉拢起见，创出"农政顾问"那样的骈枝机关，罗致农业团体的巨头有马赖宁伯、酒井忠正伯等地主贵族充当顾问，但他们都一致"敬谢不敏"，于是这个海军在乡军人，也碰了一鼻子灰了。

这些只是比较显著的例子，熟识日本官场内幕的人会告诉我们，中坚官僚们怎样擅颁法令，怎样时常破坏长官的施政方针，遇着人望不佳的阁员，怎样以静坐怠工的战术逼他滚蛋。这种风气到了战时并没有减少而只有更厉害。

不过，中坚官僚层这样子飞扬跋扈，也与长官们的"好榜样"很有关系。"其身不正，虽令不行"这一句老话，应用到战时日本的官场，是千真万确的。比方以任用私人来说吧，平沼首相确是第一个"好榜样"，他一上台，他从前主持的"国本社"诸公便都弹冠相庆了。像小矶、田边、太田等大头目们都先后过了大臣和准大臣的瘾，小头目们也都分据要津，"国本社"的"掌柜"（理事长）竹内贺竹治居然荣任日本发送电会社的常任干事，一时间有"国本社春来了"那样的啧啧人言。日本官场中更有一种怪现象，就是所谓"官吏天降"。这即是说，主管的"省"把它的退职的大官们强派到直辖或监督的会社去当社长、总裁或董事。战事发生以后，"国策会社"像雨后的春笋那样苗生，于是主管的阔"省"的退职大官们，便抓着这个发"事变财"的机会，蜂拥似的退到这些国策会社去，3月间递信次官某氏之任职国际电气通信会社副总裁，前藏相贺屋之出任华北开发会社的总裁，是最显著的例子。这种现象虽引起议会的严厉批评和舆论的抨击，看了眼红的民政两党更想立法来限制，但是大臣们还是抱着"好官我自为之"的态度，反对"官吏天降"的禁止明文化。有了这样好利的上官，月来当局虽扬言"吏道肃正"，吏道却一天比一天的败坏。

"事变"爆发不久，国民精神动员喊得震天价响，高官显官们自然是要以身作则了。他们不独在日比谷会堂以及各地街头大卖"精神动员"的膏药，而且还极力提倡剃光头、不打领结、穿木屐、坐马车等。然而，这只是门面功夫而已。正如有人指责的那样：他们"一方面高唱日本精神，他方面却回避自我牺牲；一方面满口'奉公'，他方面却求腰包之饱满；白天在街头宣传朴素节约，夜里却偷偷地出没于娼窑酒馆之间"。这样说来，战时日本的"花柳景气"也有一部分系这些阔官之赐。

说到一般官老爷们的渎职犯法，日本在资本主义国家中也是可以自豪的。在战争发生后虽没有听到像内田铁相受贿案、"帝人"（帝国人造丝会社）案那样的大狱发表，但是从官吏"纲纪振肃"及废止"官吏身份保降制度"的呼声之高，已可想见这种现象在战时的变本加厉。1932年9月日本实施官吏身份保降制度，据说此后日本的官吏仗着这种保障，便多作了不少的恶；在这种制度实施前三年，日本官吏的犯罪共计不过289宗，其后三年竟达646宗。最近日本朝野均主张取消这种制度，正可作为战时官吏犯罪增加的旁证。日本的警察老爷在平日已是知法犯法、作威作福、非法拘禁、私刑逼供那一套本领早已脍炙人口，战争发生，他们当更不肯放过发"事变财"的机会，"物资动员"的厉行，又使他们多了一条生财之路。即在今年夏天东京一地，已发现两国署、扇桥署及菊屋桥署三宗渎职丑事。菊屋桥署的包庇赌博案特别臭，十三名警察老爷除受赌徒的酒色的供应之外，每逢时节每一名还获得十元至七八十元的"赠金"。这虽然有点"窃钩者诛"的意味，然也可算是东方"警察国"的一个小讽刺。

不过，"判任官"（等于中国的荐任官）以下的下级官吏，也是有他们的苦处的，战争的延长，他们更是"每况愈下"。他们的月俸不过是40日元左右，在平时已不大够养妻活儿的费用。"事变"发生后，不特物价飞涨、租税增征，而且官吏们还逼要作"国民储蓄"，购买"事变公债"，这种苛捐杂税之外，因为战时的上级官长调动特别频繁，送迎费的增加，也使小官们叫苦连天。营养不良、体质下降也成为官海最下层的现象，纵有清晨强制广播体操（有些官厅逼令属吏清晨听播音传令体操），在小官们倒变成了刑罚。

因为战时下级官吏的生活苦的缘故，他们有不少宁愿抛却"乌纱"，跑到军需工业会社或工场，去当小职员或工人，多赚一些俸给。警官老爷的剑虽然神气十足，但中看不中吃，他们禁不住军需产业的高工资的引诱，转职者特别多。以东京1万5000名警察而论，今年警察的退职者每月平均达一百名，比往年增多三四成，因此，警察厅逼着要谈谈警察待遇的改善，而各地方长官在内务省会议席上也提出这个问题了。

可是，在战争的重压下，不特这些下级官吏待遇改善变成一句空话，而且，最近因为"房租、薪给的临时措置令"的实施（即是限制加租加薪），官吏的加俸也受了影响。这个法令的实行对于下级官吏好似一个晴天霹雳。他们在平时本已阻于"文官任用令"及"官长身份保障令"的铁壁，难以升擢，浮沉于下僚，现在连加薪也绝了望，高物价的生活怎样能支持下去呢？战争如果再继续一两年，恐怕在日本二百万的官吏中，"灾官"之数更煞有可观吧？

（原载 1939 年《世界知识》第十卷第三期）

四 "无言凯旋"以后

> 九段圣域，秋意已深，一派冷彻之气，森严无比，已送樱花之春，又迎红叶之秋，合祀祭神，年增盛况，敬虔崇仰之忱亦随之加深。

上录的一段似骈文非骈文的文章，是日本《国民新闻》为今年靖国神社临时大祭而写的社评的结尾语。所谓"九段圣域"就是指东京九段的靖国神社，合祀第一次中日战争以来"有功"阵亡将士的庙。樱花开日，枫叶红时，照例有春秋二祭，平时祭日，那里百戏盛陈，商贩云集，鱼龙繁衍，光怪陆离，往那里看热闹的，真是人山人海。10 月中旬，又届秋祭之期，此次新合祀的，有"满洲事变"至去年 12 月底在中国战场化作炮灰的新鬼 10379 个，因有所谓临时大祭。日本政府把这次祭典大加铺张，招致新鬼的遗族"上京"致祭，沿途舟车免费，住旅馆也有优待。据说麇集东京的遗族，有两万余人，旅馆客满，佩着"遗族章"的人触目皆是。东京报纸更把这次祭典，大加渲染，恍惚是"武士道"和"大和魂"都在纸上跳跃那样。其实，构成这猗欤盛哉的秋祭大典的文章，却是数十万袋的骨灰和百万孤儿寡妇的血泪呢！

是的，死不认输的日本军阀总是把"皇军"的伤亡之数缩到最小，而把我方的伤亡夸大至不可信。据说日阀是按照一定的比率来公布两方伤亡的数目，这一定的比率就是我伤亡 40，而日本只伤亡1个。例如"七七事变"两周年纪念，日阀公布我方伤亡的数目为230万，而日方只有59000人。不过，就是这个虚报的数目，到最近两三月来，也以加速度增加了。到10月16日止发表过十七回的阵亡将士论功行赏的名单，人数共7万3931人。这个数字虽只及实数的不知几分之几，但一大批一大批的新鬼录不断发表，已够使日本国民看过心寒了，所以在第七十四届议会中，已有议员提议以后发表"论功行赏的名单"一事，须加考虑，以免国民精神受影响。关于"无言凯旋"的骨灰盒的数目，虽也只许在地方报上发表，而且还打了很大的折扣，甚至在"凯旋"抵埠时，只命直系亲属和专以迎送"皇军"（活的和死的）为业的"爱妇"和"国妇"（"爱国妇人会"和"国防妇人会"会员）欢迎，以掩人耳目，不过，"皇军"伤亡惨重的情形，日本人心里总是清楚的。一家中有一个"应召"的壮丁战死，固是很等闲的事，即使父子或兄弟两人以上化作"护国之花"也已不能算作美谈。据恩赐财团军人后援会的调查，到去年12月1日止，全国（德岛县除外）战死两人以上的家庭，达894家，三人以上的达11家。寡妇孤儿的遍地，由这个数字，已可窥见一斑。而且，无论日本军阀怎样自欺欺人，有些地方终不能不露出马脚。战争发生后，日政府通过了《军事扶助法》，规定应召中的下士官兵的直系家族，战死及伤病死的下士官兵的直系遗族，伤病兵及其家族生活陷于困难的场合，得适用本法，领受政府的各种资助。去年度调查，受扶助者有54万2000户，约197万人，即拿其中户数的一串算是遗族，也有20余万户之多。此外不受扶助及不能适用本法的遗族当仍有许多。日本冤鬼之满坑满谷，由此得到一个铁证。

"无言凯旋"者的普遍和一天比一天激增，使整个日本都笼罩在愁云惨雾之中，东京街上的妇女，差不多个个愁眉不展，憔悴不堪，像战争爆发之初拿着"千人针"拉行人缝一针时的热烈的表情，已不知消失到哪里去了。御用报纸虽不时谎报战死者的未亡人或老母怎样以丈夫或儿子殉国为荣，一声也不哭泣，但是，即在这次靖国神社秋祭时，一个在石家庄战死的富泽部队长的未亡人，召集同部队阵亡官兵的遗族，在小石川植物园开了一个茶话会，参加者180人，一谈到阵亡者的惨况，便泣声四起。一般而论，颓废和悲观的心理支配着一切。"事变"初时流行的宣扬武士道的强盗精神的歌声，已给"浮罢，沉罢，让它去！流呀，落呀，让它去！"的绝望的呼声所掩盖。于是迷信，狂信，带有浓厚的神秘意味的宗教运动便成为许多日本人唯一的安心立命之所。每晚黄昏时候，穿着白袍到各地神社膜拜的人，一天比一天多起来。

但是，有更严重的实际的意义的，还是阵亡者家族的生活问题。未亡人或未婚妻不特逼着要替骨灰守寡，而且生活艰难，甚至还受人欺负。孤儿们没有木屐穿，没有饭吃，是很平常的事。有一个寡妇因为生活无着，竟愿意把她的女儿嫁给一个瞎了眼睛的伤兵。这个母亲找到"受伤军人结婚介绍所"的主持人这样地说，"要嫁给没有一只手或一只脚的军人，这些报名者一定很多吧，可是，要嫁给成了瞎子的军人，报名的人数大概很少的，所以，如果有盲军人要娶妻时，请给我女儿介绍吧。"（3月3日东京《朝日新闻》）这个故事当然又传为爱护"皇军"的美谈。但是，遗族的一掬辛酸泪，也包含在这淡淡几句话中了。

为要驱使后死的日本人甘心地去做炮灰的候补者，日本军阀除了极力夸张"皇军"胜利的消息和对于败绩讳莫如深以外，把所谓"护国的人柱"，"兴亚的础石"大大的崇德报功一番，自是应有之举。隆而重之的靖国神社大祭，固是此种把戏，由菱刈大将主持的"大日本忠灵显彰会"，更发起在日本国内和中国占领区建筑所谓"忠灵塔",强制似的要全国人民捐出一天的收入来,作为建筑费用,称此种运动为"一日战死"。甚至还泽及死马,替阵亡的军马也树起纪念碑,由杉山大将亲自题字。

对于战殁的遗族,也做了不少欺骗的门面工夫。战死者二名以上的家庭,可以获得"护国之鉴"、"荣誉之家"一类的牌额。甚至"表彰录"、"军国之母之姿"一类的小册,其中所杜撰的故事,不是说一个死掉了两个当兵的儿子的父母还是努力奉公,便是说一个勤俭的未亡人丝毫不受抚恤,便把家业再兴。此外,如召集孤儿上京,由皇后赏赐糕饼,开未亡人安慰会一类的"精神安慰剂",也是被采用的。

遗族生活的救济,对于日本政府,诚然是桩最头痛的事。为这目的而设的组织,有厚生省的军事援护部,军事保护院等官方机关,军人援护会等民间机关,什么补助孤儿教养费呵,开办寡妇教员养成所呵,军事援护问事处呵,听来很好听,实际上,僧多粥少,口惠而实不至。例如今年9月招收志愿充当小学教师、中等教员和保姆的阵亡将士未亡人,设所训练,报名者颇为拥挤,但只录取了180人。去年度领受教育津贴的孤儿有300名(但是今年上京的孤儿便有1300余名)。军事扶助经费每年虽说有8500万元,即使全数用在阵亡伤病军人的家族和遗族身上,每人每年也不过得三数十元,其实,每家所领的扶助费只是5元到10元左右而已。由于战时日本物价高涨,孤儿寡妇的生活难,自可以想象出来。

这回参加靖国神社秋祭的遗族,得到亲自祭奠的天皇的优渥的敕语和"纹菓"(一种祭品)的下赐。但是,这些劳什子都是吃不得,穿不得的,盛典过后,所过的还是夜漫漫似的孤儿寡妇生活。再打下去,樱花如故,红叶依旧,但是与年俱增的,一定不是什么"敬虔景仰之忱",而只是孤儿寡妇的怨气和哭声。"索夫团","索父团"那样的反战运动,迟早总要普遍起来吧?

（原载 1939 年《世界知识》第十卷第四期）

五 饥寒的冬天

由夏到冬,由冬到夏,由夏又到冬,"事变"快进入第三年了,今年日本的夏季已经是不容易过:由于旱魃的肆虐,到处感到水荒,城市用水受到严格的统制,连水族馆的鱼也化作"涸辙之鲋"了。干旱酷暑的天气,战时城市人口的集中,腐坏的鱼肉的果腹,使赤痢、肠热、猩红热等的夏天传染病特别比平时猖獗（例如东京一地,由今年 8 月至 9 月患此种病的人数有 3 万 3257 人,比去年同期增 5000 人）,在过劳的工人中更流行着奇怪的"睡病"（学名夏期脑炎）,这虽说有点天灾,其实大部分还是拜"圣战"之赐。

当东京近郊的枫叶红到十分的时候,冬天巳冉冉到来,除了北海道外,日本各地的冬季算不得奇寒,但总还像个冬季,在平时 11 月底,象征着日本的冬天的火钵便已生火了,送炭夫逐渐忙起来。跟着笨厚的"和"式棉外套便裹在下女们和穷主妇们的臃肿的身上,甚至把她们所背着的"赤坊"（婴孩）也裹在其中。中等以上的人家靠着火钵吃窝烧肉,供穷小子暖肚的下等酒场和"烧鸟"棚在寒夜里也热闹起来。

但是,今年日本的冬天呢?

现在虽还不是深冬,可是,渐近的冬的恐怖却已重压着穷人以至一般人家的主妇的心头,等待着他们的,是普遍的饥饿和寒冷。

　　如我们所周知的，严重的粮食恐慌已成为日本的燃眉之急，纵然日本政府要发动什么"战时食粮充实运动"，抱抱佛脚，但饿着肚子吃西北风，早已是日本民众无可逃避的命运。馁与冻本来是相连着的，辘辘饥肠自然生不出热量来，何况在今年的冬天暖身之具差不多没有一样不患奇缺呢！

　　首先，这一冬天的木炭怎样，是主妇们最心焦的问题。日本一般家庭都是用瓦制的火钵烧木炭来取暖的。在几"叠"的席子中央放有一个熊熊烧着木炭的火钵，虽不像富人家的煤炉或暖气管那样"满室生春"，但总添点暖气，在火钵上还可烧茶烧饭，有一石二鸟之妙。假如你是雅人的话，"和"式的纸窗席地，配上了一个古色古香的火钵，你也许会感到"唐人风味"。然而，在今天，这些的确成为风凉话了，由于汽油和煤的饥馑，影响到自动车用木炭和工业用木炭的需要的激增，家庭用的木炭便也患饥馑了。于是，无论政府怎样压低炭价，木炭的黑市价格已一涨再涨到平时的两倍，政府没有办法，只好于 10 月 1 日起把木炭的公定价格提高一成，这样一来，"红泥小火炉"之福，穷人便无法消受。而且，因为货确奇缺的缘故，一般人家有钱也是不容易买到木炭的。例如，以东京一地论，在往年冬季用的家庭木炭，最低消费量要 1000 万篓，但是，今年 4 月后，全市的存炭额已只及往年的四分之一（往年约 300 万篓，今年为 70 万篓）。政府虽说已增产一成，仍赶不上需要，月前炭商人的存货，与那些早知道炭荒的风声预先屯储起来的会社和家庭的木炭额，合计起来也不过 100 万篓，以后纵有新货到来，还是不容易够得上 1000 万篓之数。日本当局虽拿"心配无用"（不必担心）那样的话来安慰人，但已不能不高喊"节约二成"。眼看着万千的火钵快要火熄烬寒了，"雪中送炭难"这一句俗话，正可以应用到现在的日本去。

　　是的，日本有钱的人家在冬天的取暖之具，阔绰一点是暖气管、电炉、瓦斯炉，蹩脚一点也是新式的煤炉，木炭不木炭本应是满不在乎的。不过，因为煤、水电和瓦斯还不够战争的供养——"时局产业"的需要，与木炭一样闹着饥荒，阔人表面上也要受点委屈。为要节省煤炭二三成，东京警视厅便准备来一个"暖房统制"的方案：缩短暖气管的使用期（往年内11月至4月，现则拟改由12月至3月），限制暖气管到一定温度，不输暖气给朝南房子，为要缓和瓦斯的饥馑，除了限制家庭用的瓦斯炉的孔口数和缩小喷出口的口径之外，帝国瓦斯协会还建议停止点瓦斯的暖炉，以至火钵和洗澡烧水器的发卖，纵然这些是做给穷人看的文章，但总也多少使战时日本的冬天添点寒气。

　　"生火不成功，多穿几件衣服怎样？"关于这个问题，日本人会答复我们说，富人们的千金狐裘是否成为禁物虽还没有明文，但是一般人自去年7月起（池田商相下令禁止棉花棉纱充作国内消费用）便已不知新棉衣和新棉织物的味道了。即使在黑市场里可以买到棉布，穷人可不能出那么高的价钱，输入大城市的澳洲羊毛拿来充军用的织物原料，呢子衣服之成为稀有之物更不消说（据正金银行调查，今年10月纺织物的价格指数比去年同期高44.5%，衣服高23.4%）。因为棉毛纤维那样难得，日本企业界和科学界中便发生了棉毛代用品的"发明狂"。前不多时，有一个年青的"发明家"说是能用海草制出人造羊毛，骗了企业家不少的钱，终于被发觉为"冒险家"而抓到警厅里去。最近《大阪每日新闻》（9月13日）又宣传有人居然可以拿纸屑还魂，制成纸的洋服了。据说这种"纸布"拿来做夏服，像麻布一样的凉，拿来做冬衣，又像丝毛交织的料子那样暖，而"纸洋服"一套取价不过七、八元，"大每"因把它称作"国策型"的洋服。纵然这种宣传是够冠冕堂皇的，但我们总不能相信，一套"纸洋服"可以抵一件棉衣。穿起来有点"飘飘欲仙"，倒可以想象出来的。新近《都新闻》还传出一个消息，东京于11月11日起发动一个抵制穿大衣抵制戴帽的运动，由一个抵制穿大衣社的社员在东京街头劝导行人放弃其大衣和帽，以表示其对在华艰苦作战的"皇军"的"敬意"。

就算远征的"皇军"，今年的冬天也不是好过的。据说驻华"皇军"的冬服，几经催索才运到一批，而材料却是用下等羊毛掺杂人造棉制成的，类同厚纸，不但容易穿破，而且不能御寒，遇下雨淋湿，沾贴体肤，行动不便，尴尬可怜，还甚于落汤鸡。驻沪日酋担心将这批服装分发，会惹起军中的怨言，只得就地选购材料，另行赶制。这样说来，后方的日本人穿纸洋服或不穿大衣，倒不算苦乐不均了。

日本人本来是好洗澡的，在平时大冷天，跑到公共澡堂里，洗一个"钱汤"（花几钱可以在公共池子洗澡），一泡大半天，"温泉水滑"，热气氤氲，倒是御寒的一法。可怜的是，现在连"钱汤"也大涨价了，煤炭和瓦斯的缺乏，使澡堂的营业时间和公寓的洗澡时间也受限制，这种御寒方法也是此路不通。喝酒来御寒吗？今年酒价飞涨了，下酒物的"烧鸟"（烧鸡肉串）也已用鲔鱼来代替，风味大差。抽一根最廉价的"蝙蝠"牌纸烟，让肚子添点暖气吗？日本的纸烟从本月中旬起一律提高价格14%。不是"节约"，就是涨价，于是日本一般国民只得战栗着来过这迢迢的冬天了。

北国的冬夜是凄清的，日本也不能例外。不错，在往年，到残腊的时候，由于岁暮的赠答而繁荣的市况，装点大都市的一派霓虹灯、电灯、煤气灯的光气，以及行人的拥挤，反使东京的冬夜热闹甚至温暖起来。但是，现在呢？东京当局已下令禁止岁暮赠答，甚至在元旦还禁酒禁烟；电力饥馑，煤气饥馑，又使都下的霓虹灯减色，电灯和煤气灯早熄。我们相信，像我国往常看花市和元宵那样热闹的情景，今年必不能再见于东京了。在冬夜，一片寒冷和幽暗笼罩着东京，笼罩着整个日本。

　　　　假如冬来时，
　　　　春天也不远了！

　　但是，日本人的春天，什么时候才来呢？

别了，日本的一切！

我终于离开东京，离开神户，离开日本的一切了。纵然在前头等待我的还不知道是什么，但至少我已从战魔禁制着的国度逃出来了。

在那里，我过了一年多耳目闭塞的生活，密织的警察网，蒸热腥膻的皇道，日本军国主义的空气，伪善无耻的"舆论"的烟幕，使我窒闷，使我悲愤。可是，一月复一月，"且住为佳"几个字还是把我拖住了。

现在，我们国内的战士和民众整千整万地在流着英勇的血，那里的人们在磨着刀，在吮着血，而且亮晃晃的刀的光，血的光在我的跟前闪耀着，谁能眼巴巴地望着而不动呢？

虽然那里还有潜跃着的可敬的斗士，有纯挚的没有国界的日本朋友，有使我勾起无限同情的被愚弄压迫着的日本大众；但是，现在一切都在屠杀的喊声中消匿了，还有什么可留恋的呢？

走吧，走吧！纵然前头等待着我的，还不知道是什么。

一　战争在街头跳跃着

自从"北支事变"① 的一日几次的号外的铃声响遍了街头巷尾以后，在东京的战争的氛围，便一天比一天浓厚炽烈起来。各种新闻的战报，法西斯团体的标语，在街上张贴着，像"正义的威力"那样肉麻当有趣的赞语，"暴支膺惩"② 那样的自大狂的口号，尽量使用着。每听见号外走卖者的一次铃声，每看见一次战报，心里虽明知里头说的大半是谎话，但憎恨和愤激却在我的心头焚烧着。

有一个黄昏我跑到银座去，热闹还是像往常的夏夜一样，但是，街边这儿那儿站着三三两两的女人，在用红线缝着白巾，遇有别的女人走过，就拦路来请她在巾上画着圈的地方缝几针。我想这就是报纸上大吹特吹的"千人针"吧？这也就是在迷信和服从中度了一生的日本女人所尽的"铳后国防"的责任吧。

在平津陷落那几天，火药的刺鼻的气味，更在这儿的街头弥漫着。家家户户悬着庆祝"胜利"的太阳旗，载着警察或青年团的大型汽车，塞满旗帜，在街上驰骋着，车上、街头，高喊着"万岁"。穿着白色工作服，斜佩着写有"国防妇人会"黑字带子的中年妇人，在车站前和街头拖着她们的呆笨的脚步，带着没有表情的面孔。穿着制服的在乡军人和青年团员拿着募捐袋在到处穿插着。

可是，在"胜利"的呼声中，清早我们被出征的号筒的哀响所吹醒，在夜半还送来连续的练习打靶的啪啪的声音。欢送出征军人的彩幡在每个区役所（区公所）前，在好些铺户的门前

---

① 即华北事变。
② 日语惩罚残暴的中国。

都高挂着。不单在银座街头，在每个车站的附近，甚至在僻静幽暗的街角，不单晚上而且白昼，也可看到那种"千人针"的风景；连十岁八岁的男女孩子也在拦着路乞人穿一针，来为他们的当炮灰的父兄祝福。

在临走的前一晚，我到最热闹的新宿去，作最后的"巡礼"。拥挤热闹的"夜店"风光还和平时一样，但是乞千人针的出征军人家属，更像放步哨那样，在车站和百货公司面前的街角密布着。过路的女人像被盘查一般，每一个都被截留而停步，她们纵然也照例在布上缝几针，可是已不像在银座所见的那样带着轻快的微笑，而不能自禁地露出勉强的表情。伊势丹百货店旁边的相命摊子，围满了女人；当我回到住的公寓所在的漆黑的街上，瞥见街角的基石铺子的大石上摆着一个画有八卦的灯笼，灯光射在一个老头子的脸上，原来又是一排新添的相命摊子。我想，这也是战时日本街头的一桩投机买卖吧。

二　与日本朋友的一席话

因为彼此都忙而又相隔得远的缘故，我与秋田——十年前在中国的日本同学，一个小有名的穷诗人和小报馆的编辑——见面机会很少，这回，为着要向这位十二分挚诚的异国朋友作别，以及要听听他对于这次战争的意见，在我离开东京的前夕，特别约他到我们的家里来吃晚饭。

一边喝着酒，一边我们的谈锋渐渐由身边的琐事转移到目前的战事了。

"错误当然是在日本方面，战争终也是免不了的。不过，"秋田用他的真诚而坦白的口吻，向我提出疑问，"你看国际的情势怎样，时机不是早一点吗？"

"假如中国的政府和民众不是等待着灭亡，抵抗总是必要的吧。"我答道："说到现在国际情势，日本不是还比中国孤立吗?""这也是对的，"他点着头，"而且，我听见军部方面的人说，这回中国的军心士气真是特别的旺，连战术也比'一·二八'时进步好几倍。"

"这次派到华北去的军队恐怕不少吧?"

"自然，听说有 12 万人，现役军人倒不多，大半是快将满役和后备军人。"

"财政当然是一个大问题呀?"

"当然，每一个军士每天平均至少要 30 元的耗费，12 万你看每天要花费多少? 据说在议会要提出 5 万万元的追加事费。战争如延长下去，恐怕还要大大增加。你看战争会下去吗?"

"除非中国政府是虎头蛇尾，战争决不会因平津的失陷而终止的。"

"不过，日本目前只想进到黄河或保定以北为止。"

"因为'冀察政权的明朗化'是日本目前的大陆政策的第一步呢。不过，军部的意见恐怕也不一致吧?"

"对的，这回事是驻中国的军队和少壮派搞的，上层还是主张慎重。"

"财阀的意见又怎样?"

"听说东京的军需工业财阀是积极赞成战争的，关西的倒有点消极，不过在举国一致的口号之下，他们也不敢多说话。"

"一般民众呢?"

"他们都是不愿意战争，但又说不出所以然的道理来。"

"知识分子大多数当抱着反对的态度吧?"

"这是不消说的，这回征兵，逃跑躲避的人不知有多少，报上常登着寻人的广告，剩下的妻子因被逼得紧而自杀的，也时有所闻。”

“你还是后备役吧？”

“是的，在 41 岁以前，总还有当炮灰的资格！”

“假如要征到你的话，你怎样？”

“我吗？”他毫不踌躇地微笑答道，“不是逃跑，就是把我的手弄残废”。

啤酒快要喝光了，我们举杯在祝中日人民的自由，把最后的一滴酒喝完后，我们再杂谈一会，便郑重道别。

“再见！”

“在解放了的中国再见！”秋田说。

三 最后的“亲切”

自从卢沟桥事变发生以后，便听说好些中国同学蒙“刑事”的特别光顾，我因为陪了生病的太太住在医院，倒没有蒙受这种“恩典”。但是，跟我们同走的一位女同学却两次要招待这种不速之客。

“你对于现在的时局有什么感想？”

“有什么感想呢，在这儿……”

“你想回国去吗？”

“你说用不用回国去？”

“不用‘心配’（担心），我们已派了许多人保护你们了。”

“假如有什么事，你打电话给我就行了。”这是“刑事”第一次访她时最末的一句话。

第二次是在她离开东京的前两天来的，而且多了一个人，恰巧我也在场聆教。

“你要回国了，哪一天？”“刑事”问道。

"是的，后天。"我的朋友答道。

"一个人回去吗？"

"是的。"

"我很'心配'，因为现在日本也有一些坏人，有同伴可好一点。"

"不要紧，我们不像贵国的女人那样，不能自己一个人行动。"

"你晚上到那儿去呢？"话转到别处去了。"我们每天都看见你从警察署前走过，大概上医院去吧？病的是你什么人？"

"那是我的朋友的太太。"

"什么朋友？"

"小的时候的朋友。"

我的朋友给他们问得有点不耐烦了，转对我用中国话说了几句话。

"你们说什么？"新添的一个"刑事"厉声问道。

"我说叫他在我这里吃饭。"

桌上刚放着一些《上海报》，一个"刑事"开始把已拆开的报纸一张一张翻看着。

"你看得懂吗？"我故意问道。

"很懂。"他翻来翻去也不见他找出什么。

"这里有一卷新到的你看吧。"

他真个拆了来看，看见那份报纸的文艺栏上有一首《抗日歌》，便如获至宝般地露着得意之色。"这份报让我拿去吧？"

"但是，我还没有看过呢？"

"那么？我把这首歌剪去吧？"

"可以，好好地念熟它吧！"我的朋友负气地讥刺着。

当她跑到楼下去拿东西的时候，那个"刑事"转对我说：

"我们真不放心让她一个人回去，还是你送她到横滨吧?"

"也许。"

"我们对贵国人是很亲切的，你觉得怎样?"

"你们两位比较上是亲切的吧?"

"什么?"他马上板起脸孔来，"比较上? 一般是亲切的呀!"那时我的朋友刚上来，"是不是陈样?"

"也许是吧。"

他们还拉杂地说东道西地跟我们谈了一阵，足足坐了一个多钟头才走，最后还把我的地址要了回去。

"一般的亲切，"我们后来在横滨和长崎才对这句话得到证明。在横滨下船的时候，有好几十个警察和"刑事"把守着三等船舱的楼梯，要每个下船的中国同学填写"申请书"，他们认为可疑的，还要检查一番行李。

"你有填过吗?"一个警察对一个女同学喝问道。

"有。"（没有用日本的敬语）

"什么! 什么!"警察用极严厉的口吻，气势汹汹地追问那个女同学。"不填，你不要希望走!"

停在长崎的时候，三等舱的中国同学要一个一个被盘问。一个没有学生证而想跟有学生证的上岸的同学，被上楼梯的警察推了回去。

"我们是一道的。"那个有学生证的同学也转回去。

"什么?"警察以殴打的姿势追那几个同学。

后来听说在长崎上岸的中国同学还被抓到警察署去了。

这是最后的"亲切"，我们以后不愿再聆教了。

别了，别了，日本的"一切"!

（摘自《樱花和梅雨》香港大时代出版社 1940 年版）

欧游漫忆

十字街头的风景

欧洲是在沸腾着的釜，维也纳更是泡沫的核心。

奥地利到哪儿去呢？粉红色抑或褐色？构成神圣罗马帝国的一部分，抑或作为泛欧联盟的一员？经过今年春天社会党的变乱，奥地利的动向似乎分明了一点，但我旅居在维也纳的时候，恰是这变动的前夜。置身在这十字街头，总不免有点眼花缭乱。现在忆起当时的情景，倒还清晰一点，似有写出来的兴致。

不错，在没有扯起民族文学的旗帜以前，"文学"的庭园里最好只谈风月，所以我在上文也以"神秘之街"那样的东西作题材，不过，风月谈倦了，谈锋也想换换方向。假如所谈的不是"管他娘"的"国事"，而只是外国政闻的鳞爪；并且不是板起面孔来煞有介事地谈，而只是以谈风月的口吻出之，甚或像茶馆里说书先生说东周列国或三国演义那样信口开河。想也为聪明的读者所允许吧！

废话休提，言归正传：话说奥匈帝国自从欧战吃了败仗之后，分裂为二，失地万里，比起"东败于齐南败于楚"的梁惠王还惨。奥国介居于意法两大国之间，还有小协约国和同种同文的德国跟它作对，情形略与春秋的郑国相仿佛，而更多葛藤。相爷杜尔夫斯虽有小拿破仑的绰号，其实比子产大夫强不了许多，今天跑巴黎，明天飞罗马，后天又要渡英伦海峡，真是为国奔驰，席不暇暖。可怜杜相爷是个有名的矮子，身长只比武大郎高数寸。出使外国的时候也像我们的晏平仲那样给人做笑柄。有一回他趁着会见墨索里尼之便，拜谒罗马教皇。照例（因奥国是天主教国）是要跪拜。教皇温语嘉慰之后，心里诧怪着杜相爷为甚那样恭敬，老是跪对，连忙唤着赐座，后来摩挲老眼一看，才知道他早已站起来了。这也算是一个够"幽默"的嘲讽。

杜相爷不但是要"攘外"，而且要"安内"，今天希特勒的党人造反，明天斯塔林堡爵爷又要争权，奥国派的马氏大门徒，虽已是火气全无，但手下的小喽啰还是蠢蠢欲动。杜相爷纵有旋转乾坤的手段，也是弄得手忙脚乱。有一回还吃暴徒的手枪，险些送命。

杜相爷最难以应付的，就是一个"穷"字，内乱外患也由于穷字作祟。不要说街头卖歌的风雅叫花子多如过江之鲫，卖淫和变相卖淫的女人像四月处处的蔷薇。即在下也有两事亲自吃过维也纳"穷"字的亏。头一件事却是臭虫给我做证明。

在下也曾走过几个以臭虫著名的城市，但和维也纳却最与它们有缘，住过四处的地方有三处是到半夜给这小动物啮醒，而且它们的来势特别凶。我给它们叮得遍身发痒，只有起来与它们拼个你死我活。结果是武王伐纣，血流漂橹。记得宋春舫先生曾在《论语》有一篇东西论布达佩斯（匈京）的臭虫，说那里旅馆公寓的臭虫是革命时乡下的穷人带出来的。我由此可以推论维城臭虫之特别凶，是因为它们之特别饿。它们之特别饿，是因为维城居民的血之特别贫，那么，维也纳之穷便得一个铁证。

　　上头所说的只是小臭虫，还有大臭虫也要给读者们介绍一下。"天下二房东皆臭虫也"，这话的确是古今中外颠扑不破之理。维也纳的空房子很多，一条街总有十家八家是贴出租条，租钱虽比较上不贵，但二房东的榨取，却是铢锱计较、无孔不入，啰唆、讨厌，活像臭虫，碰着房客是外国人，便择肥而噬，这当然也是为维也纳的"穷"字下一注脚。大臭虫凶的地方小臭虫越凶，大小相得益彰而房客苦矣！

　　还有一桩事，要烦最高的学府做个见证。德国大学的哥儿姐儿，不论国籍，坐车看戏买票都可得很高的折扣；在维城则没有这种规矩。而且外籍大学生所纳的学费杂费，比起本国的高一两倍，借口说是因为外国学生少了直接税的担负。外籍学生要有特别的理由，才可得到这方面的平等待遇，这可见奥国没有泱泱大国的风度，然穷到要向外国的学生哥儿们敲竹杠，也够可怜的了。

　　提起维也纳大学来，它真可以说是十字街头的缩影。因为维也纳是中欧的名都，大学是欧洲老牌的学府，慕名负笈者哪一国人都有，即在一个二三十人的研究班里，便有带点森林苍莽气味的芬兰人，野猫般的意大利人，长身整洁的丹麦青年，头发和面型有点古意的希腊人，此外尚有捷克、南斯拉夫、立陶宛、苏格兰以至美国和东方人。"民族十字街"的奇观，于此已可窥见一斑。

　　大学的建筑是古旧的，从大门的台阶和两旁的斜道进去，两廊的已故名教授的石像碑记，使人忆起中国的太学和孔庙两庑的典型。行毕业礼时，主礼教授所穿的绣花的袍服，襄礼的学生的骑士式的披挂，拉丁语的训词，以至平时的教室和讲坛的式样，都是中古的遗留。但是，平时这些哥儿姐儿的一切生活，不但是现代化，而且是十分时髦。

学生们政治派别的分歧，也是应有尽有：有穿褐衫的好汉，有天主教社会党的信徒，有奥国派的社民党，还有从希特勒的德国逃出来的自由主义者以至共产党，他们在学校中有他们的小团体，有他们自己的酒馆。说到教授们的臭味颜色，也还算是兼收并蓄，与"五四"前后的北大相仿佛，虽没有大辫为记的辜老先生，但也有道貌岸然、声如洪钟的老教授阿多尔夫·道普施，他之替他的祖先——日耳曼蛮族——辩护，说他们对于古代文明不但无过而且有功，恰与辜先生替辫子表扬那样的有劲。还有一个鼎鼎大名的斯班（O. Spann）教授，他是在哲学、社会学和经济学方面替纳粹大吹法螺的好手，他开口"普救主义"（Universalismus），闭口理想主义；把唯物论骂得狗血淋头，连石头也说是观念的产物。为要表示他是一百分之一百的德意志人，在讲授时极力避免用外国语根的德国化的字。通常教授上讲坛的第一句话是 Meine Dame und Herrn（诸位女士和先生），因为 Dame 一字是非我族类，斯班教授便"屏诸四夷"而不用，改说"Meine Frauen und Herrn"。初听他课的人，真是有点碍耳，因为 Frau 一字在德文还作"老婆"讲呢。还有一位阿德勒（Max Adler）博士，在那里当副教授，是奥国派马克思主义者的理论家。他之为斯班教授的对头，正如胡适之于林纾那样。但是，可怜得很，在奥国社民党的太阳已西斜的时候，他那一套玩意却远比不上他的同僚斯班教授卖座，大学里头的社民党籍的学生有许多已改穿褐衫，山呼"Heil Hitler"（"希特勒万岁"）。因此，斯班教授的课室里常要"加凳"，而阿德勒教授上课的时候，听者不过十多人，而且正式的学生不上十个，有几个还是黄面孔的东方人，其余的便是外头的社民党员来旁听的，阿德勒教授为替自己捧场计，还领了他的闺女——有时甚至太太——来凑数。他的口才本来不错，在社民党的历史也颇长，说起第二国际的历史来，像白头宫女之说开元、天宝遗事那样，纵不老泪纵横，亦已感慨系之。照欧陆大学的规矩，教授讲到精彩之处，学生喜欢他的便用脚擂地板以表示赞美，讲错或讲得不合口味的时候，所得的反应是擦地板的鞋声。听阿德勒教授的课的学生既寥寥可数，他讲得纵然很卖力气，也没有这样的热闹。但有一回却是例外，事情是这样的：阿德勒教授有一天说起狭隘的民族主义来，不免对德国的国社党加以指摘，不提防座位后排远远坐着几个褐衫的好汉，像戏院里的宪兵那样监视着。地板擦擦的响了，阿教授有点兴奋了。

"我说的是历史的真理，"阿德勒教授插了一句，声颤而厉，"女士和先生们，历史的真理不是擦地板所能擦掉的……"

以下是几句严厉的训话。褐衫汉们不约而同地离座从教室的后门逃去，使劲把门掩回，表示他们的抗议，但同时留在那里的学生像擂鼓那样用脚踏地板，教授舒了一口气便继续照原题讲下去。

维也纳的变乱过去后，我正关心这位"理论家"的消息，我想被捕或流亡当会是他的命运。然而据最近一位维也纳的朋友的报告，他依然无恙，但是教授的饭碗却八九成是打破了，他正栖栖惶惶地在那设法补救。

"教授先生，下年还在大学教书吗？"我的朋友问。

"我不了解学校为什么不让我教书，"教授怃然的答，"像我那样至多也不过是一个理论家吧了。"

我听了这个消息便想起河上肇及好些"理论家"们的命运——其实不如说是整个社民党的命运。

我记起我到维也纳不久，便碰着"五一"节，那天城里中心区像是如临大敌的那样断绝交通，军警密布。城内不见游行的队伍，但国社党的白"卐"字却像清明的纸钱那样散满了一地。

街上冷清清的，人数占维也纳居民的百分之六十的社民党往那儿去呢？原来他们是在隔江的体育场开游艺庆祝大会，跳舞，做戏，还有种种表演和游戏，党员们襟头上插着一朵红纸花象赴婚筵的贺客那样。像这样的闲情逸致，而过了半年还免不了血染维也纳，命运的折磨，还是内在的矛盾呢？

奥国的内战，一天紧似一天。大学春季开学还不到两个月，学生便演了全武行。在天主教学生团体开纪念会时候，褐衫学生闯入捣乱，结果有两个天主教学生被摔死。历来不许武装军警进最高学府的例也破了，而大学还要停止讲授，一直到放暑假为止，大学的讲堂还是关着，只图书馆和研究室开放。但大学的门禁却森严起来，进去的人不但要有学生证，而且还要"良民证"似那样的通行证。教授白拿薪水，学生白纳了学费，有一部分学生闲着在城里溜达，但是这学期所选的讲授的课程，还是算数，这倒便宜了只想骗个博士头衔的学生们。

自从我走后，大学还起了好几回的风波。维也纳一天在十字街头蹀躞着，大学生也一天是十字街中间的指路标，只可惜我已不能在那里左顾右盼了。

不是"风月"谈的已不少，再谈下去恐怕笔尖儿一下子不听指挥，闹出乱子来，就此打住，还是谈谈风月吧。

美因河畔之城

我还没有到达德境的时候，便想到美因河畔法兰克福城（Frankfurt am Main）去，因为那里有我理想的大学和教授，理想的社会氛围。后来在柏林的紧张的空气里呼吸了三四个月，更想在外城松弛一下。于是我便随着王姓的朋友之后跑到法兰克福来了。

德国文化的地理分布，本来与许多国家有异，不是集中于一两个城市，而是分散于各地。法兰克福是中古有名的城市，近代南德国文化中心之一。"银行城"的光荣虽成过去，但仍有不少旧家豪商定居其地，犹太富人的邸宅尤多。虽不是工业的重心，然却是颜料王国的宝座所在（德国颜料托拉斯 E. G. Fabrik 的总管理处设于该城）。法兰克福大学纵不能与柏林大学媲美，也属于著名老大学之一。生物学、心理学、医学、社会学、经济学系都有相当的声誉。歌德、黑格尔与法兰克福都有渊源（歌德生长于法兰克福；据匈牙利路卡锡 Lukase 教授的研究，黑格尔的哲学体系完成于寓居法兰克福市后）。博物院和图书馆的设备有其独到之处。以颜料王国为后台老板的《法兰克福新闻》且是德国数一数二的报纸，销行欧陆。新旧势力作殊死战的德国，在法兰克福找到自己的缩影。那里有罗马残留下来的阔仅容一人行的陋巷，附近却有霓虹灯四射的神秘的恺撒街；那里中古的瞭望塔与简单化的现代式建筑物对峙着。思想上新旧的矛盾更比这些物质现象为显著。那里天主教残余的势力保持着它的强固的堡垒，同时却是思想极端自由的城市。法兰克福大学附设有站在社会主义立场研究社会问题的研究院，有社会主义的新权威，这大学在德国保守派眼中犹如"五四"时代林琴南等心目中之北大。天主教的节日与社会主义纪念日同样热烈的举行。

说到法兰克福的风物，虽没有特殊过人的地方，然以地处莱茵河支流的莱茵河畔，南国温和的气候带来妍丽的风光，尽有使人怀恋之处。旧宅林立带着暮霭的美因河干，雪后白皑缤纷的近郊松林，可供人晨夕漫步。我及我的朋友的寓所均在齐柏林道附近，街道的中心植有树木，形成带形之公园，绵亘至于坚海姆（Ginnheim）的教堂，地势渐次高峻，尽头处可远瞰近郊的乡镇。教堂的前面塑有圣母马利亚的全身像，高及三四丈，衣饰神态，仿佛佛教之观世音菩萨。在晚饭后——尤其是在月明之夜——我们常相约沿着齐柏林道一带散步，"参拜"了"洋观音"然后回头。棕榈园为法兰克福居民憩游最常去的地方，在德国的公园中也算负有盛名。但是使我徘徊眷恋的却不是那用科学方法培养的热带大叶植物，而是那特辟的兰室。室内种有百数十种的兰科植物。叶的粗细，花的形状，大小、颜色、香味，千差万别。或作人面形，或大如斗，或色红如血，或五色缤纷。顾盼呼吸其中，如置身七宝之橱，檀麝之窟，目迷心醉。

法兰克福附近的檀娜斯山，高耸云表，嶂峦绵叠，上有罗马的故宫和堡垒的遗址。相传日耳曼人南侵时，罗马大将安东尼据此设守。威廉二世依旧把那城堡修复，设立博物院其上。那里既有历史的遗迹，而长松古柏又至幽森，法兰克福居民的远足旅行多以那里为目的地。从法兰克福趁火车至荷姆堡镇，步行登山，历十余公里便至罗马堡垒遗址所在的萨尔堡。我曾到过那里两回，一回是在圣诞节那天，经过前夜的欢宴和因突然的意外而起的失眠，我撑着疲倦的眼睛，拖着沉重的腿跟同伴们由荷姆堡步行到萨尔堡。雪刚落过不久，山道是滑滑的，几乎跌了我几跤。在荷姆堡镇时，天空阴沉欲雨。到了山半，天转晴朗，连太阳也出来了，下望荷姆堡镇，却给烟雾埋没了。《长恨歌》中所谓"不见长安见尘雾"正是这种情景。将到山顶时，罗马式的堡垒赫然在目，行近，连那废址也看见了，那里是从前的食堂，那里是从前的马厩，那里是浴池的旧址，都有标明。新建的堡垒是以石筑成的，方圆不过数亩，外围以雉堞。一入堡门便见安东尼的铜像。堡门上有拉丁文题额，记着威廉二世修建的年月，恺撒的神圣罗马帝国之梦，于此可以窥见。墙堞蔓生着薜荔藤萝之属，平添了一点蔓草荒烟的意味。堡的最后座安放有当时的武器、水磨等物。堡后有小径穿松林而过，松林尽处，豁然开朗，群山在望，地下却有战壕的痕迹，相传那就是当时罗马人与法兰克人（日耳曼蛮族的一支）相争的鸿沟。

　　法兰克福的娱乐设备，虽没有柏林或维也纳那么多花样，但也略具规模。恺撒街是"夜生活"的所在，歌剧场、新戏院、乌发大电影院、大咖啡店都在那里附近，卖淫的女人当然也在那里出没。在法兰克福的时候，我还没有坐咖啡店的习惯，除了因参加集会而到咖啡店外，只偶—与朋友们在乡居附近拣一个小咖啡店坐着聊天。不过，破题儿第一遭听的歌剧却是在法兰克福演奏的。凭着学生证只花了两个多马克，便可以听瓦格纳（Wagner）的名作《纽伦堡城的歌王》，而位置又是楼下的前排，坐的红绒软椅，前后左右不是披着半臂轻绡的女人，便是穿着晚礼服的绅士或犹太人，一方面觉得神气十足，他方面又觉得局促不安。音乐远比中国旧剧为繁杂，可惜我是门外汉，不能更进一步领略它的神妙。剧是以中古行会为背景，一男一女的恋爱故事为中心，歌王之竞赛仿佛中国之考状元那样，有"白鼻哥"似的角色穿插其间，剧情更形热闹。最后表演纽伦堡城各行会在节日出游，举行唱歌比赛，旗帜、服饰和仪仗的绚烂，使人想起故乡新会城三年或十年一次的"出会"的情景。剧中的情节、扮相、道白和做手，都与中国旧剧有相似的地方，它的长处只是那复杂变化的音乐和较生动逼真的布景罢了。换幕的时候，观众离座踱到走廊去，随便散步，或吃点零食，喝点汽水。我在那里更可以欣赏那所谓"上流社会"的女人的晚装和在绅士中间找出许多犹太人来。（不过我要声明，我并不是反犹主义者，而是想证明犹太人在法兰克福上流社会所占的势力而已。）

　　我在法兰克福住了半年，大学的教授和社会科学研究院的图书设备都算满意，教授中讲哲学的霍海姆麦（Horkheimer）先生特别是我们敬佩的一位。他是犹太人，年纪不过三十多岁，站在新的立场来介绍和批评康德、黑格尔和新康德派的哲学。他的德语是标准的德语，清晰、铿锵而有力。他一踏上讲坛的刹那，鹰一般的目光向四座扫射了几下，配上他那魁梧的身段，响亮的声调，真有点像"老生"高撑着帘出台的气概，博得我们擂地板的彩声不少，这是需要特别表彰的。

说到朋友，法兰克福更是值得人怀念。在那里谈得来的中国朋友有四五人之多，外国人也有三两个。我们既同在一所大学，而又住在附近，差不多天天见面。一同做中国饭，谈天自不在话下。在这半年中间，更有三两个远地的朋友飘然莅止，在法兰克福作三数日的流连，使我们乍得欢聚的热闹，又要尝别离——甚至远别——的怅惘滋味，平淡的生活平添了不少波澜曲折。这样子，日子很容易消磨过去。

可是，德国最大政潮的发生——法西斯政权的登台——恰是在我旅居法兰克福的时期，安静地读书的好梦，终要打破！我虽不能在潮头所在的柏林，看那褐色高潮汹涌翻腾，然法兰克福以左右派旗鼓都颇相当之故，当日斗争的情形也未尝不给我们的旁观者以一些惊诧和感慨。自从希特勒组阁以来，法兰克福的空气已很紧张，游行、冲突和罢工给报纸添了好些材料。大学里头既有许多左派学生，接近社会民主党人的教授和犹太籍的教授，更为国社党所注目。学校里自然有点不宁，虽仍照常上课，但已有一些教授托病告假，或在放春假前一星期便把功课结束，到国外去。

国会被焚的消息传到法兰克福来的那天，恰是法兰克福一个盛大的节日——大斋节的前夕，因为消息还不十分明确的缘故，法兰克福居民还是照着天主教的旧俗，热烈地举行。我们四人——老任、老柳、老王和我——在吃过晚饭之后便联袂跑到大街去。街上的行人比平时多了许多，有些青年男女手里更拿着一样纸东西，形状与折扇面相仿佛，而比它略长。他们面上都堆着特别轻松愉快的笑容。走到城的中心，通衢中行人路上都挤满了人，电车似乎停了，在异常明亮的灯光下，化装游行队伍一队一队地走过，观众也有化装的，女孩子们多扮作军官、水兵、骑士，或穿别的民族的奇异服装，男子多扮作奇形怪状的女子。丑的越丑，美的却带点滑稽味。到了热闹的地方，我才知道那折扇形东西的妙用。它是用在人身后袭击的工具。男的以女人做目标，女的以男人做目标。被打的人只有赔笑，只有觑机会报复、还击。果然，我们挤进城中心才几步，便做了女孩子们的目标，背上脸上着了几下。我们不得不做防身和报复计了。刚巧街旁就有卖这种纸东西的小贩，我们一人买了一柄。我们四人分做两队，两人前行，两人随后，摆好了阵势，果然有效。这样子挤来挤去，挤到了晚上九点钟时，人越挤越多了，我们散失而复合者几次。后来我们终于又失散了，老柳先失踪，继之以老王，我和老任仍然团聚一起，在人丛中混到十一点钟才缓步回到了家，那时我们手中的折扇面便仅剩下了半截东西。

　　第二天学校的春假便开始，德国的政局愈来愈险恶，反对党的一部分事实上已遭禁止，整千整百的人送到牢里去。到三月五日选举——德国虚伪民主政治最末一次的选举——的前夕，法兰克福的国社党人举行火把游行，我们跑到大街上观看。游行的队伍和路旁站着看热闹的人着实不少。队伍有小半穿着褐色制服，全数持着火把，队里举高手掌喊一声"希特勒万岁"，观众跟着高呼，女人们似乎特别起劲。

　　第二天是选举的日子。谁不知道这次选举是在枪尖之下举行的。不过这种选举也自有其特殊的地方，更不能不观光。我在柏林曾看过两回选举，在选举的前一些日子，各派政党除各出心裁、推陈出新，作标语战之外，还特派有名的领袖到各地各城演讲，真是热闹得很。这回选举事前的光景便大不相同，国社党的主要反对党共产党当然被迫偃旗息鼓，即便社会民主党也比前沉默。广告柱上墙上贴的几乎全是国社党辉煌的大标语，公共大会场差不多为国社党所独占。分区投票通常是在酒馆或学校举行。投票场的门前有各竞选政党的党徒擎着该党的广告牌站着，广告牌上多标着该党在前次选举所得票数的名次。例如国社党在前次选举为第一党，牌子上便标着 1 字，社民党的牌子标着 2 字，共产党的牌子标着 3 字……

那天，我们跑了几处投票场，门前却看不见有共产党的牌子，社会民主党的牌子多放在后一点冷僻的地方，甚或没有人拿着。国社党的牌子却有好几个，贴着种种的标语和图画，每个投票场都有四五个以上的雄赳赳的褐衫汉，都是得意扬扬，左右更有武装警察站着。但是投票的人却有大部分带着严峻而惨淡的面孔，一进入投票场之后便接着退出，没有什么聚谈和私语。

前次选举的晚上，我也凑凑热闹，跑到有无线电收音机的咖啡店里，坐到夜半，听无线电播音宣布选举的结果和看看座中人在计票数时是怎样的兴奋。这回德国的命运已不待选举而决定，而且日间选举的情形更明白告诉人这是怎样一个骗局，我不高兴再做傻瓜了，所以一早便睡。明天起来，从房东的报告知道国社党票数比前激增，与德国国权党合计，已占国会议席之多数，但同时社会民主党尚能保持原有的地位，更左的政党仍得四百八十万票，在普鲁士邦议会的选举票数且有增加。这确是出乎意外，因为这是枪尖下的选举啊！

自选举揭晓以后，法兰克福城的纳粹日益趾高气扬，我们理想的思想自由的园地却差不多完全褐化了，在这种空气里生活的人总觉得有点呼吸窒塞。不久，法兰克福城大学和社会研究院的屋顶上被迫要挂卐字旗了，社会研究院被搜查，搜去几大卡车的书籍，而且随后被封了。我还走过那里几回，望望那屋顶飘着的黑"卐"字红底的旗子，那贴着封条的紧闭的大门，想起半年晨夕用功的前尘往事，真觉此地凛乎不可再留。

而且，随着这种褐色恶潮的澎湃，人们的心理也起了变化。从前，一般的德国人如房东、店员及同学之类，待黄面孔的青年都很和气，这时却不免有点蔑视的态度，我们在街上走的时候，总觉得那望着我们的眼睛多少带点恶意。最使我们不快的，就是我们熟识的人的言谈的态度也与前不同。例如我的房东是一个五十多岁健康的老头子，在铁厂当职员，属于天主教党，向来喜欢拿希特勒开玩笑。这时候，他却沉默起来，跟他谈到政治时，他表现出观望的态度。

"我们只有耐心等待吧，看希特勒施展出什么本领来。"这是他屡次作出的答案。

还有老柳的房东本是一个失业的工人，从前是热烈地反对希特勒的，选举时已动摇了，选举后便绝不跟我们谈到政治问题，听说他对于褐衫老兄已很羡慕了。

再有一些德国的女同学，在从前是社会主义者听演讲会中常到的听众，这时却相信报纸上所宣传的国会被焚的消息，跟纳粹来往，后来我们离去法兰克福的时候，听说她们已变做女纳粹了。

最可笑的，就是在那里观热闹的中国同学也竟然有人趋炎附势起来，似乎其中也有了希特勒的崇拜者。一切一切都使我们不快。纵然还想埋头读书，但能够在图书馆找出来，在书店买得来的想读的书已有限，而且报章杂志已变成官样文章，千篇一律，耳目不干净，呼吸不舒畅，读死书也读不下去。我要离开法兰克福的计划已决定了。那时我的朋友中老王正养病在檀娜斯山，老任和另一朋友已到英伦，准备回国，老柳和我都踌躇不定，不知跑到哪儿好。恰巧他的旧爱人在维也纳跟别人结婚的消息传来，他便决定到维也纳去继续求学。我因为想在德语的国家多住一些时候，也决定以奥国做我的未来的居留地。我们因为快要离开德国，而且有许多大城市还没有走过，对于它未免有点留恋，所以想在德国绕一个圈，然后到奥国去。但老柳忽然为意外事所阻，先动身直接往维也纳，我只得孤身独行，兴致未免受到影响，加上为时间及经济条件所限，后来只能重到柏林，住了十多天，又到慕尼黑城兜了一圈，便毅然离开了德国。

现在法兰克福的中国朋友，有好几位都回国了，我动笔写这节"漫忆"的时候，他们恰跑到我所住的地方来，有说有笑，更引起了对法兰克福的怀恋。檀娜斯山的堡垒、长松想该是依然如故吧？棕榈园的兰室想还无恙吧？美因河的秋光想另有一番风味吧？最近兴登堡死后的一次国民投票，想该还是那样的惨淡吧？……

暴风雨前夜的柏林

都市交响乐犹带巷战的喊声，
金银夜气里驰突着炽红的幽灵。
我惘然置身人天决胜的阵地，
热望的海潮一夜又生。

——长诗《流转》中的一节

柏林，一个充满着矛盾的合成体（Complex），现在和未来在酣战着。

在柏林，像在其他工业大都会那样，运动和速率统治着。它的北区有林立的烟囱，全城给街上电车——高架电车和地下火车的密网联结起来。在机械的伟大的搏动、车轮雷电似的奔驰之下人们的血不能自已地在加速地冲击着。

然而，乍从萨罗顿堡（Charlottenburg）车站下车的旅客，同时即会看见柏林的另一面，稍旧而十分洁净的建筑物，整齐宽阔，遍种着树，时有广场和园林间着的街道，使你感到恬静、舒畅。及至踏上普鲁士邦立图书馆瞻仰一下，或跑进娱乐园广场附近任一个画廊或博物馆略事徘徊，你立刻会感到是置身在一种伟大、沉潜和庄严的氛围中，而想过一辈子的蠹鱼似宁静的生活。周末休假的时候，跑到柏林的近郊，那藤萝缭绕，四周杂种着花树的别墅式的房子，那白榆或松树构成的疏林，那整齐的田野，更有些地方有湖光山色或古教堂的塔影点缀着，这一切又使你忘记了回头坐几分钟的车便是世界有数的工业城市。

假如你是一个稍留心的观察者，不久你更会发现柏林的又一面：首先你会发觉你的二房东是那样寒酸、悭吝甚或有点尴尬。其次，叫花子之群的音乐弹奏或不成调的歌声一天至少有好几回从院子送到你的楼窗来。渐渐连街上伸着手乞钱、胸上挂着写明失业多久的牌子的青年，以及手里牵着一条狗、臂上缠着黑布带的大战牺牲者，都会映到你的眼帘来。更或跑到工人荟萃的城北去，黑瘦的面孔，肮脏的衣服和笨重破旧的黑靴，灰旧的楼房之外还有许多木屋，使你不相信这还是柏林。

晚上的城中心区又是一番气象：霓虹灯通亮了以后，弗得烈街和库夫斯丹达姆一带挤满了衣服都入上流的男子，姿态都装作下流的女人。黄金的异响，肉的歌声，酒精毒的抽搐，歇斯底里的颤动，唇脂的红色的爆裂，造成烂漫的不夜之夜。普通的咖啡店，酒吧间和舞场之外，还有特殊为男人或女人而设的异样的窟穴；意大利、匈牙利的饭馆之外，还有中国的杂碎馆和日本的料理馆。

　　假如你从弗得烈街向着亚历山大广场走，霓虹的灯光渐渐少了，行人也少了，不过在陈列橱窗的前面或街角还时有一个或两三个艳装的女人在那里张望着，蹀躞着，时而送来一两声男子的谑笑。从亚历山大广场再北去，一直走到维定区，街上只有暗淡的电灯。在街上站着徘徊着的女人还是有的，然而服装更不入时，随便涂抹的脂粉更不能掩盖那瘦黄的双颊了。

　　在晚间十二点钟以前，那一带下等的啤酒馆还是开着，暗黄的灯光，劣等烟草所喷出的烟，以及酒精、德国香肠、油腻和臭汗所蒸发出来的水汽交织成的恶雾中，露出一些工人装束的动物，或跟同伴滔滔地谈话，或独自不断的举盅牛饮，一盅干了之后又是一盅。他们见你进来，醺红的面庞会泛出惊讶的微笑。有些座客还会放下报纸走到你的桌边来，诘问你几句话。他们白天在工场，在社会咬着牙龈忍受的一肚子闷气，给酒精燃着了，有时化作恶詈，甚至还会发生凶殴。

　　威廉街是政府机关所在地，银行和大商店也集中在那一带，黑白红三色的国旗在那里飘扬着。西区都是"卍"字旗的世界，许多酒馆门口交叉着黑"卍"字的红旗，阅报处的橱窗陈列着希特勒的相片和《进攻报》一类的报纸。附近站着两三个穿褐衫的青年，"希特勒万岁"的喊声，在街上隔几分钟就可以听见。但是，一从亚历山大广场北去，所见的又是另一个世界，"卍"字的符号渐渐的稀少，三支箭和镰斧的符号渐渐加多。即在亚历山大广场的旁边屹立着一座唤做李卜克内西的大厦，插着红旗的楼房，楼下是贩卖合法的和非法的社会主义文献的书店，楼上就是德国共产党的大本营，广场上走着坐着的人们中总有政府的暗探和便装的工人卫队。从亚历山大广场走去不远，还有一间工人的夜校，只要花二十芬尼便可以在那里上两点钟的课，听听社会主义的宣传，或学习外国语——英语俄语以至中国语。置身其间，会使你错以为是梦游苏联。

柏林，一个充满着矛盾的合成体，现在和未来在酣战着。恰巧在其中一场战争快要分胜负的当儿，荣幸得很，我跑到柏林来了！

但是初到柏林的头两个月，我还是过着清静的生活，我所在的地方在柏林南郊，唤做利斯顿拉德。那里的房子虽比不上那富人别墅所在的绿林村（Grunwald），但倒还整齐幽静。我住的房子是新旧两层的楼房，虽不能称作别墅，却也有花园围着。房东是一个七十多岁的老太婆，我跟一个同乡租住了楼下两间房子，楼上住着一个中学教师和他的家庭，还有一间屋子住着一个老姑娘。园的一角还有一座小房子，主人B先生是一个破产而又失业的中产阶级，他的太太是有一半中国血统。两个儿子都已进大学，大儿子学的是中国语言。我们因为附近没有饭馆，而B太太又会做肉烧蕈子和木樨肉之类的中国菜，我们一天三顿都吃B先生家里的包饭，我还请他的大儿子帮我补习德文。利斯顿拉德离柏林颇远，进城要先坐近郊火车，然后换高架电车，坐街电车要费一个钟头才可到柏林的中心区。我朋友又很少，所以除了到普鲁士邦立图书馆借书还书之外，轻易也不进城。那时恰值暑假快要开始，在近郊虽说不上避暑，然夏日乡居读书，已实现了我多年求之不得的梦想了。我那时过的是很规律而又很悠闲的生活。一清早便给园里的鸟声或街上的运啤酒的马车声吵醒了，一天做七八个钟头工作，疲乏的时候，便跑到园子里去散步一下，窗畔的玫瑰花丛，篱笆间开着的小花，以及从篱笆隙里窥见的过路的乡间少女的情影，都给我以一种愉悦和舒散。晨间有时我更拿着书本和一管红铅笔，跑到门口的阶石上坐着念，直至到阳光把我晒热了才跑回屋里来。中饭后，把那活动的百叶窗落下来，屋里恍如黑夜，我舒舒服服睡半个钟头的午觉。晚饭后的散步也是我们的日常功课，或者穿过田野跑到较远的树林去，或者沿着大道信步到车站为止，看三五成群的村中人，带着欢悦和倦愒的脸色回来。渐渐日长天热，夏天真个来了。我们早晨起来便挟着报纸跑到松林中，把衣服脱下，光穿一件游泳衣，躺在草地上晒太阳。有时在日光西斜的时候，屋子里头坐得不耐烦了，也会在附近的树荫下用我的功。村野都静悄悄的，只有送来一阵山羊啮草声和刈麦的机器声。每到星期日或节日的时候，利斯顿拉德热闹许多，道上可以见到好些面生的城里人，有些荷着背囊，预备一天消磨在松林和田野里。夕阳下去的时候，到车站的路上添了许多人，他们手里拿着的不是一束鲜花便是一筐的苹果或西红柿。后来我看到德国女杰卢森堡的狱中书札才晓得利斯顿拉德和植物园都是她生平游屣常到的地方，在狱中还是念念不忘。

读书的生活也是很愉快的，除了准备我的德文和社会科学的功课外，还读一些德文文学的书籍，歌德的《浮士德》、雷马克的《西线归来》和托勒（Ernsf Toller）的非战的戏剧先做了我的德文补充读本。我深深感到德国文学的伟大和深刻，并且从那里学到一些奇奇怪怪的土语，用来夹杂在我的幼稚的德语里常引起我的私人教师发笑。宏大的普鲁士邦立图书馆也使我满意，那里的杂志阅览室和东方室，供给我以写文章的材料，而外国的新书之多和到馆之速，尤使看德文还要翻字典的我感到方便。

然而，美满的两个月的乡居生活终留一点不痛快的黑点，因为这黑点我们不得不搬到城里去住了。我们与房东老太太很少交谈，与楼上的住客们碰面，也只彼此点头招呼。但跟替我们包饭的B先生家庭不能不周旋一下。除了饭后要照例坐半个钟头作无聊的谈话外，有时我的私人教师或他的全家还和我们散步。他们着实是穷，连B太太和她的儿子们的衣履有时也不全，但他们却还撑着架子，谈话中间常说起他们在通货膨胀前的光荣和富裕。他们都是法国人和犹太人的憎恶者，但是我的私人教师便生就一副活像犹太人的面孔。他跟我们谈话，除了做他父亲的留声机器外，便是谈我们的同居"老姑娘"的长短和夸示他的性生活。问到他德国政治情形，有时他却茫然不知所对。他的父亲是全家人的神明，谈起话来像是无所不通。他有时用教训的口吻告诉我们他对于德国政治的见解——社民党为什么应该诅咒，巴本为什么应该拥护，有时他却装作"支那通"跟我们谈中国的事情，由北京的老妈子谈到老子的哲学；有时更从乱堆着杂物的书橱里头拿出一两本前一两世纪出版的书籍，来跟我们谈学问。我的朋友还能忍耐，我却常常托故独自辞归。这还不打紧，七月底国会选举期渐近了，德国的政潮变化一天一天剧烈了，社会民主党在普鲁士邦的政权，像枯草一样给巴本拈了去，国社党却更活动起来。随着国社党的气焰的嚣张，B先生对我们的面孔也拉长起来，B太太对我们的饭食的克扣也越厉害，他们的大儿子转爱逗我们谈起政治问题。从他的口里更知道B先生已把多年对德国国权党（主张帝制的右翼党）的信仰丢掉，而准备投国社党的票，并且希望做一个活动的纳粹，才好在胜利之后谋得一官半职。谈起国社党的政纲他却比我们还糊涂，只说许多人单因为信仰希特勒而加入党。举行选举的前几天，利斯顿拉德也轰动起来，卍字旗和黑白红旗（德国国权党的旗）统治着全村，别党的旗帜寥寥可数。我们楼上的教师本属于社民党，也不敢像往年那样把三支箭的红旗挂出来：穿着褐色制服的青年在村中大道上耀武扬威地走着。但是在国社党和德国国权党的红红绿绿的竞选广告中，还夹有多少社民党和共产党的比较简单的标语。在这几天中，B先生似乎洋洋得意，雪茄也抽多了一点，但对我们却不大说话。有一天早晨，我的教师告诉我，今天晚上国社党的大将戈培尔博士要到利斯顿拉德来作竞选演讲，会场定在我们街角的露天酒馆。那天晚饭特别提早，B 先生换上了假日穿的衣服，襟上佩起卍字的徽章。

"L 先生，C 先生，一同去听演讲吧？戈培尔博士是我国数一数二的演说家和鼓动家呢！"

我们只点点头，以后便扯到别的问题上去。饭后我和我的朋友先到松林中散步一会，然后对着那露天酒馆的方向走。酒店的附近站着走着好些人，面上都露兴奋的样子，还有十个八个的褐色制服的冲锋队和黑色制服的党卫军，散布着做放哨状。酒店门口摆了两辆汽车和好几辆摩托车。我们从门口张望一下，那守门的冲锋队，狠狠地盯了我们一眼。挂在树梢的灯光，把园子照得通亮，挤得水泄不通的听众把讲台也遮住了，戈培尔博士的尊容没法瞻仰。我们绕到篱笆后侧耳静听着那时《德国高于一切》(Deutschland Ueberall)（国社党党歌）已唱过，"希特勒万岁"也已山呼过，戈培尔博士开始讲演了。他的声音还响亮，每当他把声音提高和加重时，台下便是一阵的"希特勒万岁"！他的演说词大意除了替国社党的政纲大吹特吹外，便是缕数敌党的"罪状"：

"国民们，马克思主义者执政十四年了，德国人所得到的是贫困，失业，为的是要证明他们的开山祖的资本集中和大众贫困化的理论呵！"

这是戈培尔博士痛骂社民党的最精彩的结论，听众自然跟着山呼"希特勒"，我们却叹"听"止矣，不待他讲完便走了。

到了选举那天，因为"予生也晚"，不曾目击中国选举"猪仔议员"的盛况，倒想在德国看看热闹。上午十点钟我便跑到车站附近的投票所在的酒馆去。选民们已开始投票了，酒馆门口站着各候选大党的党徒，各持着本党的广告牌。监选员都是中年以上的颇体面的人，正悠然坐着在喝啤酒。恰巧有一个熟人正在那里投票。我由他得见德国的选举票的式样。那是一张长方形的白纸，分栏印着各候选党的党名，选举人只要在他所欲选的党那一个栏画上一个"✕"，我一霎眼已看见自第五党以下就有好些奇奇怪怪的党名，有一个党简直把它所标榜的关于失业救济的具体要求拿出来做党名，长至十余字。合计共有二十个党左右。选民的神态也颇悠闲，与我后来在法兰克福所见的有异。中饭后我还特别乘街电车进城里绕了一个圈，看看城里的情形有什么特别。电车穿过了几个世界——城南是"卐"字旗的世界，中间杂有一部分三枝白箭的红旗；城北是红旗的世界，社民党与共产党平分天下；转到城西来，三分之二是"卐"字旗，三分之一是白箭红旗。选民多半于上午投过票，指定投票的酒馆门前冷落。但是各机关门前的布标语却特别多，广场上的闲人三五成群在谈论着。

选举的结果，国社党由第二党而一跃为第一党了。在第二天早餐的时候，B太太和她的儿子们都很高兴地告诉我，但B先生没有在座，据说昨晚他要从无线电收音机听选举结果，熬到天亮才睡去。此后，B先生一家对我们的态度渐不客气，问我们借钱的时候也多起来，一若希特勒的胜利就是他们的胜利，而也就是希特勒所鄙视的黄种人的失败那样。理想的清静的乡居生活倒落得耳边不能清静。我们终于八月中旬离开了利斯顿拉德而搬到城里去。现在希特勒上台已有一年多了，卢森堡女士所眷恋的利斯顿拉德的风物想还如故，恐怕B先生早已捞得了一官半职，恢复他在大战前的阔场面，而他的公子也在劳动营里博得一个"为国服务"的机会吧！

我在柏林第二次也是末一次的寓所，位在动物园和库夫斯丹达姆附近，那正是城里的灯红酒绿之区，在我住的街的前后就有一间专招待男子的酒馆和一间专为女人而设的咖啡馆。我的寓所却是一间德国式的杂院，房客都是附近商店的下级雇员以至失业的工人。我住的房子，简陋得很，饭桌权当书桌，沙发就是睡榻。但是连租钱，一天三顿饭一餐茶和洗衣，我每月只要付六十马克，房东还替我缝缀，供给牙膏胰子一类零星用品，在德国碰着这样慷慨的房东太太，真值得秉笔大书的。

我在上头所以费笔墨把 B 先生和他的家庭描写一下，只因为他们是代表德国社会一个阶层——希望希特勒创造出奇迹的一个阶层，从他们的态度，我们可以明白希特勒、戈培尔之流的煽动之词，怎样居然会攫取了几千万的群众。我这时相处的二房东的家庭显然属于德国社会另一阶层、她遭遇着同样悲惨的命运——贫穷，然从我博得的是同情而不是厌恶。她是一个中年的女工人，没有正式结过婚，但她的死去的情人却遗下给她一个不合法的儿子，已经快要二十岁了，在小商店内当跑街。她名义上只认他做甥子，因为她已把他过继给她的寡姊当儿子了。其实，他们两母子是同住在一块，对我也不讳言他们的关系，而且，她高兴起来常对我夸耀的，不是过去的豪华家世，而正是她的情史——她对她的早死的情人不变的爱。她的姊姊一家都失业了，虽然有多少失业津贴，但许多时还要靠她帮忙。她因此时时对我诉说自己的负担之重。可是，一当她的甥子或甥女跑到她家里的时候，她总弄一顿肉给他们吃，走的时候，她总掏出一点钱给他们。她对我简直当子侄看待，所以我也跟着她的外甥儿们称呼她做 Tante（姑母或姨母），她唤我的名字。我们吃饭是一块在厨房吃的，她平素很省俭，自己常素食，为着我的缘故，中饭总添一点肉，到礼拜天还买一个鸡烧给我们吃，好的菜总让我吃一大半。假如我有一顿不在家吃饭，她就不大高兴，她如上工去，她也会留下饭菜和热的咖啡或可可给我。她一天除了在商店里做八个钟头以上的苦工外，在家里烧饭、洗衣、收拾房子以及替我和她的儿子甥儿们补缀。有一个星期日我领她到国家画廊去参观，她就像乡下人进城那样高兴。我有时把雷马克的小说读给她听，她听到总要下泪。她也像其他德国人那样取笑我们吃臭皮蛋，但却没有说德国什么都是好。她不懂得政治，但却会骂希特勒欺骗，知道什么是"我们"的党。

她的儿子汉斯是一个血气未定的青年。他虽有政治的意识，但他对于政治活动还没有对划船踢球的爱好那样在心。她的外甥儿们却给我一种很深的印象，最大的甥子，是一个跛子，第二个女甥约瑟芬是一个中学毕业生，常识及外国语却还不坏，从前是她的政治团体里一个颇活动的分子，多年的失业压迫使她颓废起来，最近却与一个五十多岁的船长在小船上度同居的生活了。Tante 不赞成她的最钟爱的甥女儿的青春这样子给人糟蹋了，常说不让约瑟芬踏进她的门庭，但是当约瑟芬偶来探望她的时候，她却欢喜到像捡得了宝贝那样。约瑟芬的三妹安娜，从前在日本料理店当下女，爱上了一个西班牙人，不久她的情人便跑回故乡去，杳无音讯，只留给她一个未满周岁的小女孩，因此连工也歇了。五妹爱丽莎，是一直患着心脏病和肺病的刚成年的少女，因为她的恋爱给她的母亲阻止而更染有很重的歇斯底里。四弟维利和六弟菲力兹都是略受过教育的青年，但没有找到职业，有时做些散工，有时简直在街上游荡着，有时却替他们的政治团体做点工作。一家人除了母亲和残废的大儿子外我都看见过，他们各有各的个性和故事，但却是受同一的命运所支配，同是平凡的悲剧中的角色。他们见到我的时候，都很亲热地跟我招呼，瘦白多骨的脸庞上浮出的不是对外国人的客气，而是诚恳无邪的友谊。爱丽莎经常来看她的姨母，她那种歇斯底里的叫喊和哭泣，常不能自制的发作出来。她有一回还告诉我她们家里的情形，她的老母怎样渐渐喝起酒来，喝过后怎样在家里拿儿女们来出气，怎样不许她和她的男朋友来往和怎样要撵她出去。在她的面前，我总感到人生的一种悲哀——贫穷和病苦相连着的悲哀。

我搬到城里去后，朋友渐渐多起来了。在中国人间我碰见了党人，豪华公子；每个月只花三十马克的苦学生，床头金尽而还靠到处借钱来上舞场的"老柏林"……在外国人中间我认识了享盛名的学者，过着半非法生活的工人，卖淫妇式的德文女教师……我的生活渐渐由单调而变作丰富了。除了图书馆和到动物园散步之外，我还参加种种的名人演讲会，坐小咖啡馆，到丽春湖和凡湖划船。天气渐已由夏而秋了；德国的政局却一天比一天紧急起来，新选出的国会才召集便被巴本解散了，各政党又准备作第二次选举的斗争，国社党和共产党的流血冲突无天不有报章登载，连柏林城里的稍留心政治的中国人都似乎紧张起来，见面时常谈论到希特勒的胜败。在路上随处可以看见五光十色的竞选广告，各党的党徒随处向人派传单和求助竞选费，但褐衫的国社党人见了我们黄脸孔总不肯望一望。第二次选举的日子快到了，有一天 Tante 的儿子回来告诉我，晚上他们的政党有一个盛大的竞选会，在雨天运动场举行，约我去看。我已在利斯顿拉德看过国社党的竞选会，却还是想看看别的党的集会，所以我答应了他，并约从前跟我在乡间同住的同乡前去。

我们一吃过晚饭就动身去，离会场还有一两条街，便已密布着武装军警。到了会场附近，劳动者装束的人拥塞路上，还有穿着制服的青年，兜搭赴会者买入场券，我们各花了十个芬尼买了入场券挤进了会场。那时演讲还没有开始，会场已挤满了人，只楼下才摆有椅子，统统给人占据着了，一楼二楼三楼只可以站，但也差不多没有空的位置，我们三个人好容易才在三楼找到一处靠近栏杆可以立足的地方。楼下的讲台上已坐着几个主席模样的人。台前挂着旗帜和标语。在强烈的灯光下，万头攒动，与利斯顿拉德所见的有大巫小巫之别。一会军乐台上的雄壮而又沉着的《国际歌》奏起来了，一队一队穿制服的成年工人和儿童排着队高举起一色而式样不一的大旗，吹着喇叭，打着铜鼓，先后从外头进来。一进会场，听众都站起来唱歌，音乐一止，便跟着呼口号。这几万的听众，这种声势，这种旗帜，这种颜色——这一切构成一种庄严而紧张的空气，使我的血流动得似乎格外快，有时使我屏住呼吸。一会开始有人报告：第一个主讲人昨天到巴黎去，正赶搭火车回来，要十点钟才可以到。跟着便是其他主讲者的演讲，有放音机传送，倒还听得清楚。我们耐心等着，有时还要答旁人的问话。快到十一点钟的时候，一个主讲人正在演讲，主席不待他讲完，便走出台前宣布第一个主讲人已到场了，那演讲人马上中止，听众的情绪高涨极了，历一刻钟的雷动的欢呼和歌声停了之后，便是一点尘埃坠下也可以听见那样的静默，这是领袖的伟大！这是群众的伟大！第一位主讲者开始演讲了，演词和声音倒还不错。可是，时已午夜，我们来听的目的只是为了看看热闹场面，所以不待他讲完便从会场挤了出来。这是我在德国头一回感到的兴奋，当时情景至今如在目前。（按：据《刘思慕传略》载，当时演讲者为德共领袖台尔曼和皮克。）

在选举举行那天的晚上，我也跟同几个朋友去坐小咖啡馆，我们虽然没有等到选举结果完全揭晓就回去，但在咖啡馆却看到了一些属于不同党派的座客们怎样听着播音的报告，赶忙在纸上用笔加票数的那种着急的神情。那一回的选举结果与前回稍有不同，国社党虽保留第一党的位置，但减了一些票数，共产党倒增了不少的票。不久，我因为要赶往法兰克福去入学，第三次选举——国社党刚执政权，国会刚被焚烧的选举——在德国政治中心的另一番情况，我虽不及见到，不无遗憾，但暴风雨前夜的云奔电闪的局面，也够使局外人惊心动魄了！

暴风雨后柏林之重过

道旁的榆柳才见两回的凋伤，
历史的花叶惨然变色。
忍看亿万未来的蓓蕾，
付与中世的黑劫！

——长诗《流转》中的一节

当我决心离开法兰克福转学奥京的时候，为要看看暴风雨后柏林的情况和那里的几个熟朋友，我曾再次跑到柏林逗留了十多天。我跟柏林分别了才不过四个多月，然而重来的柏林已不是从前的柏林了。那时恰是欲暖的初春，但全城却给恐怖的空气笼罩着。国会的金碧的圆顶大火后依然无恙，柏林却已变成清一色的天下，褐色的天下，街上不时走着一队一队的冲锋队和骑马的武装巡警。每条街上都有几家商店关了门，橱窗上涂写了白粉字，都是挖苦犹太人的话，还有纸写的标语贴在旁边，有时橱窗的玻璃也碎成几块，门口有一两个褐衫汉守着，一些闲人聚在那里观望着。城中心有几间大百货商店也是关了门，门口静悄悄的，橱窗、门扇一切依然不动。城北工人区里表面上更像是死气沉沉，广场上和街角都很少见有三五成群的工人在徘徊或谈话。早上或深夜时有两三辆的解押犯人的大汽车装满了人飞驰而过。康德街是中国人出没的地面，从前常会碰到中国学生挽着德国女人在街上有说有笑地走，现在却很少见有这现象。因为白种妇人跟黄脸孔一道在街上走，至少也会给一些路人揶揄，甚或投石。听说还有两个日本人犯了间谍的嫌疑被捕入狱。

我重到柏林时，我的旧识也已星散了，那个享有盛名的德国学者已入了集体拘留所。中国同学有些因为柏林的名教授已寥若晨星，不想再待下去，而跑到别国或回国去。比起前一个秋天友朋过往的盛况，与德国的政局同样有今昔之感。那时，我们除了常在一块谈天之外，还有时作所谓"文酒之会"。记得有一回是中秋的前夕，我们五六个人喝得差不多了，有一两个人简直醉到失了常态，酒醒以后已是半夜，我们还不想各自回家，便一路踏着月色踏进了动物园。偌大的动物园已空无一人，密密的松林筛着月光，镜似的池塘照见我们相挽着手的影子，树上的宿鸟也给我们的足音和谈话声惊醒了。直至踏遍了动物园，天快要发白才回去。又记得中秋的后几天，我们相约去探望一个住在北郊的女朋友。那里的景物跟我从前住的利斯顿拉德差不多，但添了一点秋天的萧索的意味。我们在晚饭之前，先在附近的树林中漫步。前两天刚下过雨，树叶黄落了许多，我们踏着落叶，在轻纱似的暮霭中走来走去。饭后有人提议请在座的两位女朋友唱昆曲，她们不特没有推辞，而且竟从衣箱里翻出一件绣花的袢子和花手巾，"彩排"唱起《游园》和《闹学》来。更有一个朋友替她们吹洞箫，一直闹到夜深才散。这些都不算什么，但也可以想见我们当时的那般兴致和生活的无拘无束。这时，柏林的故人只剩了三个：一个病倒了，一个愈益穷愁潦倒，还有一个正准备离此异国而他去。这回小别数月的重逢，恍惚若梦中与似曾相识的人惘然相对，但不能共通款曲。不知是环境的变迁还是心境的变迁呢？

我初时下榻在城南一个朋友家里，那朋友的房东是犹太商人，看见我的朋友留着一个东方人住了几天，暗地里说闲话，因为新颁的警察法令，凡留客人住过三天便要报警局。后来我便改到城北一个友人家里去住。那朋友的房东是一对工人夫妇，男的已逃匿他处，女的留在家里，但不时还要出外活动，他们与我本略认识。我住在那里两三天，她也表示出不愿意我再住在他们那里，因为随时都会有警察来搜查，恐怕会连累我担惊受怕。在这种情形之下，我觉得柏林无可留恋了，便准备动身到慕尼黑一游，然后再到维也纳去。

在临走的那一天晚上，我特别跑到我的旧房东 Tante 那里去看望她，并跟她告别。她正在厨房里烧饭，见了我欢喜得很，坚留我在她那里吃饭。我问起汉斯——她的私生儿子，她眉蹙起来，说是已跑到了别的地方去。从她的谈话里更知道她的第四个甥儿维利已流浪到北部的乡村去，第六个甥儿菲力兹却不知下落。甥女约瑟芬还是与"船长"同居，安娜的小女孩已死了。我再问起那病态的爱丽莎的时候，她凄然地说：

"不要提起她了，她已给母亲撵出去，跟那男人一块过活，现在却靠着那男人在偷偷摸摸的度日呢。"

呵，平凡的悲剧的角色，真的一律以惨剧告终吗？不过是几个月头的工夫，一个穷人的家庭已发生这样的变化，这是命定，还是难逃的伦理的结果呢？

我跟 Tante 吃过晚饭后便留下一个中国制的雕花象牙盒子，送给她做纪念，惘然道声珍重，便别了她，别了柏林。

最近有人从柏林来，告诉我 Tante 还是健在，希特勒的政权拆散了她的家庭和亲戚，但是还留她在那里做着苦工，熬着那茫茫无涯的日子。她还提起我，并且嘱我的朋友代向我致意。我谨在篇末以十二分至诚祝福她母子平安吧！

（摘自《欧游漫忆》上海生活书店 1935 年版）

论欧洲战争的爆发

（1939 年 9 月）

一 从白皮书说起

在大战爆发的前夜，以"消息灵通"见称的欧美记者们，如塔布衣夫人之流，虽已喊出"8 月危机"的警告，但是，"战争会不会真个爆发呢？"不少观察家还是这样问着。现在，战争终于爆发了，为什么这残酷的悲剧的出演成为不可避争的呢？

1914 年 8 月 3 日（德国对俄宣战之日），德政府咨送国会以叙述战争原委的"白皮书"。但是，在德国帝政崩溃的时候，打开档案一看，白皮书的 30 页中，有 18 页是赝造的，而且凡是以证明德国应对战争负其咎的文件，都不翼而飞了。在当时，政府自己明明白白地知道它是为着追逐世界霸权而发动战争，但普通人民却只晓得"沙皇食言而肥，格雷勋爵（英首相）'背信'，德国是被包围和攻击"。

经过 25 年的教训，一般人民对于战争的认识诚然已不是"吴下阿蒙"，不过，"白皮书"一类的东西还是用得着的。现在英德两方的白皮书都已公表，英方的且已变做"蓝皮书"，在市上发卖，初版 75000 本，不几天便售卖一空了。这些历史的文件能够替英德解说它们对战争的责任与否，是另一个问题，但除了像英国的白皮书那样，在纳粹领袖的歇斯底里和夸大狂的描摹上可供变态心理学家的研究外，多少总可以靠彼此相互的暴露，暗示我们一鳞一爪。不过，欲窥全豹，恐怕还要待将来档案的发掘。现在试就已知的事实，加以推敲，也许还可以描画出一个轮廓来。

二　"较高的理想"与"忍无可忍的形势"

首先，事实清清楚楚告诉我们，正如塞尔维亚的"民族解放战争"之于前次大战那样，波兰的"反侵略"只是这次战争的导火线，而不是真正的原因。

在德国方面，戈林将军曾辩说："敌方仅为波兰而战，为推翻国社主义的政权而战"，而"德国是为较高的理想而战"。

英国呢？张伯伦曾坦白地自问自答道："英国的利益既在西方，那么，为什么觉得有保卫一个东欧国家的必要？这答复，我很抱歉的讲，就是因为在英国没有一个人信任你们领袖所说的话。"（9月4日对德国人广播词）

其后，张伯伦更明白地说："波兰事件纵是战争的起因，但并非战事的根本原因。根本原因实由于英法两国鉴于当前之形势忍无可忍。"

什么是戈林所说的"较高的理想"，远一点我们可以从纳粹的圣经中去寻求解答，那就是："德国要做一个世界霸主，否则就要毁灭。"（《我的奋斗》）近一点，在今年4月12日纳粹党的《人民观察报》中找到这样的话："在青年德意志心目中，我们找不到可以压缩我们的生存的自然要求的方式，也没有最后势力均衡，因为我们知道，在我们的生存意志的压力之下，这个均势一年一年的变更。"这即是说，纳粹较高的理想就是不断打破均势，夺取世界的霸权。

在他方面，英方所说的"忍无可忍的形势"是什么呢，希特勒的屡次食言而肥，诚然是与这种"形势"有关，但不是这种"形势"的本身。所谓"欧洲各国均将丧失其自由"（10月3日张伯伦语），还嫌是一种堂皇的说法。但比较老实的哈里法克斯外相，于战争的前夜早已替这句话下了注脚，那就是：

"英国国民在它的整个历史上，常感到有反对一个国家以他国供牺牲而掌握欧洲霸权的义务。"

哈里法克斯说的话是对的，为着履行这种"义务"，英国在16世纪曾与西班牙的菲利普二世作战，在19世纪初曾与拿破仑作战，在第一次世界大战曾与威廉二世为敌。

现在，希特勒的"较高理想"既恰是掌握欧洲以至全世界的霸权，针锋相对，"忍无可忍"，那就只好以最后的手段——战争来解决了。

三　希特勒是"错算"了吗？

以上所说的，诚然已把大战爆发之"链钥"找了出来，但也只是链钥而已，我们还要凭着这个链钥作具体的探索。比方有人会进一步问道："希特勒在《我的奋斗》中，不是把英国的毁灭放在侵略程序的最后，而力求英国之中立化吗？他现在竟然招惹出英国来和他为敌，是不是由于他错算英国不会为波兰而战"？

据塔布衣夫人的报道："希特勒最后计划出他怎样可以攫取但泽和波兰的一部分不致引起大战，甚至不遇到反抗……希特勒在不久以前接到德国驻英法大使的报告说，英法备战的坚决远不如去年9月之时，虽然英法对波兰有同盟的义务；这使希特勒的自信加强了，希特勒以为英法再会屈服于'既成事实'之下，这个袭击是值得冒险一试的。"

希特勒这种估计当然不是没有强有力的根据的。在战争爆发的前夜，希特勒在英国的第五纵队如亚诺尔德·威尔逊之流，不独发出"我们应否为但泽而战"的疑问，而且还进一步主张，应承认德意在东欧经济上优势，提出非洲殖民地的国际化的渐进计划，即英政府也新做过种种的妥协的尝试。差不多每一个来自中欧的人都相信，希特勒会合并但泽而波兰不会发动抗战，因为自从德并捷克以后，波兰已不能仗英法做靠山。

假如希特勒的侵波真个主要地基于这个估计，事实已证明他错误了。不过，是否完全错误，到现在谁也不敢断定，因为波兰虽已覆灭，西线的大战还没有展开，和平之门并未全闭。

是的，在大战爆发的前夜，英德两方之间有过不少的书信往来，公开的和秘密的谈判。但是，这个时候与慕尼黑的时候不同了，如果要避免战争，妥协的结果总会使得两方中的一方蒙受失败和丢脸的耻辱。希特勒已经许德人以但泽和走廊了，而且还强调收回的时机已经来临，纵然无血的胜利的希望已微，在失败和战争两条路中，希特勒当然还是选择战争这一条路。

四　最后的赌博

更有人观察，时间不利于法西斯国家的，也许1939年就是德国发动战争还有一点胜利希望的最后的一年。据说希特勒曾于8月16日召集德意双方的最高军事当局的联络员，告诉他们，轴心国家必须立即发动战争，否则便须将现行的一般政治路线全部改变。这种观察诚然主要地基于德国与英法的军备扩充能力的对比；两方空军的优劣形势即将颠倒，特别是这种观察的根据。在外交方面，德国在欧洲也逐渐陷入"包围"网中，不独波、罗、土、希都接受了英国的军火借款，而且传说近东的间谍还告诉希特勒，在英法卵翼下的希、土、罗与埃及的四强公约，快将完成。英国"保证制度"准备包括匈、南两国之说，也于8月间传出。此外，德国内部的经济社会情况的紧迫，也显然到了要以战争的冒险突破难关的地步。

纳粹执政以来，疯狂的扩充军备计划和百分之一百的战争经济的强行，使德国财政经济的危机日益深化。奥国和捷克的吞并，造成了"大德意志"，但在财政经济上倒增加了德国的负担。到了最近，纳粹的财政经济显然已临到崩溃的边缘。8月19日美国《华尔街杂志》发出这样的警告信说：

"德国的财政机构疲惫化，过去数年使德国可资为庞大支出的人为的空头资本的周转，今已不灵。"

具体的事实是怎样呢？同日《泰晤士报》的柏林通讯记者奥·托利申斯报告道：

"尽管本年度头三个月的课税额已由去年同期的3670500000马克增到5220905000，德政府还是每月发行公债12亿至13亿马克。按照这样的增加率，德国的内债总额当已超过650亿甚至700亿了。"

我们知道，在希特勒登台的当时（1933年3月），德国的国债还不过116亿，现在却增至6倍了。据另一个报告：1932年末，流通的纸币量为56亿5600万马克，去年末却增至103亿8800万，而黄金和外汇的保有合计不过7700万马克，准备率还不到0.9%。沙赫特前财长所极力避免的恶性通货膨胀显已爆发。在输出贸易方面，去年的入超是19200万马克，今年头3个月是2700万马克，6月虽见好转，但是，当前的危机已不是

"不输出则死"的口号所能解决的了。

　　还有，"大炮代牛油"的结果，使德国的粮食恐慌酿成深刻的社会不安。德国国民心理研究所的所长冯·麦滋将军在不久以前曾向希特勒报告："国民精神发生严重的颓丧之象，大部分因为粮食缺乏而质量恶劣。"他又说："在第三帝国国内每吃一顿饭，国民精神的衰败便厉害一点。"自去年以来，英美法等国报纸常常报道，在德国工业地带的劳动阶级之间的反纳粹的空气，已渐浓厚，造成一种不稳的情势。这些话虽然要打折扣，但总与真相接近，在英国的白皮书中，英使汉德森所描摹的希特勒和戈林的血脉贲张，语无伦次的神态，如果不太夸大的话，也许正好作为纳粹领袖们要作绝望的挣扎的旁证。

五　从萨尔兹堡到莫斯科

　　在这样的情形之下，希特勒便决心作孤注一掷了。据说：7月底希特勒已召集了他的参谋本部全体人员会商 8 小时之久，定下了进攻波兰和但泽的大计；到 8 月 14 日以前，德国进攻的军事上必要准备，大体已经完成。

　　不过，希特勒的蛮干，并不像一般人所想象的那样，这个"赌博的天才"也有他的一套计谋，他的稳住法国，离间英法的尝试虽不成功，但是，为要使无血的胜利仍有可能，即使不可能的话，也要使战争局部化，希特勒在下注之前，便在意大利和苏联方面先布下两个棋子。关于 8 月 11 日德意两国外长在萨尔兹堡会谈的结果，至今还不知道实况。英法方面传说德国武力进攻波兰没有得到意大利的谅解，更有人说在今年 5 月间德意订立的军事同盟的秘密条款，有意大利 3 年不参战之条。不过就战争爆发后德意两方所表示的态度来推测，墨索里尼不见得不同意德国对波兰的行动，而意之不加入战争旋涡也得德国的赞同，甚至可以说是出自希特勒的授意。意之暂在局外，不独可留作调人，而且使战争不致扩大，在战争初期的军略上，实有利于德国。据消息灵通者的报道，如果真正的大战爆发，英法方面准备不蹈前次大战的覆辙，而在西边坚守马其诺阵线；同时法国的陆军和英国的海军将先攻意大利，从南部侧击德国的弱点，可是，德意既议定了意国暂不参战，这种危险便可避免。

希特勒更厉害的一着，就是在苏联方面下的棋子。他觑准了英法苏谈判的决定地失败的机会，马上派里宾特洛甫到莫斯科去先后订立了商约和互不侵犯协定。这种条约，对苏联方面表示纳粹的屈膝，但对英法却意味着德国的胜利，在大战爆发的前夜，传说德国的参谋本部已作这样的打算，即是德国在目前不能在西线发动"闪电战"。但是，如果苏联站在局外的话，德国便可以在东欧作这样的战争，而在西线仍采取守势，东线胜利之后可以提出停战的建议来，如果被接受了，德国便可以拿东欧做根据地，稍可休息，再向西线进行闪电战。所以，德国对苏联的屈膝却使它确定了英法在东线上的军略不利的地位。此外，东欧的粮食和物资供给来源的保证，也足以对抗英法的经济封锁。

这样子说来，希特勒既有拼命挣扎的必要，而又怀有侥获胜利，甚至无血的胜利的想头，军事外交的布置粗妥之后，他便驱军向波兰进逼了。

六　英国的"忍"的条件

但是，单是德国一方有战争的决心还是打不起来的。我们还要具体地寻究，英法特别是英国，怎样把战争的决心确立下来。

张伯伦首相在8月29日下院的演说中作过如下的有名的警

语，博得彩声不少：

"据说英国人决断迟缓，但是，一下了决心，便不容易抛弃。"

的确，英国之下决心，是经过千回万转的曲折的。

在我们看来，今年3月15日德国吞并捷克，本已造成了所谓"忍无可忍的形势"，因为，如果俾斯麦所说的"谁得到了波希米亚谁就是欧洲主人"的警句是不错的话，这就表示德国已直接向英挑战。所以，有人把希特勒进兵布拉格的行动看作"铸成大错"。那时节，张伯伦首相虽仍替他的慕尼黑政策辩护，但已疑虑到德国的行动是以"控制欧洲，或更作进一步的企图"为目标。于是英政府便先后给罗马尼亚、希腊和波兰以保证和贷款了，与苏联进行互助协定的谈判了。

可是，拖延复拖延，英法苏的谈判没有着落，而对德的"慰抚"工作还是不断进行着，这不是单纯因为张伯伦首相像"百忍"的"张公"那样有惊人的"忍"的工夫，而是因为在两个条件之下，英国还可以忍下来，德国所抱怨的"包围"计划，在当时的主要的作用只是想促成这两个条件的实现。到这两个条件的实现——绝望以后，英国便不能不下决心了。

第一个条件就是德国挥戈东向，执行它的"东进政策"，履行希特勒的反布尔什维克的"神圣"的诺言，而英法"乐观其成"。

第二个条件就是德国在英国的领导之下，和平地分享东南欧和世界的市场以及徐图其他问题的解决。

七　纸牌的屋塌下来了！

关于第一个条件，远的不必说，最近5个月来，英国在英苏谈判所留下的罅缝里，暗示给希特勒已不止若干次了。但是，希特勒的答复，却是在此期间他演说中再没有丑诋苏联或布尔什维克的话，于是"希特勒与斯大林携手"的风说，便在欧美民主国家间传播起来了。在张伯伦首相"又让苏联这尾大鱼脱了钩"（库柏前海相语）之后，德国更以迅雷不及掩耳的手段，与苏联订立互不侵犯协定，这个"不幸的渔翁"的失望，是可以想象出来的，所以张伯伦首相在他向德人的广播中，除了把希特勒对洛迦诺公约、奥国、捷克、波兰等问题的背信数说一番之外，还愤然地说："多年以来，他立誓是过激主义的死敌，但是，他现在却成为他们的与国了……他所说的话的价值还不如一张废纸。"在没有德苏协定以前，还有多少玩弄手法的余地，协定成立以后，在欧洲的棋局上，单剩下英法与德意对弈，再让一步便不能不冒着"全盘皆落空"的危险。

关于第二个条件，不仅英首相在演说中屡次申言英国无意阻碍德国在东南欧的经济的伸张，7月2日的《星期日泰晤士报》的社论前揭亚诺尔德·威尔逊的通讯，还公开地主张过英德往东南欧妥协和解决殖民地问题的方法。而且从6月底但泽危机开始，到大战爆发的前一天，还有各种各样的新慕尼黑的半官方的活动。关于这种企图，我们至少可以举出国联专员布尔克赫德与希特勒的会谈，汉德森大使的萨尔兹堡之行，美人 H. 斐什对里宾特洛甫的试探，《星期日泰晤士报》主人凯姆斯莱爵士带到德国去的"慰抚"计划等等，但是，最轰动一时的，还是7月末英国哈德逊商相与德国明年计划中心人物吴尔泰德的秘密谈话。据《每日快报》的访员的报道，哈德逊氏自认英国愿贷款10亿英镑与德国，帮助它把战时经济恢复到平时经济的状态，以及彼此在世界市场上合作。而交换的条件是，德国答应重采和平协商的正常外交途径，缩军和退出捷克。这个消息英当局并没有完全否认。在英国看来，10 亿英镑的代价不可谓不巨了，但是所得的德方答复却是："如果英国人稍等待一下，我们可以借给他们100 亿……明明白白的，国社主义的德国不会出卖他的主权。"这就是说，收买欧洲霸权的计划又失败了。

在这期间，德国方面当然也会提出反要求来。传说德国至少曾提过两次具体的条件，第一次在 6 月底，柏林方面传出希特勒的 6 大纲领，那就是：（1）割让但泽及波兰走廊；（2）英法声明放弃其在中欧及东南欧的一切特殊权利；（3）佛朗哥收回直布罗陀；（4）德国收回旧殖民地；（5）为意大利改变吉布底及突尼斯现状；（6）改组苏伊士运河管理机构，容许德国参与。第二次的具体条件，是在德波战争的前几天揭出，据《每日快报》的透露，条件有 3 项：（1）与英缔结 25 年不侵略协定，但以凡尔赛和约中不公正办法（包括殖民地问题）的全部取消为条件；（2）但泽无条件归还德国，并规定在波兰走廊辟一德国汽车公路；（3）保证波兰新国界 10 年。纵然说这些要求都不免先开大价，但是，单是割让波兰走廊一点，已足令德国完全获得波罗的海的制海权，英国对德的海上封锁将完全失败，其他的条件更是战胜者对战败者钦定的条件，更不是英国所能接受。

是的，差不多到最后一天，张伯伦还是说："和战问题一天还没有决定，我们一天还希望和平，还为和平努力。"可是，依照白皮书所载，希特勒答复张伯伦的"和平"呼吁的最后一语，除了提出殖民地问题及代意提要求外，却是"询问英国是否愿意与德国缔结同盟"，这即是说，英国愿否在德国的领导之下去分割世界。到了这时候，这话便变成对英国最大的讽刺了，而英德间的矛盾也到了爆发点。

于是张伯伦老首相不能不废然叹道："吾人此日，同深哀惨，余所惨淡经营之一切，日夜希望之一切，今已倾圮无余！"

希望幻灭之后，英国便面着战争的残酷的现实了。

最后，英国反对党和保守党反对派对于张伯伦政府的政策的闪烁游移，表示怀疑和不满，直至参战的前一天还是对张伯伦加以鞭策，也是促成英国政府决心开战的一个原因，英国的整个统治阶层既已表示他们要以战争来解决矛盾的总意，纵使张伯伦爱"和平"过于他自己的政治生命，英政府也无从逃避它的执行战争的责任。因此，张伯伦便转而激昂地高喊：

"在余所余者仅有一事，即鞠躬尽瘁以贯彻吾人所采取之途径而已。余希望生时及见希特勒与其政府之颠覆，并及见欧洲自由之重光！"

这个决心会不会动摇，还要"看下回分解"，但是，决心总算下了。

（原载《欧战纵横谈》，文化供应社 1940 年版）

波兰的悲剧
（1939 年 9 月）

"波兰的心房还没有停止搏动，纵然他的神圣的血已膏着原野。"

——但尼逊

一 华沙的劫灰

华沙——这个维斯杜拉河畔 16 世纪的古城，拥有 130 万人口，以音乐雄视世界的都市，经过 22 日的围城和孤军的英勇保卫战，终于在德波战争开始的第 28 天力竭降服了。在近代战争史上，华沙围城的期间的长久，不如凡尔登，更比不上马德里。但是，华沙命运的残酷，却仿佛末日的庞贝城，据华沙电台最后的广播称："华沙已变作'人间地狱'，截至停战时止，计城内被投弹 2 万枚，炮弹 10 万发，全城都已糜烂，屋宇无一完整者，到处皆发生大火，因为水管给德机炸弹炸毁，没法灌救……华沙城内尸骸以数千计，因坟地无着及无人掩埋，横陈道上。大战壕已成为乱葬冢，各大公园，均做了坟场。"

据一个从北部入华沙观战记者的描绘，在华沙的最后的一日，历史的休战的喇叭未响以前，华沙的悲剧的场面是这样的：

"秋空虽是明澄，渐近华沙，太阳光便渐渐钝了。蒙蒙地升上的黑烟乘着南风向头上吹过。这儿，那儿，无数的火柱差不多把全市都埋没，熊熊地烧着……更向南进，华沙一隅的空际，像是为暴风雨云所袭那样的漆黑。……为着一览全市，便爬上东南郊外柏拉加区的楼高5层的酒精工厂的房顶去，全市街便即在眼底展开了。可怜哟！假使没有战争的话，世界的新闻网恐怕把这个当做是'华沙的大火'来报道吧！给火焰包裹着的全市街中唯一不变的，只有在黑烟中闪耀着银色的光，悠悠流着的维斯杜拉河而已，再折入华沙的市街前进，约行25公里许，处处的道路都给宽10米的战车壕切断了。这儿，那儿，波兰兵的死骸横着，有一个青年兵死时还郑重地抱着一个装大饼似的面包的铁兜。两旁的房子在门上和窗上都钉有交叉的板，逃走不及的波兰贫婆子用毡包着头，捡拾破房子的木片，慢慢地转进小胡同不见了，大概她是拣来做柴烧吧……"

我记得歌德所推许的中世纪的荷兰画家伦布朗特的油画，是以火烧似那样的红色的渲染著称，我想，华沙的末日正好拿来做他的题材吧。

据说德军之攻击波兰使用飞机3000架之多，波兰国内一切的重要地点都蒙着炸弹之雨。从华沙到边界的火车在途中竟碰到72次的空袭。德机对波京的轰炸，照例一天至少3次（清晨4时半，上午9时和下午2时），多则十数次。自18日起，华沙便开始发生火灾了，城内的建筑物大半已化为灰烬，华沙的重建，差不多已成为不可能的事。

本来，困守古城内的，还有10万的"孤军"，他们的降服，不是他们没有战斗能力，也不是单纯因为城内食水缺乏和疫症流行，而是因为他们已经绝望了。

波兰政府从 9 月 5 日起已迁都卢布林，8 日，波京的守将还对兵士发出悲壮的命令："如果华沙陷落的话，我们一个也不会偷生，因为我们要战至最后一个人。"16 日，波总统和总司令部逃到罗马尼亚去了，波兰是被遗弃了，但是华沙守军还拒绝德方停战的要求，宣称绝不投降，华沙的电台不断地向国外呼吁，希望外援的来临，对于这种无可奈何的呼吁，伦敦的驻波大使曾于 20 日晚由广播作这样的答复：

"华沙人民的牺牲，英国完全了解，其牺牲当不致虚废，新波军现正在法国崛兴，波军终有一天凯旋回国。"

21 日，华沙市长又再向英法作凄怆的呼号：

"因为城内惨遭狂炸，千百的教堂医院，化作灰烬，万千的妇孺无辜被戮，我觉得我应该再作呼吁，和问一问，究竟有效的援助能否在我们垂危的境中到来！"

到了 24 日，华沙更加危急了，晚上的广播电台再作凄厉的哀鸣：

"英法两军呵！愿你们马上来救助惨受大遭杀戮的我们吧！"

新闻播音之后，还放送肖邦的乐曲，但是到了 9 时突然中断了。从此，历史的华沙短波电台便寂然无语，而华沙的悲惨命运也无可挽救了！

意大利的庞贝城，是给维苏威火山的爆发毁灭的，但是，华沙的大火呢？

二 第五位陆军国的没落

其实，在华沙陷落前 12 天，波兰已经解体了。德波军事力量悬殊，是尽人都知道的，但希特勒的闪电战竟能得到预期的成功，却有点出人意料之外。在战争未爆发的时候，波兰新闻供应社对于未来的德波战争，曾有这样的预测：（1）闪电战的理论不能应用于波兰；（2）德军对波兰的轰炸会遭到波兰空军强有力的反击，即使齐格菲防线也有受威胁之处。这话诚然未免过于夸大，但也有不少军事观察者相信波兰有相当强韧的抵抗能力，不致那样的银样镴枪头。

是的，波兰的海军虽不足道，但它却是世界的第五位陆军国，是众所周知的，波兰平时的军队实力是 30 个步兵师，15 个骑兵旅（共约人数 30 万），在战时步兵可扩充到六七十个师。有人更谓波兰可动员到 400 余万人，差不多比得上德国。骑兵兵力之大和善于追奔逐北，特别是波兰平素自豪的事。说到空军，据波兰新闻供应社的报道，质和量都不弱，第一线战机有 2000架，总数达 3000 架，能够自己制造，战斗机的品质特高。

但是，这些估计未免过于乐观，拿来与德国武装相比，更是相形见绌。据威尔纳著的《列强的军事力量》这一权威的著作和苏联方面的材料，波兰在军事方面的缺点，实在太多了。它的军队人数虽不少，但还是属于所谓"东欧军队的典型"，即是说：几百万没有受过精深训练的士兵，而它们的装备和技术又是大大的落后于西欧各强国。由于波兰的军需和一般工业基础的薄弱，军队不能机械化。据可靠的估计，在战时波兰只有 2000 余辆坦克，在现在空战中能够运用的飞机也只有六七百架，拿这来与高度机械化和拥有 6000 架第一线飞机的德国对抗，的确差得太远了。而且，来复枪的供给也不够，机关枪的配备还不到现代军队的水准（武装配备等于法国军队中标准 1/3，德军与红军的1/10）。这种火力上的缺点，更是应取防御战略的波军的致命伤。由于这种情形，现任波总理的西哥尔斯基将军，早已正确地指出：

"波兰决不要希望敌人消耗完结，不要以这希望为基础确定它的军事战略，因为在长期战争中，时间这个因素一定会利于敌人而不利于波兰的。"

即以步骑兵的数量来说，正如威尔纳所说的那样，很长的战线使它的意义减少了。

在德国三面包围之中。缺乏天然屏障的战线长至 1600 英里，波兰的军队实在应付不来。

为补救波兰武装上的缺憾，波政府曾要求英国予以大量的借款，好赶快充实它的军备，但因为伦敦财界的阻挠，迟迟没有实现。其后，英国总算答应贷给波兰信用借款 800 万英镑和现金借款 500 万英镑（英愿借款与德的数目的 1/80）了。可是，到了战争爆发后，500 万的现金借款还没有离开英伦银行的保险库。英国埃伦赛将军之赴波兰以及波兰军事代表团的赴英，当然也是为获得波兰与它的同盟国合作。到了 8 月下旬，据说波兰已经准备好了，而英波的互助协定又于 8 月 25 日签字，更给波兰一个保障。

然战争的残酷无情的现实，不久便征见，西哥尔斯基将军的预言和其他近于悲观的忧虑，都不幸而言中了，而波兰的寄托的希望，终于幻灭。

从战争开始到终结，波兰差不多只略"有招架之功，而没有还枪之力"。少数骑兵突入东普鲁士的消息昙花一现后，便无所闻，罗兹反攻的胜利也无补于整个战局，缺乏机械化部队的辅助，实为波军无法进攻的军事上的原因。波兰的空军，在战争开始几天曾一度飞袭奥德河上的法兰克福城和柏林，此后便寂然了。我们只听到德国的飞机到处破坏波军的交通线，不到几天便已获得波兰的制空权。"为什么波兰空军不以轰炸德国城市对之报复呢？"有人会这样子疑问。这因为波兰自己缺乏轰炸机，英法答应在这方面的援助又不来，而英法的空军也不肯作此种行动。

据芬兰报纸的消息，波军总司令斯米格莱里资元帅在罗马尼亚的布奇维纳宣称，"因德空军作战异常活跃，在开战两日后，波军统帅部即与各个部队失去联络，不久所有部队彼此均失去联络，而预期的从联军方面飞来的飞机1500架却不见到来"。联军诚然有事于西线，但是，它的空军除了一度轰炸威廉港，试袭柏林、法兰克福和亚琛城以外，也只有侦察的飞行。到了华沙的末日，波兰空军的可怜相，真是使人几乎不能相信，据从华沙驾机逃出的空防司令诺瓦克上校的报告：

"我们的一切飞机都被毁了，弹药也垂尽了，华沙的降服之期已渐近。城防司令卢末尔将军却想保存几个航空人员，于是我们几个人便把航空学校和飞行俱乐部的所有半毁的飞机库搜索零件，足足工作了6天，才把3年前拆散为千百部分作为教授飞行的实物指示用的零件合拢起来，造成6架勉强可以用的飞机。"

因为一切的飞行场都已被德军占领，牺牲了不少的步兵的性命，把占据某飞机场的德军打退，这几个硕果仅存的飞行员才可以驾机起飞，逃到匈牙利去。

说到陆军方面，在战争后几天，德方以主力从东南进的战略和后来的钳形战略，都显出德军统帅的优越和机动。德军的战略既运用得宜，而高度机械化的部队，又使波兰沿瓦尔塔河所筑的新式要塞和沿维斯杜拉河的旧式阵地，都无所用之。至于波方战略上的错误，除了防线过长，缺乏机动之外，一般军事观察家多认为波兰走廊所放兵力过大，也是一个错失。但是，这种错失不是偶然的，而是与波兰倚仗外援的希望相联系的。因为，欲使国外援军可以从格但斯克港开到国内，便不能让走廊过早为德军所占据。可是，波兰的军事情形没有几天便严重起来了，据说急不及待的波总统便派他的儿子驻比公使到伦敦去，"效秦廷之哭"，所得的当然是满意的答复。德方消息还说：波军总司令到战争第二天便想与德讲和，但英方表示决心不变，并以援军将至的话来给波兰打气，为使援军至少也有港口可以上陆，格但斯克和威斯特柏拉特的波兰孤军便拼以血肉之躯，来抵抗德军的海陆空三方面攻击，至 20 多天之久。到了情形快要绝望的时候，波方还得到报告，说 100 架法机已在赴波途中，甚至还有人说：英军已在威斯特柏拉特协同波守军作战。也许这是波政府安定人心或自慰的话，事实上，到苏联进军以前，波兰境内并没有过第三国的飞机或军队的踪迹，而波罗的海上德方的封锁，也始终未被突破。

在 9 月 26 日的下院演说，张伯伦首相还盛赞波军的英勇道："波军在此情形下（即苏联进兵波兰的情形下），腹背受敌；当然不能固守。惟波人民现时尚未放弃斗争，华沙守军之英勇抗战，尤为世人所深切感动。又希拉半岛的波军，顷仍在德军重围及猛烈轰炸下坚守不屈。"

不错，波军的英勇是值得称赞以至感泣的。但是，不管波军怎样英勇，到了这时，波兰的危亡已不是自己所能挽救了，于是，我们看见希拉半岛的孤军终于降服，华沙的城头终于挂起白旗，不到一个月，这个拥有 3500 万人口，15 万平方英里，第五位陆军国的波兰，便从欧洲地图上消去了！

三　柏克外交的最后的收获

"9 月 17 日有一重大事件发生。"张伯伦首相在众院的战况报告有这样的话："其对东线战争，实有决定命运的影响，是日晨，苏联红军突然大举越过波苏边境，开入波兰。"

对于这个"重大事件",《泰晤士报》的批评说是:"欧洲历史中最黑暗的一页"的重翻,苏联的"低能外交"的表现。

但是,中立国的观察者却告诉我们说:"在红军还没有踏入波境以前,波兰的军队已经被打溃了。莫斯科指摘波政府的内部的弱点和愚昧,只是把周知的千真万确的事说出来。"(9月30日《密勒士评论报》)。

在《泰晤士报》记者的心目中,柏克上校的外交,当然是非"低能"的吧。然而,可惜的是,这个"欧洲历史中最黑暗的一页"的重翻,与其说是苏联"低能外交"的表现,倒不如说是柏克的非"低能外交"的结果。

即使毕苏茨基进攻苏联的陈年旧账不算了,反苏还是波兰的一贯外交政策,对苏联的憎恨深藏于波兰的地主和工业家的心坎中。"狼呵,狼呵",他们对隔邻的社会主义国家这样喊着。希特勒登台以后,毕苏茨基将军开始感到德国的威胁,曾一度向法国当时的达拉第政府建议,发动对希特勒的防卫战争,但给达拉第拒绝了,于是毕苏茨基便转而与德订立互不侵犯协定。此后,聪明的柏克上校,承受了毕苏茨基的衣钵,树立了所谓"牵制与均衡的外交",也就是"骑墙外交"。一方面亲德以制苏,他方面,为防德起见,也不放弃法国的友谊。基于这种政策,波兰不独反对法国组织东欧集体安全的政策,而且抱怨法苏互助协定了。基于这种政策,它订立了以防苏为目标的波罗同盟了。在积极方面,柏克还企图以这种纵横捭阖的外交把戏,使波一跃而成为东欧盟主。是的,这几年来,波兰的国际地位的确像是提高了一点,而"小约瑟"(柏克的绰号)也变做欧洲外交舞台上最忙和最红的人物之一。到了去年9月捷克危急时,波兰浑水摸鱼的结果,从捷克获得德申区,柏克外交已经登峰造极。但是,乐极生悲,波兰的统治阶层旋即悟到捷克的命运快要轮到波兰的头上。收回但泽走廊和西里西亚的呼声，不是单纯的少数民族问题，而是波兰的生存问题，较开明的国家民主党更向毕苏茨基将军的信徒们指出，当前的威胁已不是苏联，而是德国。但是，已经晚了，到头来，柏克的"牵制与均衡的外交""牵制"不了谁，也得不到"均衡"。

而且，即使但泽的国社党的跳梁，也是有点拜柏克外交之赐。当勒斯特（国联副秘书长）充当但泽的国联特派员的时候，他极力阻止那被纳粹势力支配着的但泽参议会破坏自由市的宪法，但是，每当他要求波兰政府履行义务，派兵入但泽维持秩序时，柏克必断然拒绝。其后柏克且向国联建议调勒斯特，而改以亲德的瑞士博士布尔赫克德任特派员，而这位瑞士博士的朗西曼式（英国保守党政治家，亲德分子——编者）的作风，我们当不会忘记吧！

诚然，到了捷克被吞入纳粹腹内，波兰感到兔死狐悲时，柏克外交的改变已经晚了，但绝不是太晚，假如真正改变的话。

事实是怎样呢？

正当张伯伦英法苏谈判顺利的时候，波兰驻美大使波托兹基在纽约演说，有这样的"隽语"："在德国与苏联之间选择，正如在麻疹与天花之间选择一样。"这明明的是说，柏克外交的反苏的精神是至死不变的。不错，英法朝野以至张伯伦首相都认为没有苏联的军事上的援助，英法对波兰的保证是不能有效的，但是波兰却始终拒绝苏联军事上的援助。在德苏互不侵犯协定订立的前夜，波兰官方明白地表示：

"波兰从没有计及在与德国冲突时苏联的援助，而且屡经公开声明，苏联军队插足波境，便视为与德国侵略同样的威胁。波兰只希望从苏联取得经济的资助而已。"

　　然而英法是不是说单为取得苏联这种援助而向苏联移樽就教呢？下录的《消息报》记者与伏罗希洛夫元帅的问答可以代我们答复：

　　问：在军事谈判中，是否对波兰原料和军需品的资助也谈到呢？

　　答：不，没有谈到。原料和军需品的资助是贸易的问题，为获得原料和军需品的供给，绝不需有互助公约的缔结，更不必说军事协定了。美国以及其他许多国家与日本并没有订立互助协定或军事协定，可是，尽管日本与中国是在战争状态，它们把原料和军需品卖与日本已有两年了。

　　当然，英法与苏联谈判既有点"醉翁之意不在酒"的意味，波兰也只好"买椟还珠"、终于无法成交。白费了一番唇舌还不要紧，可怜的是，波兰却要另外付出一笔极大的佣钱。那就是，波兰的覆灭。

　　可是，早在9月16日以前，柏克上校也采取三十六着中的上着，一溜烟逃到罗马尼亚去，于是柏克外交的最后收获，只好留给华沙、格但斯克、稷堡的军民们享用了。

　　　　　　　　　　（原载《欧战纵横谈》，文化供应社 1940 年版）

奇怪的战争①

（1940 年）

一 莱茵河畔的闲情逸致

远在去年 10 月慕尼黑协定订立的后几天，被诵为"和平天使"的张伯伦首相像"谈虎色变"似的，把未来第二次欧战的残酷的情形及伦敦市民将要忍受的牺牲摹得颇为尽致，他说："如果战争今天爆发的话，即在第一个钟头内，职业的陆海空军人还没有一个与战争接触以前，工人、办事员、街上或公共汽车上的人，他们的妻儿，他们的家庭便先蒙惨祸了。"

是的，在我们平常人听到英国已向德国宣布战争状态存在的一瞬间，谁不马上想象到，预期的第二次世界大战的陆海空三面的激烈的大规模战争，即将在英法德三国间展开呢？所谓"杜黑主义"、"闪电战争"一类的速战速决战争的应用，会使威尔斯小说中过分夸张的战争恐怖，真的变成西线的现实。

然而，出乎意料的，到执笔时为止，西线"战事"已发动 53 天了，雷马克的名著"西线无战事"那样的用语，倒比较适

---

① 原题为《西线的花絮》，这个题目是本书编者加的。

用于西线"战事"的新闻标题。诚然，在 9 月初旬的报纸上，我们看到了"齐格菲防线被突破 12 处"，"法德间炮战激烈，炮火连天，萨尔布鲁根市已被法军包围"，"萨尔有 350 方英里之领土已被德占领"，"英远征军一部加入前线作战"一类的热闹的消息。可是，到了 9 月下旬以后，西线的战报却似有由绚烂归于平淡之概。张伯伦首相 26 日出席下院的报告，说到西线战况时，只淡淡说了两句：

"西线方面，法军继续在某某处进攻并已获有进展。德国虽极力反攻，然法军始终坚守其已占领之各据点。"

渐渐，萨尔前线的实况从现战记者的特讯透露了出来，但是，让读者感兴趣的，似乎不是战地记者所欲极力渲染的同盟军的英勇的故事，或记者个人的冒险，反倒是风光明媚的莱茵河畔，葡萄微香中，对峙着的两军的好整以暇的身边琐事。

恰在纽约路透电报告法军突破齐格菲阵线 12 处的后两天，同地拍给东京的特电，却有这样的纪事：

"……据着马其诺线和齐格菲线待机而动的法德兵很为写意，颇有孩子们远足旅行时的神态，有些地方，两方的兵士们竟互将小孩玩的氢气球放到天空去，或互相传语道：'你们的兵器怎样呀？''闲时讨厌吧？甚至在 7 日早晨，法德两方的兵士在莱茵河中洗澡，作泅水的比赛'。"

这个记事载于日本报纸，也许要打个折扣，但是根据 9 月 28 日美联社特派员的战地通讯，也有差不多同样的报道：

"27 日记者到达齐格菲阵线前线之时，德军炮手正在主要战线背后的炮床附近踢着足球。"

至于偷渡英伦海峡开到西线的英军，由于主人的殷勤款待，的确有点"作客"的神气。据说英国军官之以其丰富的军事知识计划战事，在小市场的酒吧及村落中的酒店均可以看出来，而在法国的"乡镇的咖啡店中，虽没有烈酒的设备，但有葡萄酒，啤酒和咖啡可喝"。兵士们还有宪兵司令官特别预备的收音机所收的播音可供娱乐。纸烟呢，每个英兵每日分得50支。因此，一个英兵欣然嘱咐路透社的战地记者传语道："告诉国内知道，我们没有什么不满。"

说到莱茵河畔的居民，当然已有不少被疏散了，但留在那里的农夫，也是跟兵士们一样的悠闲。从下录一个随英军出征的记者的报道，可以窥见一鳞半爪。

"纵然是有着炮战，也很难想象一支大军正在经过这些堡垒。在前线好些据点上，英军正在增挖一些防御阵地和炮兵阵地，可是，在数码之内，农夫们仍在收割甜菜和晚造的募秣。在有一个地方，我看见一个乐观主义者正在犁地，准备明年的春耕，而英兵所挖掘的战壕，恰跨过他的田地。"

另一个在卢森堡德国边境观战的《每日快报》记者史沫德莱也有类似的报告：

"老农夫们泰然继续芟草和耕锄的工作，只有当他们与那些含着泪从卢森堡辛肯村疏散到别处去的妇女们作别的时候，才略停一会……在我们的耳鼓中响着的辛肯镇的炮声逐渐加紧，一个农夫赶着他的牲口回去，淡然地说道：'这是炮吧。'"

这样一幅的静穆悠闲的画面，拿来与大火熊熊的华沙末日的愁惨的轮廓相比，我们总会感到东线和西线的作风，是相差得太远了。

可是，如果美联社所传的张伯伦首相在官邸高唱黑人歌以自娱的韵事不是虚伪的话，西线的闲情逸致，也无足怪的了。

二　若有若无的战斗状态

诚然，同盟军方面曾一度宣称法军开始马其诺阵线北段总攻德军，但旋即更正，谓"法军总帅尚无急于进入第二期战争之意。大进攻一举或将由德方发动"。而宣传德军将大举进攻，已不止若干次了，在东线战事结束后，特别如此。然事实上，西线战讯倒沉寂起来，10 月初，突入德境的法军反自动撤退。就前后各方面的战讯来看，西线的战斗恐怕还没有越过"前哨战"的阶段，而战场也只限于马其诺和齐格菲阵线间的"无人地带"。比起第一次大战西线的猛烈攻守战来，似乎很难确认法德国境间的战争状态的存在。

炮战的确是法德两军战斗的主要的形式，但"激烈"两字似乎还不能拿来形容萨尔的炮战，沉寂的场合恐怕还比炮声隆隆的场合多。9 月 16 日，正是东线极度危急的时候，但西线的炮战并不紧张。一个观战的记者这样报告那大卢森堡德国边境的情形：

"辛肯的前方德国境的对面，法国炮兵在相隔仅 30 公里的地方架着炮，遥望到前方的德方的停车场。在那儿，可以看见许多满载着要塞建筑所必需的材料的汽车群，对于法国炮兵队正是很好的目标，可是法国的炮兵阵地还是守着沉默。太阳落下来了，萨尔区的德国工厂以及遥遥相对的法国工厂地带都是烟突林立，喷出浓烟来，正好是法德两军炮击和空袭的理想目标，然而两军并没有实行炮击或空袭。"

有些报载马其诺阵线和齐格菲阵线彼此发炮互击，但是法国驻日使馆的武官梯包特少校却声称，马其诺阵线发出的炮弹，达不到齐格菲阵线，齐格菲阵线亦然。这种报道未免是纯粹的想象。

至于双方步兵们的接触与肉搏，虽不是没有，然并没有怎样惊人的大场面。从法兵的口中，美国记者克尼凯博克尔听到这样一个英勇故事：

"我们的兄弟中有一个兵士汤麦勒正拿着一罐咖啡在路上走，肩上托了一挺轻机关枪，因为就在自己营盘的边缘，他做梦也想不到会碰到德国兵。突然间他看见 20 码外有一排 40 人左右，他正要招呼他们时，他发觉他们是敌人。同时德兵也看到他了。他正要提起枪射击时，他们已抛手榴弹，掷中了我们的兄弟，并伤了 4 处。不要紧，汤麦勒伏在地上开机关枪，结果他杀死了 3 个敌人，其余 37 人都逃了。……1 个法兵对 40 个德兵。这就是今日法国军队的战斗精神。"可是在自称自赞之后，这个法国兵却紧接着说：

"当你读到像今晚法国参谋部发出的那战报称：'在摩泽尔河和萨尔河以东，敌人的突然的袭击为我方所击退。两方炮战仍烈。'其实正是指这一类的战斗呢。"

"宣传重于作战"，从这一段故事，我们大概可以领略到一点吧。

说到西线上的空战，也止于侦察飞行的阶段，据说法方飞机侦察活动的结果，法军已能按图索骥地搜寻齐格菲阵线的弱点，这当然要待以后事实的证明。现在在西线上空出现的两方飞机，多则十数架，少则两三架。不独远不如同盟社电所传的诺门坎苏日两方的猛烈的空战，恐怕比起去年中日空军在武汉上空的追逐搏斗来，也瞠乎其后。

西线战斗状态既是若有若无，"战果"自然有点贫乏，纵欲像吹牛专家同盟社那样的铺张，也铺张不出什么东西来。关于联军在西线的"战果"，除法方发表 9 月份击落敌机 28 架一报告以外，我们只看到"我军俘虏敌军甚众""夺获大批军械"一类的笼统的战报。德方10月19日发出的战报，则称自西线开火以来，击落英法飞机60架，德方损失飞机12架，阵亡196人，伤356人，失踪114人，此外，巴黎10月10日路透社电发过这样一个有趣的报告：

"法国军队在萨尔区作战已有两个星期之久，现在撤返原阵地休息。……法军作战时，曾夺到德方的刀叉甚多，现正用以进膳。"

在西线沉寂的时期中，等得不耐烦的欧洲记者，曾屡传德军即将破坏荷比卢等国的中立，以谋一逞，但是，德军会不会重蹈前次大战的覆辙还是一个问题。关于蹂躏中立的行动，《每日快报》战地记者有如下一个幽默的记事：

"在摩泽尔河的岸边，发生过一件未经公布的违反卢森堡中立的事件，十几条德国猪游过河来，混入卢国境内。他们的借口就是对面的乡村接到限一小时内疏散的命令，它们与牛羊鸡鸭等都无人照料，猪会泅水，因而游过河来。卢森堡人当然把它拘禁起来。但是，他们是非常和气而且丰衣足食的人，当他们的邻人（德人）有些回来和追寻他们的猪的时候，卢人还送回一些给他们。卢人虽然这样做，却坚决声明不大欢迎德国的猪。"

马其诺和齐格菲阵线既说是坚不可破，而中立国的中立亦未被"人"侵犯，于是西线的第一期战争便在平淡中结束了。

三　几种解释

不错，在第一次世界大战开始的1个月间，因为两方动员费时的缘故，西线也没有大规模的战争，但是，在德法宣战后的第5个星期，马恩河的大战却发生了。因此，无论如何，"西线无战事"总有点出人意料。不过，它的原因并不是不能解释的。

最普通的解释，就是说，这次两方的动员虽比前次为快，但现在西线的情形与前次欧战不同，马其诺和齐格菲两道铜墙铁壁的存在，使一方对他方的大举进攻，非要惨重的牺牲不能稍有成就。据联军方面专家的估计，认为法军若欲于目前正面攻击齐格菲一线，则至少需 50 万人，若干专家则认为此举约需 100 万人，炮弹 300 万吨，而德军对马其诺阵线的突破，甚至说需要准备 100 万至 200 万人的牺牲。

当然，除马其诺和齐格菲阵线以外，冲破荷比卢国境前进确是一个办法。但是，这回德国既自动先行保证荷比等国的中立，恐怕不会那么快就自食前言，致犯中立国之怒，以维持"正义"自居的英法当更不会冒此恶名。

单就英法方面来说，可以想象的理由是不少的。据说法军统帅甘末林将军接受前次大战的教训，是以"稳扎稳打，步步为营"著称的战略家，他不主张即取攻势，以致"堕入希特勒的狡计之中"。英国呢，9 月 9 日的战时内阁会议已决定 3 年长期战争的方针。在 9 月 20 日的下院报告中，张伯伦首相更明言："至于我人所不为者，即仓促作无益的冒险，以消耗我人之资源，并展缓我人最后胜利。据军事历史予我人之教训，此种行动结果唯有惨败耳。"故在基本的战略上，英法显然要避免速战速决，保全人力。至于英法空军不曾大举轰炸柏林及其他城市，固然是恐怕德方的报复，也是因为经过威廉港的"牛刀小试"，觉得还有暂保锋芒的必要。

不过，究其竟，英法又何尝不知道战争扩大下去，英法纵得到胜利，也没有什么好处。外交上妥协的方案到了现在诚然不容易找出来，但是，如果轻描淡写似的西线战争，既可以显出一种"间接声援波兰人民"的姿态，同时还可以使纳粹挥戈东向，与苏联发生正面的利害冲突，倒也是一个理想的解决办法。可惜的是，苏联军队以迅雷不及掩耳的速度进兵波兰，希特勒又信誓旦旦不与苏联为敌，而瓦解的波兰已不是"间接的声援"所能挽救，于是法军突入德境一事也成为多余的了。

至于德方之所以不采用"闪电战略"于西线，除上述的共同原因之外，有人认为与德军士气的不振有关。更有人推测，由于德统帅勃劳希奇和参谋部的作战计划力持慎重，但主张速战的希特勒并不赞成，故有希特勒将亲赴西线指挥之说。前一说也许有点是事实，但德军在波兰的战果反证它不能成为主要的理由，后一说过度强调希特勒与国防军的意见分歧，宣传的作用居多。

其实，德方东线主攻，西线主守的战略的采用，与其说是基于军事上的需要，倒不如说是基于政治上的需要。这就是说，为达到实现它的"和平进攻"，以及离间英法关系，孤立法国的企图。由戈林将军的9月的演说，希特勒同月的但泽演说，到10月6日的国会演说，纳粹德国的"和平攻势"一步比一步具体化，在这种攻势的成功还未完全绝望以前，大规模的军事进攻，实无必要。现在前比国总理齐兰的奔走纵扑了一个空，墨索里尼可能的调停，也许仍余一线希望。因此，西线的硝烟便给"和平"的烟幕遏止了。

其次，在西线的决斗场上，主角还是法德两国；英方虽已有大军调到西线去，甚至有加入马其诺阵线作战之说，但正如东京法使馆武官所指出的那样，没有受过特殊训练的英军，实不能在马其诺的堡垒中发生效用，英方的主要任务还是在海空上的作战。在战争的前夜，希特勒对于法国已另眼相看，用尽了近交远攻的策略。战争爆发以后，希特勒在他的国会演说词里特别提到"自法国交回萨尔区后，德国并未向法再作任何要求，阿尔萨斯区，目前已不成问题。"里宾特洛甫的但泽演词更拙劣地恭维法国说:"世界舆论咸谓法国人民不愿有此次战争,甚愿即日恢复和平,此次战争乃英国在巴黎与法谈判结果,强加于法国人民者。"为证实德国在行动上也无敌视法国之意,希特勒乐得在目前不于西线作无谓的牺牲。德国空军和潜艇的袭击之选择苏格兰和英国军舰商船作主要的目标,而对待法国城市军港和船只客气得多,也与西线不急于进攻同一作用。

可是,这样说来,欧洲的战争是否长久胶着下去呢?

从德国方面看来,它是经济上比较贫弱的国家,拖下去,会引起国内的严重的局面,如能媾和,纳粹照理应先取攻势。但是,无论向着马其诺阵线碰硬也好,造出一些借口突破荷比卢的困境进攻也好,东欧中立国的物资供给的保证,对于大规模的长期战争还是必要。所以,巴尔干的外交争夺战便激化起来。在这种外交战的胜负还未有决定以前,宣传战,经济反封锁战,潜艇战,恐怕还是占主要的地位。

英法虽说在经济方面的持久战力量比德国为强,但也不能单靠经济封锁来取胜,恐怕也逼着要在齐格菲阵线以外开辟新的战线来进攻。无论如何,它们总要准备应付纳粹从比利时或意大利或对罗马尼亚的攻势和战局的扩大,而事前中立国的争取也是同样迫切的事。英法土互助协定的订立,诚然意味着英法在这方面的成功,但是对于巴尔干其他国家和荷比卢等国,英法还要做一番工夫。

因此,西线密云不雨的局面还有相当的时期,双方的兵士尽可以从容地多踢几回足球,多喝一些葡萄美酒吧。

(原载《欧战纵横谈》,文化供应社 1940 年版)

中国抗日战争的特点及其国际意义

（1980 年 7 月）

（一）

世界人民反法西斯战争和中国人民抗日战争，取得最后胜利，到今天已近 40 年了。中国战场开辟最早，持续最长，牺牲最大，对于第二次世界大战的进程和战后历史的发展，起了深远的影响和作出了巨大的贡献。首先看看中国抗日战争的特点。

第一，武力灭亡中国，并以中国为基地进一步向亚洲其他地区（包括苏联的远东部分）和太平洋扩张，争霸世界，是当年日本法西斯的既定"国策"，其后更为历史所证实。中国人民抗日战争，不单是保卫本民族生存，争取民族解放的战争，而且是全世界人民伟大的反法西斯战争一个不可缺少的组成部分，并起了前驱、先锋的作用。"七七"事变发生后不久，罗斯福曾预言"七七"事变后的中国战场，是未来世界大战最初作战的地方，中日战争是"一种传染病"，"不幸的是，世界上无法无天的流行症看来确实在蔓延中"。"不论宣战与否，战争都会蔓延。战争可以席卷远离原来战场的国家和人民。"① 在 1939 年 3 月苏共第十八次代表大会上，斯大林也指出，新的帝国主义大战已经进入了第二个年头，这次战争是在从上海到直布罗陀的广大地区上进行的，它席卷了 5 亿多人口。欧洲、非洲、亚洲的地图正在被用强力改画着，这些论断是符合历史实际的。

第二，中国人民抗战的政治基础和前提，是抗日民族统一战线的建立和保持，而中国共产党实际上是这个统一战线的核心和领导者。众所周知，在三四十年代，中国是一个半殖民地半封建的弱国，而日本是东方第一号帝国主义强国，双方实力悬殊。加之，在抗战前夕，中国经过长期内战的破坏，力量更加削弱，"九一八"以后，蒋介石政权坚持"攘外必先安内"的倒行逆施，热衷于"剿共"，而对日本的武装侵略则采取不抵抗政策，节节退让。因此，停止内战，建立抗日民族统一战线，成为中国人民抗日战争的先决条件。为此，中国共产党早在 1935 年 8 月 1 日便发表告全国同胞书，呼吁"停止内战，以便集中一切国力……去为抗日救国的神圣事业奋斗"，在这个号召之下，爆发了"一二·九"学生爱国运动以及文化界和其他阶层的轰轰烈烈的抗日救亡运动，通过"西安事变"，蒋介石才被迫接受停止内战联合抗日的要求。全面抗战发动以后，尽管蒋介石掀起了 3 次反共高潮，但由于坚持团结、抗战到底的民族意识已经深入人心，中共又坚持以斗争求团结和"有理、有利、有节"的斗争的原则，捍卫了抗日民族统一战线，始终维护着团结抗战的大局。这是抗战经历了曲折，复杂进程而终于胜利的重要因素。

第三，中国抗战既然是以弱敌强，抗战在军事上的主要方式不是一般的正规战，而是持久的，以游击战为主的全面的人民战

① 《罗斯福选集》，商务印书馆 1982 年版，第 154、155 页。

争。早在1849年4月，恩格斯在《皮蒙特军队的失败》一文中就正确地指出："一个想争取自身独立的民族，不应该仅限于一般的作战方法。群众起义，革命战争，到处组织游击队——这才是小民族制胜大民族，不够强大的军队抵抗比较强大和组织良好的军队的唯一方法。"① 在共产党领导下，我国人民对日军作战正是按照恩格斯指出的原则进行，并大大加以发展的。

最后，我们既要进行人民战争，就要充分动员和组织人民群众，所以，另一个特点，就是对于政治宣传和动员工作的特别重视。在中国共产党的领导和指引之下，我们在抗战前夕和战争期间，根据敌我的具体情况，采取了切实可行的手段和方法，做了大量的政治宣传和动员工作，宣传对象还包括港澳同胞和海外侨胞，充分发挥了政治因素的威力。

我们宣传工作的基本内容是：把日本帝国主义发动侵华战争以后，中国亡国灭种的灾难，克敌制胜的途径，向人民群众广泛宣传，唤起民族的觉醒和抗战必胜的信心，为结成抗日民族统一战线，不断地动员、组织和武装人民，并在思想感情和行动上把军民融成一片，为保卫祖国而团结奋斗。

为了争取民主国家和国际主持正义和进步人士对我国反法西斯战争的支持，我们还通过种种途径，打破国民党政府的新闻封锁，向国外如实报道中国人民抗战的英勇事迹，揭露敌人的侵略阴谋和罪行。在国际宣传方面，同情中国人民的一些西方作家和新闻记者如斯诺、斯特朗、史沫特莱、贝尔登等奔赴前线，深入到敌后抗日根据地进行艰苦的采访工作，写出了大量的战地通讯，以至整本书，引起国外读者的注意。

---

① 《马克思恩格斯选集》第1卷，第319—320页。

（二）

迷信武力，梦想一举灭亡中国的日本法西斯军阀，不懂得政治因素在战争中的作用，不了解中华民族已经觉醒，团结起来一致抗日的中国已大大不同于"九一八"时代，而占有很大的政治优势，对于全面的人民战争，日本军阀更是一窍不通，它就在我国抗日救亡运动达于高潮之际，悍然在卢沟桥点起战火，发动全面的侵华战争。日本军阀"担心中国战争的长期化……不仅会消耗日本的资源，并且会妨碍对苏、美、英战争之军事的经济的准备"①。故"不惜任何牺牲，而使战争尽速结束"②，以便脱身出来，从事更大的军事冒险。日本军阀曾经在军事上打着速战速决，政治上向蒋介石诱降的如意算盘，幻想 3 个月就可以灭亡中国。当时的杉山陆相甚至扬言"支那事变可以在一个月内完全结束"。可是，战端一启，中国并没有迅速地灭亡或向日本帝国主义屈膝。中国人民同仇敌忾，抗战到底的民族意志反而加强。中国抗战不是像日本帝国主义所设想的那样，经不起一击，恰恰相反，中国人民抗日战争并不因初期的失利而不继续打下去。经历了艰苦曲折的过程，经历了持久战三个阶段，坚持了 8 年抗战，终于在和盟军的共同作战下，取得了最后胜利。

不错，在日本发动卢沟桥事变之后不到 1 年半，国民党的大军就败退到四川，断送了我国半壁河山，平、津、沪、宁、武汉、广州等大城市相继沦陷。在南京失守的前夕（1937 年 11 月），日本帝国主义通过德国驻华大使陶德曼向蒋介石诱降；到

---

① 《远东军事法庭判决书》，五十年代出版社 1953 年版，第 325 页。
② 同上书，第 159 页。

1938 年底，汪精卫一伙又公开投降日本，以后，日方还三番五次直接间接向国民党政府施展诱降的阴谋，蒋介石曾怦然心动，甚至派亲信与日汪密使秘密谈判，但蒋始终不敢公开投敌，不敢重新发动大规模的内战。其主要原因是，中国共产党倡导的，受到全国人民拥护的团结一致，抗战到底的主张，已成为不可抗拒的潮流，甚至国民党内一部分爱国将领也主张坚持抗战。在这样强大压力的面前，蒋介石为了保住他自己的独裁政权，也不敢步汪精卫的后尘。所以，当陶德曼向蒋劝降时，蒋对陶吐露真情说：如果他接受了日本灭亡中国的条件，他的政府就一定会被公众舆论的浪潮冲垮。[①] 汉奸周佛海也讲过，"蒋系中拥护对日强硬路线的人争辩说，蒋介石一旦放弃抗战，中共、桂系、冯玉祥以及其他反国民党分子，就会利用反日的口号去取得民众的拥护，来反对政府，结果必然导致内战重新爆发。在他们看来，要阻止这场他们似乎认定国民党准会失败的内战，唯一的办法就是继续抗战"[②]。此外，随着欧战的扩大，美英盟国都把中国协助盟军同轴心国成员日本作战的希望，寄托在拥有几百万正规军的蒋介石政府身上，准备予以军事和经济的援助，这是众所熟知的事实，即使是斯大林当时也有类似的想法。斯大林于 1940 年秋天对他派往中国国民党政府的军事顾问崔可夫将军说，"苏联对华政策，主要的就是联合中国的一切力量反击侵略者。欧洲的局势，希特勒的节节胜利，预示着英国和美国可能逐渐增加对蒋介石的援助。这就可望，由于有苏联的援助和英美盟国的帮助，蒋介石即使不能打退日本的侵略，也能长期拖住它。蒋介石一旦感

---

① 约翰·亨特·博伊尔：《中日战争时期通敌内幕》，斯坦福大学出版社 1972 年英文版，第 69 页。
② 同上书，第 208 页。

到有丧失政权的危险或者苏联和西方大国拒绝帮助他时，那他立即就会效法汪精卫，寻找同日本帝国主义者妥协的途径。那时，他们会合力对付中国共产党，而中国红军将处于走投无路的境地。崔可夫同志，您的任务不仅是帮助蒋及其将领学会使用苏联提供的武器，而且要使蒋树立战胜日本侵略者的信心，有了必胜的信心，蒋介石就不会同侵略者妥协。因为他害怕失去美国和英国的支持。害怕丢掉存入英美银行里的资本"。太平洋战争爆发后，在德黑兰会议举行时，斯大林对国民党政府领导抗战不力，表示不满，罗斯福和丘吉尔都同意斯大林的意见。盟国领导人这些表示，对于正要求助于盟国来巩固其统治地位的蒋介石，也形成一定的压力，阻止他破裂抗日民族统一战线，向日投降。因此种种，蒋介石为自己打算，为了从盟国取得军事装备等援助，以供将来再打共产党之用，也只好仍勉强打着抗战的招牌，并且在抗战后期，在配合盟军作战方面稍为积极一点。除了为美空军提供基地，以轰炸沿海日本船只和台湾的基地之外，还出兵北缅，直接协助英美盟军，以相当大的代价，歼灭日军第 18 师团和第 56 师团大部，收复了密支那。

我们也不讳言，在中国人民抗日战争的 8 年中，在中国战场上没有出现像欧非战场上的莫斯科保卫战，斯大林格勒保卫战，阿拉曼战役，诺曼底登陆战役等那样大规模的歼敌 10 万以上的战役。所以如此，因为我们打的是保卫战，如上所述，是以弱敌强。装备不够现代化，采取的作战方式是持久的人民战争的方式，不能以西方的现代正规战争的眼光和尺度来衡量我国重大战役的战果和战略意义。而且，正如毛泽东同志所指出，"中国的抗日战争，一开始就分为两个战场：国民党战场和解放区战场"①，也就是正面战场和敌后战场。以国民党的部队为主力的正面战场和由中共所领导的八路军、新四军和人民武装抗击日伪军的敌后战场对抗战的积极性，所采取的战略战术，对敌人打击的程度都迥然不同。在抗战初期，武汉失守以前，尽管国民党军队的抗战是片面抗战，但如毛泽东同志所指出："国民党政府的对日作战是比较努力的……日本侵略者的大举进攻和全国人民民族义愤的高涨，使得国民党政府政策的重点，还放在反对日本侵略者身上，这样就比较顺利地形成了全国军民抗日战争的高潮。"② 而 1937 年"八一三"保卫上海的战役和 1938 年的台儿庄大会战，是在国民党战场这一高潮的突出的标志。以前一战役而论，敌人为了迅速结束侵华战争，在侵占平津之后，又调集了两个师团（其后增至 10 万人）几十艘军舰和一批飞机，猛攻上海，驻守上海的张治中将军指挥的第 9 集团军，在当地和全国人民的热烈支持下，奋力应战，展开了一场异常激烈的战斗，苦战足足 3 个月之久，敌军以伤亡 5 万人的代价，才占领了这座名城。上海虽已失守，但中国并没有因此被吓倒，抗战的烈火反而更加熊熊地烧遍全国。当时笔者刚从日本回到上海，参加国际宣传委员会工作，不仅目睹了上海爱国军民英勇顽强地抗击强敌的可歌可泣的场面，而且还看到外国记者在报刊上对抗战军民的光辉战绩的赞扬。在上海观战的"各外国军事代表一致承认，华军步兵之战斗力极为强大……如果继续维持现有之战斗精神，并不断供给步兵各种军用品，则华军步兵决无失败的可能"③。

　　以后一战役而论，日本攻陷南京之后，分兵北上，与从华北

---

　　① 《毛泽东选集》合订本，第 943 页。
　　② 同上。
　　③ 国民党政府军令部战史会档案（二十五），第 3206 页。

南下的日军会合，夹击徐州，企图打通津浦铁路。可是 1938 年 4 月开始了徐州会战，李宗仁指挥在数量上占优势的军队。在徐州外围重要战略据点与日本侵略军交锋，在积极活动的游击队协助之下，将敌第 5、第 10 两个精锐师团包围起来，激战 4 天的结果，我军取得歼敌两万多人的重大胜利①，敌军指挥官矶谷少将因此受到处分。

在解放区战场，中国共产党领导的军队，从一开始即执行了全面的人民战争路线，陆续建立了许多抗日根据地和游击区，极其广泛地动员、组织和武装人民群众来参加和协助军队作战，构成一个军民紧密结合的完整的战斗体。他们在敌人的侧翼和后方，按照变化着的具体条件，从事机动、灵活的游击战，打击敌人。1937 年 9 月，八路军在晋西北平型关伏击企图夺取太原的敌军的著名战役中，就初试了人民战争的战略战术的锋芒。他们以 4 个步兵团和 1 个骑兵营的兵力，经过一天的激战，就把进入埋伏圈的敌王牌军板垣师团主力 3000 多人歼灭掉。这一胜利，沉重地打击了日军的气焰。

但是，在敌后战场上，最突出的一次战役，是 1940 年秋季在朱德总司令、彭德怀副总司令指挥下，八路军动用了 115 个团，共 40 万人，在华北广大地区向敌军进攻和反"扫荡"的"百团大战"。这个战役所以值得特别重视，一因它是解放区战场八路军一次主动向敌出击，带有运动战性质，大规模的破袭战役；二因这一战役收到丰硕的战果，予敌人以惨重的打击，可说是一桩震惊中外的历史事件；三因对于这一事件的功过是非曾引起人们长期的争论，在十年浩劫中，林彪、江青反革命集团竟把

---

① 1938 年 6 月日本华北方面军参谋部第三课编制的资料，也不得不承认日军死伤近万人，约占参战日军的 1/4。

它说成"罪恶",作为诬陷彭德怀元帅的一个口实。所以对于八路军打的这场大战有稍为具体地论述、分析的必要。首先要指出,八路军的统帅发动这一战役,有如下的背景和原因:(1)当时日方对国民党采取以政治诱降为主,军事进攻为辅的方针,而将兵力重点转移到华北,对我抗日根据地加紧扫荡,还厉行所谓"治安强化"政策,"囚笼政策"①,企图以此来缩小我抗日根据地和隔绝我各根据地的联系,使形势日趋严重。(2)蒋介石变本加厉地实行消极抗日,积极反共,掀起了第一次反共高潮,反诬八路军、新四军"游而不击","专打友军"。② 在国际上,英法在欧战中失败,"远东慕尼黑"的危险增加,西南国际交通线滇缅路被截断,蒋介石更加动摇,投降的可能性随之增加。③ 同时,敌军深入华北的抗日根据地后,遍筑碉堡,兵力分散,交通线空虚,守备薄弱,予我方以可乘之机。也就是说,为了收复和扩大华北抗日根据地,为了提高华北敌后和全国人民群众的抗日胜利的信心,为了粉碎敌人诱降和"远东慕尼黑"阴谋,八路军总部便决定组织一次大规模的破袭战役,乘8月青纱帐旺盛的有利时机,大举向敌各条交通线进攻。"百团大战"是8月20日打响的,到12月5日才胜利结束。八路军在人民群众的紧密配合下,向正太、同蒲、平汉、津浦、北宁、平绥、平古、白晋、德石等主要交通线上的敌军及沿线两侧据点发动进攻,并配合各根据地军民进行反扫荡作战。在连续3个半

---

① "囚笼政策",是日军妄图摧毁敌后抗日根据地,消灭我军的一种残酷手段。它是以铁路为"柱",公路为"链",碉堡为"锁",辅以封锁沟、墙,对我根据地军民实行的网状、笼状的压缩包围。

② 朱贵生、王振德、张椿年等编著:《第二次世界大战史》,人民出版社1982年版,第215页。

③ 藤原彰:《中日战争》,岩波讲座:《世界历史29·现代5》,岩波书店1971年东京版,第300页。

月的"百团大战"中,八路军进行大小战斗 1824 次,攻克敌人据点 2993 个(据《彭德怀自述》),一度收复四、五十个县,最后得到巩固的县城还有 26 个以上,毙、伤、俘日军 2 万多人,伪军 2 万 5 千人,破坏铁路 470 余公里,公路 1500 公里,缴获敌军大量轻重武器。[1] 使敌人遭受上海战役以来最大的损失。据日本华北方面军作战记录记载:"昭和 15 年 8 月 20 日夜,(八路军)一齐对我交通线及生产地域(主要是矿山)实施突然袭击……这次奇袭是在我军完全没有预料到的地方进行的,所以损失极大,需要很长时间和巨额经费才能恢复。"[2]

日军华北司令部将此役称为"挖心战"[3]。日本华北方面军总司令多田骏也由冈村宁次所代替。稍后,东条陆相于 1941 年 1 月在国会两院发言中也说:"1940 年重庆方面的敌人抗战的特色是,作战非常消极,直到现在,没有作主力反攻,只有共匪在去年 8 月在华北地区向我展开了大规模的攻击(指'百团大战')。"[4] 百团大战在国内外的影响是巨大的。首先"百团大战"是游击战争中的运动战,防御战中的进攻战,正符合毛泽东同志所提出的游击战争是"基本的游击战,但不放松有利条件下的运动战"的教导,也没有"超过敌后战略防御的限度",因而在战略的执行上是正确的。更要指出,它在军事和政治方面都取得了伟大的胜利,产生了深远的影响。在军事方面,它瘫痪了敌人在华北的交通线,部分地打乱了敌人的作战部署,推迟了

---

① 朱贵生、王振德、张椿年等编著:《第二次世界大战史》,人民出版社 1982 年版,第 215 页。

② 藤原彰:《中日战争》,岩波讲座《世界历史 29 · 现代 5》,岩波书店 1971 年东京版,第 300 页。

③ 《彭德怀自述》,人民出版社 1981 年版,第 237 页。

④ 日本史学研究会编:《太平洋战争史》,中译本第 3 卷,第 104 页。

日军打通粤汉、湘桂铁路以至南进的时间，并为我军以后的战略反攻积累了攻坚战的有益经验。在政治方面，它大大振奋了全国的人心，加强了人民对抗战到底，抗战必胜的信念，打击了当时蒋介石投降妥协的倾向，打击了"远东慕尼黑"阴谋，破坏了敌人军事进攻与政治诱降双管齐下的计划，以至用事实粉碎了蒋方散布的"共军游而不击"一类的谰言。所以，这一战役的胜利消息传到延安，毛主席即给彭副总司令去电说："百团大战真是令人兴奋，像这样的战斗是否还可以组织一两次？"朱德总司令当时也肯定地说，"百团大战虽然是游击战争的战役进攻，但他带有全国性的伟大的战略意义"①。贺龙将军更说"百团大战的突然发动和节节胜利，有如暴烈的霹雳，轰动了整个华北战场以至于全中国、全世界"②。国民党政府面对八路军取得了辉煌胜利的铁的事实，卫立煌将军（当时八路军即"第十八集团军"名义上是卫指挥的）发出评价很高的贺电说，"贵部发动百团大战，不惟予敌寇以致命的打击，且予友军以精神之鼓舞"③。而蒋介石则如哑巴吃黄连，一方面不得不在嘉奖电中说："贵部窥此良机，断然出击，予敌甚大的打击。"④ 另一方面却面谕国民党中宣部"绝对禁止"国统区报刊登载"百团大战"的消息，这从反面说明，"百团大战"在抗日战争过程中的重要战略地位和它的历史地位。因此，上述上海、平型关、台儿庄三个战役固应肯定，"百团大战"这一战役更应充分肯定，而不能低估。那种认为中国军队在抗战中从没有进行过一次具有重大战略意义的重大战役的说法，是站不住脚的。

---

① 参见朱德《论八路军百团大战》。
② 《百团大战的一个侧面——晋西北》，《军政》杂志第 2 卷第 10 期。
③ 转引自郭化若《论百团大战及其胜利》，《军政》杂志第 2 卷第 10 期。
④ 同上。

（三）

不过，解放区战场我军对敌沉重打击，主要还是依靠持久的、广泛的各种形式的游击战争。"百团大战"以后到太平洋战争初期，也就是1941年至1942年，是解放区战场经受严峻考验的时期，日本侵略者的刀锋主要向着华北、华中解放区，集中其主力于抗日根据地的周围，进行连续的"扫荡战"，实行极端残酷的烧、杀、抢"三光"政策。解放区处于极端困难的境地。到1943年，八路军、新四军曾抗击全部侵华日军的64%和伪军的95%。[1]抗日根据地和军队曾一度缩小。中国共产党战胜一切困难，"只有一件秘密武器，就是密切联系群众"[2]。充分发动群众，正是全面抗战路线的核心。群众的智慧是无穷的。他们创造了地道战、地雷战、麻雀战等一整套人民战争的独特战术，使敌人攻无目标、战无对阵，处处遭袭击，时时有伤亡，敌人的"扫荡战"，终以失败而告终。根据地和抗日军队逐步恢复并发展壮大起来。本来对人民战争一窍不通的日本侵略者，吃了华北我军这个大苦头之后，却开了一点窍，承认以敌后解放区军民为进攻对象的"华北治安战"有如下四个特点。一是"敌的捉摸不定"，"与日军作为长期训练而策划应付的敌完全不同，是异形异质之敌"。二是"没有战线的战场"，这即是说，"传统的正规战，敌我战线相对上分明，但治安战期间的华北，敌我势力犬牙交错，流动性大……敌的战力经常深深地渗入我方势力圈内"。三是"持久的继续战"，既不是传统的长期战，也不是单纯的消耗战，而有其独特之处。四是

---

① 参见《毛泽东选集》合订本，第944页。
② 艾格尼斯·史沫特莱：《伟大的道路》，中译本，第457页。

"新型的总力战"，也就是说，"军事以外的力量起大作用，具有政治、经济工作和社会思潮的非军事力运用来作战，有助于敌人的战斗意志和战力的发展，而限制了我方战力的发挥"。[①] 日本侵略者的这些招供，说明了他们对于我军所开展的人民战争的威力多少有了点认识，他们由此得出的结论是"对日本军来说，华北治安的癌不是国府而是中共"[②]。

在太平洋战争爆发以后，八路军空前频繁的出击和对于主要道路的破坏，又使敌人在华北广大地区疲于奔命，只能勉强维持所谓"点和线"，从而失去了战争的物质来源。日军企图以战养战，把华北变成"大东亚战争兵站基地"的战略阴谋彻底破产。因此种种，日本侵略者把中共领导的抗日人民战争看成日本所谓"复兴中华和保卫东亚"的"唯一障碍"。[③] 另一方面，不独当时在中国的一些美国人中，普遍有一种看法，认为共产党是唯一认真抗日的集团……同反动的、法西斯的、封建的并在很大程度上是亲日的国民党适成"对照"。[④] 就是罗斯福的亲信哈里曼也承认，"中国共产党人在抗日战争中形成一支令人生畏的力量"[⑤]。

总的来说，中国共产党领导的八路军、新四军和华南抗日纵队，在 8 年抗日战争中，由 4 万人发展为百万大军，民兵发展到两百多万人。他们英勇地进行艰苦的人民战争的战果是辉煌的。

---

① 日本防卫厅战史室编：《战史丛书》中的《华北治安战》，第 1 卷，第 567—568 页。

② 同上。

③ 艾格尼斯·史沫特莱：《伟大的道路》，中译本，第 458 页。

④ 琼斯、博顿、皮尔恩合著：《1942—1946 年的远东》（英《国际事务概览》丛书），伦教，1955 年英文版，第 158 页。

⑤ 哈里曼·艾贝尔：《特使，与丘吉尔、斯大林周旋记（1941—1946 年）》，纽约，1975 年英文版，第 261 页。

从 1937 年 9 月到 1945 年 8 月日本投降时止，中共的军队共作战 12.5 万余次，毙、伤、俘日本侵略军和伪军 170 多万，创建了 1.6 亿人口的解放区，牵制了日本侵华军的大量兵力，约占它当时总兵力的 70%。[①] 它已经成为中国抗日战争的主力军。

（四）

中国反法西斯民族解放战争，得到了各国人民以及苏联和民主国家政府和人民的大力支援和帮助。与此同时，中国作为反法西斯国家之一，对第二次世界大战的发展和进程，也发挥着它自己的重要作用。忽略了任何一个方面，第二次世界大战中的若干历史事件就得不到科学的解释。

众所周知，日本发动侵华战争的目的，不仅要灭亡中国本身，而且要以中国为主要基地，北犯苏联远东地区，南攻南亚和东南亚以至澳大利亚和新西兰等，同英美争夺印度洋和太平洋，与德、意法西斯瓜分世界。但是，由于中国人民坚持抗战，尽管日军在短期内侵占我国大片领土，却被陷在人民战争的汪洋大海中，速决战变成了长期消耗战，中国拖住了日本陆军近 80% 的主力，消耗了日本有限的军事资源和军费支出的大部分，还打乱了它对东亚和世界扩张的部署。所以，总的来说，中国人民抗日战争具有重大的国际意义。

就中国抗战对第二次世界大战的发展和进程的具体影响来说，至少可以指出如下几个方面：

（1）在第二次世界大战期间。"日本政策的极端复杂的变

---

① 引自井上清《现代史概论》，岩波讲座《日本历史》，第 18 卷，现代第 1 卷，第 57 页。

化……完全取决于中日战争的情势。"① 中日战争不结束，日本不可能获得行动自由，这就必然影响日本同德意两轴心国之间的协调一致。尽管在"七七事变"之前，日德已缔结"反共产国际协定"，并附有共同对付苏联的秘密补充协定。但在 1939 年 5 月，德意准备发动对英法战争时，德国与日谈判，要求与日订立军事同盟，给予德意以军事援助，并以"接近苏联"相要挟。而日本的答复却是，在中日战争结束之前，日本"无论在目前或在最近的将来，都不能给予两国在实际上有任何效果的军事援助"②。1940 年 9 月，虽然日德意签订了三国军事同盟条约，划分彼此在欧亚的统治范围，并规定三国以一切政治、经济和军事手段互相"援助"。但由于日本泥足深陷在中国战场，它始终无力给予德国任何军事上的实际帮助。就是"日本的亲德派，甚至德国大使本人，也承认日本在解决中日战争和国内政治分歧以前，是不能参与欧洲战争的"③。

（2）日本帝国主义一直把苏联当作"绝对的敌人"，日本陆军甚至"企图在 1937 年 6 月 9 日对苏发动战争"。④ 但当时任关东军——准备用以攻击苏联的陆军精锐——参谋长的东条英机认为："如果以准备对苏作战的观点来观察目前中国情势……就应当首先给予南京政权以一击而除去我方背后的威胁。"⑤ 在日本军阀看来，1937 年日军发动侵华战争，也是为了完成陆军"北进"计划的一个步骤。但是，由于中国人民的坚决抗战，不但"背后的威胁"没有去除，而且战争开始后不久，日本就不得不

---

① 《远东国际军事法庭判决书》，五十年代出版社 1953 年版，第 242 页。
② 同上书，第 198 页。
③ 同上书，第 237 页。
④ 同上书，第 96 页。
⑤ 同上书，第 267 页。

抽调关东军一部分到关内作战。这就必然削弱了它侵犯苏联的兵力。中国抗战后第二年和第三年相继爆发的张鼓峰事件和诺蒙坎事件，是日本对苏联的试探性的挑衅，但因为兵力同苏联的远东军差距太大，都以失败告终。关东军副总参谋长石原莞尔招认："此次张鼓峰事件，苏联所以威胁日本者，则以日本对华用兵故。日本忍辱屈服于苏联者亦以对华用兵故。……设日本一旦与中国议和，则日本即可威胁苏联，领导远东……"① 但由于中国坚持抗战。日本不但实现不了"威胁苏联"的迷梦，而且即便在德国已将攻苏计划向日本透露之后，日本为了本身的利益，还和苏联订立《日苏中立条约》。及至德苏战争爆发，德国曾多次要求日本自远东夹攻苏联，并尽力向西推进，以便在冬天到来之前德日会师。这正是日本实现其多年侵苏夙愿的大好机会。所以松冈外相力主对苏开战。可是，杉山参谋总长则认为日本"现在中国使用兵力很大，实际上办不到"②。甚至在德军深入苏联国境，打到莫斯科近郊的时候，日本还是不敢乘机参加对苏作战。所以如此，首先由于侵华战争动用了关东军一大部分的结果，日军"在满洲亦仅能维持与远东红军为1∶3的战力比率"。③再由于"在日本所陷入的对华战争中，消耗了意外大量的军需物资"④。日本想要趁火打劫，夹攻苏联，实在力不从心。苏联史学家茹科夫的话是不无道理的："使日本帝国主义不敢在第二次世界大战期间进攻苏联远东军的原因之一，是中国人民及其解放军——八路军和新四军以及人数众多的游击队的英勇斗争，他们在中国把日军的双手束缚住了。从而，中国人民给予苏联人民

①　国民党中央信托局档案（三），22237 页。

②　服部卓四郎：《大东亚战争全史》，台北，中文版第 1 卷，第 68 页。

③　同上书，第 191 页。

④　《远东国际军事法庭判决书》，五十年代出版社 1953 年版，第 528 页。

以很大的帮助，使苏联人民易于在反对德国法西斯侵略者的正义的伟大卫国战争中，进行巨大的斗争。"①

（3）向南洋地区扩张，从缅甸一直到澳大利亚和新西兰建立所谓"大东亚共荣圈"，建立日本的政治经济的统治区，也是日本军阀的既定"国策"。它虽扬言"以和平手段扩张"，不过一有机会和需要，它绝不会放弃对这个地区的武装侵略，而其前提条件是解决"中国事变"，虽然德日之间同床异梦，但在欧战爆发以后，德国仍然极力怂恿日本"南进"，从1939年9月到1940年初，它通过外长里宾特洛甫和访日特使史塔玛向日方游说，为其大规模进攻英法寻找同盟军。可是，他们从日方所得到的反应还是，"中日战争不结束，南进是办不到的"（日本访德特使寺内寿一大将的谈话），日本的根本方针还是，"以处理'中国事变'为政策的重心"，对欧战"采取不介入的方针"。②所以，1940年夏天，英法在欧战中处境极其不利的时候，日本没有能够在东方起夹击英法、助纣为虐的作用。事后，丘吉尔曾经庆幸地说："德国苟于1940年法国崩溃之后即试行进攻英伦三岛，日本苟于同时对英帝国及美国宣战，则吾人所受的巨祸及苦痛之深，殆不可设想矣。"

在1940年6月法国投降以后，英国继续对日让步，封锁滇缅公路。日本先实行所谓"和平南进"的政策，实际上占领了整个法属印度支那，役服了泰国，并向马来亚和菲律宾渗透，作为武力南进的准备。由于日美矛盾激烈，历时8个多月的日美秘密谈判归于失败，美国的"东方慕尼黑"政策破产，日本为了通过南

---

① 茹科夫主编：《远东国际关系史 1840—1949》，世界知识出版社 1959 年版，第 532 页。

② 日外务省编：《日本外交年表和外交文书（1840—1945）》下卷，《文书》，1969 年再版本，第 421 页。

进来解决"中国事变",终于孤注一掷①,不顾时机并不有利,冒险发动对珍珠港的偷袭,同英美同时开战。但日本这样把南进的时间推迟,已给西方盟国,特别是美国以扩大军备的余裕。这就是说,中国坚持抗战,也为西方盟军赢得反击日本侵略者的时间。

即在太平洋战争的初期,因为日本陆军的主力还是被牵制在中国战场,只把总计 51 个师中的 11 个师动用到西南太平洋,协同海军作战(作战部队不到 25 万人,连同后勤部队大概共有 40 万人),而把 13 个师留在"满洲",22 个师留在中国,比起当时的英美荷的驻军约计 30 万人稍多一些,在英国军事理论家利德尔·哈特看来,日本"只占这样一些优势,而发动一场大规模的进攻,似乎是一场大胆的赌博"②。当时日本海军给太平洋战争初期的速胜冲昏了头脑,曾经提议西攻锡兰,东攻澳大利亚,但日本陆军因为主力深陷中国,心余力拙,不得不否决了海军的建议③,日军始终未能占领上述两地,这就为盟军的反攻保留了两个重要基地。

1943 年到 1944 年,在缅甸的反攻战中,史迪威将军指挥的中国驻印度和中国的远征军打垮了日本陆军几个精锐师团,使英军在缅甸中、南部的反攻有了迅速的发展。与此同时,我解放区战场也广泛地发动了反攻,动摇了日本在华的"根本"——华

---

① 1941 年 11 月 5 日日本的御前会议决定的《日华基本条约案及中国事变处理纲要》提出:"从困境来看,孤立地解决事变,希望几乎断绝了,中国事变的解决,只有作为综合欧亚国际大变化的一环,才有解决的希望。"(引自田中新一:《进入大战的真相》,第 163 页。)又参谋总长杉山在这次御前会议上的发言指出"要利用南方作战的成果,使中国问题得到解决。"(引自服部卓四郎:《大东亚战争全史》第 2 卷,台北,中文版,第 100 页。)

② 利德尔·哈特:《第二次世界大战史》,上册,中译本,第 288 页。

③ 《第二次世界大战史》(周刊连载),英国帕内尔出版公司,伦敦英文版第 113 期,第 3161 页。

北占领区，把数十万日军牢牢地钉在中国大地上，动弹不得，其结果是：不仅"打通大陆交通线"的战役毫无结果，并且带来了华北占领区统治的瓦解。这样，中国人民抗战末期在敌后战场的战斗，也有力地配合了盟军在太平洋和东南亚地区的反攻。

由于中国长期抗战给日本的沉重打击，它心有余而力不足，始终不敢大举进犯西伯利亚，冒险发动太平洋战争也终归失败，而遭到灭顶之灾。我们记得在日本偷袭珍珠港的前一周，丘吉尔给罗斯福的电报曾担心"中国的崩溃将大大增加英美共同的危险"。到了1942年春天，罗斯福对他的儿子说："假如没有中国，假如中国被打垮了，你想一想，有多少师团的日本兵可以因此调到其他方面来作战？他们可以马上打下澳洲，打下印度——他们可以毫不费力地把这些地方打下来，他们并且可以一直冲向中东……和德国配合起来，举行一个大规模的夹攻，在近东会师，把俄国完全隔离起来，吞并埃及，切断通过地中海的一切交通线"①，如果真是那样，那么，世界风云就要大大变色，整个第二次世界大战的进程就要改观了。

（五）

总的来说，中国在第二次世界大战中走过了一个漫长而特殊的战斗历程，中国以弱兵抗强敌，鏖战8年，中国不但没有被灭亡，而且在艰苦战斗中，消耗了敌人大量的有生力量和军事资源，顶住了敌人陆军的主力，打乱了敌人的战略部署，有力地配合盟军，终于取得了最后的共同胜利。在大战中，中国也付出了

---

① 伊里奥·罗斯福：《罗斯福见闻秘录》，1949年中文版，第49页。

巨大的民族牺牲。①

可是，在国际上，中国抗击日本法西斯的战争是没有受到普遍的重视和相应有的评价的。

所以如此，寻究起来，除了同某些政治成见、偏见有关之外，还有如下原因：

1. 西方一般不大了解地广人众而经济、军事都落后的中国以弱抗强的战争的特点——持久的人民战争的特殊的作战形式，而仍以两次世界大战中的欧洲战场的传统正规战、阵地战的老眼光来看待中日战争。

2. 蒋介石政府自 1939 年以后，基本上消极抗战以及避战，它的军队败北、退却和投降的时候多，台儿庄战役以后，在国民党战场上实际上没有严重的战争，从而失去了我国大片领土，而"海外有很多人错误地认为，国民党就是中国"②，把蒋介石抗战不力，"打得很糟"一笔不光彩的账，记在全体"中国人"的头上。

3. 在解放区战场和敌后坚持战斗的中国共产党领导的人民武装，实际上是"配合同盟国作战、驱逐日本侵略者、解放中国人民的主要力量"③。但由于延安一直到抗战胜利前夕都缺乏向国外广播消息的电台，又遭受国民党政府的严密新闻封锁，国外很多人不明白中国抗日战争的具体情况。虽然有一些外国进步作家和

---

① 据台湾国民党官方出版的《中日战争史》英文版，估计在 8 年抗战中，中国损失官兵 3237916 人，平民 5787352 人。这个数字大概不包括解放区战场。据英国记者 G. 斯太因的报道，从 1937—1945 年 3 月，华北华中八路军和新四军死伤共 444445 人。引自《赤色中国的挑战》，第 269 页。另据美国《世界年鉴》1946 年，第 44—46 页的统计数字，中国损失为 3500 万人，占 21 个交战国的第一位。（转引自日本史学会编《太平洋战争》第 4 卷。）

② 朱德总司令对美国驻延安军事观察组的谈话中说的。引自史沫特莱《伟大的道路》中译本，第 461 页。

③ 《毛泽东选集》合订本，第 946 页。

新闻工作者或其他国际朋友，冲破封锁，报道过解放区战场的真相，起过不容低估的作用（特别是对美国读者），但在当时的西方国家中，同情、支持中国共产党的著作是被人"另眼相看"的，销路不广，他们本人甚至因此受到迫害（例如斯诺、史沫特莱和史迪威将军手下的谢伟思、戴维斯等）。① 所以中国人民抗日战争的重大作用在国际上没有得到应有的评价，这并不奇怪。

这种情况，直到新近还没有根本改变，因此联系第二次世界大战，以马克思主义、毛泽东思想为指导，深入地进行研究，如实地系统地撰写中国抗日战争的历史，首先有待于我国历史工作者的努力。特别联想到参加"二战"的主要国家（如苏、美、英、德、日等国）关于二战史和本国的战史的著作和出版，已经"汗牛充栋"，而对世界人民反法西斯斗争的胜利有巨大贡献的我国，在这方面却特别落后，差不多是一个空白点，这既与我们这个社会主义国家不相称，并且也对不起在抗战中牺牲的军民和后代子孙。无论是为了总结和汲取历史经验教训，有助于制止新的大战的爆发，或是为了向没有亲身熬受过长期抗战的艰险火难岁月的中青年一代，加强爱国主义的教育，有助于社会主义精神文明的建设，加强抗日战争史以至二战史的研究和出版工作，更是当务之急，这个任务具有十分现实和深远的意义，岂止是仅仅为了端正在这方面的国际视听而已。

（选自《第二次世界大战——历史与现实》

国防大学出版社 1990 年版）

---

① 斯诺在麦卡锡主义横行时期，被美国联邦局看作"危险分子"，不许报刊发表他的文章，他被迫移居瑞士。又如史沫特莱女士曾被美国陆军当局诬为"苏联间谍"，同情中共的谢伟思、戴维斯等，遭受麦卡锡主义的诬陷，被排斥于国务院之外，甚至被关起来。

关于太平洋战争的若干问题

简单来说，以日本偷袭珍珠港开始的太平洋战争是第二次世界大战的主要组成部分，从某种意义上来说，是日本帝国主义侵华战争的延伸、扩展，也是日美争夺中国和远东霸权的长期矛盾激化的结果。但是要把太平洋战争的始末、历程、来龙去脉、前因后果，有系统地、相当详尽地说清楚，真是说来话长。现在我只选择同太平洋战争有关的如下几个有争论或比较重要的问题跟大家讲，和同志们商榷。

（一）太平洋战争的性质问题。

（二）北进、南进与中国人民抗日战争。

（三）日本偷袭珍珠港成功和战争初期的速胜原因何在？

（四）太平洋战争阶段的划分与其转折点。

（五）日本惨败、投降的主要原因。

（六）应从太平洋战争的历史中吸取什么教训？

在论述这个问题之前，让我先抄录《辞海》中《太平洋战争》条目的一段释文来介绍太平洋战争的最简括的梗概。

"第二次世界大战期间，反法西斯联盟国家在太平洋地区对日本进行的战争。日本为了排挤和夺占美英荷集团在太平洋上的利益，1941年12月7日偷袭珍珠港，次日美英对日、德意对美正式宣战，太平洋战争爆发，第二次世界大战范围扩大。从1941年冬季到次年夏季，日军先后侵占了马来亚、新加坡、缅甸、菲律宾、印度尼西亚、关岛、威克岛、新几内亚一部分、阿留申群岛以及太平洋上其他岛屿。在日军占领的许多地区中，人民群众发动了民族解放斗争。1943年，美国及其同盟国英、法、荷、澳和新西兰在太平洋上开始有限的反攻，进行岛屿争夺战；1944年10月美军在当地游击队配合下，在菲律宾开始登陆；1945年2月在硫黄列岛登陆，4月进攻琉球群岛，并加强轰炸日本本土，中国的抗日战争，给日本以沉重的打击。5月德国投降后，日本完全陷于孤立。8月，美国对日本的广岛、长崎投下二颗原子弹。8月8日，苏联对日宣战。在中国人民抗日武装力量和苏军进攻下，日本陆军主力关东军迅被消灭，8月14日，日本宣布无条件投降；9月2日，签订投降书，第二次世界大战结束。"

　　大家看了这一段释文，太平洋战争的轮廓是知道了，但对于要求比较深入了解的人来说，这样的轮廓未能予以满足。比方说，站在中国的立场看来，中国人民抗日战争与太平洋战争的爆发和日本在战争中的失败投降的关系怎样，是我们首先要搞清楚的问题，而这段释文没有给我们具体的答复，只有"中国的抗日战争，给日本以沉重的打击"一句话是不解决问题的。再比方说，稍为学过日本现代史或对日本问题有点常识的人都知道执行日本帝国主义的对外扩张政策的军阀，在战略上有北进与南进两派，而偷袭珍珠港，发动太平洋战争是南进，为什么日帝不趁德国攻苏的大好时机，大举北进，而倒在德苏战争开始胶着的时候，大举南进呢？理由何在？与此有关的另一问题就是，我们既然开头就说，太平洋战争是第二次世界大战的重要组成部分，而大家也知道法西斯日本是德意日轴心的一个成员，那么太平洋战争与德意发动的欧战也是息息相关，两个战场的具体关系究竟如何？是否互相策应？又比方说，日本偷袭珍珠港获得意外的成功，接着又在很短的时间内囊括美、英、荷在远东的广大殖民地和太平洋的不少战略岛屿，原因何在？特别是珍珠港事件的出现，是不是所谓"东方慕尼黑"的结果，还是另有原因？还有，历时逾5年的欧战和历时近4年的德苏战争都有阶段的划分和有所谓战争的"转折点"，历时3年8个月的太平洋战争又应如何分阶段？以哪个战役作为"转折点"？最后更有一个特别重要的问题，就是，以日帝惊人胜利开始的太平洋战争却以日帝惨败和"无条件投降"告终主要的原因何在？从中应当吸取什么教训？

问题是根据我所接触的有关太平洋战争的书刊和论文提出来了，现在就我在学习研究中的浅薄的体会、认识，在时间许可的范围内比较简括地讲讲我的一些意见，供同志们参考。

一　太平洋战争的性质

太平洋战争是什么性质的战争？骤看起来像是不成其为问题的，在我们中国史学工作者看来，它的性质提得明明白白，它是日本法西斯发动的侵略战争，这场以日本法西斯为一方，以美、英、苏、法等反法西斯国家和亚太地区各国人民（首先是中国人民）为另一方的战争，构成了具有反法西斯性质的第二次世界大战的重要组成部分。在侵略的一方——日本，这场战争是非正义的、野蛮的；在被侵略的对方，这场战争是正义的、进步的。可是在日本军国主义者自己看来，不但把他们挑起的太平洋战争称为"大东亚战争"，甚至美其名为效忠天皇

"恢宏祖宗的遗业"（"宣战诏书"语）的"圣战"。真是极尽颠倒黑白之能事。这固然不足为奇，但是，附带说一句，曾经遭受过自己的祖国被纳粹德国征服的灾难的法国有名的史学家亨利·米歇尔竟然把日本法西斯的这种武装侵略行动说成"仇外的民族主义"的表现，把日本法西斯军阀称为"有权势的民族主义集团"，同"青年土耳其党人"相比，这样的轻描淡写，使人莫名其妙。但是对太平洋战争的性质，主要有如下两种不同的看法值得注意：

（1）一种看法认为，太平洋战争就日本方面来说，是为了夺取美英法荷在亚太地区的殖民地，建立"大东亚共荣圈"，而美国及其盟国参战是为了保持自己在亚太地区的殖民统治，而且它们的争夺战并非在本土，而是在殖民地进行的，因此，双方的战争都是非正义的帝国主义战争。

（2）另一种看法认为，战争的性质取决于交战双方的战争目的，而不在于国家制度，二次大战时的状况和一次大战时有很大的不同，二次大战时世界的主要矛盾是全世界人民和德日意法西斯之间的矛盾，不管哪个国家，只要同德日意作战就是进步的，所以美英等国对日战争，争夺殖民地是次要的，反法西斯是主要的。太平洋战争同整个二次大战一样，是世界人民反法西斯的正义战争。顺便补充一句，对二次大战的较普遍的看法是，在第二次世界大战（欧战）初期还是在英法美纵容之下，德日意法西斯发动的争夺世界霸权和殖民地的帝国主义战争，随着苏联参加和欧洲、亚洲许多国家的人民抵抗运动和民族解放运动的发展，战争由帝国主义性质转变为反法西斯的解放战争的性质。我个人是倾向于后一种看法的，特别是考虑到中国人民的抗战在太平洋战争中的地位和所起的作用（关于这点，在论述第二、第五个问题时再具体地谈）。

二　北进、南进与中国人民抗日战争

谈到这个问题，首先得提一提臭名昭著的"田中奏折"，不管它是否真正出自田中义一首相之手，是真是假，在日本史学界中还有争论，但是它是 1927 年田中大将主持的讨论对华侵略方针政策的"东方会议"的产物，是没有疑问的。它的内容可归纳为两句话，即"欲征服中国必先征服满蒙，欲征服世界必先征服中国"。这就是说日本要以灭亡中国作为基地进而席卷亚太地区以至称霸世界，这是日本天皇统治下的帝国建国理想"八纮一宇"的具体化，反映了一向靠战争起家的日本军国主义者和垄断资产阶级的狂妄野心。日本自三十年代以来的侵略扩张正是按照着这个计划来进行的。至于如何实施这个计划，日本帝国主义者在战略上有北进（首先进犯苏联）、南进（首先向东南亚下手）两种不同的主张。事实上日本的陆军海军的北进南进之争，也带有彼此争权，争扩充自己的实力的意味。关于这个问题，我国史学界部分人有如下三种不同的看法：（1）一种意见认为，1936 年 8 月由军部控制的广田弘毅内阁五相（首相、陆相、海相、外相和藏相）会议制定的"国策基准"，标志着日本由北进政策转变为南进政策，但并不意味着放弃北进，而是要在南进胜利后再大举北进。（2）另一种意见认为，"国策基准"决定的是南北并进的政策，但日本的实际部署仍是北进，所以没有真正北进，是由于经济上、军力上、国防条件上的原因。（3）第三种意见认为，从日本的战略思想看，无北进政策，因为南进可得到石油、锡、橡胶等战略资源，而把几百万军队开到西伯利亚冻成"僵尸"，对日并无好处。

上述这三种看法中，我认为头两种虽不无道理，但没有结合当时整个国际形势，特别是中国的抗战来分析，不够全面和深入，我不能完全赞同。第三种看法缺乏事实依据，过于简单化，我更不敢苟同。为什么这样说呢？要知道1936年的"国策基准"的第三条是有这样的一段话："大陆政策的基本点是谋求'满洲国'的健全发展，巩固日'满'国防，消除北方苏联的威胁，并防范英美，实现日'满'华三国的紧密合作，以促进我国的经济发展。"第四条又说，"向南洋、外南洋方面，谋求我国民族的经济发展，力图避免刺激其他国家，逐步以和平手段扩张我国势力，并同'满洲国'的建设相配合，充实和加强国力"。这两条规定中虽然有"清除北方苏联威胁"和"向南洋、外南洋（指菲律宾以东印尼、澳、新等更远的地区）方面，谋求我国民族的经济发展"两句话，但单凭这两句话而不联系上下文就断定日本1936年确定的对外扩张国策是由北进转变为南进，未免是断章取义。以北进而论，谁也不否认，在日帝的眼中，苏联是"绝对敌人"，不但在十月革命胜利后不久，日本就出兵西伯利亚，对苏进行了5年的武装干涉（1918—1923），而且早在1934年3月，日皇裕仁就批准了参谋本部提出的对苏发动战争计划，1936年11月，日本与法西斯德国订立了"防共协定"（第二年意大利也参加）也是以苏联为对象。但是当时日帝面临的一个更紧迫的现实任务，是策划华北5省的"满洲化"也就是5省实际上脱离中国。所以，1936年"国策基准"出笼的同时，五相会议还制定了"处理华北的方针"，关东军已经做好准备，随时可以入关大举向华北进攻，日本军官还率领德王的蒙古伪军侵入绥远，但遭到傅作义将军所部的绥远军的痛击而败退。不久西安事变发生的结果，中国抗日民族统一战线终于建立，全国包括华北在内的人民抗日运动更加高涨。所以，尽管坚主北进的日本陆军曾一度企图在1937年6月9日（"七七"事变之前几天）对苏发动战争，但当时担任关东军——准备用以攻击苏联的陆军精锐——的参谋长东条英机却认为："如果以准备对苏作战的观点来观察目前的中国情势……就应当首先予南京政权以一击而去除我方背后的威胁。"（《远东国际军事法庭判决书》）在日本的军阀看来，日本 1937 年发动全面侵华战争也是为了完成陆军北进计划的一个必不可缺的重大步骤。但是，由于中国人民坚持抗战，不但北进背后的威胁没有去掉，而且战争开始后不久，日本就不得不抽调关东军一部分到关内作战，这就必然削弱了它对抗苏联的兵力。尽管北进派仍不甘心，中国抗战后第二年和第三年相继爆发的张鼓峰事件和诺门坎事件是日本对苏联的一而再地试探性挑衅，但因为它的兵力同苏联远东军差距太大，都以失败告终（后一事件日军损失 1 万 8 千余人）。关东军副参谋长石原莞尔招认："此次张鼓峰事件，苏联所以能够威胁日本，就因为以日本对华用兵的缘故，日本所以忍辱屈服于苏联亦以日本对华用兵的缘故……如果日本一旦与中国议和，则日本即可威胁苏联，领导远东。"但由于中国人民坚持抗战，即使德国驻华大使陶德曼居间调解，蒋介石也不敢接受亡国条件。战争还是打下去。日本不但实现不了威胁苏联的迷梦，而且在德国已把即将攻苏的计划向日本透露之后，日本还和苏联于 1941 年 4 月订立了中立条约。及至德苏战争爆发，德国曾多次要求日本自远东夹击苏联，并尽力向西推进，以便在冬天到来之前与德会师。本来这正是日本实现其多年侵苏夙愿的好机会，所以亲德派松冈力主对苏开战，先北进后南进，而杉山元参谋总长却认为现在日本在华使用兵力很大（占总兵力三分之二），实际上办不到，甚至在德军深入苏联国境，打到离莫斯科很近的时候，日本还是不敢乘机参加对苏作战。所以如此，首先由于侵华战争动用了大量关东军的缘故，在"满洲"的日军亦仅能维持与远东红军为一比三的军力比率。再由于对华战争速战速决的迷梦已经破灭，持久战的泥潭消耗了意外大量的军需物资，日本要想趁火打劫，夹攻苏联，亦力不从心。可以说日本要北进，"非不为也，是不能也"。从这个意义上说，中国抗战起了制止日军北进的作用。上述的第三种看法认为日本无北进政策是不符合事实的。

现在让我转而谈论与太平洋战争关系更密切的南进问题。南进是日本帝国主义的既定国策，那是没有疑问的。首先因为英法美统治下的东南亚既有丰富的资源和广大的市场，且战略地位十分重要，野心勃勃而本身资源贫乏，急需人口稠密的东南亚扩大外贸市场的日本，早就对该地区垂涎三尺，特别是荷属印尼因为石油资源丰富，被日本称为"东方的天堂"。加上1937—1938年的世界经济危机，为了摆脱困境，南进的需要更加迫切。二因当时英美已开始对抗战中的中国采取了经济援助的措施，越南和缅甸又为中国接受外援的国际通道，日本也力图把它们切断。三因武力北进的两次尝试都已碰壁，南进更成为日本对外扩张的主要方向，以后再伺机北进。所以，在欧战爆发的前夜，它在扩大对华战争的同时，便力图把侵略魔爪伸向东南亚。1939年2至3月，日本先占领了我战略要地海南岛和南沙群岛，是实施武力南进的先声。同年9月二次大战爆发后，英法荷等国在欧洲战场一败涂地，无暇东顾，对日本的南进更是天赐良机。近卫内阁便于1940年8月1日抛出了日本要建立以日、"满"、华为核心的"大东亚共荣圈"（日本东亚大帝国）的基本方针（注意："大东亚"的"大"字和"共荣圈"三个字与1938年11月抛出的"建设东亚新秩序"不同）。松冈外相当时公开宣称，"大东亚共荣圈"的范围由中朝扩大到印度支那、新加坡、马来亚、泰国、菲律宾、印尼、英属婆罗洲、缅甸等地。第一步是1940年9月日本趁法国败降之机，和德国一起向维希政府共同施加压力，占领印支北部，作为武力南进跳板，这已经不是所谓和平南进了。以后，南进的步骤一步紧似一步。到了德苏战争爆发之后10天，日本召开御前会议紧急讨论的结果，坚持先向南推进的军部实力派占了上风，他们认为德苏战争解除了日本的北方牵制，正是南进的千载难逢的机会。通过的"适应局势演变的帝国国策纲要"，宣布决心"实行建立大东亚共荣圈"的方针，"竭尽全力解决日华冲突，加速南进"，更决定"作为对英美的战争准备"，"不辞与英美一战"。这次御前会议是日本法西斯武力南进发动太平洋战争的决定性的一步。尽管这个文件也提出对苏秘密准备武力，一旦苏德战局转而对日本有利，帝国就要用武力解决北方问题。但这不是硬性规定而是有条件的，也许可以说为了给北进派留点面子吧。这样，南进的方针便确定下来了。但是确定南进和实行南进还不完全是一码事。我们知道在欧战爆发以后，德国极力怂恿日本盟友南进。从1939年9月到1940年年初，它通过外长里宾特罗甫和访日特使施塔玛向日本游说，力促日本为它大规模进攻英法，在东南亚助一臂之力，可是他们从日本访德特使寺内寿一大将所得到的答复是"日中战争不结束，南进是办不到的"。日本的根本方针还是以处理中国事变为政策的重心，继续不参加欧战。所以1940年夏天英法荷在欧战中处于极其不利的时候，日本没有能够在东方起到夹击英法、助纣为虐的作用。这样我国坚持抗战，不仅制止了日本武力北进，也推迟了日本武力南进，给西方盟国特别是美国以扩大军备的时间上的余裕。所以后来丘吉尔曾为此表示庆幸。他在太平洋战争爆发后两周（12月26日）在美参议院演说时说："德国如果在1940年法国崩溃之后，即试行进攻英伦三岛，日本如果又同时对英帝国和美国宣战，则我们所遭受的大祸和苦痛之深真不堪设想了。"可是特别要提出，日本后来决定马上武力南进，是妄图以南进为中国事变的解决打开一条出路。1941 年 11 月 5 日战争爆发前一个多月，在另一次御前会议上通过的中国事变处理纲要指出："从日本的困境来看，孤立地解决中国事变希望几乎断绝了，中国事变的解决，只有作为综合欧亚国际大变化的环境才有解决的希望。"杉山参谋总长在会上更公然说要利用南方作战使中国问题得到解决。这说明发动太平洋战争是深陷中国战场泥沼的日帝绝望的挣扎，而冒险的结果却走上了死路，"事变"却以中国和盟军的胜利而解决。从这一连串的事实看来，上述的第一种看法认为 1936 年的"国策基准"就标志着日本的北进政策转为南进政策，未免说得过早一点。

三　日军偷袭珍珠港得手和战争初期胜利的原因

日本帝国主义者借以发动的太平洋战争的珍珠港事件，从孙子兵法所谓"出其不意，攻其无备"的意义上讲，诚然是突然袭击，不管称它作"偷袭"也好，或美其名曰"奇袭"（大战犯东条英机在远东国际军事法庭的供词）也好，都是突然袭击。不过这个突袭是发生在 1941 年 12 月，这时日本发动的全面侵华战争已经过了 4 年多，二战全面爆发也过了两年多，纳粹侵犯苏联也过了 5 个月。谁能够相信至少三次靠战争起家的日帝倒会始终同它的争霸敌手美国侈谈和平，而不在远东挑起战争趁火打劫呢！而且日本在确定了建立"大东亚共荣圈"之后，就在行动上一步步向美、英、法、荷进逼，作为向美开战的准备。1941 年 7 月日本强迫印支法国当局签订共同防卫军事协定，侵入印支南部，法方同意西贡、金兰军港和好些机构供日使用，把整个印支变为日本武力南进的基地和桥头堡，就是一例。在这个时候，美国虽然先后采取了冻结日本在美资产，宣布对日实行包括石油在内的全面禁运，对日施加了压力，但并不能使日本南进的步骤停下来，只使日美矛盾进一步加剧，太平洋战争已不可避免。

1941 年 12 月日本与太平洋上盟国的海军实力的比较

	战列舰	航 舰	重 巡	轻 巡	驱 逐	潜 艇
美国	9	3	13	11	30	56
英国	2	—	1	7	13	—
盟军合计	11	3	14	22	100	69
日本	10	10	18	18	113	63

但是，为什么日军对美国在太平洋的重要海军基地的偷袭取得这样惊人的成功呢？就日方来看，这是比较容易理解的。总的来说日本为了武力南进，不但处心积虑，早有相当周密的准备（例如加紧对官兵的训练，甚至挑地形近似珍珠港的鹿儿岛进行过实战演习），而且诡计多端，极尽声东击西、迷惑欺骗的能事。首先，众所周知，从 1941 年 3 月起日本派遣海军大将野村吉三郎（同罗斯福有交情）任驻美大使，同美方进行所谓谋求妥协与和平的谈判（历时大半年，与赫尔国务卿会谈了 45 次，与罗斯福会谈了 39 次），到了东条代近卫任首相后，还派驻德大使来栖去美协助野村和谈，实际上是争取时间的缓兵之计，为了掩护武力南进。再例如日方 1941 年 7 月至 9 月，为掩饰南进的意图，摆出马上进攻苏联的架势，关东军在我国东北进行了历时近两月空前大规模的军事演习。顿时日苏开战之说甚嚣尘上。又如 11 月 25 日美史汀生陆长得到假情报说，日本从华北调集 5 个师团日军，集中上海准备坐船南下向印度支那行驶；12 月 2 日，美驻菲海上侦察机在中国先后发现日潜艇 6 艘沿金兰港海面南行。这些假象迷惑了美方，使他们借此判断日军首先进攻的目

标是菲律宾、马来亚，而不是夏威夷。日方特别厉害的一着，就是决定先集中袭击美海军基地珍珠港；这个主意出自联合舰队总司令山本五十六的建议，这确是一着大险棋。为什么这样说呢？一因可能美舰队没有集中珍珠港，扑了个空；二因日舰必须驶经近3千英里的航程从北方四岛中的择捉到夏威夷，横越大半个太平洋，中途可能被美方侦察发现。但山本认为只要在珍珠港存在美国强大的海空军，就给日本的远东霸权构成可怕的威胁，必须先发制人，在珍珠港来个海上决战，扫除这个威胁，即使冒大险也要干，并且以去就争，大有中国老话所说"射人先射马，擒贼先擒王"之概。山本这一孤注一掷的赌博由于美方的失误，倒是一开头赢得了大胜。还有一个原因，就是日本方面的间谍情报工作搞得不错，因而偷袭的日子和时间选择得得心应手。完全做到了"出其不意，攻其无备"的效果。日方通过它驻檀香山总领事馆的一周向东京报告情报工作，准确地了解到珍珠港的美海军演习期间一般总是在星期五停泊港内，并且密密排排地挤在一起到下星期一才再出航；到了星期六周末，美国少爷兵不是寻欢作乐，就是睡大觉，因而确定偷袭的日子是12月7日（东京时间凌晨，夏威夷时间12月8日，恰好是星期天）。这样万事俱备，未经宣战，日本便集中了55艘军舰，内有航空母舰6艘（共有10艘），护航战列舰2艘，巡洋舰3艘，载着423架飞机，于11月26日神不知鬼不觉地从北方四岛中的择捉岛出发，到12月7日晨安然抵达珍珠港，主要用航舰上的轰炸机对集中在港内的美国军舰主力和瓦胡岛上飞机场进行两次大袭击，投下鱼雷与炸弹，命中率很高，美方几乎没有抵抗，袭击仅两小时，美方遭到毁灭性的损失。战列舰被击沉7艘，伤1艘，其他10艘军舰全部报销，岛上飞机394架中被击毁188架，击伤159架，死伤人数4500人；而日方的损失极微（只有29架被击落）。对美方来说，侥幸的是，当时三艘航舰没有泊在港内，造船厂、油库（存油几乎等于日本全部储存量）没有遭袭击。日方也来不及把珍珠港占领，可供美方后来反攻之用。珍珠港的惨败是美国历史上空前未有的奇耻大辱，这个消息传到美国，全国轰动，舆论大哗。就美国来说，为什么会遭到偷袭并受到这样惨重的打击呢？美国国会为了查明它的原因和谁应负的责任，进行了长达4年多的调查、听证和争论，罗斯福的政敌更拿这事件作为攻击罗的把柄。关于这个问题，"修正派"历史学家，认为罗斯福总统在珍珠港有意暴露了太平洋舰队，刺激日本向美国发动进攻，从而把美国带进和英苏在一起的欧洲战争。日本的进步历史学家井上清也有类似的看法，他认为珍珠港事件"是美国总统为使美国民众同意对日作战的苦肉计"。（《日本近代史》下册）。这种归罪于罗斯福的主要论据，是陆长史汀生在日记中记下这样一段话："我们应该如何策动他们（日本人）处于放第一枪的地位，这就是全部事情的内容。"这就是说，罗斯福政府当时的策略就是策动、引诱日本人放第一枪，是罗斯福不惜任何代价有意玩弄的诡计，也是珍珠港事件这个巨大灾难发生的原因，罗斯福对此应负责任以至全部责任。对此，我国史学家怎样看呢？就我所接触到的，我国史学家一般不同意"苦肉计"那种说法，但对于太平洋战争前美国对日推行的是何种政策又有如下不同的意见：

（1）一种意见认为，太平洋战争前，美国面对日本的侵略扩张，不是进行针锋相对的斗争，而是节节退让，尽量满足日方的要求，企图以牺牲中国等亚太国家的利益来实现美日妥协。政治上的绥靖必然导致军事上的麻痹大意和判断失误，这为日本提供了可乘之机，因此珍珠港事件是美国对日推行绥靖政策的必然结果。

（2）另一种意见认为珍珠港事件的爆发是日本侵略者侵略

行径的必然产物，经过它们周密筹划，也是一种预谋的结果。事件爆发的全部责任或主要责任应由日本法西斯承担。罗斯福不该在中立主义、和平思想的迷惑下放松警惕，忽视美国整个防务准备，固是事实，但不能因此说成罗斯福故意诱使日本进袭珍珠港，而达到抛弃孤立主义的目的。另一方面，罗斯福也应负一部分责任，因为这个事件和有关的种种失误，也不能说与罗斯福政府长期推行姑息政策，在战略上采取防守政策以及和平麻痹思想毫无关系。

（3）第三种意见则认为，罗斯福政府的对日政策（1937—1941年）受到国内多方面因素的制约，如中立主义、孤立主义、和平主义等，曾出现过绥靖倾向。但总的来说，罗斯福的对日政策是"克制与遏制"而不是绥靖。珍珠港被袭不是绥靖政策的结果而是战术上的失误，是由于对侵略者方面的疯狂性、冒险性估计不足，从而导致对日进攻方向作出错误判断。罗斯福以下的美国军政首脑，也都没估计到日本会直接攻击珍珠港，因此影响了珍珠港的军事当局没有采取认真的临战措施。

在我看来，这几种看法都有可商榷的地方。我的粗浅意见是这样的。①苦肉计的说法确是站不住脚的，我赞同我国史学界反驳这种说法的论证。②产生珍珠港事件的悲剧和战争初期失利的根本原因或远因由于美国长期对日本侵略实行绥靖（姑息）政策，养虎遗患。尽管由于中日战争和欧战爆发后，远东和整个国际形势与欧战前夕的欧洲形势有异，美国所执行的绥靖政策在某些方面与英国张伯伦对纳粹德国的绥靖不是一模一样，结果也不同。为什么这样说呢？A．美政府受了和平主义、孤立主义、"中立法"的影响和束缚，对日本侵华采取纵容、姑息的态度，纵然同日本争夺中国，争夺亚太霸权的基本政策没有变，反对日本独吞中国，从而进犯东南亚。在日本攻陷武汉广州以后，美国又开始采取援蒋的措施，但还是企图通过太平洋会议的策动，美日直接会谈，甚至不惜以牺牲中国的局部利益为代价同日本达成妥协，维持所谓远东现状。B. 欧战爆发以后，日本又与德意订立三国同盟（1940 年 9 月 27 日），日本在亚太地区的"领导权"得到承认，美国面临同日本的军事冲突的危险。它采取一些在经济上向日本施加压力的政策，如正式宣告废除日美通商条约，对日本急需军用物资实行出口限制，同时向蒋介石政府提供一些新贷款。但这些做法也只是为了避免推迟日本南进。C. 我们知道欧洲慕尼黑的一个突出的特点是：祸水东引，把德国侵略的矛头引向苏联，美英初时（轴心三国同盟和德国攻苏以前）搞的"远东慕尼黑"也包含有祸水"北引"的意图，但轴心三国订立同盟和德国攻苏以后，美国既成为法西斯下一步进攻的对象，而苏联又成为美的盟国，这个祸水北引的意图收敛起来了。但是"远东慕尼黑"也有一个突出的特点，就是经济绥靖。早在"七七事变"发生之后 3 个月（1937 年 10 月），美国在布鲁塞尔召开九国公约缔约国会议之前，美国国务院就给会议定了调子：主张会议应给日本以政治上经济上的"安全感"，不仅不要制裁日本，还必须"为日本保障原料来源和商品市场"。美国不仅这样说，而且也这样做。它不仅在政治上纵容日本侵略者，而且通过贸易渠道，在经济上供给它大批战略物资，不断给资源贫乏的日本输血。据日本官方统计，1937 年美国对日军需品贸易占其全部对日贸易比重的 33.5%。以后逐年增长，日本的重要军事物资，如石油、钢铁、废钢、机器、汽车以至飞机，许多都是从美国进口，石油更离不开美国供应。"七七事变"后第二年，美输往日本的军用物资，竟占日本全部消耗额的 92%，福特公司等大垄断企业还帮助日本建立现代化军事工业，这等于替日本办兵工厂。即便在 1940—1941 年轴心三国军事同盟成立，近卫抛出

"大东亚共荣圈"，日本占领整个印度支那期间，尽管美国政府也先后对日本采取出口许可证、部分禁运等措施，在不同程度上限制了飞机、航空设备军事器材、废铁、石油等军用物资输往日本，但实际上1940年对日的废铁输出达到470万磅，铁和钢板148万磅，1941年更分别增加到2000多万磅和561万磅。美国的如意算盘以为这样既可收买日本，又给美国垄断资本家以大发国难财的机会，一举两得。但实际上要收买日本是收买不了的，日本法西斯军阀的气焰更加高涨，到头来，美国的经济绥靖主义只是搬起石头砸自己的脚，自食其果。替美国这样绥靖政策辩解的人，认为美国当时战备不足，军事实力不够应付两线作战，因而采取先欧后亚，在大西洋对德国采取攻势，在太平洋，对日本采取守势。罗斯福政府千方百计地力求同日本达成妥协，实有它的苦衷。可是必须指出，美国同日本的秘密谈判是的确包含有以牺牲中国和亚洲地区其他国家的利益来安抚日本为条件的，例如1941年4月9日，赫尔国务卿通知日本新任驻美大使野村说，保持两国友好的基本条件是，尊重各国领土完整；在殖民扩张方面实行权利均等及门户开放原则，不干涉别国事务，保持太平洋现状。这些原则只限于未来，并没有提到过去，伪满的炮制，已是既成事实，这就意味着对伪满现状的默认。不仅如此，再例如1941年4月16日日美的所谓民间代表在美谈判，经过讨价还价，双方终于拟定一个"日美谅解方案"，它的重点干脆要求美指使蒋政权承认"满洲国"，与日讲和，同汪精卫傀儡政权合流；另一方面，日本则承认在日中协定的基础上，不在中国驻兵，保持中国"独立"，恢复"门户开放"；日本在西太平洋方面的发展保证不诉诸武力，而采取和平手段；同时美国应恢复向日本供应各种战略物资。尽管日美两方后来对这个谅解方案都不满意，但美方仍然同意以此为基础进行谈判。只是由于中国不是当年捷克斯洛伐克资产阶级，中国人民坚持抗战，"远东慕尼黑"的阴谋终于破产。还有一个例子，1941年7月日军开进印支南部后，罗斯福便召见野村大使劝说日本不要以武力占领印支，美国保证尽力使中、英、荷、美与日本一起共同宣告印支中立化，这也是以亚太地区的人民的利益为牺牲来谋求美日妥协，这不是绥靖政策是什么？美国驻日大使格鲁认为绥靖一词容易引起误解，而美其名曰"建设性的和解"，并吹嘘他一直实行这个和解政策。但事实胜于雄辩，所以，罗斯福在他的儿子面前自己还老实地承认："我们无论在事实上或是实质上都是在讨好日本。"（伊里奥·罗斯福：《罗斯福见闻秘录》）应该说，美国政府长期推行对日绥靖政策，是造成珍珠港灾难的远因。至于近因呢，我倒同意上述第一种看法的论断，即"政治上的绥靖必然导致军事上的麻痹大意和判断失误"。这类的近因，例子不少，因时间所限，只列举下面最突出的几个：①1941年1月底秘鲁驻日大使曾密告美驻日大使格鲁，他从多种来源获得日本准备进攻珍珠港这消息，格鲁便密电向赫尔汇报。那时正是山本五十六作出这个作战计划的时候，但华盛顿当局当时不相信。②1941年7月美日秘密谈判期间美国情报部借助于所谓"魔术"译电码技术的帮助，破译了日本大使馆接到它本国政府的绝密指示，获悉日本即将发动战争。11月底和12月初美国情报部门又截获了日本政府同驻外使馆一批密电，说明日本正在采取重大的军事行动，但罗斯福和他的军事当局错误地估计敌人当会拣近处弱处下手，最可能的是泰国，其次是马来亚，再次才轮到菲律宾，而没有把珍珠港估计在内。他们大概自恃珍珠港有强大的海空军防守，以为日本不至于有在太岁头上动土，摸老虎屁股的愚蠢的自杀行为。③在偷袭前72小时，澳洲政府已得知日本舰队朝向珍珠港的行踪，便通知了华盛顿政府，后者仍不相信，没有下令珍珠港司令官,立即采取紧急防备措施。甚至在偷袭珍珠港的前1小时,美国驱逐舰在港外发现一艘日本袖珍潜艇并把它击沉了,也没发出警报。许多军官正在吃早饭准备换班。而美国太平洋舰队司令金梅尔上将在日机投弹时,刚刚换好衣服准备外出,同地面部队司令肖特玩高尔夫球呢!④12月6日晚上美方截获日本给驻美大使的最后通牒的前13段送给罗斯福看,他虽说过:"这就意味着战争",但没有马上召开紧急会议商讨对策,发出警报。这样,从华盛额当局到珍珠港的官兵完全丧失警惕性,麻木不仁,熟视无睹,以至遭受日方大举袭击时,完全陷于被动挨打的地位。这个毁灭性的噩耗传到华盛顿时,有些官员还怀疑报错了地名,把菲律宾当作珍珠港呢!真是昏昏沉沉,荒天下之大唐了。日本不宣而战,偷袭珍珠港的结果,美国会以压倒多数通过罗斯福对日宣战的议案,英国也跟着美国跑,接着日、德、意也向英美宣战。

　　与此同时,由寺内寿一大将指挥的日本南方军(包括陆海空军)分兵数路进攻西南太平洋的中国香港、泰国、马来亚、菲律宾、印度尼西亚、缅甸以及关岛、威克岛等战略岛屿。虽遇到一些抵抗,付出一些代价,但只消3个月,除缅甸于1942年5月才被攻占之外,英、美、法、荷4国在这一地区的殖民地和岛屿几乎全部落入敌军之手,日本侵略势力扩大到东起中途岛,西迄印度东岸,北邻西伯利亚(阿留申群岛),南邻澳大利亚北岸的广大地区。日本对东南亚和西南太平洋的进犯所以势如破竹地达到预期的目标,简单地说,除了同样由于美、英、荷统治集团长期对日本法西斯侵略者奉行绥靖政策之外还有如下几个原因:①美、英、荷帝国主义者对东南亚各国人民长期实行残酷的殖民统治,与他们处于对立地位,没有也不敢依靠武装当地人民进行战争。②当地的海空军占劣势,陆军兵力虽同日方差不多

（近 40 万），但兵力分散，斗志很差。英美荷指挥官对于日本侵略者怀有畏惧心理，以至失败主义情绪，军队本身大多是外国人组成，在异乡作战，没有誓死保卫祖国的决心，士气低落。③尽管美军早就于 1941 年 7 月在菲律宾设有以麦克阿瑟为主帅的远东陆军总司令部，也只是"空城计"。实际上没有统一的指挥，没有协调一致的战略计划，也没有料到日本会同时从各个方面发动进攻，缺乏准备和预防，容易被日本各个击破。拥有 19 万兵力的菲律宾和有两艘大战列舰保护的新加坡军港的抵抗也无济于事。

四　战争阶段的划分与其转折点

太平洋战争由开始到结束，历时 3 年 8 个月，可划分为三个阶段（但也有人划分为四个阶段）。

（1）第一个阶段（1941 年 12 月—1942 年 5 月）：日本侵略军进攻得手，美英荷澳等盟军战略防御失利阶段。

（2）第二个阶段（1942 年 5 月—1943 年 3 月）：战局发生重大转折，盟军开始局部反攻，日本战略进攻大体上结束，转入战略防御。由于日方当时不能从中国战场抽调大批陆军大举进犯澳大利亚，为了遮断美澳的联系，日本便决定先攻澳洲东北的所罗门群岛和北面的新几内亚以至中途岛（夏威夷的西北）。因而导致了 1942 年 5 月初珊瑚海的海空战和 6 月初的中途岛争夺战。同时日军还在北方进攻阿留申群岛。在前一战役中，日本比美方稍占上风，但受了开战以来首次重大的损失（日舰 10 万吨被摧毁，飞机的损失亦比美国要多）；在后一战役中，日本企图与美舰队决战。1942 年 4 月 18 日，美空军上校杜立特驾轰炸机从航舰起飞第一次轰炸东京，更加强了山本五十六的这个决心，但因美方事先侦悉日本进攻的计划、兵力和时间，做好准备，一举击溃了日方的进犯，日方损失远比前次严重（大型航舰 4 艘被毁，飞机和兵员损失都比美方多好几倍），日方开始承认，"太平洋上的主动权转入敌人手中"。到了 1942 年 8 月美军在所罗门群岛开始局部反攻，出乎日方意料地在日军占领的瓜达卡纳尔岛（简称瓜岛）登陆，从而展开了历时半年的瓜岛激烈的争夺战，但因制海制空权已掌握在美方手中，日方连吃败仗，损失巨大，陷入绝境，被迫于 1943 年 2 月撤走。在这个阶段，发生一个争论的问题，就是太平洋战争的转折点是中途岛战役还是瓜岛战役，在美国、日本和西方国家的二战史学家，固然有不同的看法，我国史学家也发生争论，有的主张它的标志应是中途岛战役，有的主张瓜岛战役，各有理由。在我看来，前一战役的结果标志着日本的战略攻势已告结束，至少也已成为强弩之末，后一战役标志着美军战略进攻的开始，不如合二为一，确认这两个战役构成了整个战局的转折点。对我这样的看法，也许同志们会笑我是和稀泥吧。

（3）第三个阶段（1943 年 4 月—1945 年 8 月）：盟军完全掌握主动权，连续采取战略反攻，节节胜利，而日军处于战略防御，败局已定，终于投降。但也有史学家再分为两个小阶段：即第三阶段（1943 年 4 月—1944 年 10 月）盟军跳岛进攻直迫日本土的门户，并已在菲岛登陆，在缅甸反攻；第四个阶段（1944 年 10 月—1945 年 8 月），日本势穷力竭，濒临崩溃，加上美国投下两颗原子弹，苏联出兵参战，日本只好投降。

这两阶段战争的梗概是这样的。1943 年初在欧洲战场，苏联赢得斯大林格勒的大捷而使整个二次世界大战战局达到了转折点，这更使日帝陷于进退不得的窘境。日本大本营提出了缩短防线的计划。美国也需要相当的时间来扩充足供大反攻之用的海空军力，故瓜岛战役之后，战况一度趋于沉寂。值得一提的是，1943 年 4 月，美方侦悉日海军主帅山本五十六率领机队到布干维尔岛视察的行踪，便在该岛布置空军进行伏击，把他的座机击落，这个偷袭珍珠港的主谋者、发动太平洋战争的罪魁之一，便毙命于丛林之中，更沉重地打击了日方的军心。

　　1943 年年底美国太平洋舰队的实力大大增强（单是航空母舰比战争爆发时增加了 3 倍以上），盟军（美、澳、加、新等）便于 1944 年年初分兵两路对日本占领区发动强大的攻势：一路由尼米兹上将（美太平洋舰队总司令）率领的海军，沿夏威夷、日本委任统治的三个群岛（马绍尔、加罗林和马利亚纳）一线从中太平洋进攻；另一路由麦克阿瑟率领，沿巴布亚新几内亚、菲律宾南部一线向西南太平洋进攻。1944 年春夏间，尼米兹那一路美军先后夺取了上述的日委任统治的三群岛，塞班和关岛两据点的争夺战最为激烈，结果参战的日本海空军力量丧失殆尽。1945 年 1 月麦克阿瑟率部在吕宋岛登陆，2 月攻克马尼拉。麦克阿瑟所开的"我要回来"的支票总算兑现，同年 4 月至 6 月，美军分别占领了硫磺列岛和琉球群岛的冲绳，守军全军覆没。本来塞班的攻占，已使美国的 B—29 型远程轰炸机可以飞炸日本本土，硫磺岛和冲绳岛的占领更可以加紧对日本本土的空袭。与此同时，由 1943 年 9 月到 1945 年 5 月，在欧洲战场意大利的投降（1943 年 9 月）、第二战场的开辟（1944 年 6 月）和德国的投降（1945 年 5 月）相继发生，日本法西斯更陷于孤立无援的绝境，彻底崩溃只是时间问题。现在可以进而谈谈第五个问题即日本失败的主要原因。

五　日本失败的主要原因

　　日本军国主义以偷袭珍珠港侥幸成功而发动的太平洋战争，初时节节胜利（日本军部最初向日皇夸下海口，3个月可以胜利解决），但过了不到两年，日本的攻势便受挫。到了第三年，日美两方便攻守易势，日军节节败退，盟军凌厉的反攻日益扩大它的战果，终于进迫日本本土。3年多时间，日本所以由幸胜而归于惨败，主要有如下6个原因：

　　（1）首先，日本这个带有军事封建性的帝国主义国家，勾结德意法西斯而发动的所谓大东亚"圣战"是彻头彻尾的非正义的、倒退的特别野蛮的侵略战争。战争的这种性质，决定了日军的脆弱性，必然遭到国内外人民的反对，必然是失道寡助，终于失败。毛主席在《论持久战》一文"问题的提起"一节中就很透彻地说明了这个道理，我在这里不多说。

　　（2）同作战双方力量对比的消长有关。日本当时本是资源贫乏，科技和其他生产力比美英落后的后进的帝国主义国家。例如当时日本年产钢不过700万吨，而美国达9000万吨，等于日本12倍多。美英对日的经济绥靖，它在国内、朝鲜、中国和其他占领区的掠夺罗掘，虽使日本能够加紧扩军，积累了一些进行军事冒险的本钱，但是随着战争的持久化，战线的拉长，日本经受不起消耗战的沉重负担，以战养战的如意算盘也打不成。而资金比较雄厚，科技和其他生产力比较先进的美英及其他盟国，在开战不久，经过动员、训练和军需工业的加紧发展，就在兵员和装备（特别是海空军）方面超过了日本，双方作战实力的对比很快就发生了不利于日本而有利于盟国，尤其是美国的变化。举一个美国的例子。在太平洋战争之前，美国船厂造1万吨级的船要两百多天的时间，战争爆发后，美国人民同仇敌忾，在"牢记珍珠港"的爱国主义口号的激励之下，在 1942 年 9 月就缩短为 40 天，其后再减为 24 天，到了 1944 年，每 1 个星期就有 1 条航空母舰下水，至于货船更是 1 天就完成 1 艘，这种情况不是日本所能比的。因此，日本在开战初时所占的军事局部优势不久也转为劣势以至绝对劣势，制海制空权都转入盟军之手，日本便难逃战败的命运。

（3）日本军部低估美国的作战能力，认为依靠物质数量的美方缺乏战斗意志，看不到美国人民反法西斯斗争的坚决性，却高估了日本军人效忠天皇的精神力量，错认为美军吃了珍珠港一个大亏后便不堪一击，一蹶不振，战争可以速战速决，战略上犯了一个轻敌的大错。在战术上日本统帅实行蛮干硬拼，战败时死守到底，处于劣势时强迫航空兵实行自杀性的俯冲"特攻"战法。反之，美军的战略战术，接受战争初期失败的教训，却比较灵活，能攻敌之不备和打中它的要害。例如美方大举反攻时表面上是分兵两路向西推进，实际上侧重中太平洋一线，又采用"跳岛战术"，迅速地突破所谓"日本防波堤"的塞班岛和关岛后，便直指靠近中国海日本的门户硫黄岛和冲绳，在日本的内防线打开一个大缺口，使日本本土面临盟军快将登陆的危局。

（4）随着侵略战争的扩大，日本军事法西斯在国内的恐怖统治和横征暴敛变本加厉，使日本变成一座军事牢狱和饥饿地狱。日本劳动人民不愿为侵略战争充当炮灰和牺牲品，厌战情绪和反战运动愈来愈高涨。军部的血腥镇压，神化的天皇制的精神麻醉都已不灵。在前线，日军的士气普遍低落，愿当俘虏、开小差、投降的越来越多。日本人民从后方到前线各种厌战反战和反法西斯的活动汇合在一起，构成了从内部促使日本法西斯彻底战败的一个重要因素。

（5）另一个重要因素是日占区人民的反抗和殖民统治的瓦解。日本侵略军初时是打着从欧美殖民主义"解放"出来，建立"大东亚新秩序"的旗号攻占东南亚地区的，曾一度骗得缅、菲、印尼等地一些民族资产阶级领袖（如缅甸的昂山、菲律宾的罗慕洛、印尼的苏加诺、哈达）与日本"合作"。但是不久，日本法西斯狰狞的面目便暴露无遗，在军政府统治下，政治上的压制，经济上的搜刮，无所不用其极。这自然激起占领区人民的反抗，菲、马、印尼、越南、缅甸以至泰国，在当地共产党的领导下，建立抗日民族统一战线和人民武装，进行游击战及其他形式的抗日活动，使日本的殖民统治和战略资源的开发陷入瘫痪。日本后来在菲缅等地导演假独立丑剧，也无济于事。在菲、马的华侨分别组成"四八支队"（"四八"两字是新四军、八路军等的缩写）和星洲华侨义勇军，同当地人民游击队并肩作战。至于作为日本老占领区的朝鲜，在战争爆发以后，日本法西斯为了尽量罗掘它的物资和利用它的人力，对它的掠夺、镇压更是登峰造极。很多朝鲜居民被强制送往日"满"从事奴隶劳动和到前线充当炮灰。随着战争越来越对日不利，金日成将军领导的朝鲜人民武装在朝鲜境内和中朝边境也一天比一天活跃。

（6）最后，一个对太平洋战局的影响极为深远的因素，就是中国人民坚持抗战，使日军泥足深陷，不但不能靠着"南进"的推动把它拔出来，而且加速了南进日军的必然失败。首先，中国战场的存在，既消耗了它的巨大人力和物力，又有力地牵制了它的陆军主力。太平洋战争爆发时，日本扩充的陆军共有 51 个师团，它只能抽出 11 个师团作"南进"之用，而有 35 个师团留在中国东北和关内，无法开往太平洋前线增援。1944 年，日本为了预防日本本土与东南亚的海上联络完全被切断，企图另辟从"满洲到新加坡的陆上联络线"，而发动所谓打通大陆作战，由于遭到中国军民的抗击，到头来还是落空。反而遭受重大损失和加速华北和华中占领区的瓦解。此外，日军从北缅进犯印度东部英帕尔的军事冒险，也由于中国远征军与盟军协同作战和另一中国集团军在滇西的反攻，而归于失败。侵占缅北密支那的日军也全军覆没。无怪罗斯福对于中国人民坚持抗战给予很高的估价，他曾对他的儿子说："假如没有中国，假如中国被打垮了，你想一想，有多少师团的日本兵可以调到其他方面来作战，他们可以马上打下澳洲，打下印度，他们可以毫不费力地把这些地方打下来，和德国配合来一个大规模的夹攻，在近东会师……"（伊里奥·罗斯福：《罗斯福见闻秘录》）

由于以上种种原因，日本的败局已无可挽回。它的海空军几乎全部被摧毁，剩下的一点本钱只是在本土以及我国东北和朝鲜的一部分陆军，兵源、物资（粮食配给每人每天 2 至 6 两，铁锅剪刀都充公）、财力都已枯竭（1944 年军费占预算 85% 以上），面临盟军在本土登陆作战的绝境。东条内阁早于 1944 年夏倒台，代替他的，初时是小矶国昭，后来是铃木贯太郎。但当时日本困兽犹斗，妄图采取和战两手策略，作最后的挣扎。和的方面主要是打苏联的主意。日本除了努力防止苏联（1945 年 4 月苏联已通知日本不再延长苏日中立条约）参战之外，还邀请苏联从中斡旋同美英进行和谈，答应给苏联一些好处，但苏联置之不理。另一方面为了保住日本本土和朝鲜，进行空前大动员（征集 15 至 60 岁的男子，17 至 40 岁的女子去当义勇兵，包括病残在内），叫嚷"皇土决战""一亿玉碎""七生（七辈子）尽忠"。及至中、美、英三国在苏联同意下，于 7 月 26 日发出通知日本无条件投降的波茨坦公告，当时日本的主和派已占上风（包括重臣以至日皇），但担心天皇制的国体不能保存，仍不肯接受。接着美国把它当时仅有的 3 颗原子弹中的两颗（一颗已于半月前在新墨西哥州试验爆炸掉）于 8 月 6 日和 9 日先后扔在日本的广岛和长崎两市，造成大量的伤亡和破坏。8 月 8 日苏联向日本宣战，第二天清晨，苏军加上蒙军分兵三路越境向中国东北挺进，对日本关东军发起全线总攻击，它的太平洋舰队也同时投入战斗。同一天，毛泽东主席发出《对日寇的最后一战》的号召，东北、华北、华中、华南各地的军民展开全面总反攻，并取得重大战果（两个月共歼敌 23 万，收复城市 190 座，国土 31 万平方公里）。这时日本山穷水尽，军事崩溃无可避免。经过 8 月 14 日的御前会议，取得日皇裕仁同意，便于 15 日由裕仁亲自宣读停战诏书，宣告日本投降。8 月 28 日以麦克阿瑟为首的美军在日本登陆，开始对日本的军事占领，9 月 2 日在密苏里号美舰上签署了"无条件"投降书，中、苏、美、英等盟国反对日本法西斯侵略战争从此胜利结束。

战争是结束了，但还有两个问题需要澄清：一个是，日本最后投降究竟是不是无条件投降？另一个是，美国在日本扔下两颗原子弹和苏联最后参加对日战争，究竟对日本的败降起了多大的作用？

（1）前一个问题比较简单些，尽管波茨坦公告要求于日本战败国的是无条件投降，战胜战败双方签署的也是无条件投降书，国内外有些历史的有关记述，是肯定日本无条件投降的。可是，也要指出：①日本政府于 1945 年 8 月 10 日委托中立国瑞士和瑞典向盟国转达日本提出的条件，附加一项谅解，即波茨坦公告并不包含要求改变国体的意图的条件下，加以接受。而 8 月 11 日美国代表其他盟国对日本所提的附加条件有如下的答复："自投降之时刻起，日本天皇及日本政府统治国家的权力，即须听从盟国最高统帅之命令……日本政府之最后形式，将依日本人民自由表示之意愿确定之。"有了后一句话，等于没有说死，还

有余地。②裕仁于 8 月 15 日宣读的停战诏书除了口口声声称
"帝国"之外，在末一段一开头就说"兹得以维护国体……"最
后一句还希望"举国一致，子孙相传……誓必发扬国体之精
华"。③1946 年 11 月在美国占领下，日本议会通过的新宪法与
明治旧宪法——《大日本帝国宪法》相比，关于国体问题，作
了如下的修改：国名由大日本帝国改为"日本国"；天皇由拥有
"神圣不可侵犯"权力，"万世一系"的最高统治者变为日本国
和日本国民总体的"象征"，这样日本的国体才从拥有绝对权力
的天皇制改为垄断资产阶级专政的君主立宪制。这样看来，在新
宪法颁布以前，所谓日本"无条件投降"是不是还要打个问号
或引号呢？

（2）第二个问题比较复杂一点。如所共知，在促使日本投
降的问题上，美苏两家历来互相争功。美国夸大原子弹对迫使
日本投降的作用，苏联则一直强调它对完全打败日本的结局起
了决定性的作用。我们认为这两种论断不仅片面，而且带有
"贪天之功"的味道。关于原子弹的作用问题，大家都会记得，
在日本投降之前（8 月 13 日），毛主席就说过："原子弹能不
能解决战争？不能。原子弹不能使日本投降。只有原子弹而没
有人民的斗争，原子弹是空的。"① 毛主席并引用当时担任东
南亚盟军最高指挥官蒙巴顿的话说："认为原子弹能解决战争
是最大的错误。"② 丘吉尔初时也同意和称赞原子弹的使用，
但后来他在"回忆录"中却说："认为日本的命运因原子弹而
得到解决的说法是错误的。在第一颗原子弹落下以前，日本的
失败已成定局。"即便在美国的高级将领中也有类似的看法；

---

① 《毛泽东选集》（合订本），第 1031 页。
② 同上书，第 1032 页。

例如杜鲁门的参谋长李海上将，既不赞成用扔原子弹的野蛮方法来屠杀城市平民，也断言使用这类武器，"就我们打败日本来说，并无什么重大帮助。日本已被击败和准备投降了，因为海上封锁和用常规武器进行轰炸都已见效"。美海军司令金海军上将也有过类似的反应。事实上日本当局在证实美国扔的是原子弹之后，反应也并不强烈，虽然上奏了日皇，但连内阁会议也没有马上召开，照旧进行其"本土决战"的准备。打开天窗说亮话，美国急急忙忙在日本扔下原子弹是为了在苏联出兵之前抢先一步，急于避免发生斯大林在波茨坦会议上要求共同占领日本那样"令人大伤脑筋"的事情。也就是说，这是为了将来在远东取得比苏联有利的地位。尽管这时通知苏联不需要它参战已不可能。

至于苏联出兵参加对日作战起什么作用的问题，大家也记得当时毛主席很兴奋地指出："日本帝国主义投降的大势已经定了。日本投降的决定因素是苏联参战。百万红军进入中国的东北，这个力量是不可抗拒的。日本帝国主义已经不能继续打下去了。"毛主席对苏联参战作这样高的估价，当时我们都是同意的，一因那时中国人民之切盼苏联出兵，如大旱之望甘霖；二因当年苏美英三国首脑在雅尔塔会议背着中国签订的秘密协定，也就是有关苏联参战的交换条件，还蒙在鼓里，全然不知。三因对当时日本关东军的具体情况（如《毛选》的注认为关东军仍然是"日本陆军最精锐的主力"）也不够清楚。所以，对苏联的参战所起的作用，作了偏高的评价也并不奇怪。新近几年，由于大家对于斯大林的大国沙文主义、民族利己主义的错误已有所认识，雅尔塔秘密协定的秘密已经公开，对当年日本在投降前夕的具体情况和苏军参战的具体战果都比以前清楚一些，中国史学界对这个问题的看法已有改变。比较多的人的意见认为，从雅尔塔

秘密协定①及斯大林一些言谈看来，苏联参战的动机恐怕不能说
是纯正的、无私的，甚至可以说是力图趁机恢复日俄战争后沙俄
在我东北失去的殖民利益（如大连、旅顺、中东铁路的利益）。
但也有人提出，苏联对日作战，也有其历史根源，苏日是宿敌
（日俄战争后，还有十月革命之后日本出兵西伯利亚，进行军事
干涉），苏联参战的一个原因，就是要消除苏联东部安全的长期
威胁（包括把库页岛南部交还苏联，千岛群岛包括北方四岛交
给苏联）。这种从自身"安全"着眼的参战动机仍属于爱国主义
的范畴。对于这个看法我不能同意。至于苏联参战所起的作用，
多数历史学家，认为我们应承认美、苏、英及亚太各国对战胜日
本的贡献，加速日本的投降（仅指投降这一历史环节）的决定性
因素是苏联参战，这也应该肯定。但不能因此就像近年苏联的某
些史学家那样贬低、抹杀中国战场在太平洋战争的重要地位和作
用，甚至夸称没有苏联红军出兵中国东北，中国就不能从日帝占
领中解放出来，苏联红军实在是替中国共产党打天下。至于苏联
红军出兵我国东北所宣布的战果（日军损失七十万人），有些中
国史学家也认为应该打个折扣。理由有二：①苏联远东军总数达
150 万。装备武器都占了很大优势，而关东军当时号称 75 万，
仅及苏军的半数，并且实际上精锐部队早已调走，战斗力已大大

---

　　①　雅尔塔协定规定苏联在德国投降两个月或三个月内参加对日作战，其条
件为：
　　1. 外蒙古的现状需要维持。
　　2. 库页岛南部及邻近一切岛屿须交还苏联。
　　3. 大连商港须国际化，苏联在该港的优越权益须予以保证，苏联租用旅顺港作为
海军基地也须予以恢复；苏中共同经营中东铁路和南满铁路；经谅解，苏联的优越
权益须予以保证，而中国须保持在满洲的全部主权。
　　4. 千岛群岛须交予苏联。有关蒙古、旅大及中东铁路等问题根据苏提议，美总
统将采取步骤以取得中国方面的同意。

减弱（仅及原来师团实力的1/3），强弱悬殊，因此，两军战斗仅持续十几天，红军就把关东军击溃。②所谓日军损失70万人，实际上被苏军击毙的是8万3737人，其余59万4000人是日本投降后奉命放下武器而被俘的。苏联有一位史学家曾讥讽中国共产党在延安按兵不动，养精蓄锐，等待盟军战胜日本后夺取蒋介石的政权，摘胜利的果实。拿这句俏皮话回敬给这位抹杀事实的苏联史学家，倒是不无道理的。

六 应从太平洋战争的历史吸取什么教训？

关于太平洋战争的前因后果已说得不少了。现在让我最后极其简单地说说应当结合当前国际新形势从太平洋战争吸取什么教训的问题。

（1）日本投降，二战结束，至今已有40年，整个国际形势发生了极大的变化，可是，不但帝国主义依然存在，而且美苏两国已成为推行霸权主义的超级大国，彼此争夺世界霸权愈演愈烈。这就蕴藏着爆发新的大战以至世界大战危险。尽管当今世界上制约战争、维护和平的因素和力量也空前强大，新的大战爆发可以推迟以至制止。但鉴于德国法西斯突袭苏联，日本偷袭珍珠港的教训，我们现在仍不能掉以轻心，而应保持高度的警惕。我们虽是一个社会主义大国，但国防仍然落后，落后就有挨打的危险，居安思危，我们在自力更生为主的原则指导下，在加紧现代化经济建设的基础上加速国防现代化（不仅是武器，还包括民兵战术训练等）也是当务之急。

（2）欧战也好，太平洋战争也好，都是导因于绥靖政策，尽管形式有所不同。太平洋战争留给我们一个深刻的教训，就是绥靖主义政策，指望通过无原则的单方面妥协退让，向侵略者安抚讨好，乞求和平，其结果都适得其反，只能助长侵略者的气焰，加速战争的到来。我们坚持对外开放以及同一切国家（包括超级大国）发展友好和经济文化关系的政策，但要以和平共处五项原则为指导、为前提。我们不能也不会为了发展同美国的友好关系而容忍在台湾或其他问题上，我国的领土主权的完整受到破坏、内政受到干涉；我们是真心诚意地谋求中苏两国关系的正常化的，但不是不惜任何代价，对于本身安全受到威胁也听之任之。

（3）自原子弹在太平洋战争中发明和使用以后，二三十年来在裁军、核裁军谈判的掩盖下，两个超级大国的军备竞赛，特别是核军备竞赛，有增无减，新的野蛮武器的研制，什么 MX 导弹、中子弹、激光武器，层出不穷，我们应接受美国把仅有的两颗原子弹向日本扔下的教训，不应迷信所谓"恐怖平衡"那种说法，认为核战争不可能发生，而应极力主张真裁军，禁止、销毁核武器，并由两个核武器装到了牙齿的超级大国带头实施，同时也重视人民群众的反核运动。

（4）大家已听过日本近现代史中的日本军国主义一课的讲授，而太平洋战争的发动正是日本军国主义的集中表现、得意之作，我国人民、亚洲人民和日本人民深受其害，这个惨痛的教训，绝不能忘记。在美国占领日本后的 50 年代，我们为此曾一度反对美国重新武装日本。其后日本利用美国的侵朝战争和侵越战争的所谓"特需"订货等条件，经济迅速恢复和发展。到了60 年代末一跃成为仅次于美国的资本主义世界第二个经济大国，日本当局虽否认有发展为军事大国的愿望和要求，但军国主义的祸根始终没有绝灭，抱有扩张主义野心的右翼势力不时蠢蠢欲动。

本讲主要参考文献

［英］利德尔·哈特：《第二次世界大战史》（中译本）。

［法］亨利·米歇尔：《第二次世界大战史》（中译本）。

［中］朱贵生、王振德、张椿年等编：《第二次世界大战史》。

［日］日本历史学研究会：《太平洋战争史》（中译本）。

［日］服部卓四郎：《大东亚战争全史》。

［日］实松让：《偷袭珍珠港前的 365 天》（中译本）。

［日］井上清、铃木正四：《日本近代史》下册。

［日］《木户下一日记》下卷。

［美］伊里奥·罗斯福：《罗斯福见闻秘录》（中译本）。

［美］菲斯：《通向珍珠港之路》。

［美］舍伍德：《罗斯福与霍普金斯》。

［美］国务院：《与日本关系的外交文件》（1939—1941）。

［美］国务院：《与远东关系的外交文件》（1939—1941）。

［英］丘吉尔：《第二次世界大战回忆录》第三卷《伟大的同盟》（中译本）。

［英］琼斯：《1942—1946 年的远东》上册，《国际事务概览》（中译本）。

（原载万峰、沈才彬编《日本近现代史讲座》，甘肃人民出版社 1987 年版）

评雅尔塔体制

（1983 年）

第二次世界大战的后果有一个与第一次世界大战显然不同的特点，就是同盟国在战争还在进行期间，特别是胜利已经在望的期间，便通过美苏英几个主要国家的首脑会谈，就战后的重要问题提出预先准备的方案，讨论协商，大体上作了安排。而第一次世界大战的情况却不是如此。战胜的主要协约国，如美英法意日等，各怀鬼胎，各有争霸的打算，有互相勾结的一面，也有互相排斥的一面，虽在战前也有密约或谅解（如 1917 年 2 月的英日秘密协定和同年的美日蓝辛—石井协定），但在战争结束之前，协约国方面的大国对于战后的安排并没有事先充分交换意见，达成协议，即便是威尔逊建议的"十四点"原则，也是在 1918 年 1 月（即德国盟国保加利亚投降之前 8 个月、德国本身投降之前 10 个月）发表的，也是临阵磨刀的"急就章"。只是到了 1919 年 1 月巴黎和会这个分赃会议举行时，才成立了一个四巨头会议（美国的威尔逊、英国的劳合—乔治、法国的克里孟梭，意大利的奥兰多）和一个五人会议（上述四国外长加上日本外相），就战败国的惩处掠夺、殖民地和势力范围的重新分割、划分、国际组织（国联）的建立以至对付社会主义苏俄的计划等问题，进行秘密的谈判和幕后的交易。在会上几巨头钩心斗角，争吵不休，历时1年才宣告结束。

可是，第二次世界大战的战后安排，却不是采用第一次世界大战这种办法。关于战后世界的重大问题，从对战败国的处理、战胜国的利益的调整，到维护世界和平组织的建立等，主要在战争期间便由美国的罗斯福、苏联的斯大林、英国的丘吉尔三巨头亲自参加的会议讨论协商或私下会谈决定下来的。这也就是说，战后世界秩序如何安排的新蓝图，早在战争结束之前相当久，就由几个主要战胜国预先加以设计。战后世界势力的新划分，国际关系格局的改变，都同这些会议、会谈的内容和决定有密切的关系。所以这样做，恐怕不仅出自美英两国首脑罗斯福和丘吉尔个人的老谋深算，并同他们接受凡尔赛和会的教训有关，社会主义苏联在第二次世界大战中所起的决定性作用，大概是一个不能忽视的因素。

我们知道，第二次世界大战刚爆发不久，罗斯福政府在美国参战之前就已经未雨绸缪，设立一个名为"和平改造问题委员会"的机构，盘算战后的世界安排的计划，并规定其基本原则是"首先要考虑美国最大的利益"。及至德国侵苏战争爆发刚两个月，罗斯福为了同英国商谈战后的世界新秩序的原则性安排，便同丘吉尔在大西洋中的纽芬兰一个海港，进行战时第一次会谈（1941年8月），结果发表一项被称为《大西洋宪章》的联合声明，标榜两国：（1）不追求领土或其他方面的扩张；（2）凡未经有关民族自由意志所同意的领土改变，两国不愿其实现；（3）尊重各民族自由选择其所赖以生存的政府形式的权利；（4）赞同摧毁纳粹暴政和解除侵略国武装，等等。在当时的历史条件下，这个声明对于动员全世界人民，加强反法西斯同盟，团结起来打败德意日侵略者，有一定的积极作用。但美方又极力把"机会均等""海上自由"等扩张主义原则塞进"宪章"里去，反映出美国打进英国殖民地，称霸世界的企图。在会议期间，美国还谈及英帝国关税特惠制度，罗斯福还预先主张战后必须把英国的殖民地问题拿出来讨论，因而激怒了丘吉尔，引起了一场争吵。但会议所发表的"宪章"，成为后来联合国宪章的蓝本。接着罗斯福政府又在国内设立以赫尔为首的战后外交政策委员会，来探索世界各个方面的立场，提前准备战后各种问题的全盘安排。美国的主要目的，是要把战后的世界改造成真正20世纪的世界，也即"美国的世纪"的世界。正是在这种安排之下，从1943年初到1945年日本投降前夕，主要盟国的首脑为讨论战后问题而举行了下列的重要会议：（1）美英首脑的卡萨布兰卡会议（1943年1月）；（2）美英中三国首脑开罗会议（1943年11月）；（3）美英苏三国首脑德黑兰会议（1943年11月）；（4）英苏两国首脑在莫斯科私下会晤（1944年10月）；（5）美英苏三国首脑雅尔塔会议（1945年2月），以及（6）美英苏首脑波茨坦会议（1945年8月）。

在这些首脑会议中，对战后的安排比较重要的有：开罗会议、德黑兰会议、丘吉尔、斯大林莫斯科会谈，尤其是雅尔塔会议。现分别把会议会谈的内容和决定介绍一下，有详有略，视其重要性的大小而定。

（一）开罗会议——关于开罗会议所讨论的主要议题。

（战后日本的处理）和所通过的开罗宣言的主要内容（三大国此次进行战争的目的在使日本所窃取于中国的领土例如满洲、台湾、澎湖群岛等归还中国），这已是众所周知的事，在这里只想补充如下3点：（1）这是蒋介石第一次作为第二次世界大战中所谓"四强首脑"代表中国参加的盟国首脑会议。尽管罗斯福和丘吉尔一样都看不起蒋介石，但是，罗斯福出于全球战略的考虑，把蒋介石塞进四大国领袖的行列里，是为了用蒋来牵制苏英两国。1943 年 3 月，罗斯福就表示过中国（蒋介石中国）一定要参加大国圈子，因为"中国由于同俄国存在着严重的政策冲突，将会毫无疑义地站在我们这一边"。（《罗斯福与霍普金斯》）蒋要乞求美国援助，感激罗给他戴上四强首脑之一的桂冠，当然心甘情愿地把自己的对外政策完全纳入罗斯福的轨道，在战后充当美国在亚洲忠实可靠的附庸，所以宋美龄当时就当面告诉罗的亲信霍普金斯说：中国将和美国"站在一起"。她还说："应当采取步骤，使四大国一起商谈战后的事务，总统应当担任这一小组的主席。"丘吉尔当时也明白罗提蒋介石的用意，他向艾登指出，"美国方面肯定会用收买无资格投票的人，使他具有选民资格，来为自己投票出力的办法，力图瓦解不列颠的海外帝国"。（2）《开罗宣言》虽承诺要使日本把从中国侵占的满洲和台、澎归还中国，但是后来的雅尔塔秘密协定关于旅大、中长、南满铁路的决定，却把满洲（东北）的归还打了一个折扣，旧金山片面对日和约，只规定"日本放弃对台湾及澎湖列岛的一切权利和要求"，这就违反了《开罗宣言》的台澎归还中国的诺言，给后来的"台湾地位未定论"制造法律依据。（3）就在这次会议上，丘吉尔强调英国必须收复新加坡和香港。

（二）德黑兰会议——除了对开辟第二战场的时间、地点问题作出了决定之外，还讨论了和战后有关的问题，其中包括分割德国，建立维护和平的国际组织，巴尔干、远东、法国、芬兰、伊朗，以及一些国家的疆界，特别是波兰的疆界问题，会议发表了《德黑兰宣言》。在私下会谈中，罗斯福向斯大林透露战后四强要在国际组织中担任国际"警察"，来负起维护世界和平任务的设想（事实上美国自己在战后初期以世界宪兵自任），暗示他和丘吉尔在殖民地问题上观点不尽相同，丘吉尔会死抱着印度不放。在罗探询苏联参加对日作战的条件时，斯大林提起苏联在远东需要一个不冻港问题，罗斯福便许愿大连可以得到中国方面的同意，作为自由港来供苏联使用。这也为后来的雅尔塔秘密协定伏了一笔。在三国首脑会议之前，美国的霍普金斯和艾登、莫洛托夫会晤时，还着重谈到战后世界战略据点。莫洛托夫表示对突尼斯、比塞大港的"主权问题感兴趣"。霍普金斯主张太平洋海空基地由美国控制，如果台湾交还了中国，美国也希望在那里有海空基地。在三巨头会晤的场合，谈到同一问题时，斯大林主张日本邻近的战略岛屿，应当置于牢固的控制之下，这就预告雅尔塔秘密协定所规定的千岛群岛连同北方四岛割给苏联的先声。罗斯福仍抛出战后殖民地托管的方案来，主张对邻近德日的战略基地和据点必须实行托管制；另一方面丘吉尔则进一步强调不通过战争就不能从英国夺去新加坡和香港。

（三）波茨坦会议——在德国已经投降，日本投降在即的1945年7月开始举行，由三国首脑斯大林、杜鲁门（同年4月罗斯福已去世）和丘吉尔（后期为接替保守党执政的工党政府首相艾德礼）出席的会议，讨论了设立外长会议、占领德国的基本政治经济原则、德国赔偿、德国军舰商船的处置、德国东部哥尼斯堡城及其附近地区最后让与苏联、审讯战犯、奥地利问题、波兰问题、领土托管问题等。在会议中还发表了促令日本无条件投降的公告。

介绍完这几个会议之后，现在可以转过来着重谈谈斯大林和丘吉尔的莫斯科会晤，秘密确定战后苏英势力范围的"百分比"问题和所争议的雅尔塔秘密协定的问题，特别是后一问题。

（四）英苏莫斯科达成的秘密"百分比"谅解——1944年10月，当苏联红军向罗马尼亚进军已取得胜利，即将攻占匈牙利之际，丘吉尔到了莫斯科同斯大林会晤，而罗斯福则因忙于国内的总统选举，没有参与。双方秘密会谈的结果，曾达成了在巴尔干（包括黑海和地中海）划分势力范围的谅解（丘吉尔讳言"势力范围"，而称为划分"影响"或"发言权"的范围），怎样划分呢，也就是说：（1）罗马尼亚——俄国的势力或"影响"占90%，其他国家10%，（2）希腊——英国90%，俄国10%，（3）南斯拉夫和匈牙利——各为50%，（4）保加利亚——俄国75%，其后经过几番讨价还价，苏联承认英国在匈牙利、保加利亚有20%的发言权，英国也同意。这就是有名的所谓苏英划分势力范围的秘密"百分比"。英方认为它在地中海有重大的利益，因而英国对希腊应有更大的发言权；苏联表示它是黑海国家，不能容忍土耳其单独控制达达尼尔海峡，有关的蒙特勒公约，应予以废除，这个意见也得到英方的谅解。这个谅解没有写成正式文件发表，雅尔塔会上也没有再提起，像是得到美国默许，但其经过和内容，丘吉尔在他的《第二次世界大战》回忆录，原原本本地有点得意地记述下来。言之凿凿，这本书出版后4年间，苏联方面没有什么反应，给人以默认的印象。只是到了1958年，南斯拉夫领导人公开谴责苏联曾同英国达成把巴尔干国家划分为势力范围的协议，才引起苏联方面起而辩解。苏联的历史学家只承认丘吉尔在1944年与斯大林会晤时，有过这类的建议，但否认斯大林曾予以同意。而西方的学者对此事一般持肯定的态度。此外，南斯拉夫因有切身利害的关系，对于此事特别反感，它的领导人之一卡德尔曾对人说过，他和其他领导人于1944年丘斯会谈后1个月应邀访苏，当时斯大林对他们就谈到"百分比"协议，要求南斯拉夫亲苏亲西方的两派团结合作，与苏联共同贯彻这个协议。这是一个有力的旁证。更重要的，就是第二次世界大战末期，苏英双方在巴尔干和欧洲其他国家所采取的行动，说明是按照这个谅解行事的：（1）1945 年 2 月，苏联要求罗马尼亚国王更换政府，美国为此大叫大嚷，认为践踏了解放欧洲的《雅尔塔宣言》，在其后 9 月举行的伦敦外长会议上，美国国务卿贝尔纳斯同莫洛托夫为此发生了激烈的争吵，但英国外相因同苏联曾就罗保问题有过谅解，却不吭声。（2）1944 年 12 月英国派遣斯科比将军率领军队到希腊镇压希人民的武装革命运动，而苏联却没有提出抗议或采取积极反对的行动。（3）在这次会谈中，斯大林表示关心的主要是东南欧的巴尔干，而对于西欧则没有提及，但苏联的势力向东南欧的推进便以此为依据。战争期间，法共和意共领导下的抵抗运动本来相当强大，而在战后初年，法共意共为了参加联合政府，听从斯大林的话，"缴枪做官"，是否同苏对西欧这种态度有关，也是一个问题。

（五）雅尔塔会议与雅尔塔秘密协定——这个会议所以特别值得注意，一因它把德黑兰会议一些设想或悬而未决的问题差不多都确定下来和具体化；二因它的决定与战后欧洲和世界的国际关系新格局及其演变关系最为密切；三因国外和我国史学界对于这个会议，特别是雅尔塔秘密协定有不同的看法，以至争论。所以有必要着重就这个会议加以叙述和分析。

（1）在处置德国问题上，会议就德国必须无条件投降，它的一切军事设施必须彻底拆除，纳粹必须清除等问题较快地达成协议。初时罗斯福主张把德国肢解为几个国家，斯大林也基本上赞同分割德国，丘吉尔建议国际共管莱茵地区，而把普鲁士孤立起来。另一方面又想在德国南部建立一个受英国操纵的多瑙河联邦。争论结果，原则同意分割德国，决定各自的占领区，成立盟国管制委员会，并从美英占领区划出一定地区，作为法国占领区（美国提出，英国出于势力均衡的盘算，极力赞成，苏联认为法国在战争中贡献很少，初表示反对，但终于勉强同意）。这样就成为战后德国分裂为西德（美英法占领区）东德（苏占区）的先声。对于赔偿问题，苏联极力主张拆除德国的重工业，作为对盟国的赔偿，并建议总赔偿额为 200 亿美元，受破坏最大的苏联应占其半数。经过争论，决定以苏联的建议作为基础，交赔偿委员会讨论（后来讨论结果大体上还是接受苏建议，这对苏联医治好战争的创伤，有不少帮助）。

（2）关于波兰问题，会上争论的焦点，是如何确定它的东西部疆界，和扩大波兰临时政府的成员问题。苏联坚持保持 1939 年苏联进军波兰时取得波兰东部白俄罗斯人和乌克兰人居住的广大地区，而提出把波兰的西疆扩展到德国奥德河——西尼斯河一线。最后确定，波兰东疆大体上按照"寇松线"；而西疆在将来的和会上确定（后来还是接受苏建议）。关于扩大波临时政府问题，美英都企图把伦敦的流亡政府成员塞进亲苏的卢布林临时政府，但遭苏反对。其后决定把这个问题交美英驻苏大使进一步商量解决（其后确定卢布林临时政府成为新政府的框架，在国外的民主领袖将参加进去，新政府将举行选举）。

（3）关于联合国会议的问题——美国的如意算盘是企图在战后通过大国继续合作，在维持国际安全、维护世界和平的名义下，利用联合国的组织来保护本身最大的利益，操纵国际局势，从而领导世界。在会上，美国取得苏英的同意，在联合建立两套机构，在联合国大会里，所有会员国，不论大小都拥有平等的权利（发言权和表决权），决议案以多数票通过，在负责维持国际和平与安全的安全理事会里，大国（后来在四强之外加上法国为五大国）拥有常任理事席位，按照大国一致的原则（也就是联合国不能用来反对三大国的原则），常任理事国有否决权。苏联建议乌克兰和白俄罗斯两个加盟共和国作为会员参加联合国（这使苏联在联大有 3 票表决权），也获得美英的勉强同意。这样，雅尔塔会议为联合国的成立铺平道路；另一方面，也为联合国成立以后，超级大国为了本身的利益，滥用否决权的特权提供合法根据。此外美国在会上还提议战后殖民地（包括战胜国的）的托管问题，因遭到丘吉尔这个大英帝国卫士坚决反对，而没有谈下去。

（4）关于苏联参加对日作战的条件问题，也就是雅尔塔秘密协定问题——这问题是怎样发生的呢？美国本来想单独攻打和占领日本，作为战后支配日本，独霸远东的张本。但又担心付出过高的代价（当时原子弹尚未试验成功），据美国军方估计，在德国投降后，尚需要18个月，可能要付出伤亡100万人的代价，才能彻底打败日本，因而急于要苏联参加对日作战。美国更担心苏联会在美国和日本打得精疲力竭时，乘机出兵控制中国东北和内蒙古，拣个熟"桃子"，扩大它在远东的势力范围。于是在雅尔塔会议之前，罗斯福便令美驻苏大使哈里曼探听苏联参加对日作战的条件，以便在雅尔塔会议单独同斯大林商谈。在会上罗斯福、斯大林密谈的结果，达成如下的协议，满足了苏联的要求。协议的内容如下：

苏联在德国投降后两三个月内参加对日作战，其政治条件为：①蒙古的现状（独立）需要维持；②库页岛南部及一切邻近岛屿须交还苏联；③大连商港须国际化，苏联在该港的优越权益须予保证，俄国租用旅顺港作为海军基地，也须予恢复，苏中共同经营中东铁路和南满铁路。经谅解，苏联在这方面的优越权益须予以保证，而中国仍须保持在满洲的全部主权；④千岛群岛包括北方四岛须交给苏联；⑤有关蒙古、旅大及中东铁路等问题，根据苏的建议，美总统将采取步骤，以取得中国方面的同意。美苏这个秘密协定后来在会议上也取得英方同意和签字。再过了两个月，宋子文访问莫斯科时，通过美方的示意和压力、蒋介石政府接受了在没有中方参加下，雅尔塔秘密协议有中国权益让与苏联的决定。到了同年 8 月 14 日，蒋政府还与苏联缔结《中苏友好同盟条约》，同时签订了关于中长铁路、大连和旅顺的 3 个协定，在法律上确定了雅尔塔协定中苏联从中国取得的权益。

对于美苏两国通过雅尔塔会议和协定这样安排战后的世界，在当时和事后有种种不同的看法和评价，罗斯福刚离开了会议，便沾沾自喜地说，"世界历史进入了一个新时期"。丘吉尔也有类似的期待。《纽约时报》当时欢呼："这次会议是历史与和平道路上的里程碑。"在苏联，为了庆祝这会议达成协议，举行大规模群众集会，《消息报》的社论更说："为了和平、民主与进步，怎样在一些最复杂的问题上取得谅解，这次会议将在这方面作为一个新的范例载入史册。"以后，苏联历史学家继续称赞这个会议符合国际关系准则精神，证明"社会制度不同的国家能够进行富有成果的合作"。但反对罗斯福的一些美国人，把他同斯大林在雅尔塔的妥协，说成"向苏联投降"，"把东欧出卖给了斯大林"，"傻瓜的交易"，"战时的慕尼黑"。而在被排斥于外的法国，则普遍认为这个会议是两个"超级"大国之间达成妥协的典型例子，反映出牺牲小国的利益，以谋求世界霸权的野心（这个评价倒不无道理）。在我国史学界中，虽然也有人为罗斯福在雅尔塔会议的所作所为辩解，认为它努力寻求同斯大林妥协，是为了反法西斯战争东西两战场的迅速和全面的胜利，以及战后大国的继续合作，共同维护世界和平设想和效力。但较普遍的看法则认为，代表美国垄断资本利益的罗斯福总统，在战后要建立一符合美国最大利益（也就是以新殖民主义取代大英帝国以及法荷比等老殖民主义，争霸全球）的"世界秩序"。但苏联实力雄厚，不是另一大国英国所能比（丘吉尔自己也承认他是罗斯福的"第二把小提琴手",只能对罗所弹的主调帮帮腔),当时红军已囊括东欧,乘胜进迫柏林,美国既要承认这个既成事实,为了以较小的代价早日打败日本,还要倚仗苏联尽快出兵参战,为了未来的远大目标,对斯大林作适当的暂时的妥协是必要的。罗斯福当时还认为,苏联还需要美国的军援和经援,只要在远东方面对苏联做些让步,加上对苏的继续援助,就可以在一个时期内拴住、稳住苏联,拉着英国向美国领导世界的路上一起跑。当时,罗斯福还有一个一厢情愿的想法,以为"斯大林要为它的国家谋安全,如果我把我能够给它的一切都给它而不要求任何报答,那末……他就不会去兼并任何地方了"。此外,罗还认为:"在远东方面,让苏军在限定的范围内(我国东北和朝鲜)和支持国民党政府的条件下,参加对日作战,也是替蒋介石(他的仆从)做的一笔很有利的交易。"1951年前美国驻苏大使哈里曼向美国国会作证时,有一段话把罗当时的意图说得相当清楚。他说:"存在的巨大危险是,苏联可能袖手旁观,而等我们牺牲了大批美国人生命,打败日本之后,红军长驱直入满洲和中国北部地区。那时苏联人就能轻而易举地以公众要求为口实,建立满洲和蒙古人民共和国了。罗斯福力图使对斯大林先前所谈的一般保证,作为俄国尽早参加太平洋战争的明确行动,限制苏联在东方的扩张和取得苏联对中国国民党政府的支持。"

关于斯大林在雅尔塔会议上所提出的政治条件得到满足,而如期参加对日作战一事,初时我国一般人都被蒙在鼓里,及至1945年8月,苏联对日宣战,大举出兵东北的喜讯传来,好像大旱盼到下雨一样,我们大家都雀跃欢呼(毛泽东同志在《对日寇的最后一战》一文中,就代表中国人民作了热烈欢迎的表示)。但近年雅尔塔秘密协议已成为公开的秘密。尽管在社会主义新中国成立以后,这个文件关于中国的部分已成为废纸

（1950 年 2 月《中苏友好同盟互助条约》缔结的同时，还签订了两国关于中长铁路和旅大的协定，规定在一定期限内苏联向我归还这三项权益），我国不少史学家认为斯大林在雅尔塔会议的做法是花样翻新的强权政治那一套，是违反了马列主义的原则，破坏了某些基本的国际关系准则的政治交易。因为：第一，秘密协定中有关旅大、中长铁路等有关中国领土主权的条款，是美苏英三国为了本身的利益，背着中国（美方借口事关苏联出兵的机密，担心中国方面保不了密，既不让中方参加，事前也不通知，罗斯福还自夸，事后可以说服蒋介石，取得他的同意），牺牲中国权益的非法产物。事实上，根据这个秘密交易，美苏划分在中国各自的势力范围。美国通过对蒋介石的极力支持，得到了中国绝大部分，苏联得了小部分，即东北的权益。第二，斯大林当时在会上解释，只有这些政治条件得到满足，他才能向苏联人民交代得过去。他说，如果这些条件不能得到满足，他和莫洛托夫就难于向苏联人民解释，为什么苏联要参加对日作战，反之，如果这些政治条件能得到满足，人民就会理解这是涉及国家的利益，而且非常容易将这项决定向最高苏维埃解释。但这是什么"国家的利益"呢？那就是秘密协定上头白纸黑字写上的"由日本 1904 年背信弃义进攻所破坏的俄国以前的权益，须予以恢复"，这样，苏联不是把自己摆到沙俄的地位上去了吗？斯大林在日本投降后《告人民书》中曾说，1904 年日本同俄国之间的战争是日本侵略了俄国，沙皇政府战败是俄国一个"污点"，为了洗刷这个"污点"，"我们这些老一辈人等待了 40 年了，而这一天终于来到了"。人们都知道，1904 年的日俄战争是两国为争夺东亚霸权，重新瓜分朝鲜和中国东北的帝国主义战争，而战场主要在中国东北地区，遭受战争洗劫的主要是中国东北人民，日俄都是帝国主义者，半斤八两，打的战争是列宁一向谴责的帝国主义者的战争，并不是俄国作为被压迫民族反对日帝侵略的战争，日本作为战胜者从帝俄手里夺走的旅大、中东铁路等权益，原是帝俄从中国掠夺得来的权益。斯大林这番话不仅歪曲了历史事实，而且把沙俄的领土扩张主义和爱国主义混为一谈（早在30年代中期斯大林就不同意发表恩格斯的著名论文《俄国沙皇政府的对外政策》，批评恩格斯过高估计了沙皇政权的反动作用）。由此看来，苏联在同一些国家关系中反映出沙俄领土扩张主义的影响，就不足为奇了。第三，作为获得东北这些权益的交换条件，斯大林在会上表示，蒋介石应当充当中国抗日统一战线的领导者，承诺给予蒋政府以支援，保证不支持中国共产党反对蒋介石。所以后来日本投降，在中国只有蒋介石政府和军队有受降的权利，在苏联红军控制下的东北也是如此。尽管那时东北无国民党一兵一卒，配合苏军解放东北的我30万东北联军积极清除日伪残余势力，收缴敌军武器等，但苏军并未主动支持过中国人民武装，苏军倒是接受重庆的请求，推迟撤退一两个月，以便于协助蒋政府在美国运输机的协助下，赶运大军到东北去受降"接收"（但据杜聿明后来透露，苏军亦未给国民党以积极支持。据美国《白皮书》说，大量日本装备曾被苏军以使共产党可以获得它们的方式，遗弃在满洲）。至于社会主义苏联的领导人斯大林等，为什么在雅尔塔会上对于中国共产党这样看不起，而对反共反人民（也反苏）的蒋介石国民党政府，却如此袒护，竟同美国一起予以支持，这也是并不奇怪的。根据后来发表的有关材料，这主要是由于苏联领导人（包括斯大林）对中国共产党（不完全依据苏联模式而同中国的实际结合搞革命的共产党）有偏见、成见和不信任。斯大林曾经怀疑中共领导人是南斯拉夫铁托分子的流亚。在雅尔塔会议之前，斯大林曾在同哈里曼的谈话中，称赞蒋介石是当时中国领导人中最好的。"统一中国的人将是蒋介石"，"因而必须予以支持"。他还说，他不相信中国共产党的领袖们有蒋介石那样好，也不相信他们有能力完成中国的统一。斯大林甚至以轻蔑的口吻说，"中国共产党人不是真正的共产党人，他们是人造奶油式的共产党人"。莫洛托夫有一次对赫尔利说，"中国人民中有人自称共产党人，但与共产主义不发生任何关系"，"不应把苏联政府与这些人联系起来"。

正因为当时苏联领导人对蒋介石政府和中国共产党有这样错误的看法或偏见，在第二次世界大战结束前夕，便以支持蒋介石政府"统一中国"，作为交换条件，讨好罗斯福而取得在中国东北远东其他地区的权益，在日本投降前夕，通过与国民党政府订立"中苏友好同盟条约"（其中条款规定"在双方彼此尊重主权及领土完整与不干涉内政的原则下，进行友好合作"，"双方相互提供可能的经济援助"等），既在中国东北取得一定的利益，又能够有一个"友好"的中国与之为邻，求得与美国在远东相安无事。也因为这个缘故，据说在国共谈判濒于破裂时期，斯大林曾经向中共建议，象法共意共那样，"缴枪当官"。解放战争期间，斯大林又建议我党与蒋介石以长江为界，平分天下。只是到了中国解放战争胜利以后，中国共产党的实践证明了党的路线的正确，斯大林也就认识了以前的看法的错误，在 1949 年 7 月刘少奇同志访苏时，斯大林向中国道歉说："我们干扰过，妨碍过你们，我为此感到内疚。"（见伍修权《往事沧桑》，第 181 页；上海文艺出版社 1986 年版）这是后话。

综上所述，可以看到，从第二次世界大战刚爆发时的"东方战线"，到战争末期的雅尔塔秘密协定，苏联的民族利己主义和大国沙文主义已暴露出来。到了战后 60 年代末期，苏联成为超级大国，再进一步演变为霸权主义，同美帝争夺世界霸权并不奇怪。

这样说来，尽管美苏英三国在战争末期通过妥协已划分了彼此的势力范围，但美国利用大大膨胀的实力，企图实现称霸世界的计划，而苏联至少也要确保胜利的果实，并在东欧以至东北亚建立维护自己"安全"的屏障。顺便提一下，在东北亚，似乎表现得很节制，对日本、苏联本来要求和美国一样有自己的占领区，遭到美国反对后，因怕与美国对抗闹翻而作罢。在朝鲜，同样因为怕与美国冲突，十分注意不去触犯"三八线"以南地区美国的利益，于日本投降后很快把苏军从"三八线"以南撤回。美苏在依靠实力而追求的目标上，存在无法克服的分歧和矛盾，也隐伏着战后无法避免的斗争。所以到战争结束以后，把盟国捆在一起的因素（共同对敌）已经消失，两国无法继续合作，终于出现在欧洲进行经济、政治、军事、思想各方面的冷战，并进而争夺世界霸权的局面。这是与第二次世界大战的结果和安排战后世界秩序的几个会议，特别是雅尔塔会议分不开的。

（在上海复旦大学讲学记录稿 1983 年）

帝国主义国家之间的矛盾和斗争的新发展

"团结的一年"吗？

肯尼迪一上台曾在"国情咨文"中公开埋怨西方阵营的不团结。他说："在欧洲，我们的联盟有空白，而且有点混乱。北大西洋公约组织的团结受到经济上的竞争的削弱，部分地受到了国家利益的侵蚀。它还没有把它的力量充分动员起来，也还没有完全取得共同的看法。"因此肯尼迪竭力强调要加强"西方的团结"，实际上就是要加强美国对西方盟国的控制，加强美国在西方集团中的领导地位。

一年快过去了，"西方的团结"加强了没有？美国副总统约翰逊在 12 月 4 日发表的一次演说中吹嘘 1961 年是西方世界"团结的一年"。他说：自由世界的团结， "不仅表现为一种态度……而是已经变成实际存在的事实"。但事实证明，1961 年并不是什么西方世界"团结的一年"，而是帝国主义阵营的矛盾和斗争进一步尖锐化、加速走向四分五裂的一年。

矛盾加剧的深刻的原因

过去一年中，帝国主义各国之间矛盾和斗争的加剧，是有它的深刻的原因的。首先，近几年来资本主义发展非常不平衡，使帝国主义之间的力量对比发生了巨大的变化。从 1953 年到 1960 年，美国工业生产每年平均增长率仅为 2.5%，而英国为 3.6%，法国为 8.2%，西德为 8.8%，意大利为 8.9%，日本为 14.7%，都超过了美国。由于这种变化，美国在世界资本主义工业生产的比重日益降低（由 1948 年的 53.4% 降到 1960 年的 44.8%），而日本、意大利、西德、法国四国的份额则在日益上升（由 1948 年的 11.1% 增到 1960 年的 21.6%）。西德和日本的发展特别惹人注目，西德目前的工业生产总值已迫近英国，出口贸易则仅次于美国。日本在世界资本主义工业生产中所占的比重已经超过了加拿大和意大利，它的钢产量超过了法国。帝国主义国家经济力量对比的这种变化，自然会在它们彼此的关系中强烈地反映出来。这就是说，随着美国在资本主义世界的地位日益相对地削弱，英、法、西德等国的统治集团，尽管它们在反对社会主义阵营和民族解放运动方面同美国统治集团有着共同的利害关系，也尽管它们目前还不能完全摆脱美国垄断资本的影响和控制，但是它们要求同美国平起平坐的呼声愈来愈高了，它们要求同美国重新瓜分资本主义世界的角斗愈演愈烈了。

其次，这几年来亚洲、非洲和拉丁美洲的民族解放运动的连续高涨和殖民主义体系的加速瓦解，大大缩小了帝国主义的统治地盘，从而加剧了帝国主义各国之间，特别是新老殖民主义者之间的矛盾和斗争。民族解放斗争胜利的结果，一个又一个的殖民地国家取得了政治独立的地位，到 1961 年底，全世界仍在殖民统治之下的只剩下包括领土面积约 1300 万平方公里，人口约7000 万的地区（占全世界总面积 10% 和全世界人口 2.3% 左右）。非洲是帝国主义的"最后防线"，但那里的殖民主义体系的崩溃特别快：仅在 1960 年就有包括 8400 万人口的 17 个国家取得政治独立，1961 年又有塞拉勒窝内和坦噶尼喀两国先后宣告独立。现在，在非洲的 58 国家和地区中，独立的国家已经增加了 29 个。有些新独立的国家如加纳、几内亚、马里等，为了扫除殖民主义残余势力，巩固民族独立，还在军事、政治和经济方面采取了种种措施，同殖民主义者进行斗争，这又进一步缩小帝国主义控制和剥削的范围，使得资本主义世界市场更加狭隘化。社会主义国家同民族独立国家的友好合作关系的发展和对这些国家不附带政治条件的经济和技术援助扩大，更加强了这些国家的人民要求摆脱帝国主义国家经济影响的倾向。在拉丁美洲，美国雇佣军在吉隆滩的惨败，古巴革命不断胜利前进，以及巴西、厄瓜多尔的民族民主运动的重大发展，即使美国在资本主义世界的"声望"和领导地位更加低落，又直接动摇了华尔街在它的"后院"的统治的根基。

再次，世界资本主义体系的经济进一步衰落和恶化，也是今天导致帝国主义国家之间矛盾和斗争尖锐化的一个重要原因。过去一年，资本主义世界经济情况十分不稳定。美国战后第四次经济危机 1960—1961 年的危机虽已渡过，但直到今天，工业开工率依然不足，失业大军依然存在。英国的经济困难还是很严重。西德和日本的工业生产高速度上升的曲线，新近已经下降。而且，在过去一年中，美、英、日等几个主要资本主义国家都发生了国际收支恶化和逆差严重的情况，美元危机好容易缓和下来，英镑危机又接踵而至。最近，美国国际收支的逆差又剧增（从第一季度的年率 14 亿美元增到第三季度的年率 30 亿美元），黄金重新加速大量外流（十一个月来外流额近 8 亿美元，使黄金储备下降到 1939 年以来最低的水平），美元危机有再度爆发的征兆。日本更是"爬得高，跌得重"，经济畸形膨胀的结果，招来了十分严重的国际收支危机（从 1 月到 10 月，逆差几达 10 亿美元，外汇储备减到危险点 15 亿美元以下）。至于资本主义世界中的不发达国家，受到美、英等国这几年频繁发生经济危机和原料市场价格继续下跌的影响，1961 年上半年的出口和外汇储备一般都比上一年同期减少，帝国主义国家要发展对这些国家的出口贸易也更困难。在资本主义世界经济这样不稳定和衰落的情况下，比较强大的帝国主义国家，竭力把危机转嫁到别国头上，因而在帝国主义国家间引起转嫁与反转嫁的斗争。为了改善国际收支的状况，各帝国主义国家又千方百计地扩大它们的出口贸易，在日益缩小的资本主义世界市场内，"狭道相逢，冤家路窄"，展开了非常激烈的贸易战。各国共产党和工人党代表会议声明指出："资本主义经济的不稳定性在增长着。尽管某些资本主义国家的生产在或多或少的程度上有一定的增长，但是，资本主义的矛盾无论在本国或国际范围内，都在不断地尖锐化。"该声明又指出："资本主义发展的不平衡性，不断地改变着帝国主义国家之间的力量对比。帝国主义的统治范围越缩小，帝国主义列强间的矛盾就表现得越厉害。市场问题空前尖锐化了。"过去一年来形势的发展，完全符合声明的这个科学的论断。

西方阵营更加混乱

在政治、军事和外交方面，帝国主义国家之间的矛盾和斗争，也显得更加复杂错综。大体上说来，美帝国主义竭力要保持以至加强它对西欧"盟国"的领导和控制，但英、法、西德等帝国主义国家，尽管在一定程度上还依靠和追随美国，却开展了反控制的斗争。另一方面，西欧国家中，英、法和西德之间的明争暗斗也有了新的发展。我们记得肯尼迪刚上台，他力图重整西方联盟的努力，便遭到了西欧国家顽强的抵抗。麦克米伦公开表示英国不能"淹没和消失在一个巨大的多国联盟里"，而要"对人类的发展作出独立的贡献"。戴高乐政府的发言人竟不客气地警告，肯尼迪不能"代表自由世界讲话"。阿登纳也叫喊，美国不应"把它自己的意志强加于人"。以后，每当肯尼迪政府遭到什么失败或挫折的时候，它就遭到它的西方盟国的抨击和奚落，美国武装侵略古巴的失败，在英、法等国中所得到的反应就是如此。到了最近，尽管美国统治集团力竭声嘶地呼吁西方团结，力图统一北大西洋侵略集团主要成员国的步调，来打击社会主义国家，但事情的发展却与他们的主观愿望背道而驰。10 月 30 日《纽约时报》刊载的以"不团结的盟国；对美国的领导缺乏反应……"为题的通讯，抱怨说："美国尽管在北大西洋联盟中处于武器供给者和付钱者的地位，但是明显地它没有能够劝诱和说服它的不情愿的盟国接受华盛顿政府所有的见解和政策"，它并认为这种"混乱"是"联盟中的危险的新事情"。过去一年来，在北大西洋集团内部的矛盾和斗争中间，在如下的几方面特别值得注意：

首先，我们看到，肯尼迪上台以来，为了迎合法国和西德争取大国地位的要求，调整美国同西欧盟国的关系，他所采取的拉拢、抬高法国和西德、故意贬低和冷落英国，不承认英国在北大西洋集团中的特殊地位的做法，从 1961 年 4 月麦克米伦到美国同肯尼迪举行非正式会谈（在这次会议中，肯尼迪压迫英国参加共同市场）后，已经表现得越来越明显。在苏美首脑维也纳会谈前，肯尼迪先赴巴黎，向戴高乐移樽就教，在会谈之后才匆匆跑到伦敦去，敷衍麦克米伦几句，相形之下，已使英国资产阶级报刊大吃其醋，不满美国低估英国的作用。英国终于正式申请参加西欧共同市场，是肯尼迪政府推行这种贬低英国地位的政策，向英国不断施加压力的结果。11 月下旬阿登纳同肯尼迪举行会谈之后，《纽约时报》记者赖斯顿指出，根据会谈所透露的情况，"肯尼迪现在的欧洲政策不是以同英国的任何'特别关系'为基础，而是以同西德的'特别关系'为基础"。华盛顿这样进一步同波恩勾结，而疏远伦敦，引起英方很大的反感。最近，麦克米伦又决定到百慕大同肯尼迪举行第四次会谈，法新社在报道这消息时讽刺英国说，他们的会谈是想表明两国的"特殊谅解"继续存在，但是，如果这种"谅解"真正"完美"，用不着"不到一年的时间就会晤四次"。

其次，尽管肯尼迪政府在表面上同法国亲热，吹捧戴高乐，但戴高乐政府还是继续对美国闹"独立性"，"拒绝从任何人那里接受劝告或命令"（《纽约时报》）；一直野心勃勃地要搞以法国为首的西欧政治联盟，争取大国地位；一直要硬挤进核俱乐部，建立法国独立的核打击力量。11 月 23 日戴高乐在斯特拉斯堡演讲中叫嚷：虽然大西洋联盟是绝对必要的，但法国"必须保持自己的意志，自己的性格，自己的军队"。戴高乐这样的对美国不买账，使美国重整西方联盟的努力不断碰钉子。

再次，在扩军备战的问题上，帝国主义国家之间存在的矛盾也更加尖锐化。肯尼迪政府为了加紧推行它的核武器和常规武器并重的全面扩军备战政策，除了坚持继续控制北大西洋集团军队的原子武器的核弹头之外，向西欧盟国施加强大的压力，要它们加速扩大常规武装力量。但是美国这种要求也遭到英国的抗拒。英国一方面坚持保留自己的核大国地位，并要求分享美国操纵核武器的大权，另一方面则强调自己对西方的军事实力已作出足够的"独立贡献"，并以经济困难为理由，要挟西德和法国多出钱出力，而自己始终拒绝加强它在西德的驻军，这引起美国很大的不满。对于西德核武装问题，西方四国各怀鬼胎，各有一套打算。英国为巩固自己的核地位，至今仍反对西德拥有核武装。肯尼迪在最近同阿朱别伊的谈话中宣称"绝不会把核武器交给任何国家"，"特别不愿意看到西德获得它自己的核潜力"。但事实上，西德一直要求实现自己的核装备，尽管阿登纳一再否认，据英国《论坛》周刊（11 月 24 日）透露，西德正在加速发展核武器，而在这方面西德得到法国的支持和合作。

还有，在东西方关系问题上，对于肯尼迪政府的软硬兼施的一套策略，英、法、西德等国也各有不同的看法，步调参差。这种分歧在西方制造出"柏林危机"以后更加明显。英国统治集团从自己的利益出发，大体上赞同华盛顿政府这种"双管齐下"的做法，并不排斥谈判，指责戴高乐和阿登纳的态度过于僵硬。反之，戴高乐和阿登纳，强调硬的一手，而指责麦克米伦急于谈判。有一个时候，波恩和华盛顿达互相猜疑，波恩担心华盛顿为了同苏联谈判而在事实上承认德意志民主共和国、承认奥得—尼斯河界线等问题上"出卖"西德；华盛顿则从波恩驻苏大使克罗尔的活动，怀疑西德可能和苏联直接谈判以至私下"和解"。11 月阿登纳和肯尼迪会谈以后，据说阿登纳的态度已经变得"灵活"一些，同意西方就西柏林问题有条件地同苏联谈判。但实际上，美、英、法和西德四国，在东西方关系问题上的分歧，经过最近麦克米伦和戴高乐的会谈、阿登纳和戴高乐的会谈，以至巴黎西方四国外长会议，北大西洋集团部长会议，还是没有弥合起来。

新老殖民主义者的火并

在过去一年中，帝国主义国家之间争夺殖民地、争夺中间地带的斗争表现得十分激烈。由于非洲殖民主义体系瓦解得特别快，老殖民主义者被迫对民族解放运动作出让步，新殖民主义者的美国认为机不可失，加紧渗透，企图取代老殖民主义者的地位，重新进行殖民地的分割，因而非洲成为新老殖民主义者争夺战的一个主要战场，成为它们之间的渗透和反渗透斗争的一个焦点。

为了加紧侵略非洲，肯尼迪政府玩弄两面的手法。它一方面支持老殖民主义者镇压非洲人民的斗争，另一方面又装作"同情"非洲人民，抓住一切机会排挤老殖民主义者的势力，取而代之。这就不能不加深美国同老殖民主义者之间的裂痕。今年年初美国负责非洲事务的助理国务卿威廉斯到英属法尼亚访问，装模作样地说美国主张"非洲是非洲人的非洲"，马上激起英国议会和报刊的一片抗议声，就是一个例子。美国阴谋利用联合国，进一步打入安哥拉，取代葡萄牙老殖民主义者的地位，引起里斯本的愤慨，又是一个例子。但是，争夺得特别激烈的地方还是在阿尔及利亚和刚果。最近以来，美国曾经进行了许许多多的阴谋活动，力图插手干预阿尔及利亚问题的解决。今年4月间美国甚至悍然策动和支持在阿尔及利亚的德国法西斯军官发动军事政变，企图颠覆戴高乐政权，通过它一手支撑的新政权直接打进阿尔及利亚，囊括盛产石油的撒哈拉的经济利益。这个政变失败之后，肯尼迪虽然在表面上讨好戴高乐，甚至亲自跑到巴黎去向他赔礼，但法美之间裂痕并没有消弭。至于美国新殖民主义者为了鲸吞刚果，夺取战略资源丰富的加丹加省，一直利用"联合国军"进攻英法比所支撑的冲伯集团，演出一幕又一幕的新老殖民主义者火并的全武行。尽管英法等国要求停火，但美国副国务卿鲍尔还是一再声明继续支持"联合国军"进攻加丹加省，而不肯立即停火。从这一个典型事件，我们可以看出新老殖民主义者的对立斗争是怎样的不可调和。

环绕共同市场的搏斗

在经济领域中，过去一年来，帝国主义国家之间的矛盾和斗争突出地表现为激烈的货币战和贸易战。

人们都记得，在今年年初，肯尼迪政府为了"保卫美元"，曾经继续向英国和西德等国施加压力，推行转嫁危机的措施。美国这种损人利己的做法，曾经激起它的西方盟国很大的不满。英国抱怨美国政府所加紧推行的"买美国货"、"由美国船载运"的政策损害它的经济利益，抗拒美国所提出的增加军费的要求。在美国的挤压下，黄金外汇储备特别"松动"的西德虽然忍痛拿出将近十亿美元来提前偿还对美国的债务和分担美国的一些海外开支，并同意马克增值，但当时双方吵得很凶，西德反对美国控制的矛盾斗争由此加深。美元危机缓和之后，由于马克增值的猛烈冲击，黄金滚滚地从伦敦外流，加之英国对美贸易收支的恶化，英镑又发生了危机。为了拯救英镑，英国政府采取了提高英格兰银行利率、压缩进口一类的措施，结果英镑稳定下来了，但美国政府又忧形于色，生怕"英镑的所得就是美元的所失"。最近美国黄金大量外流，其中有一次减少的三亿黄金是几乎完全被英国购买去的。面对着新的美元危机的阴影，肯尼迪12月6日在全国制造商协会美国工业年会上的演讲中，不得不承认美国国际收支逆差和黄金外流情况严重，提出五点对策。其中的四项，如要盟国分担"援外"和海外军费开支，强调在国内采购货物，以引外国资金流向美国和设法增加出口等，都会增加同英国、西德等盟国的摩擦。

特别值得我们注意的是环绕共同市场的斗争的新的发展。这个问题是异常复杂的，这里只想指出如下几点：（一）由于以西德为中心的西欧六国共同市场的经济膨胀比较快，以英国为中心的七国小自由贸易区受到一步紧似一步的挤压，竞争不过，英国迫于形势，为了保持重要的西欧市场，并企图打入共同市场，从内部夺取西欧的经济和政治"整体化"的领导权，只得于今年7月正式申请加入共同市场。英国这种无可奈何的行动标志着英国在贸易战中的一次重大的挫败，但这并不意味着六国与七国对立斗争的局面从此结束。我们知道，对于英国这种申请，西德为了换取英国在核武装及其他问题上对波恩的支持，比较表示欢迎，但法国则担心英国夺去它在西欧的领导地位，表示比较冷淡。而且两国都对英国的意图存在着怀疑，坚持英国非全部接受苛刻的罗马条约的条款不可，英国要吞下这颗苦药丸实在不容易。而且，在谈判中间，法国就草拟了一个共同市场政治联盟计划，企图把西欧政治统一的领导权抓在手里，并向英国施加压力，这种做法已经使英国感到不安。本来，在六国集团内部，法国和西德之间，为了争夺共同市场的领导权，为了西德始终不肯放宽对法国过剩的农产品的进口限制，也存在着矛盾，英国申请参加之后，英、法、西德之间在西欧市场问题上的钩心斗角只会更加激烈和复杂化。

（二）肯尼迪政府为了便于进一步控制西欧，曾经压迫英国参加共同市场。但是，美国垄断资本又生怕扩大的西欧市场（这个市场的人口比美国多一亿多，它的国民收入等于美国的3/5，每年吸收美国出口货总额的1/3和价值20亿美元的农产品）将加强西欧竞争对手的竞争能力，高筑限制美国商品输入的关税壁垒，影响所及，美国的国际收支将更加恶化，失业将更加剧，农产品过剩将更严重。一句话，美国在资本主义世界的相对地位将更下降。这是关系到美国帝国主义命运的一个严重问题。因此，从今年11月起，华尔街的代理人、从前国务卿赫脱、前副国务卿克莱顿、现任副国务卿鲍尔以至肯尼迪总统，都公开叫嚷，主张美国同共同市场建立所谓"合伙关系"来打开西欧的关税壁垒，在共同市场内取得领导地位。肯尼迪在12月6日和7日的两次演讲中更明确地提出，将向国会建议同共同市场紧密联系，但不参加共同市场，并要求国会修改"互惠贸易协定法"，授予总统更大权力进行降低关税的谈判，强调必须迫使西欧国家减低关税，为美国货开放市场。这反映出美帝国主义在日益不利于它的资本主义世界经济战中拼命挣扎的苦境。无疑的，一场空前剧烈的市场战已经打响，好戏还在后头呢！

（三）在太平洋的市场上，美国一方面压迫日本加速贸易自由化，以便于美国货更大量地渗入日本市场；另一方面却不肯放松对日本进口货的限制，这就造成了今年日本对美贸易的巨额入超，引起日本垄断资本的不满。在日本箱根美日贸易和经济会谈中，尽管池田政府苦苦哀求美国"高抬贵手"在贸易上给日本一点照顾，美国也不肯答应，最近华盛顿政府还打算增课日本棉织品的进口税。这就不能不加深日美之间的矛盾。此外，力量比较薄弱的日本垄断资本，对于西欧共同市场的扩大，也满怀忧虑，对于美国准备同共同市场联系的打算则十分关切，池田在访问东南亚的时候，还唱出建立亚洲共同市场的高调。池田虽也自知这是目前无法实现的好梦，但却暴露出日本垄断资本的野心。

上述这些事实，预告今后帝国主义国家之间的经济战、市场战将进一步通过经济"整体化"、"集团化"的形式而更剧烈展开，帝国主义阵营将因此进一步走向分裂。莫斯科声明指出："在'整体化'口号下产生的新的国际组织，实际上在加深着帝国主义国家间的矛盾和斗争。这种组织是最大的资本家集团之间瓜分资本主义世界市场的新形式，是较强的帝国主义国家向其软弱的伙伴实行经济渗透的新形式。"这个马克思列宁主义的论断完全为一年来的事实所证实了。

当然，在帝国主义国家之间的矛盾和斗争日趋尖锐化的同时，它们还会进行种种拼死的挣扎，它们反对社会主义阵营和民族解放运动的基本立场还是一致的。肯尼迪政府正在企图纠合一切帝国主义国家和反动力量来加紧破坏社会主义阵营和民族解放运动。针对美帝国主义这种阴谋，全世界反帝的力量更需要进一步团结起来，加强同以美国为首的帝国主义进行针锋相对的斗争。只有这样，才能够进一步削弱和孤立帝国主义，加速帝国主义阵营的分裂，加速殖民主义体系的瓦解。

（原载《世界知识》1961 年第 24 期）

共同市场与美帝国主义面临的重重矛盾

共同市场与"扩大贸易法"

"经过调查研究，世界上的确存在着帝国主义同社会主义的矛盾，帝国主义同殖民地、附属国被压迫民族的矛盾，资本主义国家垄断资本集团同工人阶级和其他劳动人民的矛盾，帝国主义国家之间的矛盾，帝国主义国家统治集团内部的矛盾，所有这些矛盾，都是不可调和的。对于这些矛盾，不论是帝国主义者，或者是铁托之流的现代修正主义者，都是绝对掩盖不住，取消不掉，解决不了的。"（《人民日报》1962年元旦社论：《新年献词》）

今天，美帝国主义面临的正是这五大矛盾，这些矛盾正日益尖锐化。最近肯尼迪政府为应付西欧共同市场的"挑战"而提出的所谓"扩大贸易法"、"大西洋伙伴关系"及其他有关措施，特别突出地、生动地反映出这一系列矛盾的发展。

1961年10月底，美国垄断资本集团的代言人前国务卿赫脱和前副国务卿克莱顿在向美国国会联合经济委员会对外经济政策小组委员会的报告中，首先倡导美国应尽可能迅速同西欧共同市场谈判，结成贸易上的伙伴关系。接着，副国务卿鲍尔在几次演讲中把这个主张加以发挥。到了1962年1月，肯尼迪在《国情咨文》和《贸易咨文》中，正式要求国会通过一项新的"1962年扩大贸易法"，来代替旧的"互惠贸易协定法"，以五年为期，授权总统从过去只能逐项就个别商品减税20%，扩大到能把现行关税成批地降低50%，在同共同市场国家谈判时，对美国和共同市场国家的那些出口占资本主义世界贸易额80%以上的商品（主要是工业品）降低或完全免除关税。同时，《贸易咨文》表示要保持最惠国原则，与共同市场所达成的任何优惠协议将一般地适用于拉丁美洲、加拿大、日本及美国其他"贸易伙伴"。肯尼迪政府企图通过"扩大贸易法"这个手段，扩大美国的出口，并同西欧共同市场国家组成一个"贸易联盟"，作为走向成立一个"大西洋共同体"的第一步。肯尼迪认为，这个法案通过后，"很可能在今后的一代或几代的时期里影响西方的团结，冷战的进程和我国的发展"。这就是说，在社会主义阵营力量日益增长、被压迫民族解放运动日益高涨、资本主义世界市场日益缩小、帝国主义阵营走向四分五裂的今天，美国垄断集团正寻求"团结"西方世界的新形式来加紧对社会主义国家的经济冷战，建立和加强对新独立国家的经济支配，特别是力图在"伙伴关系"的名义下加强对西欧的政治、经济控制，使之为美国的侵略政策和战争政策服务，并利用共同市场的发展来转嫁美国经济危机。这样，"扩大贸易法"的提出和实施，就意味着美帝国主义同社会主义阵营之间、美帝国主义同被压迫民族之间以及美帝国主义同其他帝国主义之间的矛盾的激化。而为了实施"扩大贸易法"，加强美国在资本主义世界市场的竞争能力，美国垄断资本就要加速资本的集中和合并过程，就要以中小企业为牺牲，就要加紧所谓"企业的合理化"，更加猛烈地向工人阶级进攻，冻结以至降低工资。这就不能不加剧美国统治集团内部的矛盾，加剧垄断资本同工人阶级和其他劳动人民之间的矛盾。

广泛的反共联盟和"欧非共同体"的扩大版

本来，在第二次世界大战后初年，美国垄断集团以"援助欧洲复兴"的名义推行的"马歇尔计划"，是带有"欧洲整体化"的意味的。它的基本目的就是要使西欧的经济军事化，建立一个从属于美国的西欧反苏反共的军事、政治和经济集团，一方面借以绞杀当时法国、意大利和希腊等国的革命运动，另一方面便于美国垄断资本对西欧的渗透和确保美国在西欧的霸权。为了进行"马歇尔化"，美帝国主义要求受"援"的西欧国家在经济上密切合作，尽快废除彼此间的关税壁垒。其后更根据"马歇尔计划"建立了"欧洲经济合作组织"，作为美国控制西欧经济"整体化"的机构。1951年在美国策动下成立的"欧洲煤钢联营"，实现了美国所期待的法德（西德）的和解和勾结，为西欧的经济"整体化"打下了基础。

1958年，参加欧洲煤钢联营的法国、西德、意大利、比利时、荷兰和卢森堡六国，根据《罗马条约》，正式建立了"欧洲经济集团"，即"欧洲共同市场"，资本主义欧洲的"整体化"又进了一步。共同市场建立的目的是为了加强成员国的垄断资本的地位和国际勾结，维持西欧国家的反动统治，保持在非洲的新殖民主义的控制，以及使东欧和西欧继续保持分裂状态。去年5月，欧洲经济集团委员会主席哈尔斯坦（原任西德外交部国务秘书）曾经明白地宣告："在六国同盟中，政治的目的和经济的目的处于同等优先地位。我们不是做买卖的，我们是搞政治的。"搞什么"政治"呢？那就是反革命的政治，那就是巩固资本家的国际同盟、反对社会主义国家、反对共产主义运动以及西欧工人运动的政治。正因为这个缘故，西欧共同市场和"整体化"运动，只要不脱离美国的领导，就是符合美帝国主义的全球战略的要求的。特别是在北大西洋公约组织内部分歧日益表面化的时候，建立欧洲经济集团这样一个平行组织，来补强北大西洋军事侵略集团，对于美帝国主义来说，更有必要。所以，共同市场的成立是得到美国政府的鼓励和支持的。

可是，自从肯尼迪政府上台以来，随着西德、法国、意大利、日本等国的经济力量增长得比美国快，美帝国主义在资本主义世界的地位更加削弱。力量相对强大起来的西欧主要资本主义国家，已经变成不那样依靠美国，日益强烈地要求平起平坐。如果英国及自由贸易联盟其他国家也加入共同市场，这个所谓"统一的欧洲"在经济上将与美国势均力敌。用肯尼迪的话说，"这个欧洲将不再依靠我们，相反的，它将强大得足以作为一个十足的伙伴分担自由世界的责任和共同采取主动行动"①。为了适应力量对比的这种新变化，美国垄断集团便打算在"贸易合伙"的名义下，把美国和西欧联合起来，结成所谓"大西洋伙伴关系"以至"大西洋共同体"，加强帝国主义的联合战线，以"打击"共产主义运动和对社会主义国家进行经济冷战。此外，根据华尔街策士李普曼新近的演讲，肯尼迪政府还认为，如果美国能与共同市场结成贸易联盟，并且与日本等国建立特别关系，则将构成"一个在经济方面极其坚强的基础"，这个基础"将使这些西方的贸易大国在经济上和政治上团结在一起，对于外缘的

---

① 在全国制造商协会美国工业年会上的演说，1961年12月6日。

不发达国家以及共产党国家发生磁石作用"[1]。这就是说，肯尼迪政府所鼓吹的西方国家的"贸易联盟"，也是它妄图推行它对社会主义国家策动"和平演变"战略的一个手段。肯尼迪政府这个企图是注定要破产的，但它充分说明美帝国主义同社会主义阵营之间的矛盾是如何不可调和。

肯尼迪要通过"扩大贸易法"来同共同市场建立"大西洋伙伴关系"，也与美国垄断集团要瓜分资本主义世界市场、夺取中间地带的企图有关。

这几年来，由于殖民地、半殖民地被压迫民族解放斗争的高涨，殖民主义体系迅速瓦解，不少新独立的国家要摆脱帝国主义的经济枷锁；再由于帝国主义（首先是美国）垄断组织极力压低进口原料价格以至限制原料进口，不发达国家出口减少，入超增加，外汇困难，在国际市场上的购买力十分贫乏，资本主义世界市场便更加狭隘化（从 1953 年到 1961 年，不发达国家在资本主义世界出口贸易中的比重由 28.3% 减至 23.7%）。因此，很自然地，美帝国主义目前必须更加依靠同西欧和其他地区经济发达国家之间的贸易来增加商品的输出。列宁说过："帝国主义的特点恰好不只是力图兼并农业区域，它甚至还力图兼并工业极发达的区域。"[2] 现在，由于美帝国主义同不发达国家和殖民地——也就是农业区域——之间的矛盾的发展，美帝国主义认为更有必要打入共同市场，对工业极发达的西欧国家进行经济渗透。

可是，这并不是说，美帝国主义会放弃对中间地带的争夺和对不发达国家的掠夺。恰恰相反，肯尼迪政府要同西欧共同市场

---

[1] 斯·艾尔索普：《肯尼迪总统的战略》，载《星期六晚邮报》1962 年 3 月 31 日。

[2] 列宁：《帝国主义是资本主义的最高阶段》，载《列宁全集》，人民出版社 1958 年版，第 22 卷第 261 页。

国家建立贸易伙伴关系的一个重要目的，正像共同市场与非洲一些原殖民地国家"联系"、建立所谓"欧非共同体"那样，是力图把不发达国家和新独立国家纳入新殖民主义的控制范围之内。近几年来，美帝国主义苦于国际收支逆差严重，在对不发达国家的"援助"方面也感到捉襟见肘，独力难支。因而，美国垄断集团也想效法法、比等殖民国家的做法，借助共同市场的经济力量，以集体殖民主义的方式对不发达国家加紧掠夺。赫脱和克莱顿的报告提出一个雄心勃勃的广泛计划，打算在美国同共同市场结成贸易伙伴之后，使这个扩大的经济集团同战后新获得独立的几十个不发达国家"联系"起来，相互减低关税。肯尼迪所提出的"扩大贸易法"把这个建议包括进去。肯尼迪说：这个法案所规定的谈判降低关税的权力"将用来加强两个共同市场同拉丁美洲共和国、加拿大、日本和其他非欧洲共和国的联系，以及扩大我们在其中的贸易，同时还帮助它们，使它们有更大的机会同共同市场贸易"。事实上，美国垄断集团的真实目的，在于确保对这些不发达国家的廉价矿产和其他原料的掠夺，而以减免进口关税为饵，诱使这些国家对美国工业品降低关税，开放市场。美国垄断集团除了想透过共同市场渗入它的海外"联系国"之外，还企图以"自由贸易"的纽带把原殖民地国家拴住，使它们保持对帝国主义经济依赖的落后状态，而无法取得真正的独立，特别是经济独立。

　　但是，美国新殖民主义的丑恶面目已日益为亚洲、非洲和拉丁美洲人民所识破。"欧非共同体"既然受到摩洛哥、突尼斯、几内亚、马里等国的抵制，在硬被法国拉进去的所谓"联系国"中也遭受人民的反对。美国垄断资本要成立的"大西洋共同体"，假如真的能够成立的话，它的命运也绝不会比"欧非共同体"好一点，只会加深美帝国主义同新独立国家的矛盾。

共同市场的挑战与美国的应战

但是，肯尼迪政府提出"扩大贸易法"和倡导建立"大西洋伙伴关系"，首先和主要地反映出美国同西欧主要资本主义国家之间的矛盾的尖锐化和斗争的白热化。美国同共同市场国家之间的矛盾，是目前帝国主义阵营内部矛盾的焦点，是世界资本主义市场争夺战的最集中的表现。美国垄断集团企图通过这种伙伴关系的建立来缓和矛盾，却只会收到相反的效果。

莫斯科声明正确地指出："在'整体化'口号下产生的新的国际组织，实际上在加深帝国主义国家间的矛盾和斗争。这种组织是最大的资本家集团之间瓜分资本主义世界市场的新形式，是较强的帝国主义国家向其软弱的伙伴实行经济渗透的新形式。"共同市场是如此，美国要搞的大西洋伙伴关系也是如此。

肯尼迪在今年1月揭出的《国情咨文》把欧洲共同市场说成为对美国"最大的挑战"，那是符合实际的。后来，肯尼迪又聊以自慰地表示期待共同市场提供美国的经济"机会"，并把这"机会"描摹得十分美好（《贸易咨文》），这就不免是一厢情愿的想法。列宁说过，资本家"分割世界，是'按资本'、'按实力'来分割的。……实力是随经济政治的发展而变更的"①。这也就是说，美国垄断集团在这方面的"机会"怎样，取决于美国与西欧资本家同盟的实力的消长。

我们知道，在共同市场建立的初时，有些美国官员和资本家也担心共同市场会改善它的主要成员国的竞争地位，使它们在经

---

① 列宁：《帝国主义是资本主义的最高阶段》，载《列宁全集》，人民出版社1958年版，第245—246页。

济上更不依赖美国，因而损害美国的利益。此外，对于欧洲经济集团日益强大起来，以致摆脱美国的领导，成为"第三种力量"，采取所谓"排外的大陆主义"的可能性，美国统治集团也心怀惴惴。但是，一直到 1961 年 4 月，肯尼迪政府压迫英国加入共同市场的时候，美国统治集团自以为财雄势大，还认为欧洲经济集团不致脱离美国的轨道，为了政治上的利益，以一个"统一的欧洲"来对付社会主义阵营，"愿意接受一个扩大的共同市场实行的某些贸易歧视"①。可是，随着形势的发展越来越不利于美帝国主义，西欧共同市场对美国的威胁越来越严重，肯尼迪就不能不急谋应付的办法了。

　　首先，随着西欧国家特别是共同市场国家中的西德、法、意的经济比较迅速增长，美国在资本主义世界中的地位每况愈下。以工业而论，从五十年代到六十年代，西欧国家的增长率两倍于美国。结果，美国在资本主义世界工业生产的比重由战后初年的近 60％，降至最近的 43％。下表说明了这种趋势（百分比）：

	1948 年	1953 年	1958 年	1960 年	1961 年
美　国	53.4	51.6	44.6	44.2	43.3
英　国	11.2	10.1	9.7	9.3	9.0
西　德	3.6	6.7	8.6	8.7	9.0
法　国	3.9	4.6	4.9	4.9	5.0
意大利	2.6	2.9	3.5	3.9	4.1

　　在出口贸易方面，世界资本主义发展的不平衡更加明显。在第二次世界大战后初年，美国出口占资本主义世界出口总值三分

① 美国财政部长狄龙在记者招待会上的谈话，1961 年 4 月 24 日。

之一，而现在西欧的出口在资本主义世界出口总值中，几乎占了一半，其中共同市场也占了四分之一以上，而美国的份额则减到六分之一以下。

诚然，美国的出口总值在今天仍然超过其他任何资本主义国家，但在工业品出口方面，美国已经被西德赶上以至超过。在资本主义工业国的工业品出口总额中的比重，西德已由 1950 年的 7.3% 上升到 1961 年的 20.3%（第三季度为 20.6%），而在同期美国则由 27.3% 下降到 20.3%（第三季度是 20%）。

再以货币的地位而论，到了 1957 年末，共同市场成立的前夜，美国拥有的黄金仍等于整个资本主义世界黄金储备总额的 61.2%。但是，这几年来，以西德和法国为首的西欧六国经济扩张加速，出口剧增，黄金外汇储备也随之逐年增长，从 1950 年的 31 亿美元增加到 1961 年底的 170 亿美元。而美国近几年来的黄金巨量外流，到了 1962 年 5 月中，则降到 165 亿美元以下，比西欧六国的黄金外汇储备还少一些。

这些事实说明，六国的经济地位相对地增强了，而美国相对地大大削弱了。主要的资本主义国家竞争的结果，加剧了资本主义发展的不平衡，而这种不平衡又激起新的更加激烈的竞争。深感资本主义世界霸权岌岌可危的美国垄断集团，不能不认为共同市场的发展是对它的"最大的挑战"，不能不集中力量来应战。

其次，在美国经济地位相对下降的同时，经济危机对美国的袭击也越来越频繁。而在美国危机的年代里，西欧国家虽受点影响，但工业生产和出口仍在继续扩大。美国商业出口的停滞使贸易顺差的增长额减少了（1957 年为 65 亿美元，1958 年减到 36 亿，1959 年仅为 6 亿，至 1960 年才再增至 41 亿多美元）。依靠贸易顺差来弥补国外军事开支（每年约 30 亿美元）和对外"援助"（每年约 40 亿美元）以及其他非商业性的国外开支，是根本不够的，而这些冷战费用又只能增加，不能减少。因此，这几年来美国的国际收支出现了巨额的逆差（从 1958 年到 1960 年，逆差年率近 40 亿美元），黄金滚滚外流（自 1958 年以来三年中，黄金储备纯损失了 50 亿美元，肯尼迪上台以来也损失了 10 亿美元）。结果 1960 年在美国出现了国际收支的危机，美元信用大大动摇。尽管 1961 年美国的对外贸易顺差有所增加，国际收支逆差有所减少（减至 25 亿美元），但是，今年上半年黄金继续大量外流，估计今年国际收支逆差将达 30 亿美元，新的美元危机随时可能爆发。为了缓和国际收支危机，"保卫"美元，肯尼迪政府一方面希望通过"大西洋伙伴关系"的建立诱胁西欧盟国在共同"援助"的名义下增加对冷战费用的负担；他方面企图通过"扩大贸易法"增加输出，捞取较多的外汇。肯尼迪一厢情愿地说："我们希望改善我们的国际收支状况——扩大贸易可以增加我们的出超额，这样使美国能够扭转它的逆差，而不必施加新的限制，或是取消我们作出的保证。"[1]（指海外驻军、对外"援助"等——笔者）依照肯尼迪的如意算盘，如果美国每年输出（现达 200 亿美元）能增加 10%，就可以减少逆差 20 亿美元，差不多可以达到收支平衡。一句话，要同西欧盟国结成贸易伙伴，来转嫁美国的国际收支危机，是肯尼迪一个迫切的要求。

再次，美国虽已从 1960 年的经济危机中恢复过来，但工业生产回升很慢（1961 年增长速度比上一年增加 0.93%，而西德增长 5.2%，法国 5.4%），开工不足的现象不断加深，钢铁生产继续下降。尽管今年美国就业人数略有增加，但即使按照官方的统计数字，今年 6 月的失业率依然高达 5.5%。肯尼迪曾经开

---

[1]　在华盛顿关于贸易政策会议的演说，1962 年 5 月 17 日。

下支票，要在六十年代把每年生产增长率提高到 4.5%，并预期失业率到今年夏季可减至 4.5%以下。看来，肯尼迪所吹的牛皮已经不灵了。面对着这种形势，肯尼迪政府便企图以"扩大贸易法"发动大规模的出口攻势，来推动美国的停滞的经济，"希望在这十年内找到数百万新的就业机会，以便为那些已经失业的人以及愈来愈多的寻找就业机会的青年工人、农业工人和由于技术改革又失去职业的城市工人提供职业"（《贸易咨文》）。这就是说，肯尼迪政府把刺激经济增长、缓和失业问题的希望也寄托在它的新贸易计划上。

固然，美国资本主义经济并不像英国、日本以至西德那样依存于对外贸易，商业出口总值只占国民生产毛值 3.7%（1957—1960 年）。但是，美国垄断集团现在却把扩大出口，特别是扩大对西欧的出口作为挽救美国经济预势一个主要法宝。这半年来，肯尼迪、腊斯克、鲍尔之流不断地大事宣传西欧市场对美国的极度重要性，鼓吹"扩大贸易法"在经济上、政治上对美国的好处。美国垄断资本这样重视欧洲经济集团和这个集团对美国的挑战是毫不奇怪的。

在日益缩小的世界资本主义市场中，西欧市场对美帝国主义的重要性的确是在增加。共同市场六国的人口现有 1 亿 7 千万，几可与美国（1 亿 8 千 5 百万）相比。如果英国、爱尔兰、丹麦、挪威和葡萄牙都参加进去，扩大的共同市场就拥有近 2 亿 5 千万人，等于美国人口的一倍半。六国居民的生活水平虽还没有美国那样高，他们的总收入约为美国的五分之三；但近年购买力的增长比较快，从 1953 年到 1960 年，共同市场国家每人平均消费开支增加 30%，而美国只增加 13.5%。这即是说，扩大的共同市场在人口方面比美国大一些，以潜在的购买力来说，也比美国大。从这个角度来看，共同市场像是提供美国的出口贸易和投资以不小的"机会"。肯尼迪特别期待西欧国家可能成为美国近年销路不畅的耐用消费品的好顾客。但是，另一方面，共同市场国家的工业生产力，科学技术的发展可与美国匹敌，它们的工业生产的增长率此美国快一倍，它们的钢产量几乎等于美国。从1950 年到1961 年，美国出口贸易增加一倍，而六国则增加二倍半。它们生产的汽车、运输设备、机器、钢材、化学品等，在世界市场上同美国展开了剧烈的竞争。一句话，西欧共同市场已经成为美国可怕的竞争对手。

而且，随着资本主义经济不平衡发展的加剧，美国对于西欧市场的依赖也加深。现在共同市场已发展成为资本主义世界最大的市场，是美国最大的主顾。美国三分之一的工业品出口和一半的农产品出口是依靠西欧的。而美国对西欧的输出比从西欧输入多 50% 左右，出超为数不少（1960 年美国输出总额 205 亿美元，对西欧输出 65 亿美元；输入总额 146 亿美元，从西欧输入 43 亿美元，对西欧出超 22 亿美元）。以农产品的贸易而论，1961 年美国输往六国的农产品价值 11 亿美元，而从六国输入的仅 2 亿美元，出超 9 亿美元，成为美国缓和日益严重的国际收支危机的一项重要收入。可以预期，如果美国对西欧的输出锐减，美国国内生产过剩（特别是农业）、工人失业的情况就会更加严重，美国国际收支逆差就会剧增。

不消说，欧洲经济集团是西欧六国垄断集团为加强本身的市场竞争能力的排他性集团。它通过逐步减少以至取消集团内部的关税和贸易限制，对集团以外的国家则共同高筑关税壁垒，或共同地采取其他歧视性措施的办法来达到这个目的。很明显的，共同市场实际上是一个同美国和英国抗衡的经济集团。西欧六国经济力量的增长以及它们之间的统一的关税，对美国工业品的出口越来越产生不利的影响。根据《罗马条约》六国分三阶段削减关税。从 1958 年到 1961 年，六国已经削减内部工业品关税30%，到今年 1 月，共同市场进入第二阶段，内部关税又减了10%，7 月再减 10%。这种减税措施严重地威胁着美国工业品对六国的出口贸易，使它难与共同市场成员国竞争。在农产品方面，六国已于今年 1 月 14 日通过了所谓共同农业政策，规定从今年 7 月 1 日起，在七年半的时间内逐步取消相互间的农产品关税和贸易限制，建成一个统一的农业市场，而对外则逐步建立起共同的农业产品进口关税壁垒，企图达到六国农产品自给自足。这将使美国剩余农产品更难向西欧六国倾销。

西欧共同市场在经济上对美国的威胁，在英国及其他一些西欧国家加入以后，将会进一步增大。本来肯尼迪政府压迫英国加入共同市场，是有几重的目的的。一是避免西欧两个对立经济集团火并起来，使帝国主义反社会主义反人民的联合战线更加分崩离析；二是避免这两个经济集团撇开美国，相互达成不利于美国的妥协；三是让英国参加进去，在共同市场内部与西德、法国互相抗衡、牵制，以便于玩弄均势政策，使这些国家容易就范；四是贬低英国地位，同时促使英联邦的瓦解，以便进一步吞噬英联邦。可是，另一方面，如果英国和丹、挪等国真的加入了共同市场，这个扩大的共同市场在贸易方面对美国实行歧视，则美国出口商品的很大部分将被驱逐出西欧市场之外。而且英国是一个巨大的对外贸易国家，每年进口巨量的粮食、原料，即使英国不能把英联邦作为海外"联系国"带进共同市场去，仅它本身的加入，也将排挤美国农产品于英国市场之外。

诚然，为了绕过共同市场设置的对外关税壁垒，避免被歧视，美国垄断资本可以在西欧关税墙的背后，在西德、法国、英国等国投资设立工厂，或购买这些国家的股票。事实上，美国垄断集团是这样做了。从 1958 年到 1961 年，美国企业在六国举办的新企业总计达 717 个，到 1961 年，在六国的投资估计达 36 亿美元，此外，美国在英国的投资达 30 亿美元，大部分投在外逃的工厂中。这种做法使美国垄断资本能够利用西欧的比较廉价的劳动力和就近取得广阔的市场，给它带来优厚的利润。可是，另一方面，在美国国内工业正患生产设备过剩的时候，这些外逃的高度现代化的企业的产品，直接与美国国内的工厂的产品竞争。尽管美国对西欧的资本输出也会促进它的商品输出，但在美国国际收支逆差继续出现的今天，资金这样外逃，将会使美国的国际收支危机更加严重。所以，肯尼迪政府要采取另一办法来对付西欧共同市场的挑战。肯尼迪曾经惊呼，如果美国还是墨守过时的传统贸易政策，而不采取"新的贸易主动"，"我们将会发现自己同我们的重要盟国隔绝开来。工业界将会把他们的工厂、就业机会和资本挪到共同市场的围墙以内去。……我们的剩余农产品将堆积起来，……五十年来一直进入西欧的其他商品也将堆积起来。我们的国际收支状况将会恶化。……数以百万计的美国工人——他们的职业依靠出口货或进口货的销售、运输或分配——他们的职业将由于我们的资本移向欧洲而受损害"。(《国情咨文》)

"第三种力量"与"大西洋共同体"

更要指出，随着共同市场的发展，美帝国主义所面临的威胁不仅限于经济上的竞争，而且还有政治上离心的倾向。在西欧六国的领袖中，戴高乐抱有在法国领导下建立"统一的欧洲"的"雄心"，是周知的事。至于西德总理阿登纳，即在华盛顿—波恩轴心搞得火热，西德帝国主义的羽毛还不丰满的时候，有时也流露出独树一帜、制霸西欧的想头。如在 1956 年，当美国参谋长联席会议主席雷德福建议美国压缩在国外的军事任务、仅担任欧陆的"外围防御"的计划在报上透露的时候，阿登纳就愤然地说："美国的利益不是在什么时候都同欧洲的利益一致……欧洲国家必须联合起来，以免成为苏联或美国的卫星国。"① 这几句话就带有要搞"第三种力量"的味道。这种"潜伏的第三种力量"的倾向，正是美国所特别担心的事。在共同市场成立的第二年，美国宾夕法尼亚大学外交政策研究所在它的报告中指出："当以经济整体化和政治团结为目的的运动在欧洲大陆展开时，它产生一种不求人的感觉，并且加强了那种离开联合王国及美国而独立的政策的吸引力"。它又说："对于西方联盟未来的最严重的威胁，是出于那种牺牲更广阔的大西洋集团观念的第三种力量看法的成长这一种很真实的可能性。……这种趋势很可能会削弱或者疏远大西洋两岸间的联盟。"为了抵消这种"危险"的倾向，这个研究所的报告建议美国政府支持建立一个新的大西洋经济合作局。该报告还说："在未来的十年间，如想扭转以排他的欧洲国家组合为目标的趋势，如想加速以较广阔的西欧政治和整体化为目标的运动，美国将需要提供更有力的领导和更巧妙的外交。"这个建议可能是肯尼迪政府现在要搞的"大西洋伙伴关系"、"大西洋共同体"的蓝本。根据《罗马条约》的规定，西欧六国在实现经济"整体化"到一定阶段还要进行政治"整体化"，建立所谓"西欧政治联盟"。目前，六国正在紧锣密鼓地谈判建立联盟的方案。尽管巴黎和波恩在这问题上存在着分歧，但它们心目中的政治"整体化"都是具有摆脱美国领导、对抗美国的目的。面对着这种形势，肯尼迪政府企图在西欧经济和政治"整体化"还没有完全定型的时候，就通过"扩大贸易

———————
① 〔美国〕德鲁蒙德和科伯伦兹：《边缘的决斗》，纽约1960年版，第47页。

法"和"大西洋伙伴关系"的建立对这个行程施加影响，使它仍然在美国控制之下。肯尼迪政府并不妄言美国要保持对所谓"贸易联盟"的领导权。肯尼迪在新奥尔良的演说中说："我认为美国在贸易上的领导必须保持。我认为，这个领导必须进一步发展。……如果我们要领导，我们必须行动。我们必须使我们的经济适应一个在变化中的世界的要求，才能再度掌握领导权。"很明显的，共同市场的发展对于美帝国主义的挑战，不仅意味着资本主义世界市场的争夺战，而且牵涉到西方霸权的争夺战。为了应对这个"最大的挑战"，肯尼迪政府认为采取保护关税那种单纯防御的办法已经不成了，必须争取主动，采取攻势防御的办法，而这种办法就是贴上"贸易自由化"的标签的"扩大贸易法"，美其名为"大西洋伙伴关系"的建立"大西洋共同体"的计划。

在肯尼迪政府看来，通过"扩大贸易法"，以大幅度降低美国的进口税为饵，诱使共同市场国家同样大幅度降低对外国进口货的统一关税，美国就可以打入共同市场，大大扩大出口。肯尼迪政府认为，仗着美国企业的较高的劳动生产率和廉价的劳动力，美国工业品能够同在工资方面成本较低的西欧工业品竞争。此外，肯尼迪政府又盘算，依靠"扩大贸易法"中的最惠国条款，使美国垄断资本控制下的日本、加拿大和拉丁美洲国家也从"两大共同市场"的"贸易自由化"得到好处，从而缓和美国与日、加等国的经济矛盾。同时，依照肯尼迪的想法，纵然美国不正式加入共同市场，但透过这种"贸易伙伴关系"，美国也有可能在政治上施加影响，并且以这种"伙伴关系"为基础，还可以进一步成立直接由美国领导的"大西洋共同体"，把共同市场套住，而加以融化。一石数鸟，这就是提出"扩大贸易法"的肯尼迪政府所打的如意算盘。

而且，肯尼迪政府认为，美国同共同市场的争夺战已经到了决战阶段，时机紧迫，稍纵即逝。一因共同市场目前正处于"由纯粹关税同盟向全面经济联合"（哈尔斯坦语）过渡的第二阶段；二因英国同共同市场的讨价还价的艰苦的谈判到今年夏天临到成败的关头；三因法国力图在英国加入之前就把"西欧政治联盟"的框框定下来，好把英国套住；四因实施了二十八年、经过十一次延长修订的"互助贸易协定法"到今年 6 月底就满期，能否大加修改，在此一举。所以，肯尼迪力言，"作出决定的时刻已经到来……我们经不起采取'姑且等待和观望一下'的态度"（在全国制造商协会的演说）。无疑的，美国同它的西欧盟国环绕着共同市场的一场大战即将打响，肯尼迪正在破釜沉舟，剑及履及，准备投入这个资本主义列强的新的决斗中去。

美法关系空前恶化

从去年秋间赫脱和克莱顿发表他们的报告以来，不管肯尼迪、腊斯克、鲍尔之流怎样力竭声嘶地向西欧盟国兜售"大西洋伙伴关系"这个花样翻新的货色，怎样鼓吹西方"互相依靠"，以至鼓吹"自由的国际大家庭"，大西洋彼岸的反应却并不佳妙，美国同它的西方盟国的矛盾不是缓和了，而是更加尖锐了。

首先，法国对于肯尼迪这个计划就不表示欢迎。肯尼迪的《国情咨文》发表后，法新社报道，巴黎有资格人士指出，纵然"欧洲人"对美国准备降低关税的诺言表示高兴，但对他要建立一个大西洋贸易共同体的主张"仍有某些保留"。他们认为"共同市场不是一个简单的关税联盟，而是一个经济共同体。……欧洲人不希望看到它由于加入大西洋大家庭而受到削弱"。法国反应这样不好，是完全可以理解的。自从 1958 年共同市场建立以来，到 1961 年，法国的工业生产上升了 20%，它的输出贸易在资本主义世界出口总额中的比重由 5.4% 增至 6.1%，黄金和外汇储备由 10 亿美元增至 29 亿美元。法国垄断资本从共同市场得到这样的甜头，当然不愿大西洋彼岸财雄势大的国家插手其间，分享一杯羹。而且法国在 1961 年的出口增长率已低于 1960 年，它的出口将近一半是集中在共同市场国家，法国在共同市场内部同西德竞争已够剧烈，当然更不愿美国打进来，添加一个劲敌。今年 3 月初美国经过长期谈判与西欧六国及英国等二十多个国家达成了有利于美国的相互削减关税的协议（美国的对共同市场出口额约达 16 亿美元之多的商品获得了减税，而其同意给予共同市场国家的减税，仅包括贸易额约 12 亿美元的商品）。当时法国官员已经指出，"这个协议不是以绝对互惠为基础的"，美国占了便宜。事实上，在此期间，法美间的贸易战的剧烈程度是有加无已的。美国报纸新近指摘法国不从美国输入煤而转向苏联购买，拒绝让美国家禽、梨和肉罐头等进口，作为法国故意损害美国利益的例子。

而且，更重要的，法国蓄意把共同市场发展成为一个以法国为首、完全摆脱美国控制的政治、经济、军事集团，也就是所谓"第三种力量"。正当戴高乐政府为建立自己的"核打击力量"、分享北大西洋侵略集团的领导权而同美国大闹别扭的时候，肯尼迪提出这样一个操纵"欧洲整体化"的野心勃勃的计划，正是短兵相接，针锋相对，只会使美法冲突进一步激化。远的不必说了，最近一两个月来，戴高乐政府不但对于英国加入共同市场的请求提高了价钱，防止英美串通在共同市场内部拆法国的台，而且还公开提出了通过"欧洲整体化"来建立"第三种力量"的主张。美法这种分歧发展成为两国总统的对骂。5 月 15 日，戴高乐在记者招待会上鼓吹，要建立一个同美国对抗的"在经济上也在政治上、军事上团结的欧洲"。两天以后，对戴高乐这种态度遏不住愤怒的肯尼迪就在记者招待会上公开还击了戴高乐。他除了表示反对法国单独单搞核威慑力量之外，还说，"如果谁企图把欧洲同美国——也许还有加拿大——分开，我会感到遗憾"。在同一天在美国贸易政策会议上的演说中，肯尼迪在承认"大西洋这一边有人担心美国可能被排除于欧洲各委员会和市场之外"之后，力言美国决不撤出西欧，并要"参与有关那个地区的战争和和平的重大决定"。但强势的戴高乐对于肯尼迪这一顿"教训"并不买账，并且很快就顶回去。5月18日，戴高乐在盖雷的演说明白地强调，西欧政治上的统一能在美苏"两大国"间"起仲裁作用"。他在之后两天在里摩日发表演说时，劝告"某些方面"不要感情发作，并且说，"法国并不是由任何国家牵着走的"。无疑地，戴高乐露骨提出了把"统一的欧洲"变成"第三种力量"的主张，正击中了美国的要害，因而美法关系恶化成为北大西洋公约组织成立十三年以来西方内部"最严重的一次"。

华盛顿和波恩各有打算

诚然，美法矛盾是美国打入共同市场的斗争中一个最突出的矛盾，但这个斗争的结果怎样，却有很大部分决定于美国同西德的关系。这不仅因为波恩—巴黎轴心是西欧共同市场的核心，而且更因为西德的经济方面在共同市场占很大的优势，实际上左右着这个经济集团（1960年，西德的国民收入，在六国中的比重为39％，工业生产为44％，钢产为47％，电力为42.5％，出口为38％）。因此，如果美国和西德之间的矛盾并不怎样尖锐，肯尼迪要打进共同市场就比较容易一些。可是，西德对于肯尼迪这个计划的反应怎样呢？

　　本来，美国支持西欧"整体化"，是以扶植西德，促进西德和法国的和解作为中心内容的。随着共同市场的发展，法国对抗美国的行动日益露骨，美国又一直支持西德在西欧政治"整体化"问题上的"超国家"的主张，反对戴高乐的"邦联"计划，其目的在于通过西德牵制法国，来控制共同市场的发展方向。野心勃勃的西德能够在"整体化"的西欧取得事实上的领导地位，是同美国的支持分不开的。美国压迫英国加入共同市场，既贬低了英国而抬高了西德的地位，又让西德认为可以利用华盛顿—波恩轴心的有利条件和两国资本愈来愈多的结合（美国对共同市场投资总额中一半以上投于西德），在扩大的共同市场上进行扩张。肯尼迪提出的新贸易计划包含相互大幅度地减低关税，在西德垄断集团看来，这有利于西德凭借它的比较雄厚的经济实力，在更广阔的市场范围内同其他国家进行竞争，扩大它在美国以至拉丁美洲的市场。这些是西德和美国的垄断资本一致的地方。所以，在肯尼迪的新贸易计划发表之初，西德官员如国防部长施特劳斯、共同市场委员会主席哈尔斯坦等都表示欢迎。

　　可是，西德和美国垄断集团在建立"大西洋伙伴关系"问题上也有矛盾的一面，而且这一面正日益扩大。

　　我们知道，出口贸易在西德社会生产毛值中占比较重要的地位（1961年为16.5%），尽一切可能扩大出口贸易是波恩政府的一贯政策。而西德出口商品的70%左右是输往西欧国家，其中30%左右是输往共同市场国家。从1958年到1961年，西德对共同市场国家的出口增加了58.7%。这些数字表明，西欧市场对于西德垄断集团是十分重要的。在共同市场内部，西德在汽车和其他工业制品方面同法、比、意等国竞争，虽然有着生产比较集中、设备比较现代化，特别是工资比较低等有利条件可以凭借，但已觉得有点吃力。再添上英美作为竞争对手，当然也感到威胁。特别是因为从 1961 年起西德经济增长速度已开始减慢（从 1960 到 1961 年，工业生产增长率从 10.5% 下降到 6.1%），原来处于相对有利地位的出口贸易增长率也开始下降（从 1960 年的 16.4% 减至 1961 年的 6.5%），国际收支出现了赤字（1961 年逆差 5 亿美元）。西德的经济也岌岌可危。今年 3 月间，被称为西德"经济奇迹之父"的副总理兼经济部长艾哈德，不得不发出悲鸣，预告西德可能发生灾难性的经济衰退。西德工业联合会也在年度报告中指出，西德商品生产成本增加，而在国外市场上的竞争能力已下降。这些警告固然与西德垄断资本要求减低或冻结工资，向工人阶级的生活水平进攻的企图有关，但也证明西德经济的前景不妙。这种情势使得一向标榜"自由市场经济"的波恩政府亟谋在共同市场和本国市场内应对英美等国的商品愈趋剧烈的竞争。今年 4 月 7 日，西德《世界报》发表了一篇以《美国人站在门口》为题的评论："德国的工业已经感觉到在国内市场上欧洲经济集团成员国的竞争一天天加剧。在不久的将来，它又将会感觉到美国方面的加强的竞争。这种竞争来自两方面。一方面，从北美输出的商品越来越大量地挤进西欧各国，特别是挤进联邦共和国。另一方面，美国企业在欧洲的投资日益显出它的作用，它将在今后几年内左右欧洲的市场竞争。"面对这种威胁，西德垄断资本正加速企业合并的行程，并企图以进一步合理化和加紧对工人的剥削来降低成本，增强西德商品的竞争能力。

至于肯尼迪政府想利用西德这个比较"驯服"的小伙伴来牵制法国，控制西欧的"整体化"的方向的打算，也是不现实的。西德所实际操纵的共同市场，正是它在帝国主义霸权争夺战中的一张王牌，当然不肯让给美国掌握。今年 1 月艾哈德曾经指

出："欧洲现在已经不再是美国的小伙伴，而是已经升为平等的
伙伴了。"为了争取同美国平等的地位，而又不让共同市场为美
国吞掉，阿登纳表示："应该赞同的是大西洋伙伴关系，而不是
大西洋共同体。"① 哈尔斯坦也有类似的主张。因为，在阿登纳
等看来，贴上"平等"标签的"伙伴关系"，正好被利用以争取
西德的大国地位；反之，如果西欧共同市场扩大成为"大西洋
共同体"，美国就可以打开欧洲经济集团这个"关闭的，限制性
的，排外的社会"（李普曼语），加以操纵和利用，而西德要凭
借它来制霸西欧的野心就更难实现。用阿登纳的话来说："共同
市场的范围不能延伸得太远，否则这整个东西就会破裂。"阿登
纳一度表示反对英国加入共同市场，也和这种考虑有关。由此可
见，西德同美国的打算是有不小的矛盾的。加上这几个月来，在
西德核武装问题上，波恩对华盛顿靳而不予的态度心怀不满；在
东西方关系、西柏林和德国问题上，西德和美国又各怀鬼胎，互
相猜忌，使得美国和西德的关系也恶化起来。

　　可是，因为西德一方面需要与法国勾结，以波恩—巴黎轴心
来要挟美英，另一方面，在核武装，对外扩张等问题上仍有求于
美，在政治上、军事上还不能完全摆脱对美国的依赖。因此，阿
登纳政府对美国闹独立性的做法，就不像戴高乐那样露骨。它周
旋于法美之间，一方面拉拢、迎合法国，另一方面又不想开罪美
国，甚至表面仍尊重美国在西方阵营的领导权。西德基督教民主
党在今年 6 月初举行的代表大会上通过一项决议，表示并不打
算成立"第三种力量"；而"同美国进行信任的合作"。阿登纳
在 6 月 11 日对合众国际社说，"法德两国建立巩固而亲密的友谊
是绝对符合美国的利益的"，但在一周前的执政党代表会上又

---

① 对《纽约时报》驻欧记者苏兹贝格的谈话，1962 年 4 月 4 日。

说："我们需要美国的领导，而美国在欧洲必须有一个有价值的伙伴。"关于西德同法、美的三角关系，西德《世界报》认为，如果西德"为了同法国的友谊"，"而放弃一个慢慢走向统一合作的欧洲"，"并且使西德同美国和英国闹对立"，"代价是太高了"。这些话当然不是表明西德甘作美国一个"有价值"的小伙伴，对美国的领导心悦诚服，而只是表明西德应付美国的方法是比戴高乐狡猾一些。看来，在共同市场上美国和西德之间的矛盾纵然没有美法之间那样突出，但总会日益尖锐起来。

除了法国和西德以外，欧洲经济集团其他成员国对于美国打入共同市场的"宏伟计划"也心存疑惧。它们担心美国不怀好意，会把共同市场的对外关税壁垒搞掉，它们指出"扩大贸易法"有"例外条款"（规定某一工业部门如有充分证据证明受到外国进口货的损害，得申请提高关税）一类的漏洞，怀疑肯尼迪的减低美国关税的诺言口惠而实不至。西欧国家对美国的"诚意"的怀疑，没有多久就从美国方面得到证实。今年3月下旬，美国同共同市场签订相互减税的协议的墨迹还没有干，肯尼迪就决定采取保护关税的办法，把地毯和玻璃的入口税提高一倍左右。肯尼迪这种撕破自己"贸易自由化"的假面具的做法，引起西欧国家的抨击，受影响较大的比利时向共同市场委员会提出控诉，结果，六国部长一致同意对美国采取报复原则，提高对美国一部分工业品的关税。这次关税战虽然只是一次小接触，但揭开了美国同西欧共同市场未来的贸易大战的序幕。

英国的埋怨与愤怒

至于英国，在美国的压力下，硬着头皮申请加入欧洲经济集团，虽也抱有从内部夺取共同市场领导权的打算，但对美国贬低英国地位的做法愤懑不平，是不言而喻的。自英国于去年8月正式申请加入以后，法国和西德多方刁难，迄今还没有结果。肯尼迪要通过"扩大贸易法"插手共同市场，使得这个斗争更加复杂化，英美间的矛盾又加剧起来。

肯尼迪政府压迫英国加入共同市场的阴险的目的，英国方面当然不是懵然不知。早在1961年5月，保守党议员欣琴布鲁克子爵就愤激地说："我绝不想说美国总统的坏话。我只说，在美国、在五角大楼、在国务院，有些人总觉得英国和英联邦有点碍手碍脚。如果共同市场的嘴巴张得够大，把英国的脑袋和肩膀都吞进去，然后突然横腰咬断，让那遍布全球的英帝国——也就是我们引以为豪的海外联邦——的肢体暗地里一点一点地给咬碎。"这几句话把美国整垮英帝国的险恶用心形容尽致。对于肯尼迪提出的"扩大贸易法"，英国初时的反应像是不坏。大家知道，英国对美贸易有巨额的逆差，英货输美受到高筑的关税墙的拦阻，如果美国真的相互降低关税，英国未尝不表欢迎。另一方面，英国又认为，把"欧洲市场向美国大规模生产的工业品和农产品开放，将对大西洋这一边的生产者引起严重的问题"（《苏格兰人报》）。及至肯尼迪政府作出了提高地毯和玻璃关税的决定，并采取了控制国际航运的片面行动（新近修订了的航运法授权美国"海运委员会"对进出口的外国航运公司的运费率及其他文件进行审查），英国对于美国的"贸易自由化"的幻想也归于破灭。英国对于美国的不满，由英国驻美大使奥姆斯比—戈尔今年4月10日在芝加哥猛烈抨击美国的关税和贸易政策的演说表现出来。英国大使指出，自第二次世界大战以来，英国购买美货差不多两倍于美国购买英货的数量。他说，"让我坦率地说，英国制造商要打进美国市场，从来不是容易的。它是一个对外国货物极度歧视和挑三拣四的市场"。"英国制造商经常提心吊胆的是，如果他对付美国竞争者获得巨大成功，就会招致美国关税委员会的调查和大大提高对他的货物的征税。"他还强调指出："欧洲出口商除非看到美国在实际上执行放宽的贸易政策，他们是不会相信它的。最近关于地毯的决定不是一个好兆头。"4月底，麦克米伦访问华盛顿同肯尼迪会谈时，据报麦克米伦对于美国提高地毯和玻璃的关税，暗地里提高自行车的关税，以及美国要求至少50%的美国"援"外物资用美船运输等几点表示不满；而美国则认为这些步骤是保护美国工业所必需，坚持不肯放松。这样，美英在贸易和关税问题上的矛盾并不因肯尼迪提出了"扩大贸易法"而有所缓和，反而大大加剧了。

特别使英国恼火的是，美国显然企图通过压迫英国加入共同市场和建立"大西洋伙伴关系"来促进英联邦的瓦解，以便于接收英帝国的遗产。英国参加共同市场能否把英联邦带进去，或者多少保持英联邦的关税优惠待遇，是英国同共同市场讨价还价谈判中一个最大的难题。而在此问题上，美国同法国和西德站在一边，要英国无条件接受《罗马条约》所规定的义务，取消英国和英联邦的关税优惠制，解除英国进行市场竞争的传统武器和割断英国与英联邦联系的纽带。在美国垄断集团看来，如果英国加入共同市场以后仍保持优惠制，那么，向西欧输出农产品的英联邦国家在同美国及拉丁美洲国家竞争时就占优势。反之，如果英联邦对英国的输出失去这种优惠待遇，英联邦也跟着不给予输入的英国货以优惠待遇，那么，美国就可以乘虚而入，扩大对英联邦的工业品出口，进一步加剧英联邦的离心倾向。在今年年初英国共同市场谈判首席代表掌玺大臣希思访问美国期间及美国副国务卿鲍尔访问西欧期间，美国曾露骨地胁迫英国放弃联邦，放弃优惠制。鲍尔在波恩和伦敦的演说就猛烈抨击英帝国优惠制。

他一则说，"如果英联邦的关税优惠制在英国加入共同市场以后仍保留下来，美国就认为这与世界贸易的健全发展不相协调"；再则说，"我认为英联邦有重大意义，但我们必须考虑我们自己生命攸关的利益，我们相信英联邦不是单靠优惠关税过日子"。鲍尔这些带有威胁性的谈话，激怒了英国资产阶级的舆论。据英报透露，在4月末麦克米伦同肯尼迪会谈时，英首相曾告诉美总统说，要他"出卖"联邦，是"不可想象的"。

最近，随着美国与法国、西德的矛盾的激化，英国在加紧拉拢法国，以期减少参加共同市场的阻力的同时，还站在六国一边，还击和挪揄美国。《经济学家》6月2日发表的以《美国佬在查里曼大帝宫廷上》为题的文章可作为代表。这篇文章不仅指出美对英联邦存在着严重的误解，不应过早地宣布优惠制已"寿终正寝"，并表示支持六国提高某些商品的关税，而且嘲弄美国对大西洋共同体的一些想法"过于简单化"，近似"空谈"和类于"外国的蛮人"，它使欧洲人不愉快。文章甚至说，"戴高乐总统一向认为团结是欧洲能够和美国分庭抗礼的办法"，而在对美态度上麦克米伦并"不完全和戴高乐相反"。从这些话看来，老奸巨猾的英国显然要利用美国同西欧六国，特别是法国之间的矛盾，抬高自己的地位，要挟美国放松对它的压力。

不过，英国正面临着欧洲经济集团和美国日益加剧的竞争和压迫，不管英国能否加入共同市场，美国建立"大西洋伙伴关系"的企图能否实现，英国的处境是十分窘迫的。为了加强出口攻势，在重新分割资本主义世界市场的斗争中保持自己的阵地，英国垄断集团也在"秣马厉兵"，加紧大企业的合并（如英帝国化学公司之计划吞并考陶尔德人造纤维公司，通用电气公司之合并英荷菲利浦集团的毛拉特公司等），加紧向工人阶级的生活水平的进攻，来加强自己的竞争力。

综上所述，围绕着共同市场和"欧洲整体化"问题的斗争，美帝国主义同法国、西德、英国等西欧国家之间的矛盾是十分复杂、十分尖锐的。矛盾的深化将进一步加剧北大西洋侵略集团的裂痕，进一步削弱美国在这阵营的领导地位。在美国国会讨论"扩大贸易法"的时候，为了分化西欧，孤立法国，兜售美国"为欧洲制定的蓝图"，美国务卿腊斯克亲自跑到欧洲去，历访巴黎、波恩、罗马、伦敦和里斯本。但是，正如英国《泰晤士报》所指出，阻挡肯尼迪的计划的实现的，"不仅是那些年迈的领袖（指戴高乐和阿登纳）的梦幻和担心。问题还是一个力量消长的问题"（6月20日社论）。只要帝国主义国家力量的消长还是日益对美不利，肯尼迪要想依靠腊斯克之流的"修漏补缺"的旅行来在美国同西欧国家的市场争夺战和控制与反控制的斗争中取得胜利，那是枉费心机。

美国统治集团内部一片争吵

肯尼迪政府争夺世界市场的新攻势，不但在西方阵营中造成更大的分裂，而且在国内方面也使阶级矛盾和社会矛盾尖锐化。

本来，关系到资本家切身利益的贸易和关税政策，是美国统治集团、美国国会争论最多的问题之一。在20世纪六十年内，美国国会就有过六次的关税政策大论战。美国国会于1934年通过和经过多次延长修订的"互惠贸易协定法"原是美国对外扩张、攫夺世界市场的一个手段，虽然贴上"自由贸易"的标签，但骨子里还是渗透保护政策的臭味。这个法案实施以来，不论是共和党或民主党当权，美国政府对有竞争性的外国进口货还是采取种种限制措施，使美国垄断资本能够控制国内市场，确保超额利润。美国统治集团中的保护贸易派到现在还是有一定的势力。

肯尼迪政府所提出的扩大贸易法，规定授予总统以比过去大得多的权力谈判相互大幅度地减低以至免除关税，这个所谓"最最大胆的尝试"（肯尼迪语）之会遭到共和党和保护贸易派的反对，引起大论争，自在意料之中。而且，今年11月美国国会的改选即将到来，这个法案正提供共和党以攻击民主党政府来捞取竞选资本的好题目。为了缓和这种反对，肯尼迪在这个新法案中仍保留旧法案中关于"危险点"（进口货超过一定限度造成对国内有关工业的危险时，美国总统得采取限制性的措施）、"例外条款"、"国家安全修正条款"（在保障国家、"安全"的借口下，总统得撤销减让税率、提高现行进口关税等）的规定，并且表示将对由于降低关税而受损失的工农企业提供所谓"贸易调整援助"（如贷款、减税等）。在新法案提出以后，肯尼迪发动了一个宣传运动，并亲自到处演说，力陈"扩大贸易法"对美国整个资产阶级的好处，把这件事情说成"两党（共同）的斗争"，以争取共和党的支持。不消说，这个计划既是美国垄断资本控制西欧、重新分割资本主义世界市场斗争的一个武器，又是挽救美国资本主义危机的希望所寄，显然符合以洛克菲勒为首、在国外拥有巨大利益、在国内占支配地位的垄断集团的要求。石油工业虽也怕进口石油的竞争，但它有"保障国家安全修正条款"可以援引来限制石油的输入，主要代表洛克菲勒财团利益的肯尼迪政府已经答应为它作特殊安排。另一方面，根据这个法案，美国的关税壁垒总得降低一些、这就对于那些依靠国内市场的垄断集团，特别是那些竞争能力较弱的中小企业，不能不是一个严重的威胁。这些垄断集团认为减低进口关税招来的输入增加将超过出口的增加。中小企业更认为新法案所规定的"调整援助"是远水救不了近火，等到政府经过一番手续之后决定给遭受损失的行业以"援助"时，属于这个行业的企业早已宣告破产。因此，"扩大贸易法"的提出，引起了美国国内垄断资本之间，垄断资本与非垄断企业之间的激烈争吵。以参议员戈德华特为首的共和党人和南方民主党人以保护基本产业、防止大量失业为理由，已经联合起来掀起一个反对新贸易法的运动。受影响的行业团体和资本家也提出了异议。在3月间举行的众议院扩大贸易法公听会上，有不少作证人表示不同程度的反对。众议院财务委员会共和党委员德劳尼安甚至攻击鲍尔副国务卿是西欧垄断资本的代理人，指出鲍尔曾任职的一家纽约律师行代表欧洲煤钢联营等外国公司的利益。参议院共和党领袖德克逊，参议员耶维特斯还主张国会对关税协定拥有否决权。在众议院讨论时，保护贸易派在众议院共和党领袖支持下还提出了一个"代替的法案"，主张把旧的"互惠贸易法"延期一年。

必须指出，正如西欧共同市场的发展是西欧六国的垄断资本更高度的积聚和集中、大鱼吃小鱼的过程那样，美国的"扩大贸易法"也是要以中小企业为牺牲，而使生产更快地集中于垄断资本控制的部门。尽管非垄断化的企业和小企业，因为没有进行现代化或改制其他产品的能力，经不起价格比较低的外国进口货的竞争，有倒闭的危险，损人利己的大垄断资本却不会管它们的死活。事实上，新贸易政策的目的正是要强迫这种企业关闭，或使它们被大公司吞并。赫脱和克莱顿在他们的报告中已经主张对竞争能力薄弱的企业应置之不理。他们说："事实上，在美国很难找到一种工业，它的困难完全是输入所引起的；我们也怀疑过分宽大的调整援助计划是一种惰性滋长的诱惑力量，而不是鼓励革新创造的因素。"鲍尔在去年10月的演说中就这个"弱肉强食"规律发挥得更加露骨。他说："我们决不能屈服于那些要保护我们工资低的工业，而使最有效率的工业遭到不利的人纠结不已的要求。"他又说："认为我们必须保护美国每一种工业而不必进行由于竞争而需要的调整措施的想法，是违反我国的经济的精神的。"因此，他说："我想应当期望个别工业和公司在一定可以容忍的范围内，为了整个经济的利益，承担这种调整的担子。"所谓"调整的担子"是什么？那就是，中小企业必须服从规定它们要么就被消灭，要么就被垄断资本所吞并的更高的规律。我们知道，近几年来，美国资本集中的趋势更加猛烈，去年合并事件1234次，是1931年以来的最高峰。在同一年，企业倒闭数达一万七千余起，是二十八年来的最高纪录。我们可以预料，这个新贸易法如获通过，资本集中的过程将会更加加速，中小企业同大垄断资本之间的矛盾将会加剧。

美国工人是最大的牺牲者

但是，究其竟，要为肯尼迪政府的"宏伟规划"付出最大的代价的还是美国的工人阶级和其他劳动人民。因为，在美国垄断资本看来，要应对共同市场的挑战，美国商品必须有更大的竞争能力，这就意味着施加巨大的压力，降低单位的生产成本，以便获得最大限度的利润。这个目的主要地要用两种办法来实现，一种办法是对工资和工时发动新的攻势，借以提高剥削率，另一种办法是使厂房设备现代化，从而促进以自动化装置来代替工人的趋势。共同市场委员会最近一次的调查表明，美国工业每小时的平均工资为西欧的一倍。虽说美国劳动生产率较高，它有可能以较高的工资水平进行竞争，但是，在一些具有决定意义的部门中，西德工业现代化的程度还超过美国，劳动效率很高。因而，美国垄断资本还是把冻结以至压低工资作为同西欧共同市场竞争成功的首要条件。肯尼迪去年12月在向"全国制造商协会"演说宣扬他的新贸易计划之第二天，又向劳联—产联会议演说，在兜售他的这个计划之后，他就以保持竞争能力、维持贸易出超为借口，要求劳联—产联设法压低工资。在此一周之前，鲍尔在一演说中也弹同样的调子。为了应对共同市场的"重大挑战"，他主张"我们必须采取我们所能采取的办法清除引起通货膨胀的力量和减少工资和物价螺旋上升的威胁"。这些话说明，肯尼迪政府的贸易"自由化"政策意味着，在长期大量失业和一般职业无保障对美国工人阶级形成巨大压力的时候，还要对工资发动新的攻势。肯尼迪在4月间所以断然不许美国钢铁公司涨价，其中一个原因，就怕钢铁业工人拿这个作为理由，推翻不久前在政府压力下达成的冻结基本工资的协议，提出增加工资的新要求，其他工会也会跟着要求增加工资。其后肯尼迪在5月8日向联合汽车工人工会发表的演说中，更严厉地告诫工人，要"表现出克制和负责精神"，不要提出"造成物价上升的没有理由的工资要求"，来"损害我们同外国生产商竞争的能力"，"破坏我们新的贸易政策"。肯尼迪政府利用新贸易法案作为向工人生活水平发动新攻势的武器，这是一个很好的例证。

其次，为了降低单位生产成本，加强国际市场的竞争力，美国垄断资本还要尽可能更新固定资本，使生产设备现代化和进一步自动化。肯尼迪的"劳资政策顾问委员会"最近宣称，它不想放慢那些足以导致生产率增长的技术改革，因为它认为美国需要使它的货品的价格在世界市场上有较强的竞争能力。而这种技术改革的结果，将会使更多的工人被排挤出来。此外，将来降低关税后，部分竞争能力较弱的企业将被迫关门，从而使美国失业情况更加严重。这不能不引起广大工人群众的反对。由于这种情况，一些美国黄色工会的领袖们，如劳联—产联主席米尼也不得不假惺惺地对肯尼迪的"扩大贸易法"提出保留，要求必须保证发给因进口而失掉工作的美国工人一年正常工资的三分之一，并应由政府设法为他们找到新的工作。拥有会员一百五十多万的独立工会"国际汽车司机工会"的代表在众议院作证，反对肯尼迪的新贸易政策，要求限制总统谈判关税的权力。固然，由于美国工会是在垄断资本的御用工会头子的控制之下，美国工人对于以他们作为主要牺牲品的新贸易政策，目前还不可能掀起大规模的反对运动。但是，随着工人就业和生活状况的恶化，美国工人阶级同垄断资本之间的矛盾斗争将会趋于尖锐化。尽管"扩大贸易法"经过修改之后已经于 6 月 28 日在众议院获得通过，它还有参议院一关要突破，在国内还面临重重的困难。

从今年 5 月底起，纽约股票市场接二连三地暴跌，并且马上在西欧和日本产生了影响，这不仅意味着美国又一次面临经济危机的威胁，而且预告整个资本主义世界也可能给新的经济风暴卷进去。这种情势将会进一步削弱资本主义国家人民的购买力，进一步加深美国、英国、日本等国的国际收支危机，并且造成西欧共同市场国家经济的恶化。面临着这种可怕的前景，美国垄断集团当然会更加拼命地挣扎，除了尽一切力量来使"扩大贸易法"在国会获得通过之外，还会采取其他损人利己的措施来把经济危机的负担转嫁到别的国家和国内工人阶级身上。但是，经济危机是充满着各种固有矛盾的垂死资本主义不可避免的灾难，美帝国主义的任何挣扎，不仅是徒劳，而且只会使这些不可调和的矛盾更加尖锐化。

（原载《国际问题研究》1962 年第 1 期）

从布鲁塞尔谈判破裂看帝国主义国家之间的矛盾

一 "旧的预言"放着新的光芒

关于英国参加共同市场的布鲁塞尔谈判宣告破裂以后,帝国主义国家之间的深刻的矛盾,完全暴露出来了。全世界人民都十分清楚地看见,帝国主义阵营是在加速地走向四分五裂,帝国主义这个敌人正在更严重地烂下去。

帝国主义国家之间的矛盾,是现阶段帝国主义在国内外所面临的五大矛盾之一。这个矛盾,也像其他四大矛盾一样,是不可调和的和日益发展的。因为,"帝国主义就是垄断资本主义。为了垄断一切,就不仅要从国内市场(本国市场)上,同时还要从国外市场上,从全世界上把竞争者排除掉"①。帝国主义是一群野兽强盗,是按着"弱肉强食"的野兽法则行事的。"他们掠夺世界,互相争斗,互相厮杀。想长期掩盖这一

---

① 列宁:《论对马克思主义的讽刺和"帝国主义经济主义"》。载《列宁全集》第 23 卷,第 35 页。

点是不可能的。"① 具体地说，为了争夺商品销售市场、原料产地和投资场所，为了争夺殖民地、势力范围和霸权，为了重新分割世界，帝国主义国家相互倾轧，相互搏斗，以至爆发为帝国主义战争。帝国主义的一方对帝国主义的另一方，是毫不留情的。随着资本主义总危机的加深，资本主义发展的不平衡的加剧以及资本主义世界市场的狭隘化，帝国主义国家之间的矛盾斗争更加尖锐化。

不错，帝国主义是要掩盖以至缓和他们之间的矛盾的。可是正如列宁所说，"帝国主义国家的利益是不一致的。尽管它们的部长们一再发表和平调整争执问题的声明，但是事实上帝国主义国家在政治问题上采取任何一个重大措施而不发生分歧都是做不到的"②。人们也看到，为了在国外进行掠夺，从经济上分割世界，帝国主义国家的资本家垄断同盟也自然会从国内扩展到国外，达成国际协定，成立国际卡特尔和其他国际垄断粗织，"同时随之而来的是各个政治同盟、各个国家在从领土上分割世界、争夺殖民地、'争夺经济领土'的基础上也形成了一定的关系"③。第二次世界大战以前的"协约国"、"同盟国"、"德意日轴心"是如此，战后的"北大西洋公约组织"、"欧洲经济共同体"（即"共同市场"）也是如此。但是，这些帝国主义同盟或国家集团，都是暂时的利害结合，是一种"强盗的联盟，而强盗是无法团结起来的，他们没有一种使他们团结起来的真正的长

---

① 列宁：《苏维埃政权的成就和困难》。载《列宁全集》第29卷，第44页。
② 列宁：《在全俄中央执行委员会，莫斯科工、农和红军代表苏维埃，工会和工厂委员会联席会议上的演说》。载《列宁全集》第31卷，第111页。
③ 列宁：《帝国主义是资本主义的最高阶段》。载《列宁全集》第22卷，第246页。

远利益。"①"不管看来多么巩固，只要神圣的私有制和神圣的租借权利等等要求闹翻，这些集团在几天之内就可以闹翻……"②

上头所讲的诚然是列宁的帝国主义论的 ABC，是类于"老生常谈"，但却是为无数事实所证实的颠扑不灭的真理。

可是，"共同市场"出现以后，自欺欺人的帝国主义者（包括美帝国主义者在内），却把这个六国垄断资本家的国际同盟说成西方世界走向"联合"的榜样，妄图拿共同市场以及美国为对付共同市场而策划的"扩大贸易法"、"大西洋共同体"作为论据，来证明"列宁的预见，即资本主义国家将由于国内、国外矛盾而削弱和腐朽化的预见是错误的"，"斯大林 1953 年的预见——即资本主义世界各国为了争夺世界市场不久就会相互扼杀对方喉咙的预见——永远是错误的"。（美国副国务卿鲍尔）③

遗憾的是，帝国主义矛盾的无情的客观规律，却与这些人的主观愿望背道而驰。恰好在肯尼迪还打肿脸充胖子似的胡吹"一个互相依靠和团结的新时代"，"不顾马克思的旧的预言"正在"自由的欧洲"和"自由世界"形成④那一天（1 月 14 日），戴高乐就在记者招待会上表示拒绝英国参加共同市场，而过了一周之后，戴高乐更悍然把英国进入共同市场的大门关死。结果，美法两个帝国主义正在相互扼杀对方的喉咙，"大西洋团结"遭受到"致命的打击"，共同市场内部也吵得一塌糊涂，整个帝国主义阵营陷于一片混乱。这样，全世界人民都可以看见，马克思、列宁或斯大林的"旧的预言"正放射着新的光芒，"永远错

---

① 列宁：《在莫斯科省的县、乡、村执行委员会主席会议上的演说》。载《列宁全集》第 31 卷，第 291 页。

② 列宁：《关于对外政策的报告》。载《列宁全集》第 27 卷，第 341—342 页。

③ 美国《国务院公报》1962 年 3 月 5 日。

④ 肯尼迪的《国情咨文》。

误的”是那些自欺欺人的帝国主义者。

二　冲突是注定不可避免的

帝国主义之间环绕着共同市场的矛盾斗争愈演愈烈，终于以布鲁塞尔谈判的破裂作为导火线而来一个总爆发，并不是意外，不是偶然，而是完全符合帝国主义矛盾的客观规律的。

尽管从表面上看来，共同市场有点花样翻新，它是西欧六国在国家垄断资本主义发展的基础上由政府出面结成的国际同盟，但是正如新瓶装旧酒那样，在本质上与列宁所说的在“争夺经济领土”的基础上形成的国际垄断组织是一路货。这个国际同盟是在第二次世界大战以后资本主义发展不平衡进一步加剧和资本主义世界市场日益缩小的形势下产生的。它是五十年代相对地强大起来的法国、西德、意大利等西欧帝国主义国家同相对地削弱的美国和英国帝国主义争夺市场、争夺投资场所——特别是西欧的市场和投资场所，争夺势力范围，争夺霸权——特别是西欧霸权，重新分割资本主义世界的工具。它是帝国主义矛盾的产物，帝国主义四分五裂的表现。它的出现并不能解决、缓和帝国主义国家之间的矛盾，而总是孕育着它们相互之间更尖锐、更大范围的矛盾和斗争，并且首先加剧这个集团同美英等帝国主义的矛盾和斗争。

我们并不否认，六国垄断集团所搞的共同市场或“欧洲一体化”，是有它的反社会主义阵营的一面，帝国主义与社会主义之间的基本矛盾，总是不可调和的。但是，正如列宁、斯大林所指出的，帝国主义同社会主义的基本矛盾并不能使帝国主义国家真正团结起来，而不为彼此利益的冲突进行火并。因为它们彼此之间的矛盾，争夺市场、争夺投资场所、争夺原料产地的斗争，想把自己的竞争者的喉咙卡住，把它淹死的愿望，比起与社会主义之间的矛盾，在实践上更为现实、更为迫切。现阶段，同欧洲经济集团国家构成最现实、最迫切的矛盾的，显然是它们要抗衡的美国，要排挤的英国，也就是在日益缩小的资本主义世界市场上狭路相逢的竞争对手。而在美英两个对手中，美国特别是六国集团要对付的主要目标。这是因为，卡住法国、西德等帝国主义国家，不让它们取得与它们日益强大的经济实力相适应的政治和军事地位、加紧在西欧进行经济渗透和政治控制，使西欧成为"卫星国"和殖民地的，不是别人，正是经济和军事实力仍占优势，胃口依然很大的美帝国主义。而以美国这个帝国主义大头子作为对手，同它争夺市场，争夺西欧霸权，西欧的帝国主义国家就有联合起来的必要。所以，六国联合而构成"欧洲经济共同体"这个帝国主义同盟，它的矛头很自然地首先指向美国。我们可以说，共同市场一成立就打上了反美的烙印。早在1959年，共同市场成立不久，美帝国主义的策士们就不能不预感到："当以经济整体化和政治团结为目标的运动在欧洲大陆展开时，它产生一种不求人的新感觉，并且加强那种离开英国和美国而独立的政策的吸引力。"（美国宾夕法尼亚大学外交政策研究所研究报告：《美国对西欧的外交政策》）他们又指出："这种趋势很可能会削弱或者疏远大西洋两岸间的联盟。对于西方联盟未来的最严重内部威胁，是对于那种牺牲更广阔的大西洋集团观念的第三种力量看法的成长这一种很真实的可能性。"随着共同市场的发展，西德、法国、意大利等国的经济实力的增长，六国集团的反美性质更加表面化。关于这个集团的反美性质，法国《世界报》（2月9日）的一篇以《宏伟计划》为题的文章有几句话说得颇有道理。它说："面对美国，欧洲从被救济者的地位变成了劲敌的地位。欧洲不再是靠人施舍的乞丐，而成了人们同它争夺顾客的竞争者。"它又说，尽管"美国越来越认为欧洲共同体是走向大西洋共同体的第一阶段，但是，恰恰相反，罗马条约、布鲁塞尔协议，总之，统一六国的一切机构都是走向相反的方向"。也正因为这个缘故，在肯尼迪政府的眼中，它已成为"对美国最大的挑战"。因此，作为一个帝国主义集团，共同市场与美帝国主义正面冲突是注定不可避免的。问题只是时间的迟早和采取什么形式。

三　针锋相对、势同水火

也许有人说，在共同市场六国中，西德的经济力量比法国还大许多（目前在六国集团的工业总产值中，西德几乎占一半，而法国占四分之一），在共同市场内部西德事实上占支配地位，为什么西欧帝国主义集团同美国的冲突，不采取美国同西德冲突的形式，而采取美法冲突的形式？

对于这个问题，我们的答复是：第一，这次冲突虽是以美法作为主角，但如果说在美国一方有英国作为马前卒的话，那么在法国背后也有西德撑腰（这点以后再详谈）。因而我们可以说，这场反击美英的斗争不是没有西德的份儿。第二，所以由法国而不由西德出面同美国搏斗，并不是如某些西方报刊所说的那样，单纯同戴高乐的个性有关，与他要当查尔曼大帝、当拿破仑的个人野心有关（当然，个人也起些作用，但不是主要的），而是有其具体的原因。这些具体的原因如下：

1. 西德的经济实力虽比法国强，帝国主义的野心也很大，但因为它是战败国，仍在美、英、法军占领之下，要自己搞核武器又还要受 1954 年巴黎协定的约束，在政治和军事上对美国仍有一定程度的依赖。它要提高国际地位，增强军事实力、向外扩张，除了加紧同法国的勾结，狼狈为奸之外，对美国还得采取软硬并用的两面手法，向美国又讨又敲，而不能像法国那样同美国硬干。

2. 战后以来，法、美之间的矛盾比（西）德、美之间的矛盾较为尖锐。在殖民地争夺方面，美国在中东、北非、印度支那挖法国的墙脚，都取得相当的成功。在北大西洋侵略集团内部，美国始终把法国当作小伙伴，不让它抬头，法国要同美、英分享领导权，要分享核秘密，都给美英、特别是美国卡住。这是法国垄断资本家所不能甘心的。2月4日《今日巴黎报》谈到法美的矛盾时说："从1940年以来，美国就有反戴高乐的传统①，而在1939年以前便有反法的传统。这种传统的最初的目标是要搞垮法国的海外领土（大家知道，这是成功了）。今天这种传统目标在于抵消法国和欧洲在世界上的影响。"这说明法国垄断集团对美国的怨气是很大的。因而戴高乐的反美，是代表法国整个垄断集团的利益和要求。在1958年戴高乐上台以后，随着法国经济实力的增长，对美国的经济依赖的减少，戴高乐跟美国闹独立性越来越表面化。法国对北大西洋侵略集团只出了两师兵力，它拒绝把它的地中海舰队交给这个集团的最高司令部指挥，拒绝参加这个集团的空防安排，不让美国的核武装驻在法国，等等。一句话，法国虽然还是美国所领导的、北大西洋侵略集团一个挂名的成员国，但实际上是对这个集团怠工。此外，在东西方关系的问题上，戴高乐许多时对于美国政府所作所为，不是冷眼旁观，就是予以抵制。因而肯尼迪的美国一直把倔强不驯的戴高乐的法国当作是绊脚石、眼中钉，总是企图首先把它制服。这样，美法之

---

① 指第二次世界大战期间美国支持法国另一军人吉诺德将军任法国民族委员会主席，而反对戴高乐担任。

间的控制和反控制的斗争便愈演愈烈，正面冲突的爆发便越来越逼近，去年五月，肯尼迪和戴高乐彼此对骂，是大冲突的先声。

3. 更主要的，新近，美法两个帝国主义的控制与反控制的斗争，已经发展成为争夺西欧霸权、争夺西欧市场的你死我活的斗争。本来，代表法国大垄断集团利益的戴高乐在他的《战争回忆录》第三卷《拯救》中就已经谈到他的建立第三种力量、制霸西欧的"抱负"。他企图把位于莱茵河畔、阿尔卑斯山和比利牛斯山旁的所有西欧国家拉在一起构成一个政治、经济和军事集团，成为第三种世界势力，必要时在苏联和美英集团之间起"仲裁"的作用。这一两年来，随着法国本身的经济和军事实力的增长，它已经不怎样依赖美国，更不用靠美援过日子。加之，它在经济上有共同市场可以凭借，在外交上有巴黎—波恩轴心可以运用，在军事上有独立核打击力量可以倚仗，掌握了这三张大"王牌"，以共同市场领导者自居的戴高乐便顽强地、加紧地推行他的由法国领导、实现"欧洲统一"——"欧洲人的欧洲"的"宏伟计划"，也就是把美英、特别是美国排除在外、建立反美的第三种力量、制霸西欧的计划。斯大林在1953年所说的，法国终有一天"将不得不从美国的怀抱里挣脱出来，同美国发生冲突，以保证自己的独立地位"的预言，现在已经灵验。另一方面，肯尼迪的美国，为了缓和日益严重的国际收支和美元危机，为了维持它的摇摇欲坠的西方霸主的地位，为了对付西欧帝国主义集团的"最大的挑战"，也在拼命加强对西欧的经济渗透以及政治和军事的控制，大力推行它的"美国的欧洲"的"宏伟计划"，实现所谓"互相依靠"的"大西洋共同体"。具体的做法是：推动英国挤进共同市场，来瓦解这个排他性的组织，并削弱法（西）德轴心，利用"扩大贸易法"来拆除共同市场的关税壁垒，借助"多边核力量"的圈套来收缴法国的独立核打击力量。这样，戴高乐和肯尼迪的两个"宏伟计划"针锋相对，法美两个帝国主义也就势同水火。在这样的形势之下，法美的正面冲突有一触即发之势，而触发这场大冲突的，是肯尼迪在古巴事件以后从去年底向法国发动的决定性攻势。

四　决定性的攻势与猛烈的反击

人们都知道，在古巴事件中，肯尼迪事先不同任何西方"盟国"商量就进行一场核战争讹诈的大赌博。在古巴事件以后，以"胜利者"自居的肯尼迪，不但趾高气扬，而且自以为"手和神经都变得更加坚强"（《纽约先驱论坛报》1962年12月31日），便趁热打铁，掉过头来放手收拾他的西方盟国特别是被看作背上芒刺的法国，肯尼迪于去年12月31日在棕榈海滩的所谓"背景谈话"中，曾经洋洋自得地说，他准备冒着"同许多盟国发生摩擦"甚至"得罪一些神经过敏的盟国"（指法国）的危险，要在今年实施对四方"更坚强的领导"。关于肯尼迪的这种打算，美国专栏作家苏兹贝格在1月9日的《纽约时报》发表的以《牺牲爱情的领导》为题的专文中提出这样的看法。他说："在10月份同俄国对峙以前，政府还没有足够的自信来开始采取这种坚强的做法。就对西方的政治反攻来说，它（政府）决定这一时刻已经成熟，因为共产党的攻势开始遭到挫败。我们现在正在对欧洲粗暴无礼，企图迫使它进入我们的战略框子，削减它的核独立力量，把我们的导弹基地从北大西洋公约组织的陆地移至它的海洋上，并敦促盟国征召更多的常规军队。由于我们的方法上的十足鲁莽，我们已激起英国的愤懑，德国的怨恨和法国的新的怀疑。但是我们还是要继续干下去。"

肯尼迪怎样"干下去"呢？他的作战部署主要从两方面进

行。一方面肯尼迪通过去年12月21日的拿骚协议，迫使麦克米伦上钩，接受"多边核力量"计划，把英国的独立核力量交到美国所领导的北大西洋公约组织中去，从而打掉了法国希望英国在核武器方面同它合作的念头，并以英国作为榜样，进一步诱胁法国也把独立核打击力量交出来。另一方面，肯尼迪又力图运用堡垒最好从内部攻破的战术，加紧推动英国不惜任何代价钻进共同市场，充当美国的"特洛伊木马"来拆散戴高乐所凭借的法国—西德轴心，瓦解法国所依靠的共同市场。同时还对西德、意大利、荷兰、比利时等国紧张地进行外交活动，在布鲁塞尔造成有利于英国、陷法国于孤立的声势。这样，美法的西欧霸权争夺战就到了短兵相接的时刻，而戴高乐已被它的对手迫到陷阱的边缘。在肯尼迪这个钳形攻势中，一身二任、兼充"特洛伊木马"和"虎伥"的英国，首当其冲。所以，在戴高乐断然、猛然来一个反击的时候，他对英国不留情面，把英国进入共同市场的道路堵塞掉，是毫不奇怪的。

至于戴高乐所以采取这样强硬的态度，对肯尼迪进行这样"有魄力"的反击，不单纯是因为他已被肯尼迪迫到墙角，困兽犹斗，而更因为在他看来，法国具有同美国较量一番的力量。关于这点，笔者在另一文①中已有所论列，在这里只想引述一些西方报刊的看法来说明在这次美法的摊牌中戴高乐有什么王牌。例如美国专栏作家李普曼说："戴高乐之所以使人为难，是因为他正处于不需要得到我们的帮助的非常有力的地位。"（2月18日《新闻周刊》）合众国际社的新年展望说：戴高乐今年可以"毫无牵制地推行铁腕人物的对外政策"，因为"八年来第一次，法国的决策不受阿尔及利亚战争的阻碍"。法国的《今日巴黎报》

---

① 《西方的大"地震"》，载《大公报》2月14日。

自负地说，"我们的经济和财政良好，因此，我们没有英国那样的理由向美国屈服"。（12月22日）法国《快报》（1月24日）更把不久以前和今天法国的处境加以比较，来说明戴高乐是从实力地位出发来反击肯尼迪的。《快报》说，在不久之前，戴高乐"还未能有'真正的'对外政策。阿尔及利亚战争还未解决，法国不得不在每届联合国大会上乞求票数。经济方面，二十年来法国一直靠美国贷款生活，国际收支长期有逆差。现在，它的外汇储备、经济发展、共同市场的成就，第一次使得它有较多的自由。最后，以前戴高乐本人既未确保他的任期，也未确保他拥有议会多数。选举和公民投票才改变了这种状况。因此，法国元首的这次新的魄力，是以新的更有保证的国内局势为依据的"。这个刊物所得出的结论是，戴高乐在"选择公开的爆发以前，已计算了所有的危险和他的王牌"。

但是，戴高乐有两张更硬的王牌，上述的西方报刊还没有提及，那就是法国的独立核打击力量和法国西德轴心。我们认为：法国搞独立核打击力量的进展和法国西德合作条约的签订是法美力量消长的转折点的两个标志，这留待下头再加分析。在此之前还想谈谈争夺西欧市场的问题。

五　西欧市场争夺战空前激烈

如上所述，美法帝国主义今天冲突的焦点是谁支配西欧的问题。这是一场极其尖锐的争夺霸权的政治斗争。但是，政治是经济的集中表现，归根到底，美国和法国垄断集团所争夺的还是西欧这个资本主义世界的心脏地带、经济高度发达和有支付能力的需求比较大的市场。在谈到共同市场时，我们曾经不止一次地引用列宁的名言："帝国主义的特点恰好不只是力图兼并农业区域，它甚至还力图兼并工业极发达的区域。"我们又记得，列宁在他的《帝国主义部分笔记》中引用了资产阶级作家史蒂芬的话说，帝国主义具有"相互分割"的趋向，列宁把"相互"两字加上重点，并在旁边批了一句"说得好"。看来，今天帝国主义这种"相互分割"的趋势已不限于帝国主义的殖民地，而扩及工业极发达的帝国主义国家本身，它们彼此争夺对方的市场，而西欧尤其是争夺的焦点。帝国主义国家拿西欧这个工业极发达的区域作为主要战场，集中地、你死我活地展开商品市场和投资场所的争夺战，正是现阶段帝国主义国家之间的矛盾斗争的主要特点之一。今年3月4日出版的《红旗》编辑部文章说得对："由于旧殖民地的丧失，民族革命运动的发展，资本主义世界市场的缩小，帝国主义国家相互之间的争夺，除了继续出现在亚洲、非洲、拉丁美洲、澳洲的许多地区，还出现在资本主义老发源地的西欧。各帝国主义国家在和平时期的角逐，历史上从来没有像现在这样广泛地触及西欧的各个角落，也从来没有像现在这样激烈地争夺西欧这类工业发达的地区。"① 在西方垄断资本家看来，亚洲、非洲和拉丁美洲地区的经济不发达的国家，虽然是一个广大的市场，潜在的购买力很大，作为原料、农产品，特别是"战略原料"，和热带农产品的供应地，必不可少，因而帝国主义国家对于亚洲、非洲和拉丁美洲不发达国家的争夺战，方兴未艾。但是，另一方面，一因这些国家的经济仍在帝国主义的不同程度的控制之下，还不能迅速摆脱落后状态，广大人民的生活水平、购买力依然很低，对于西方新兴工业（汽车、电子、化学等工业）的产物更消纳不了；二因在战后长期的原料危机和工农业产品不等价交换的恶果影响之下，好些国家的外汇收入

---

① 《再论陶里亚蒂同志同我们的分歧》第三部分：《当代世界的矛盾》。

和输入能力都有减无增，因而这些所谓生产初级品的国家在资本主义世界贸易中所占的比重却相对地跌落（从1954年到1962年上半年，在资本主义世界出口贸易总值中工业发达国家的比重从71.3%增至76.6%，而不发达国家的比重从28.7%降到23.4%，在进口贸易总值中，工业发达国家的比重从71.6%增至76.6%，而不发达国家的比重从28.4%降到23.4%）。在这种情况下，西方垄断集团认为在目前不能主要依靠向不发达国家进行经济扩张来解决它们的急迫的市场问题和投资场所问题，也就是生产过剩和资本相对过剩问题。很自然的，它们便更加看重西欧这个资本主义老发源地、有着三亿多人口、给不发达国家十多亿劳动人民的膏血喂肥了的、有支付能力的需求比较大的地区，一窝蜂似的涌到这个地区来展开争夺市场、争夺投资场所的斗争。自1958年共同市场成立到去年9月，六国相互之间的贸易增加了97.6%，六国同其他西欧国家的贸易也增加了76.5%。美国从1951年到1955年每年平均向西欧出口值为36亿美元，占其出口总值的23.8%，而1960年对西欧出口值增至65亿美元，占其出口总值的31.7%。英国对西欧出口在其出口总值中的比重近年也有很大的增加：1959年英国对共同市场和小自由贸易区的出口在其出口总值中的比重为25%，到1962年头九个月则增到31.5%，超过了对英联邦各国的出口（30.7%）。这些数字说明了西欧市场对于资本主义世界的重要性，也说明了主要资本主义国家对西欧市场依赖的程度。这样，美英两国同西欧共同市场国家争夺西欧市场的斗争，就不能不变成空前的尖锐。

还要指出，共同市场成立以后，美国垄断资本为了绕过共同市场的关税壁垒，为了在西欧市场同六国集团展开竞争，积极在西欧各国投资设厂，因而对西欧的私人直接投资有急剧的增加。

从 1953 年到 1961 年，美国对西欧的私人直接投资由 23.6 亿美元增至 76.5 亿美元，其在美国全部私人直接对外投资的比重由 14.5%增至 22.1%，其中对共同市场的投资由 9.1 亿美元增至 30.4 亿美元，比重由 5.6%增至 8.8%。美国在共同市场投资的增长自然会引起这地区美国公司的商品产量的迅速增加。1961 年这些美国公司在共同市场的商品销售总额共 46.7 亿美元，超过 1957 年 85%，等于美国国内制造业向共同市场出口的两倍半。因为美国在西欧的子公司的单位生产成本比美国的母公司低不少（在六国大约低 35%，在英国低 30%），因而在六国及西欧其他国家投资设厂给美国大垄断集团带来优厚的利润。西欧市场对于美国垄断资本是具有这样大的重要性，所以美帝国主义总想在"互相依靠"的幌子下保持和加强对西欧的经济控制。美国副国务卿鲍尔说（2 月 18 日）："在大西洋世界的高度工业化社会中，自由世界 90%的工业能力集中在西欧国家和美国。这些国家的经济在非常高的程度上互相依靠，他们的繁荣就是我们的繁荣，我们的繁荣就是他们的繁荣。我们必须合作。"不消说，这里所说的"合作"的真意，就是在经济上把西欧归并到美国之谓。即使仅仅从经济的角度来看，"失去西欧对于美国利益将是一种毁灭性的打击"（肯尼迪语）。

可是，美国对西欧六国和其他西欧国家的出口特别是投资的增加，却引起了六国特别是法国的很大的不安。据报道，戴高乐最近就曾对法国议员指责美国企图利用共同市场作为销售在世界其他市场上得不到硬币价款的货物的市场（合众国际社巴黎 2 月 5 日电）。法国总理蓬皮杜也批评美国在西欧的投资是企图操纵共同市场（法新社巴黎 2 月 5 日电）。法国一些报刊更把美国对西欧的投资也比作"特洛伊木马"，其目的在于"使法国和欧洲殖民化"。例如《世界报》（2 月 9 日）说："美国在我们当中已经有许多特洛伊木马了，并且还在不断地派来其他的。这些是美国的资本投资。……这种投资也把欧洲生活中许多方面的决定权转交给美国人。不仅交给作为私人的美国人，而且也转交给那些或多或少控制美国方向和属于华盛顿真正的领导集团的经济集团。美国这种控制在六国（或七国）许多关键性的部门里进展很快。"另一个亲戴高乐的报纸《我们的共和国报》在以《戴高乐将不让美国把法国殖民化》为题的评论中更说，美国"想要打进欧洲的大门以便在那里出售更多的商品和投更多的资本，便可能给予大西洋团结以比巴哈马协议（即拿骚协议——笔者）或布鲁塞尔谈判失败的打击更大的打击"。最近美国资本进一步打入法国新兴工业部门中最重要的汽车工业，本来已经掌握了法国最大的汽车公司西姆卡的资本25%的美国克莱斯勒公司，今年1月间把它对这家法国企业的资本的控制增加到63%，这更引起法国垄断资本的恐惧。法国财政部长为此要邀请共同市场其他成员国开会来限制美国的投资。这一切都说明，争夺西欧商品销售市场、争夺西欧投资场所，也即重新分割这一个地区的"经济领土"，实际上是今天美帝国主义同西欧帝国主义国家、同法帝国主义的冲突的症结所在。随着美国和资本主义世界的新的经济危机的迫近，西欧六国的经济发展的停滞，市场问题将更加严重，因而西方垄断集团争夺西欧商品销售市场、争夺西欧投资场所的斗争，只会更加激烈，而美帝国主义同法国以及西欧其他帝国主义的矛盾也无法缓和下来。

六　保持核垄断与打破核垄断

西欧霸权和市场争夺战是现阶段帝国主义矛盾斗争的一个主要内容，已如上述，但要决定这场斗争的胜负，美帝国主义同西欧帝国主义之间保持核垄断和打破核垄断的斗争，又是一个关键性的因素。

列宁说过："……在资本主义下，分割势力范围、利益和殖民地等等，除了以分赃参与者的实力，也就是一般经济、财政、军事等的实力为根据外，也不可能设想以其他的东西为根据。"① 这就是说，各帝国主义国家的垄断集团分割和重新分割世界是"按资本多寡"、"按实力大小"来分割，而实力包括军事力量在内。列宁还认为，"要测验资本主义国家的真正实力，除战争以外，没有也不能有别的办法"②。在帝国主义看来，拥有比竞争的对手更强大的军事力量才能在帝国主义的大小战争中或战争讹诈中取得胜利，分得较多的赃物。因而，随着资本主义不平衡的发展，资本相对上增多、经济实力相对上强大起来的帝国主义国家自然要求它的军事地位同它的经济实力地位相适应，尽可能扩大它的军备。在二十年代和三十年代，海军是帝国主义国家在军事上争夺世界霸权的主要武器，因而第一次世界大战后在经济上实力增长起来的美国以至日本都要极力扩张海军，提高它们在列强中间的军舰吨位的比率。在 1922 年的华盛顿会议和 1930 年的伦敦会议上，美英日列强就为争取对本国有利的海军实力比率而争吵得很激烈。1919 年，列宁谈到美国决定要向英国进行经济侵略和渗透时，就指出："……此刻正在建设并在规模上日益超过英国的美国海军，应该是实现这一目的的保证。"③ 其后，在 1920 年，列宁谈到美日矛盾时，他援引美国资本家万里普给苏

---

① 列宁：《帝国主义是资本主义的最高阶段》。载《列宁全集》第 22 卷，第 288 页。

② 列宁：《论欧洲联邦口号》。载《列宁全集》第 21 卷，第 320 页。

③ 列宁：《在全俄东部各民族共产党组织第二次代表会上的报告》。载《列宁全集》第 30 卷，第 134 页。

俄人民委员会的信里头的话说："我们美国的利益使我们同日本发生冲突，我们将要同日本作战。也许你们会高兴知道，到1923年我们的舰队比英国还要强大。"① 到了第二次世界大战前夜，空军在军备上的重要性增大，经济实力相对上强大起来的希特勒德国便积极扩充空军，并于1935年要求它的陆空军实力要同武力最强的邻国相等。第二次世界大战以后，随着核武器的出现，在帝国主义阵营中实际上垄断核武器的美帝国主义，不但对社会主义国家和全世界爱好和平的人民进行核讹诈，而且也依仗这种垄断，以提供"核保护伞"为名，要它的西方盟国依赖和屈从于它。在美帝国主义看来，核垄断是它手中的一张大王牌。特别是在它的经济和政治地位日益削弱的今天，保持核垄断、防止核扩散，对于美帝国主义来说，更是关系到帝国主义阵营霸权能否保持的性命攸关的问题。可是，如大家所共认，核秘密是不能长久垄断的，"你有核武器，不能禁止其他国家也有核武器"（上引《红旗》编辑部文章）；不但苏联早已打破美国的核垄断，在帝国主义国家中，法国不甘心被排挤于核俱乐部之外，也继英国之后积极搞核打击力量，要成为核大国。这就不能不使美国在西方世界的领导地位更加动摇。关于核垄断与美国"领导权"的关系，美联社记者海托华在2月18日一篇报道中说出了美国统治集团的看法。他说：

"只要美国仍能明确地垄断原子力量，它就不仅能在军事方面，而且能在其他外交政策使人们明白它的意愿。

随着西欧经济不断繁荣，苏联核武器能力的发展，英国建立了有限的核力量以及法国也可能产生不那么先进的核武器，任何盟国一度认为无可非议的美国领导地位已让位于截然不同的政策

---

① 列宁：《全俄苏维埃第八次代表大会》。载《列宁全集》第31卷，第421页。

影响。

对戴高乐来说，问题只是树立一个相对立的概念，建立一个不同的体系，并设法树立他自己的领导。"

法国搞独立核打击力量，特别使美国统治集团感到不安。早在 1959 年 12 月，肯尼迪在棕榈海滩写的一篇文章中就忧虑地指出："我们应当正视这一事实：法国制造原子弹的基本目的，并不是增进法国的军事潜力，而是要提高它在联盟中的地位。与其说法国的原子弹是要对付莫斯科，毋宁说是要对付华盛顿。这是实行联盟的一种离奇方式。"

为了消灭这种"离奇方式"，肯尼迪上台以后，除了依旧不答应让西德自己制造核武器以及设法打消英国要做核大国的念头之外，更千方百计地诱胁法国放弃它的大搞独立核打击力量的"雄图"。同时，肯尼迪政府还向欧洲盟国施加压力，要它们为美国多提供常规武装。可是，戴高乐政府一点也不买美国的账，还是"不惜工本"，坚持发展他的核武器。美国眼看法国的独立核力量开始搞成功了，预期今年年底第一支拥有可装备核炸弹的"海市蜃楼"四型轰炸机五十架的空军将服役，第一艘原子潜艇将开工建造，氢武器将于 1967 年制成，肯尼迪政府不能不急起来。它便拾起艾森豪威尔—诺斯塔德关于"多边核力量"的旧建议，当作"捆仙绳"似的祭出来，套取英法两国特别是法国的独立核打击力量。于是产生了拿骚会谈和关于"多边核力量"的协议。这个协议企图掩饰美国的原子垄断，即使让盟国有某种分享权，但美国对核力量的支配权本身却毫无改变。可是，"多边核力量"这个法宝抛出来的结果，如大家所共见，急于取得美国的帮助挤进共同市场的麦克米伦被套上了，戴高乐却不上当，巴黎对华盛顿的答复还是一个"不"字。

如法国资产阶级记者阿隆所指出："法国要建立独立核力量

的决心和美国要制止原子武器扩散的决心，二者之间不可能造成妥协或和解。"① 尽管有些美国人挖苦法国搞这样一支"极小的核力量"，是一个"原子玩具"，一个"认真的笑话"，不但不能与美国的核力量（据说占资本主义世界核力量的98％）相比，而且徒费钱财而保护不了法国，是一柄"纸伞"。肯尼迪在"背景谈话"中也嘲笑法国的核力量等于美国的"一个零头"，"实在是浪费人力物力"。可是，美国另一些记者、专栏作家也不得不承认，在法国人看来，拥有独立的核打击力量，"就使巴黎不仅在北大西洋公约组织而且在全世界的发言权也大大加强"（鲍德温）；"戴高乐把他的原子弹看成是维持德国和意大利外交优势的工具，同时可以同美国讨价还价"。（苏兹贝格）法国记者阿隆也说："首先必须承认拥有几个原子弹是一个取得威信的因素，即使它们在军事上对大国是没有效用的。美国分析家愈是认真地申述一国的打击力量是危险的，某些法国人就愈要得出结论说，这种力量在外交上是有用的，因为在威慑战略上讲来，效用在于威吓别人。"的确，在法帝国主义看来，核武器不论数量多寡，只要有就和没有太大不同。它不仅标志着军事上的强大，而更意味着政治和外交上发言权的增大。这就使得法国能够挤入核大国的行列，打破美国独占核武器的如意算盘，用一个法国官员的话来说，就是打破"美国把世界分为拥有核武器的贵族与当步兵的农奴"的想法，从而大大加强了法国在重新分割资本主义世界、争夺西欧霸权的斗争中的本钱。正因为这个缘故，肯尼迪"痛恨看到西方联盟开始崩溃而成为个别的威慑力量，带来不可避免地使力量日益削弱的不均衡状态"。（"背景谈话"）我

---

① B. 阿隆：《戴高乐和肯尼迪关于核武器的辩论》，美国《大西洋月刊》1962年8月号。

们是坚决反对"唯武器论"的，但是，从列宁所说的帝国主义是"按资本"、"按实力"来分割世界的原则的角度来看问题，认为法国发展独立核武器获得初步的成功，已经使得法美两个帝国主义在西欧霸权争夺战中的力量对比发生了有利于法国的关键性的变化，也许不无理由吧。

七　反美的巴黎—波恩轴心加强了

在帝国主义的霸权争夺战中，一个帝国主义国家为了抗衡、击败它的比较强大的对手，往往在外交上同别的帝国主义国家结成政治同盟、军事同盟。列宁曾经说过："1902年英国同日本结成联盟，准备了日本对俄国的战争。"① 其后列宁更指出："日本过去虽然能够掠夺东方各国，亚洲各国，但是，现在没有别国的帮助，它无论在财政上或军事上都没有独立行动的能力。"② 列宁又说："……德国本身是个帝国主义国家，同时又是一个被征服了的国家，所以它必然寻找同盟者来反对全世界的帝国主义。"③ 今天法国和西德的情况虽然和当年的日本、德国有所不同，但法国或西德为了反对美国，也有寻找同盟者的必要。巴黎—波恩轴心本来就是这样的同盟，六国集团也是以这个同盟作为核心。前些时候法国和西德还打算在共同市场内部尽快实现政治一体化，结成政治联盟，来加强反美的第三种力量，但由于美英策动荷比等小国反对，这个联盟陷于难产。可是，在戴高乐于

---

① 列宁：《论单独讲和》。载《列宁全集》第23卷，第126页。
② 列宁：《共产国际第二次代表大会：关于国际形势和共产国际基本任务的报告》。载《列宁全集》第31卷，第198页。
③ 列宁：《在俄共（布）莫斯科组织积极分子大会上的演说》。载《列宁全集》第31卷，第410页。

1月14日在记者招待会上明白表示拒绝英国参加共同市场之后一周，阿登纳却不顾美国的意见，不怕西德反对党的反对，不避与戴高乐共谋反对美英的嫌疑，跑到巴黎来，同戴高乐签订了法国西德在外交、防务和文化方面合作条约，这就充分表明，戴高乐反击肯尼迪、建立反美的第三种力量，实际上是得到西德统治集团的支持的。这个"合作条约"的订立，不仅意味着法国、西德轴心已经用条约的形式固定下来，美国要拆散它更不容易，而且更标志着，这两个帝国主义的勾结、合作更加全面和更加紧密。条约中关于两国首脑、外长、国防部部长、参谋长及其他高级官员定期频繁接触（每月到每半年会面一次就重大问题事先协商）的规定，关于共同制造军备、举行联合演习、共同研究战略战术的规定以及关于在科学研究方面相互配合和合作的规定就说明这点。纵然签约国考虑到巴黎协定不许西德制造核武器的规定，避而不谈核武器的合作，但戴高乐在记者招待会上声言西德在武器方面"有权自己决定需要什么东西"。即使这个条约没有什么秘密条款，如英国《经济学家》所怀疑的那样，单是两国军事合作的公开提出，就已使法国、西德轴心的反美性质更加露骨，显出法国有恃而无恐。尽管西德的头子，包括阿登纳在内，还是口口声声强调密切同美国的关系是西德外交政策的基础，保证"不削弱同美国的合作"，但西德在这个紧要关头签订了这样一个条约，无疑给了法国很有力的支持，而进一步削弱了美国的地位，因而引起肯尼迪很大的不满以至暴跳如雷。《纽约时报》评这个条约说："这个条约作为法德和解的象征是很出色的，可是作为戴高乐主义的'总计划'的一个工具，却是危险的。"（2月2日）该报的驻巴黎记者也说："虽然它（条约）本身还不是一个第三种力量，可是它却为一个第三种力量创造了巩固的基础。"（1月23日）李普曼对该条约的估价更高一些。他写道：戴高乐在这项条约里"造成了法德两国在六国小欧洲内部的特殊关系"，"这将是领导欧洲的核心联盟"。他又说：这个条约的军事部分"听起来好像是阿登纳同意依靠德国的金钱、技术、生产能力和人力来建立一支军事力量。这支力量独立于北大西洋公约组织，独立于操英语的民族，的确也独立于欧洲共同体的其他国家"。（1 月 25 日《纽约时报》）正因为法国西德"合作条约"对美国的威胁这样严重，所以美国正对西德又压又拉，并企图假手比较更亲美的西德副总理艾哈德，阻止西德国会批准这个条约。不过这个条约的订立符合西德整个垄断资产阶级的利益，从最近西德参议院已经通过这条约的情况看来，反对批准条约的人还是占少数，美国对西德下的工夫恐怕不会有什么效果。当然，从马克思列宁主义的观点看来，法国西德轴心也是随时可以闹翻的"强盗联盟"，不能长久。到了西德更加强大起来，它就会骑在法国头上，加以践踏。但是，在今天，两国在反美方面的利益既然基本一致，两国的勾结这样加强，无疑也导致帝国主义国家在外交上的力量对比上发生了有利于法国而不利于美国的关键性的变化。

八　几点简要的结论

总的说来，布鲁塞尔谈判破裂以后，帝国主义国家之间的矛盾斗争进入了一个新阶段。这并不是说，第二次世界大战结束以来，帝国主义国家之间没有发生过严重的正面冲突，没有摊过牌。比方说，在 1956 年苏伊士战争期间，以英法为一方，以美国为另一方，曾经发生过相当剧烈的正面冲突。只要翻翻《艾登回忆录》的最后几章，我们就能了解到，当时英法两个帝国主义国家对于美帝国主义向自己的盟国"趁火打劫"、太过"不够朋友"的做法，如何痛心疾首。但是，那一次冲突还是局部的、暂时的。由于当时美帝国主义的实力在资本主义世界中还是占压倒优势，英法两国对美国的依赖还是很深，尽管对美国咬牙切齿，也只得忍气吞声，言归于好，过了两年，英国甚至还同美国合伙出兵中东。从苏伊士危机到今天，虽然仅隔了六年，但由于资本主义总危机的深化，资本主义不平衡发展的进一步加剧，美国与其他帝国主义国家力量对比发生了巨大的变化，因而这次以布鲁塞尔谈判破裂为契机的帝国主义国家之间的冲突和分裂确是比较全面，更为严重，并且可能发展成为持续的争夺霸权的斗争。简单说来，这个新阶段有如下的标志：

第一，法帝国主义在西德支持之下，已公开地打起反美的"第三种力量"的大旗，露骨地同美帝国主义争夺霸权。法国已事实上独立于北大西洋公约组织，独树一帜，自立门户。这样，不仅美法矛盾已变成当前帝国主义国家间一个十分突出的矛盾，而且战后十八年来，四方国家奉美国为盟主、在北大西洋公约组织的框子内结成和勉强维持下来的帝国主义同盟的局面第一次被打破了。影响所及，加拿大、日本也把法国当作榜样，闹独立性，反抗美国的领导便变成了"总趋势"，美国在帝国主义国家中将更加孤立。

第二，冲突的主要战场是资本主义心脏地带的西欧，争夺的目的物是西欧商品销售市场、西欧投资场所、西欧霸权。这个争夺战已达到你死我活的空前白热化的地步，但这并不是说，帝国主义国家将会放松它们对亚洲、非洲和拉丁美洲的掠夺。恰恰相反，为了削弱它们的竞争对手，它们会同时更加紧对殖民地和不发达国家的争夺战。

第三，美法之间保持核垄断和打破核垄断的斗争，成为现阶段帝国主义霸权争夺战的一个关键性战役。如果法国发展独立核力量获得显著成功，西德也不会落后太远，美国的核垄断更难保持，帝国主义国家之间的力量对比又会发生新的变化。

第四，法国西德轴心的加强，是现阶段美国和西欧帝国主义国家在"争夺经济领土"的基础上形成的一定关系，不仅导致力量对比发生了有利于法国而不利于美国的重大变化，而且使帝国主义阵营基本上分裂为两个对立的中心——美英集团和法国西德轴心。虽然西德和美国还保持一定的关系，美英关系和法国西德关系将来也会发生变化（这就是说美国将会趁势更挤压英国，法国和西德之间的矛盾的一面将扩大），但在今后一段时期内，其他较小的帝国主义国家可能围绕这两个中心发生新的分化和新的结合。

第五，共同市场一时间虽不致垮台，但它的内部矛盾这样表面化，既使得帝国主义国家之间的矛盾斗争错综复杂化，又导致帝国主义阵营更加分崩离析。

至于今后帝国主义国家间的斗争，会不会以更猛烈的形式进行，会不会出现僵持以至暂时缓和的局面，还不能预断。美帝国主义遭受了严重挫败之后，还会更疯狂地挣扎，来保持它在帝国主义阵营的大头子的地位。它依然是世界人民最凶恶的敌人。但不管怎样，帝国主义阵营四分五裂越来越深刻、美帝国主义的地位和力量越来越削弱的趋势，却是无可挽回，因而帝国主义这个敌人只会更严重地烂下去，这是毫无疑义的。

（原载《国际问题研究》1963 年第 2 期）

列宁论国家垄断资本主义

（学习笔记）

　　国家垄断资本主义的高度发展，是第二次世界大战以后资本帝国主义的一个新现象。这种新现象并不能改变帝国主义掠夺好战的本性，也不能缓和资本帝国主义的固有矛盾。恰恰相反，国家垄断资本主义既然意味着国家这个暴力机关同垄断资本的融合，国家从属于垄断组织，因此，国家垄断资本主义的发展，只能使帝国主义掠夺好战的本性变本加厉。同时，国家垄断资本主义一方面标志着生产的极高度的社会化，另一方面又是垄断资本假手国家剥削、掠夺工人阶级和其他社会阶层的最横暴的、最高的形式，因而国家垄断资本主义越发展，资本帝国主义的固有矛盾和由此而孕育的危机越加深。正因为这个缘故，国家垄断资本主义的发展，是值得我们注意的。

列宁关于国家垄断资本主义的看法的发展

　　我们知道，国家垄断资本是在第一次世界大战期间出现的。列宁在世的时候，国家垄断资本主义刚出现不久，但具有真知灼见的伟大的列宁已经看出了由一般垄断资本主义转变为国家垄断资本主义的必然性，并已掌握了这种新现象的本质和基本特点。列宁撰写《帝国主义是资本主义的最高阶段》时（1916 年 1 月至 6 月），大战刚爆发一年多，由战争需要而促进的国家垄断资本主义的发展还不够明显，但列宁在这一本不朽的著作中，除了对一般垄断资本主义作了系统深入的分析之外，已经开始注意当时萌生的国家垄断资本主义现象。在书中"银行和银行新作用"一节里，论及当时德国邮政储金局的作用时，列宁指出，普通银行对储金局这种"国家的垄断"的担心"不过是一个办公室的两个科长之间的竞争而已。因为储金局亿万的资本，实际上终究还是由银行资本巨头们支配，这是一方面；另一方面，在资本主义社会里，国家的垄断不过是提高和保证某个工业部门快要破产的百万富翁的收入的一种手段罢了"。① 在论"各个资本家同盟分割世界"一节里，谈到与洛克菲勒财团开展石油争夺战的德意志银行企图通过政府制定煤油国家垄断法案打击它的竞争对手时，列宁说："在这里，我们很清楚地看到，财政资本时代的私人垄断和国家垄断是怎样交错在一起的，实际上这两种垄断都不过是最大的垄断者瓜分世界的帝国主义斗争中的个别环节而已。"②

照我个人的体会，列宁在上述两处地方所说的"国家垄断"，都相当于国营企业或国家专卖。他揭示了资产阶级国营、国有化的本质和作用，正确地指出了在垄断资本主义制度下，国营企业、国有化和私营企业、私人垄断并不是在本质上对立的东西，而是交错在一起，以不同的形式为垄断组织，财政寡头发财

① 《列宁全集》第 22 卷，第 210 页。
② 同上书，第 243 页。

致富、分割世界服务的。

到了 1916 年年底和 1917 年年初，大战打得正酣的时候，列宁从交战国中德国由一个代表财政巨头和贵族的中央机构来指导6600 万人民的全部经济生活的事例，看出一般垄断资本主义向国家垄断资本主义的转变。他一则说："世界资本主义在战争期间不仅向一般集中前进了一步，而且还在比过去更广泛的范围内从一般垄断向国家资本主义前进了一步。"① 他再则说：世界资本主义"在这次战争期间，无论在财政资本的更大积聚方面，或者在向国家资本主义转变方面，都大大前进了一步"②。他三则说："战争加速了资本主义的发展，资本主义已经发展为帝国主义，一般垄断已经发展为国家垄断。这一切推进了社会主义革命。"③ 在这三段话里，列宁虽还没有采用"国家垄断资本主义"这一名词，但这里所说的"国家资本主义"和"国家垄断"，联系上下文来看，实际上是指国家垄断资本主义。到了 1917 年 5月俄国社会民主工党（布）第七次全国代表会议召开时，列宁在为会议草拟的《关于目前形势的决议》和《为捍卫关于目前形势的决议而发表的演说》中，第一次采用了"国家垄断资本主义"一词。他说："战前在最发达的先进国家中无疑已经具备的社会主义革命的客观前提，由于战争而更加成熟，并异常迅速地成熟起来。中小经济愈来愈迅速地遭到排挤和破产。资本的积聚和国际化大大地加强。垄断资本主义逐渐转变为国家垄断资本

---

① 《告国际社会主义者委员会和各国社会党书的提纲草稿》，《列宁全集》第23 卷，第 216 页。

② 《世界政治的转变》，同上书，第 274 页。

③ 《俄国社会民主工党（布）第七次全国代表会议（四月代表会议）》，《列宁全集》第 24 卷，第 211 页。

主义。"① 此外，列宁在 1917 年下半年写的有名的文章，如《大难临头，出路何在?》②、《国家与革命》③ 以及为《社会民主党在俄国第一次革命中的土地纲领》写的跋④中，都明确地谈到"垄断资本主义变为国家垄断资本主义"，"走向国家垄断资本主义"。特别在第一篇文章中，列宁对于国家垄断资本主义作了详细的探讨。我个人体会到，在这些著作中，列宁已经把国家垄断资本主义当作是一个制度、一个体系来看。由此可见，列宁关于国家垄断资本主义的看法是随着一般垄断资本主义逐渐转变为国家垄断资本主义而逐渐发展的。

关于国家垄断资本主义的本质

什么是国家垄断资本主义的本质、特点呢? 就笔者所看到的，列宁的著作有三处地方对这个问题提供了解答。列宁在《国家与革命》中指出，国家垄断资本主义的特点在于"国家同拥有无限权力的资本家集团日益密切地融合在一起⑤"。在另一篇文章《战争与革命》中，列宁在谈到被认为当时国家垄断资本主义的标本的德国时说，德国垄断资本集团"确立了资本主义生产的国家化的原则，把资本主义的巨大力量和国家的巨大力量联合为一个机构，使千百万人处于一个国家资本主义组织之中"⑥。这几句话同上述的论点完全是一个意思，但这里所说的

① 《列宁全集》第 24 卷，第 273、277 页。
② 《列宁全集》第 25 卷，第 349 页。
③ 同上书，第 371 页。
④ 《列宁全集》第 13 卷，第 408 页。
⑤ 《列宁全集》第 25 卷，第 371 页。
⑥ 《列宁全集》第 24 卷，第 372 页。

资本主义生产的国家化（不是"国有化"）"使千百万人处于一个国家资本主义组织之中"，不仅把国家垄断资本主义的本质讲得更明确，而且更突出了它的特征。照我个人的体会，列宁所强调的垄断资本和国家的融合，是作为上层建筑的资产阶级国家和属于经济基础范畴的垄断组织的融合，在这一融合中，垄断组织、财政寡头是主体，它直接地控制、利用国家机构，而国家从属于它和为它服务。为了实现这种紧密的融合，实现财政寡头的直接统治，大垄断资本家本人或其代理人更亲自领导国家机关，或把大银行大公司的总理、董事一类的职位让给去职的政府官吏充当。这就是列宁所说的"个人的联合"。列宁在《帝国主义是资本主义的最高阶段》中"银行与银行新作用"一节里指出，"除了银行和工业进行'个人联合'以外，各银行和各公司又同政府进行'个人联合'"。① （照俄文本的原意，这句话应译为："银行和工业实行的'个人联合'，又以各银行各公司与政府实行的'个人联合'补充之。"）

关于国家垄断资本主义的形式

谈到国家垄断资本主义的各种形式、表现时，列宁在第一次世界大战期间已经发现有如下的一些花样：

1. 工业国有化，"不仅在德国而且在英国也得到发展"。（《列宁全集》第 24 卷，第 211 页）

2. "强迫实行辛迪加化（联合成为大公司）"（《列宁全集》第 13 卷，第 409 页），也就是利用国家权力加速企业的合并、生产和资本的集中。

---

① 《列宁全集》第 22 卷，第 213 页。

3. 通过公债的发行，使大资本家的利润急剧增加，使"劳动群众由于向资本家缴付数十亿借款利息而遭受几十年的奴役"。(《列宁全集》第24卷，第277页)

4. 让大资本家按照国家订货和得到国家贷款而进行军火生产，使他们获得高额利润，列宁认为这是"盗窃国库的行为"，"特别是那些贷款给军需品供应事业的大公司和大银行，在这里赚取闻所未闻的利润"，更是"一些靠盗窃国库发财的强盗"。(《列宁全集》第25卷，第52—53页，第331页)

5. 由国家一个中央机构在全国范围内实行对生产、分配和消费的有利于垄断资本家而不利于劳动群众的"社会调节"，在资本主义制度下，实行"最严格的统计和监督"，实行"计划化"。(参见《列宁全集》第13卷，第409页；第24卷，第273—274页，第277页；第25卷，第324—326页，第337页)

6. 实行"普遍义务劳动制"，"使工人服军事苦役"。(参见《列宁全集》第13卷，第409页；第24卷，第277页；第25卷，第347页；第27卷，第360页)

7. 国家机器大大加强，它的官吏机关和军事机关也空前地扩大，为的是"要对无产阶级加强镇压"。(《列宁全集》第25卷，第397页)

列宁这些论述已经把国家垄断主义的轮廓描绘出来。诚然，上述七方面的措施有大部分是战时的措施，出自战争的需要；而在第二次世界大战以后，像国有化、军事生产（国民经济军事化）、国家对全部经济生活的干预（"调节"），等等，已成为垄断资本主义国家在平时也大量地、经常地存在的现象。而且，今天在这些国家盛行的国家垄断资本主义方式，如国家资本、国家市场、国民收入和财产的再分配等，已成为垄断组织榨取垄断利润不可缺少的手段。这些掠夺方式比起列宁在四十多年前所看到的国家垄断资本主义新现象来，已经有了很大的发展。这正好说明，资本帝国主义已到了山穷水尽的地步，非乞灵于国家垄断资本主义不可。

转变为国家垄断资本主义的原因

关于一般垄断资本主义转变为国家垄断资本主义的原因，列宁指出："中小经济愈来愈迅速地遭到排挤和破产。资本的积聚和国际化大大加强。垄断资本主义逐渐变为国家垄断资本主义。"① 这几句话是说，垄断资本运动的结果，资本的积聚和集中越来越厉害，同时生产的社会化又达到了国际化的高度，因而资本主义的一切固有矛盾，特别是生产的社会性和资本主义的占有形式之间的矛盾更加尖锐化。在这种情况下，垄断利润的实现碰到了严重的困难，为了保证和提高垄断利润，垄断组织同国家融合为一，直接地控制和利用国家作为剥削的工具就成为必要，就具有客观必然性。列宁在论述国家垄断资本主义时有好几个地方都提到高额利润，强调实行国家垄断资本主义的作用，在于"保证资本家获得比战前更高利润"，"使大资本家靠剥削其他阶层而得来的利润急剧增加"，"使资本家的利润得到军事保护"。② 这是不是意味着，最大限度地增加垄断利润是一般垄断资本主义发展为国家垄断资本主义的动力呢？

除了这个内因之外，列宁也很重视帝国主义战争这个外因。列宁不止一次地强调第一次世界大战"加速了"以至"大大加

---

① 《俄国社会民主工党（布）第七次全国代表会议（四月代表会议）：关于目前形势的决议》。《列宁全集》第24卷，第277页。

② 见《列宁全集》第25卷，第324、347页；第24卷，第277页。

速和加剧了"垄断资本主义转变为国家垄断资本主义。此外，他还说："战争和经济破坏逼迫各国从垄断资本走向国家垄断资本主义。这是客观的形势。"① 事实的确是如此。帝国主义战争是帝国主义国家之间矛盾空前尖锐化的结果，随着第一次世界大战的爆发，资本主义总危机也开始出现。而国家垄断资本主义，从某种意义来说，正是资本主义总危机的产物，并随着总危机的发展而发展。四十多年来的历史告诉我们，尽管第一次世界大战结束以后，在某些帝国主义国家，一部分战时的国家垄断资本主义措施（如普遍义务劳动制，国家对消费的调节等）曾被废除，但 30 年代经济大危机的爆发，又大大加速了国家垄断资本主义的发展；第二次世界大战期间和大战结束以后，随着资本主义总危机的进一步加深，国家垄断资本主义又得到更大的发展。

关于国家垄断资本主义的作用和后果

关于国家垄断资本主义的作用和后果，列宁有很深刻的分析。"给工人（和一部分农民）造成军事苦役营，给银行家和资本家建立起天堂"②，这两句话是列宁对国家垄断资本主义下的一针见血的评语。为什么这样说呢？因为"这些国家的调节办法就是把工人'勒紧'，紧到挨饿的地步，另一方面保证（用秘密手段、反动官僚手段）资本家获得比战前更高的利润"③。因为"在保持生产资料私有制的情况下，所有这些使生产更加垄断化、更加国有化的措施，必然会加重对劳动群众的剥削和压

---

① 《论修改党纲》，《列宁全集》第 26 卷，第 150 页。
② 《大难临头，出路何在?》，《列宁全集》第 25 卷，第 324 页。
③ 同上。

迫，增加被剥削者反抗的困难，加强反动和军事专制，同时，必然会使大资本家靠剥削其他阶层而得来的利润急剧增加，必然会使劳动群众由于要向资本家缴付数十亿借款利息而遭受几十年的奴役"①。谈到国家垄断资本主义的"计划化"时，列宁也说，"实行计划化并不能使人摆脱奴役地位，相反地，资本家将更'有计划地'攫取利润"②。谈到沙俄的国营企业"糖业辛迪加"时，列宁说："这种合并充满了最反动最官僚的气息，它保证资本家获得骇人听闻的高额利润，使职员和工人处于绝对无权的、卑贱的、受压制的、奴役的地位。"③ 列宁这些入木三分的论断，应用到今天国家垄断资本主义高度发展的国家，不但一点没有过时，而且再正确不过。斯大林在《苏联社会主义经济问题》中指出，现代资本主义基本经济规律的主要特点和要求之一，是"用剥削本国大多数居民并使他们破产和贫困的办法"，"来保证最大限度的资本主义利润"④，这里虽没有提到国家垄断资本主义，但其主旨同列宁上述的论断是完全一致的。

国家垄断资本无疑还是资本主义

学习了列宁有关国家垄断资本主义的著作之后，我个人有如下的总的体会。

列宁曾经说过："帝国主义最深的经济基础就是垄断。"⑤

---

① 《俄国社会民主工党（布）第七次全国代表会议〈四月代表会议〉》，《列宁全集》第 24 卷，第 277 页。

② 《列宁全集》第 24 卷，第 273—274 页。

③ 《大难临头，出路何在?》，《列宁全集》第 25 卷，第 325—326 页。

④ 《苏联社会主义经济问题》，中文本，第 29 页。

⑤ 《帝国主义是资本主义的最高阶段》，《列宁全集》第 22 卷，第 268 页。

"从经济上说，帝国主义就是垄断资本主义"。① 但是，在第一次世界大战爆发以后，列宁发现一般垄断资本主义已经"走向"或"变为"国家垄断资本主义，并不止一次地重复和强调这个论断。特别是在《为了面包与和平》一文中，列宁明确地指出："发展到帝国主义即垄断资本主义的资本主义，在战争的影响下已经变成了国家垄断资本主义。我们已经达到了社会经济发展的这样一个阶段，即它已为社会主义直接打开了大门。"② 这即是说，由一般垄断资本主义转变为国家垄断资本主义，标志着资本主义又有了新的发展。这种发展只意味着垄断资本主义所有的特征更加强化，更加突出。在这个发展阶段上，由于国家政权同垄断组织融合为一，由于国家对全部经济生活进行有利于垄断组织而不利于其他社会阶层的直接干预，通过经济、财政、金融政策进行有利于垄断组织而不利于其他社会阶层的国民收入和财产的再分配，由于国家资本和国家市场为垄断组织最大限度地搜刮资金和攫取高额利润，生产和资本更集中了，垄断程度更高了，垄断资本的专横统治更加强了，政治的反动更厉害了。而在这样的情况下，工人阶级和其他劳动群众所受的经济和超经济剥削和政治压迫，越发难以忍受。所有这一切意味着，资本主义的固有矛盾更加尖锐，它的腐朽、寄生性更加严重，这个反动的社会制度更加速地走向死亡。

在《大难临头，出路何在?》一文中，列宁鉴于国家垄断资本主义促进生产高度社会化的情况，提出了他的有名的论断说："国家垄断资本主义是社会主义的最完备的物质准备，是社会主

---

① 《论对马克思主义的讽刺和"帝国主义经济主义"》，《列宁全集》第23卷，第35页。

② 《列宁全集》第26卷，第365页。

义的人口。"① 根据列宁的意见，国家垄断资本主义的高度发展
固然为社会主义打下了物质基础，但这并不等于说，国家垄断资
本主义会自动地、自然而然地过渡到社会主义。列宁曾经着重地
指出："尽管资本大王们预先考虑到了一国范围内甚至国际范围
内的生产规模，尽管他们有计划地调节生产，但是现在还是处在
资本主义下，虽然在它的新阶段，但无疑还是资本主义。"② 因
为，在这个新阶段，既然生产资料私有制和雇用劳动剥削关系并
没有改变，国家垄断资本主义仍然只能是资本主义，而不是什么
国家社会主义。所以，列宁接着又说："在无产阶级的真正代表
看来，这种资本主义之'接近'社会主义，只是证明社会主义
革命已经接近，已经不难实现，已经可以实现，已经不容延缓，
而绝不是证明可以容忍一切改良主义者否认社会主义革命和粉饰
资本主义的言论。"特别是在国家垄断资本主义发展的现阶段，
在财政寡头反动统治之下，国家暴力机器空前地加强，要从国家
垄断资本主义这个"人口"真正进入社会主义，只有通过社会
主义革命，经由无产阶级夺取政权的道路，而没有其他的道路。

（原载《国际问题研究》1964 年第 3 期）

① 《列宁全集》第 25 卷，第 349 页。
② 《国家与革命》，《列宁全集》第 25 卷，第 430 页。

从 1964 年大选看美国

在美帝国主义"面对着一个正在迅速发生变化，很可能是兆头更坏的世界"[1] 的时候，四年一度的两党竞选总统的闹剧已经落幕了。结局是：共和党败给了民主党，沾了肯尼迪被刺身死的光、当上了总统的约翰逊，现在又当选，继续充当美国亿万富翁们在白宫的大管家。

对这次大选，我们怎样看待？它说明什么问题呢？

一些基本的看法

本来，从马克思列宁主义的观点看来，在资本主义制度下，所谓"民主政治"，"只是资产阶级一个阶级的独裁统治的别名"[2]。所谓"选举"，不过是"容许被压迫者每隔几年决定一次究竟由压迫阶级中的哪些代表在议会里代表和镇压他们"。[3]

---

① 赖斯顿：《莫斯科，北京，伦敦和华盛顿》，载《纽约时报》1964 年 10 月 19 日。

② 毛泽东：《别了，司徒雷登》，《毛泽东选集》第 4 卷，第 1499 页。

③ 列宁：《国家与革命》，《列宁全集》中文版，第 25 卷，第 409 页。

在资本主义国家里，正如列宁所指出："资本既然存在，也就统治着全社会，所以任何民主共和制、任何选举制度都不会改变事情的实质。""资本的势力就是一切，交易所就是一切，而议会、选举则不过是傀儡、木偶……"① 在垄断资本主义高度发展的美国，情况更是如此。因此，对于美国四年一度的大选，只应当作垄断资产阶级搞的哄人的木偶戏来看待，而不应当存任何幻想。

对于美国统治阶级所标榜的"两党政治"，马克思列宁主义者也早已予以戳穿。列宁在半个世纪前就曾一针见血地指出："两个资产阶级政党利用它们的虚张声势的毫无内容的决斗来欺骗人民，转移人民对切身利益的注意。"② 美国工人运动卓越的领袖福斯特也说："美国的两大资本主义政党彼此之间有一种分工的情况。共和党担任公开一些反动的支持者，民主党的反动程度，实际上并不比共和党低，但是用虚伪的民主和平宣传来削弱劳工的理所当然的反对，这样来替老板服务。两党是孪生的反动政党，两党都由财政资本控制，都推行华尔街的战争和法西斯政策。谁也不比谁的祸害小一些。"③ 即便是美国统治阶级本身也承认民主、共和两党在本质上是一路货色，基本上代表同样的利益，在基本政策上也没有什么不同。例如共和党前总统候选人杜威曾经说过："美国两党中的每个党都代表由大约相同的利益组成的混合体……每一个政党都是另一个政党在某种程度上的反映。结果是，从南北战争直到最近，两党关于我国制度最基本的问题并没有很大的差别……从一个政党换到另一个政党执政时，

---

① 列宁：《论国家》，《列宁全集》中文版，第 29 卷，第 442—443 页。

② 列宁：《美国总统选举的结果和意义》，《列宁全集》中文版，第 18 卷，第 397 页。

③ 福斯特：《美国共产党史》，世界知识出版社 1957 年版，第 502 页。

在最基本的问题上国家整个的行动和政策是持续不断的。"① 这即是说，美国的两党尽管在代号上有驴和象的不同，实际上都是一丘之貉，都是美国垄断资本家的忠实走卒。

更要指出，随着战后世界资本主义总危机的深化，美国国家垄断资本主义的高度发展和美国国内外阶级矛盾的激化，美国的资产阶级专政，实际上已由资产阶级民主主义转变为大垄断资本集团的法西斯独裁，不论两党中哪一党执政，都是如此（参阅本刊 1962 年第 3 期所载袁泰同志的论文《论美国法西斯化》）。所以，那些认为美国统治集团中有"明智派"和"狂人"或"半狂人"之分的说法，或是把这次大选民主党候选人约翰逊和共和党候选人戈德华特的对立看成资产阶级民主主义和法西斯主义的对立的说法，不仅是完全违反了马克思列宁主义的阶级分析观点，而且是自欺欺人，荒谬可笑。

固然，在美国总统或议会选举期间，两党的候选人总得对他们的竞争对手进行攻讦以至谩骂，同时对选民许下种种不同的诺言。但是，如所共认，他们之间的种种争吵，归根到底，只是各个垄断资本集团在经济上的竞争和倾轧在政治上的反映，只是他们对劳动人民实行专政和对外进行侵略扩张的具体做法上的一些细微的意见分歧。至于他们在竞选中对劳动人民许下的种种诺言，不管多么动听，都是一文不值的骗人鬼话。因此，不管美国的大选结果如何，是民主、共和两党轮流坐庄，还是其中的一党蝉联下去，都不能改变美国垄断资产阶级专政的本质，对劳动人民都没有什么好处。

可是，美国的两党政治也有它的欺骗作用。由于美国的政权

---

① 杜威：《1950 年 2 月 8 日在普林斯顿大学的演说》，《当代重要言论集》，1950 年 6 月 1 日，第 491 页。

完全由大垄断资本及其两个政党包办，连社会民主党或其他第三党事实上也不允许存在和发展，美国的劳动人民如果要参加选举的话，就只能在两党的候选人中也就是在"两个魔鬼"中挑选一个。这样，那些鼓吹阶级调和论者在选举期间向劳动人民兜售的"两害相权取其轻"的花言巧语，便有它的市场，而大多数选民就难以跳出两党政治的圈套。

这些是我们对美国大选问题的基本看法，从这个基本看法出发，让我们现在具体地看看美国这次大选说明了什么问题。

"最沉闷"、"最肮脏"的一场丑剧

在今年七八月间共和党和民主党的代表大会先后分别选出它们的正副总统候选人之后，两党的主角、副手以至他们的妻子、儿女就开始煞有介事地奔走全国各州进行竞选活动，频繁地发表各自标榜、相互攻击的竞选演说。从表面看来，这场闹剧串演得十分热闹和紧张。特别是因为向有"极右派"、"极端主义者"之称的参议员戈德华特被共和党捧出来作为总统候选人，同约翰逊对唱，经过美国资产阶级报刊的一番渲染，一个白脸、一个红脸，像是格外鲜明，起点耸动观听的作用。可是，这场丑剧串演下去之后，就是资产阶级观众也看腻了，而存在着"出于厌倦或憎恶而产生的普遍的冷漠"。有的说，今年的竞选运动是"本世纪最平庸或最沉闷的竞选运动之一"（美国《新闻周刊》）；有的说这次两党候选人进行的是"低级的、小学校园式的竞选运动"（共和党参议员蒙特）。到了大选揭晓前夕，不少美国报刊，更把这次大选说成是美国历史上"最肮脏"、"最不体面"的一次。

不过，这次大选的把戏尽管演得极其蹩脚，却也是美国反动

的垄断资本集团的一次自我暴露。它除了再一次揭穿了美国所谓
"民主制度"、"两党政治"的丑恶本质之外，至少反映了如下的
几个事实：（一）美国垄断资产阶级内部争权夺利的斗争更趋激
烈；（二）面对着内外交困、走投无路的局面，统治集团却开不
出什么"良方妙药"；（三）美国统治集团里头的什么"温和
派"、"明智派"，经过一番鬼打鬼的吵闹之后，更是原形毕露，
约翰逊、戈德华特之流被证明都是一路货色。

垄断集团的政权争夺战

如列宁所指出，"银行和工业实行的'人事联合'，又以各
银行各公司与政府实行的'人事联合'补充之"[1]，是帝国主
义时代金融寡头统治的特色。随着国家垄断资本主义的发展，
为了实现垄断资本和国家的紧密融合，实现金融寡头的直接统
治，大垄断资本家或其代理人更亲自领导国家机关，争夺国家
权力。在第二次世界大战后的美国，通过国家财政、预算政
策、国家资本、国家市场，特别是军事采购以及国家对全部经
济生活的干预，来对劳动人民进行搜刮、掠夺，对国库进行盗
窃，更成为垄断资本榨取垄断利润不可缺少的手段。哪一个垄
断集团能够直接操纵国家机器，在国会、中央政府中占优势，
它就有可能捞得垄断利润最大的份额，它的发财致富就得到可
靠的保证。特别是近几年来，联邦政府的开支每年达到一千亿
美元，其中直接、间接军费开支也超过七百亿美元，为了从这
样肥的油水中多分一杯羹，各个主要的垄断资本集团之间对于

---

[1]　列宁：《帝国主义是资本主义的最高阶段》，《列宁全集》中文版，第 22
卷，第 213 页（译文略有改动）。

政权的争夺，更是日趋激烈。我们知道，近几十年来，联邦政府主要是掌握在摩根财团或洛克菲勒等全国性垄断资本集团——也就是华尔街——的手中的。联邦政府一般是重点照顾摩根或洛克菲勒财团及与之联盟的财团的利益，而兼顾其他财团的利益。可是，由于资本主义不平衡发展的规律在各个垄断资本集团之间也发挥了作用，这些年来，洛克菲勒财团的经济实力有凌驾摩根财团之势（参阅本刊 1964 年第 5 期所载谢曜《洛克菲勒财团的形成及其在美国财政寡头统治中的作用》）。随着国民经济军事化的发展，转以军事工业为重点的西部加利福尼亚、南部得克萨斯州等地方财团的比重也日益增大（参阅本刊本期所载谢曜《战后加利福尼亚垄断资本集团的发展及其特点》）。美国各财团经济实力对比的这种变化，自然在政治上和国家政权控制权的争夺战上反映出来。从杜鲁门政府到艾森豪威尔政府，洛克菲勒财团的主人纳尔逊·洛克菲勒，都亲自出马，担任政府要职，左右这两届政府的内外政策。即使他后来退出政府，他的政治代理人朴勒斯还是身居要津。肯尼迪政府更主要是在洛克菲勒财团的支持下上台的，在他的政府中广泛安插了洛克菲勒财团的政治代理人，肯尼迪政府的内外政策带有代表这个石油王国利益的浓厚色彩，甚至在某些地方打击了摩根、杜邦等华尔街财团以及一些地方财团的利益（如援用"反托拉斯法"来打击属于摩根财团的通用电器公司和属于杜邦财团的通用汽车公司，干涉属于摩根财团的大钢铁公司的钢铁涨价，放宽国外石油的进口，使南方的石油财团的利益受到影响等）。这就不能不引起摩根、杜邦等财团的反击，加强了地方财团参加政权控制权争夺战的要求。去年肯尼迪在得克萨斯州南方财团的巢穴达拉斯城被刺身死，正是美国垄断资本集团内部倾轧极度尖锐化的突出标志，而这种情况当然要在关系重大的这次总统竞选中强烈地反映出来。

　　一方面，我们看到，站在共和党候选人戈德华特背后为他撑腰的大垄断资本家有大部分是属于西部、南部和中西部地方财团的（如加利福尼亚州旧金山财团的代表前共和党参议员领袖诺兰，南加利福尼亚联合石油公司总裁罗倍尔，南加利福尼亚石油设备和军火工业巨头萨尔瓦多里，美洲银行的斯坦斯，得克萨斯石油业巨头亨特和里却逊，中西部财团中汉纳集团的代表人物、艾森豪威尔政府的财政部长乔治·汉弗莱等）。至于一向在共和党机器中占有优势的摩根等财团，在共和党代表大会的前夕还想提名摩根的代理人宾夕法尼亚州长斯克兰顿作为共和党总统候选人来同戈德华特竞争。其后，为了集中力量把洛克菲勒打垮，通过乔治·汉弗莱的撮合，摩根—杜邦集团便转而支持戈德华特（这从摩根财团的通用电器公司前董事长柯迪纳、杜邦财团系统的最大汽车零售商、艾森豪威尔政府的邮政部长萨末菲尔德等后来担任为戈德华特募集竞选经费等事实表现出来），利用他作为打击洛克菲勒的武器。本来要争夺共和党提名的洛克菲勒，在被迫退出竞选之后，也曾一度极力挣扎，策动了一个所谓"制止戈德华特"的共和党州长大会，但是在共和党代表大会上却被孤立。从这些情况可以看到，戈德华特之被提名为共和党总统候选人，是在肯尼迪执政期间受到洛克菲勒财团排挤的摩根—杜邦财团和西部、南部、中西部地方财团联合起来，击败洛克菲勒的结果。共和党纲领中有不少的主张，如反对听任国外石油进口占有国内市场，主张"改善并充分而公平地执行反托拉斯法"，抨击联邦政府过度集权，谴责民主党政府干预钢铁涨价等，都是带有反击洛克菲勒集团、代表较广泛的财团利益的色彩。共和党党内争夺总统候选人这种剧烈情况，说明了垄断集团内部矛盾的尖锐化。

　　另一方面，我们看到，本身是得克萨斯州大资本家的约翰逊继续得到洛克菲勒财团以及同这个主要财团关系密切的福特财团的支持，除了洛克菲勒—福特集团安插在肯尼迪—约翰逊政府的政治代理人腊斯克、麦克纳马拉继续效忠约翰逊之外，福特第二本人（他一向投共和党的票）也公开站到约翰逊这一边来，这就加重了洛克菲勒—福特财团押在约翰逊身上的筹码。但是，约翰逊为了加强自己的地位，却积极争取大垄断资本更广泛的支持。在今年七月，约翰逊曾在白宫大摆筵席邀请大资本家午宴，出席的有二百三十八人之多，其中包括摩根、杜邦、洛克菲勒、福特、第一花旗银行等财团的代表性人物。[①] 在九月初，一些大垄断资本家更组成一个"支持约翰逊和汉弗莱的全国独立委员会"，这个委员会的发起人包括福特第二、与洛克菲勒财团有密切关系的前世界银行总裁布莱克、加利福尼亚财团的工业巨头凯塞、芝加哥财团内陆钢铁公司的董事长布洛克以及纽约垄断资本家利曼家族、南部财团一些代表性人物之外，还有好几个摩根财团的人，如默克制药公司董事长康诺、摩根保证银行副董事长拉蒙特等，前者更担任了这个委员会的主席之一。[②] 本来，在两党候选人两边下注，是美国垄断资本家惯用的手法。在这次大选中，洛克菲勒财团中也有人（如大通曼哈顿银行董事长钱皮恩，大通曼哈顿银行、大都会人寿保险公司董事米尔班克）为洛克菲勒的政敌戈德华特募集竞选经费就是一例。而摩根集团在支援戈德华特打败了洛克菲勒之后，又大力支持约翰逊，以至让同它有联系的参议员赫伯特·汉弗莱充当副总统候选人，更显出这个财团是以脚踏两只船的伎俩来夺取新联邦政府的控制权。这一切都说明，在这场极其沉闷的大选丑剧的背后，美国的不同的大垄断集团却进行着钩心斗角、纵横捭阖的异常尖锐而又复杂的政治斗争。

"极端派"和"温和派"都是一路货

美国垄断资本集团在这次大选中的相互倾轧之所以这样剧烈而又吵不出什么名堂来，同美国在国内外的矛盾尖锐化有关。人们都看到，这次大选是在美帝国主义内外交困、到处碰壁，美国统治集团的日子比四年前更不好过的背景下举行的。

从国内阶级斗争的形势来看，美国目前虽还没有出现直接革命的形势，但日益严重的失业问题和经济大危机爆发的可能性，已经成为美国国内头号问题，这个问题绝不是现政府的减税法案一类的刺激剂和"向贫穷开战"一类的欺骗性把戏所能够解决。特别是朝着以暴力反抗暴力的方向发展的黑人斗争日益高涨，使得美国统治集团更惴惴不安。美帝国主义的对外政策也是到处碰壁。亚洲、非洲和拉丁美洲各国人民争取和维护民族独立、反对美国的侵略和战争政策的风暴日益猛烈，这严重地削弱了美帝国主义的侵略阵地。美国同它的西方盟国矛盾的增长，又沉重地打击了美国的霸权地位和国际威望。特别是美帝国主义在南越发动的"特种战争"的惨重的失败，"遏制中国"和封锁古巴的政策的破产，以及同法国关系的恶化，使美国统治阶级陷于焦头烂额的窘境。

面对着这样险恶的形势，约翰逊自己也不能不哀叫，失业问题已成为"压倒一切的冷酷无情的国内问题"，承认现在"每一个洲（对美国说来）都有危险和不肯定的情况……从塞浦路斯到越南，从刚果到古巴"，而对于这些"危险"和"困难"，美国政府并没有轻而易举的解决办法。而美国政府这种险恶的处境更给约翰逊的竞选对手以攻击的把柄。戈德华特除了也惊叫"1960 年我们在世界上面对的每一麻烦地区在 1964 年仍然存在，而且情况甚至更糟"之外，还指出"美国对外政策遭到可耻的失败"。他攻击约翰逊政府的对外政策是"飘忽不定、欺骗和失败的政策"，使"美国国际威信低落到危险点以下"。就是约翰逊在竞选中极力吹嘘的美国"繁荣"，也被戈德华特揭了底。后者承认，这种"繁荣"是"建筑在摇摇欲坠的人为支柱之上的，它将使我们的经济今后出现严重的麻烦"。

可是，尽管两党候选人互相攻讦，并鼓吹各自的主张，但人们却注意到，这一场貌似针锋相对的竞选争吵，却是有虚无实，并且越接近投票的日子，他们的争吵越发避实就虚。《国民前卫》周刊（10 月 10 日）指出："在共和党方面，戈德华特对约翰逊政府的光怪陆离的攻击，现在更退板了，乱七八糟地指摘约翰逊'对共产主义软弱'。而在民主党方面，约翰逊总统除了笼统地侈谈和平之外有时也夹杂点对戈德华特性格的尖刻的刻画。"《商业周刊》（10 月 10 日）也说："尽管两党的候选人都提出大问题来争论，但政治方面有识之士大多数都已经把 1964 年的大选看成沉闷乏味，并认为两党的候选人都并没有紧紧抓住全国面对着的主要问题来争论。"英国《经济学人》周刊（10 月 17 日）更说，随着大选日期的临近，"外交政策上的重大问题的争论却越来越玄，并且已经开始听不到。在约翰逊本周西行竞选的时候，他着重侈谈面包与牛油问题，经济增长、农业政策、种族平等、教育改进等，而谈到外交时往往用一两句关于和平、负责、领导的空话来搪塞。而戈德华特发现了公众对于谈论私人道德问题、大手大脚花钱问题以及关于不择手段争权夺利的行为的指摘，有比较良好的反应，已经把他的关于外交声明的调子降低，只谴责约翰逊政府对共产主义软弱"。

　　事实的确是如此。戈德华特把对约翰逊政府的攻击集中在中央过度集权、约翰逊的亲信舞弊腐化和"对共产主义软弱"三个问题上。约翰逊也并不见得高明多少。尽管约翰逊在竞选中玩弄不少的花样，如侈谈"使全体人民有生活过得更好的巨大机会"的"伟大社会"、胡诌内外政策的"十点宪章"，等等，但他兜售的狗皮膏药主要还是三个 P：即"Peace"（"和平"），"Preparedness"（"准备"）和"Prosperity"（"繁荣"），实在开不出解救美国内外危机的药方来。

　　在竞选开始的时候，不少美国资产阶级记者推测南越问题和黑人问题将成为两党候选人抓住来互相攻击的主题。《纽约时报》记者赖斯顿形象化地把前一问题称为"绿丛林"，后一问题称为"黑丛林"。可是，现在人们看到，约翰逊和戈德华特事实上却回避了这两个危险的"丛林"而不敢陷进去。

　　以南越问题而论，纵然戈德华特在初时指责侵越战争"没有尽头、没有目的"，"越来越像朝鲜"，是"约翰逊的战争"，但是戈德华特所提出的挽救侵越战争败局的主张，实质上和约翰逊的并没有两样。看来，他并不是在这问题上认真和约翰逊树立对立面。

　　以黑人斗争和"民权法"问题而论，有些美国报刊曾经认为戈德华特击败约翰逊的关键，在于他敢于和善于利用黑人问题大做文章，挑起种族纠纷，从中捞取白人选票。的确，戈德华特一向极力主张对黑人斗争采用镇压手段，在今年六月中曾经在参议院投票反对"民权法"，并指摘这个法案"违宪"。可是，在两党候选人已经确定之后，戈德华特到南部各州进行竞选活动时，对"民权法"以至他投票反对"民权法"一事却绝口不提。在九月间，戈德华特还到华盛顿去同约翰逊会谈，宣布两人同意不利用黑人问题在国内造成"紧张局势"。以后戈德华特甚至改变调子说，他当选总统后也"要大力执行民权法"。可以设想，两党候选人所以这样回避黑人问题，显然是各有打算；戈德华特担心在竞选期间煽起种族主义分子的暴行就会给约翰逊增加黑人的选票，而约翰逊也生怕在这时候吹擂"民权法"会丧失南部种族主义者的选票和北部白人的选票。而且美国黑人即已开始抛弃"非暴力主义"，要进行革命的暴力自卫。如果两党候选人拿这个爆炸性的问题来互相攻击，很可能火上添油，迅速造成不可收拾的局面，对整个统治集团都不利。他们在黑人问题上达成默契，也许是出于这种考虑。总而言之，约翰逊和戈德华特故意回避国内外的主要问题，正好反证他们对这些问题都穷于应付。美国专栏作家李普曼指出：在这次大选中就当前重大问题进行认真辩论根本是"不可能的"，因为"我们中间的最聪明的人们至今仍在寻觅答案中，但是他们还并没有找到"。这样，戈德华特和约翰逊之间的这场"决斗"，就更加像列宁所指出那样，显得"虚张声势"而"毫无内容"了。

诚然，我们并不忽视，戈德华特所鼓吹的路线比起肯尼迪、约翰逊的路线来，带有更明目张胆的法西斯的性质，并同约翰·伯奇协会以及其他法西斯团体有着更密切的关系（约翰·伯奇协会和三K党都宣布支持戈德华特）。而且，我们认为，这次美国的大垄断资本集团把一些赌注押在戈德华特这个"极端主义者"的身上，即使戈德华特落选了，也还是有它的作用的。美国垄断资本集团显然是想利用戈德华特这个"极右派"作为衬托，来转移人民反对的目标，以便维护以至突出现政府的"温和"、"稳健"的形象，掩饰它的反共、反人民、反劳工、侵略好战的法西斯政权的实质，好让它将来更进一步反动和法西斯化。从这个意义上说来，约翰逊和戈德华特不过是美国垄断集团所导演的一出戏中两个不可缺少的角色。

可是，他们捧出戈德华特来同约翰逊对唱的结果，并没有能够把约翰逊塑捏成一个"温和派"、"明智派"的形象，倒是更清楚地证明约翰逊和戈德华特都是一丘之貉。

首先，因为，正如美国《进步劳工》（本年7—8月号）所指出，戈德华特这个"极端派"嘴里大叫大嚷的对内对外政策的主张，约翰逊政府已经在实行。比方说吧，"极端派"戈德华特叫嚣战争，而"温和派"约翰逊则进行战争；戈德华特鼓吹扩大南越的侵略战争，而约翰逊则增派六千名军队去南越，并轰炸越南北方，跨过了"战争边缘"。又比方说，戈德华特反对"民权法"，而约翰逊在支持这个骗人法案的同时，却指派南部种族主义者柯林斯去"执行"这项法案，对于南部和纽约州、纽约市愈来愈多的黑人遭到种族主义者和军警的屠杀却加以纵容；戈德华特狂叫反对工会，而约翰逊在支持那些御用的工会的同时，却亲自干预、破坏铁路工人的罢工，容许司法部部长罗伯特·肯尼迪迫害比较进步的工会领袖霍法。再比方说，戈德华特大喊反对国内国外的共产主义，而约翰逊在国内则容许司法部继续向共产党人进攻并执行麦克伦法，在国外则千方百计地力图瓦解社会主义阵营。这样，一个"坐言"，一个"起行"，相形之下，难道我们可以认为约翰逊的反动性比戈德华特差些吗？

其次，在竞选中，通过戈德华特及其一伙的揭底和约翰逊的辩护，"温和派"、"明智派"的狰狞、丑恶的真面目更加暴露无遗。比方说吧，约翰逊喜欢把戈德华特形容为"按着核扳机的人"，而戈德华特却一再揭露约翰逊政府已授权北大西洋公约组织美军司令在紧急情况下有权使用战术核武器。再比方说，当戈德华特听到约翰逊胡吹美国是一个"伟大的社会""因为我们要和平"的时候，他就将他的军说："我不同意这种看法，不论人们怎样看，约翰逊在南越进行的战争总是一场战争。"特别使约翰逊出丑的是，在约翰逊高唱"种族平等"的调子的时候，共和党副总统候选人米勒却揭了他歧视黑人的老底，在得克萨斯州奥斯丁的州共和党代表大会会场上展示了约翰逊夫妇在1945年售奥斯丁郊外一块地皮时所订的契约，契约上写着："非洲出生的人不得购买此地。"

而且，为了回答对手的攻击，为自己辩护，约翰逊也往往露出了自己的原形，或迎合了戈德华特的主张。举例来说，为了回答戈德华特指摘民主党政府"忽视国防"的攻击，约翰逊就不止一次表功地夸耀肯尼迪—约翰逊政府四年来给美国增加了多少倍的核力量、增加了多少做好战斗准备的陆军师，训练了多少万的反游击战军官，吹嘘美国的军事力量"比世界历史上所有国家的力量加在一起还大"，从而把自己的好战嗜杀的本来面目刻画出来。另一个例子是：在所谓"波兰日"那天，戈德华特保证说，他如果当选，将奉行"解放"东欧国家的方针；而约翰逊也叫嚷要使波兰"早日重新成为自由国家大家庭的 员"。还有一个更突出的例子，戈德华特曾经预告，如果约翰逊在越南或古巴那样的地区"采取很果断的行动"，"我就不得不对他的所作所为公开予以支持"。① 果然，这话说了没有多久，约翰逊便制造了两次"北部湾事件"，发动了对越南北方的武装挑衅。这些事例难道还不可以说明戈德华特和约翰逊两人是在唱双簧吗？

此外，我们还看到，"极端派"戈德华特在被提名共和党总统候选人之后，发现了他那一套"极端主义"的玩意在一般选民中并不叫座，也不断修改他的"政见"，放低他的调子。在对外政策上他自称"专心注意的是和平"，不打算做一个"战争总

---

① 美国《国民前卫》周刊，1964年7月25日。

统"。在对内政策上，他由反对"民权法"而改口说要"大力执行民权法"，由反对"向贫穷开战"和"医疗照顾"两个法案改为主张"加强社会保险"。这样，所谓"极端派"与"温和派"彼此相互靠拢，他们之间的"界线"越来越模糊了。

民主党参议员摩尔斯曾经说过："美国人民在今年十一月大选显然只能在五十步与一百步之间进行选择。他们将要在民主党的来得慢一些的战争和共和党的来得快一些的战争之间进行选择。"这话并不完全对。因为，以反动性来说，约翰逊和戈德华特实在是一个半斤，一个八两。关于这一点，美国垄断资本家自己实在早已心中有数。得克萨斯的石油大王亨特就是一个例子。这个既支持约翰逊、也赞助戈德华特的亲法西斯极右分子曾对《旧金山考察报》的一个记者说：无论约翰逊或戈德华特上台，都不会有多大的区别。他对他们两个人都喜欢。"真正重要的事情是，我们必须选出一位能够保持这个国家强大而又能够防止共产党接管的人来。"由此可见，不管约翰逊或戈德华特当选总统，他们都同样是美国垄断资本奴役剥削本国人民、侵略和压迫世界人民的工具，他们都是美国和各国人民的凶恶敌人，美国人民和世界人民都不能对美国新政府抱有任何幻想。

华尔街选上了约翰逊的原因

现在，民主党总统候选人约翰逊在竞选中击败了他的对手，继续当他的总统了。从已有的材料看来，约翰逊的当选和戈德华特的落选并不奇怪。照我们的推测，大概有如下的几个原因。

第一，约翰逊的当选，主要是因为他和他的政府得到美国主要垄断资本集团的特别垂青。美国许多资产阶级报刊认为，除非在经济"萧条"的深处，要搞掉一个在位的总统，差不多是不可能的。何况现政府又是一个开支很大、机构庞大的政府，目前还在"繁荣"之中，要向这个政府"挑战"，更是难以成功。根据约翰逊的表功和美国报刊的材料，在肯尼迪—约翰逊执政四年间，美国联邦政府的预算开支从 1961 年财政年度的 815 亿美元增加到 1964 财政年度的 977 亿美元，即增加 20%，其中直接军费（包括国防部和空军计划的开支）由 484 亿美元增加到 587 亿美元，即增加 21%。① 企业家每年从联邦政府得到约 280 亿美元的直接采购单和政府津贴所导致的另 100 亿美元的订货。② 加上已经开始实施的新的减税法案，使美国垄断资本家每年受益达 60 亿美元之巨。肯尼迪—约翰逊政府这些德政，不仅给美国垄断资本家带来了三年多的虚假"繁荣"，而且给他们带来空前优厚的利润（美国公司纳税后纯利润由 1960 年的 220 亿美元增至 1963 年的 271 亿美元，即增加 23.1%③，最近约翰逊宣称，今年第三季度公司纯利润又比去年同期增加 21.7%）。现政府替垄断资本这样忠心耿耿地服务，从美国整个垄断资产阶级看来，自然没有另换一个白宫大管家的必要。而且，约翰逊本身是一个资产超过 1000 万美元的大资本家，在政界中已经混了三十多年，素有八面玲珑、手段圆滑之称。他当选参议员和后来当了民主党的国会领袖以后，奔走于两党之间，拉拢、疏通，使国会通过了不少有利于石油和军火工业资本家的立法。在肯尼迪被刺身死，他"坐正"以后，他接受了肯尼迪偏袒洛克菲勒财团得罪了其他财团的"血的"教训，除了一再发誓为大资本家效忠到底之外，说什么还多方设法同各个财团搞好关系，有什么重大事情还亲自

---

① 据《美国统计摘要》，1963 年，第 388 页；《美国联邦准备银行月报》1964 年 8 月，第 1051 页。

② 《美国新闻与世界报道》1964 年 10 月 19 日。

③ 《美国联邦准备银行月报》1964 年 8 月，第 1060 页。

向大垄断资本家及其团体请教，做到面面俱到，因而讨得了不少垄断资本家的欢心。在这次竞选期间，约翰逊更提出要当"全民总统"的口号，即向垄断资本家表示，要代表美国整个垄断资产阶级的利益。这种姿态在竞选中不是没有效果的。有一个全国制造商协会的前任理事就说："约翰逊也许是美国长时期以来包括艾森豪威尔在内的历届总统中最了解企业界需要的一个人。"在美国垄断资产阶级眼中，约翰逊既然是一个驯顺而得力的奴才，所以在这次竞选中据说得到了垄断资本家及其报刊的极广泛的支持，从而压倒了戈德华特。这是约翰逊当选总统的主要的原因。

其次，有不少美国报刊告诉我们，美国选民的大多数挑选了约翰逊，只是由于反对戈德华特，而不是由于喜欢民主党或约翰逊个人。这也说明，美国垄断资本家提名这个"极端主义者"当共和党的总统候选人，作为"温和派"约翰逊的对照的打算，的确是起了些作用。众所周知，美国的广大人民都在美国垄断资本所广布的欺骗宣传网笼罩之下。工人阶级更受到黄色工会和改良主义者的控制，黑人的大部分也依然受着改良主义团体的影响。在这样的情况之下，约翰逊所兜售的"向贫穷开战"、"民权法"等狗皮膏药目前还会有一些销路。加上这些改良主义组织鼓吹"两害相权取其轻"的"理论"，号召工人和黑人投民主党的票（劳联—产联曾经拿出二百万美元的工会费资助约翰逊竞选，全国有色人种协进会等改良主义黑人团体要求它们的成员在投票之前不上街游行示威），这就帮助了约翰逊在工人和黑人中也骗取了相当大量的选票。

最后，在赫鲁晓夫下台和我国爆炸原子弹成功的两件震动世界的大事发生以后，戈德华特固然利用这两件事来抨击约翰逊，而约翰逊在惊魂稍定之后，也企图利用这个变动的世界局势作为他的竞选资本。他在一次谈话中强调"美国在这个国际变动时期的政策和目标必须具有连续性和稳定性"，言下之意不外是说，要保证这种"连续性和稳定性"，就非约翰逊连任总统不可。而华尔街的策士李普曼也以同样的"理由"，摇唇鼓舌为约翰逊帮腔，在指出世界将进入一个"捉摸不定的时期"、美国统治集团"将在大雾天气的危险的地带摸索前进"之后，便力言"华盛顿比以前任何时期更需要有一个稳定的政府"。这反映出华尔街考虑到对美国"可能是兆头更坏"的世界局势的变化，而更不打算中途换马的决定。而一般选民面对这个新形势，也会更害怕核战争，更担心戈德华特冒险。据10月23日《纽约时报》报道，南部乔治亚州一个民主党的领袖在肯定选民将投约翰逊的票时指出："显然的，全州的人民已经决定：同时让戈德华特执政和中国人掌握原子弹是不成的。"这话虽带有宣传意味，但多少也反映出一些选民的心理。这种心理也会影响选票的变化。

"在大雾天气的危险地带摸索前进"

在约翰逊和汉弗莱当选正副总统以后，美帝国主义面临的前景和它的动向怎样，是人们要寻求解答的问题。此时就这问题作出预测，我们还没有足够的材料。不过，根据已知的情况，我们可以提出如下的粗略的初步看法。

（一）我们必须继续强调，尽管这次总统竞选反映了美国各个垄断资本集团之间存在着的日益加剧的矛盾，但这种矛盾只是狗抢骨头的利害冲突，而它们在对内加强对美国人民的剥削和奴役，对外进行侵略和扩张，制霸世界的根本政策上是一致的。不论是哪一个资产阶级政党，民主党或者共和党执政，不论是哪一个人，约翰逊或者戈德华特当选总统，他们都只能是美国垄断集团的工具，执行后者的既定政策。何况，这次大选的结果，约翰逊连任总统，旧酒仍用旧瓶装，他又向他的后台老板保证"目标和政策"的"连续性和稳定性"，美帝国主义的根本政策当然更不会因这次大选的结果而有什么变动。另一方面，为了应付国内外日益严重的危机，它在玩弄反革命的两手战略时更侧重镇压和战争的一手，也是可能的。

（二）从美国过去许多届政府看来，尽管有一个时期是这个党或那个党的头子当总统，这个党或哪个党在国会占多数，但美国政府实际上常是民主、共和两党的联合政府，实行的是两党政策。肯尼迪—约翰逊政府就是一个明显的例子。这次约翰逊当选总统既得到许多原属于共和党的、洛克菲勒财团以外的大垄断资本家的支持，他的新政府可能是一个包罗民主、共和两党和各个主要财团代表人物的大杂烩。约翰逊在大选前夕提出的所谓"十点保证"，其中有一项保证在大选以后"治好竞选运动中造成的创伤，使我国人民重新团结起来"，他的真意实是企图缓和在大选期间所暴露出来的各个垄断集团之间的尖锐矛盾，实现整个垄断资产阶级的"团结"。不消说，约翰逊这种打算将是徒劳的。这因为各个垄断集团之间为着垄断利润必然进行竞争，随着它们之间的资本和实力对比的变化，它们之间的利害冲突，必然日趋激烈，这种矛盾斗争也必然反映到国家政权机关中来。这是资本主义的绝对规律，绝不以人们的意志为转移。何况，我们可以预见得到，随着美国国内外矛盾的深化和国内外的投资和商品市场的狭隘化，美国垄断集团争夺市场、争夺军事订货、争夺国民收入的再分配的斗争只会更趋激烈。约翰逊企图四面讨好，造成垄断资产阶级"举国一致"的局面，是绝对办不到的。看来，在约翰逊新政府的内外，摩根和洛克菲勒两大财团、华尔街财团和一些地方财团之间的角逐斗争一定会继续以至更猛烈地展开。

（三）在国内方面，约翰逊—汉弗莱新政府首先要面对的是能否继续拖延潜伏的经济危机的爆发这个最棘手的问题。人们知道，美国这几年的虚假"繁荣"，是以贫困居民达全人口五分之二（前美国总统杜鲁门的经济顾问凯塞林的估计）、实际失业率达 10% 作为代价而人为地造成的。戈德华特在竞选中也指出，四年来美国政府财政赤字达到 260 亿美元的美国和平时期的最高峰、国债数字空前增加、捐税吞噬了人民收入的三分之一。在竞选期间有不少资产阶级经济学家已经担心危机不久就要爆发。据前总统艾森豪威尔的经济顾问伯恩斯估计，美国明年可能爆发严重的经济"衰退"。《华尔街日报》更为悲观，它认为明年可能出现"比 1929 年更糟糕"的经济崩溃（6 月 17 日）。《美国新闻与世界报道》新近一期（10 月 19 日）也预测，"繁荣"不久将要过去。它列举的论据是：（1）"繁荣"的支柱之一的建筑业到 1965 年将要走下坡路；（2）汽车业的景气已达到或接近顶点；（3）为预防钢铁工人罢工而购备钢铁存货有减少之势；（4）金融机构为赚取高利而发放的抵押贷款过多，欠债到期不还的事件剧增，如果信贷收紧一点，房屋抵押贷款和消费信贷就受影响。此外，这个周刊还指出，美国的外债要用黄金来还的达 260 亿美元，而美国黄金储备中可以自由动用的只有 30 亿美元，美元信用已日益动摇，下届总统不能再逃避美元问题而不加处理。在这种情况之下，一旦危机爆发，我们可以断言，新政府应付危机的手段将很有限，危机就很可能比以往更具有破坏性。单从这点看来，约翰逊—汉弗莱政府的前景就十分不妙。

至于美国黑人斗争，如前所述，已经进入了一个新的转折点。有好几个具有战斗性的新的黑人团体（如马尔科姆·爱克斯发起的"非洲裔美国人统一组织"、黑人青年的"革命行动运

动"等）已经建立起来，旧的改良主义的黑人领袖已遭到越来
越多的黑人——特别是青年黑人的唾弃。越来越多的黑人看清了
民主党的敌视黑人的反动本质，看穿了"民权法"的骗人把戏。
有的说，"两党都是种族主义的，而民主党的种族主义色彩比共
和党更浓。……两党都出卖我们"（马尔科姆·爱克斯）；有的
说，"民权法""是无意义的，是妥协的妥协"①。从今年七、八
月同在纽约市哈莱姆区以及罗彻斯特、新泽西、费拉得尔费亚等
地的黑人群众的抗暴斗争的激烈情况看来，黑人自由战士罗伯
特·威廉最近所预告的黑人斗争火山的"大爆发"，是不会为期
很远的。随着美国经济情况的恶化，美国黑人斗争以至白人劳动
者的斗争将会被推动起来。新政府继续施展镇压和欺骗的反革命
两手，也将无法缓和这种阶级斗争的激化。

　　（四）在国外方面，约翰逊所面临的前景也是十分险恶，而
他并没有办法来挽救美帝国主义在这方面的失败。如美国记者赖
斯顿在大选前夕所指出的，下届总统面对的是"一个剧烈变动
的捉摸不定的危险的前途"。为了应付这个危局，美国对社会主
义国家所采取的反革命两手策略基本上也是不会改变的。约翰逊
政府一方面将会继续施展"和平演变"战略，特别是针对它所
想象的"东欧的动荡局面"（10 月 30 日约翰逊谈话），加紧它
在这方面的阴谋，以达到约翰逊所谓"同东欧国家建立新桥梁"
的希望（10 月 18 日电视演说）。另一方面，它又以应付"捉摸
不定"的局势为借口，将会加紧扩军备战，增加军费。用约翰
逊的话来说，就是"继续保持、增加和加强我们的战备"，以便
"对在世界任何地方对自由的挑战作出适当反应的能力"（10 月

---

　　①　保尔·约翰逊：《美国——患病的巨人》，英国《新政治家》周刊 1964 年 7
月 17 日。

20 日谈话)。但是,正如美军事记者鲍德温所指出:"随着核扩散、维持联盟、推行美国的政策、制止共产党的渗透运动和民族解放战争等工作将更加困难。"(《纽约时报》10 月 18 日)的确,我国核试验成功,打破了美国的核垄断以后,约翰逊政府要在越南或亚洲其他地区玩弄核讹诈政策更加此路不通,在两周之前,约翰逊在发表的谈话中谈到南越问题时就像碰壁的苍蝇那样嗡嗡地哀叫。他一则说,从南越"每天得到的消息是暗淡的"。再则说,如果扩大战争,"我们可能很快在亚洲陷入一场地面战争",如果撤退,"我们将让亚洲落入别人之手"。最近越南南方人民武装奇袭西贡边和机场的大捷,更使得约翰逊政府惊慌失措。这几天来,华盛顿又叫嚷扩大南越战争。但无论怎样,美帝国主义者也无法摆脱它在南越的进退两难的窘境和挽救它的已经注定的败局。

至于美国同它的西方盟国之间的矛盾的尖锐化,也是约翰逊政府一个应付乏术的问题。约翰逊和戈德华特在竞选期间都提到要加强同盟国的关系,但都说不出什么有效的办法。尽管在英国工党竞选胜利以后,约翰逊政府可以利用威尔逊政府的软弱地位和亲美倾向,拉英国一把,使它多靠拢美国,但对于愈来愈明显地向美国霸权全面挑战的法国,还是没有办法对付。最近,美国硬要实施多边核力量计划,更在它的西方盟国中引起了强烈的不满和抵抗。戴高乐政府除了极力打破多边核力量计划之外,还放出退出北大西洋组织的风声。此外,西德统治集团中比较亲法的阿登纳一派又有抬头之势,给艾哈德政府不小的牵制。这些情况预告帝国主义阵营将进一步四分五裂,美国在西方的霸权地位将进一步削弱。约翰逊新政府要扭转这种不利的局势,谈何容易。

总而言之,不论从国内或国外形势看来,美帝国主义所面临的前景实在比"大雾天气的危险地带"还险恶。既然美帝国主义掠夺、侵略和好战的基本航线不会改变,不管以"老舵手"自居的约翰逊怎样拼命挣扎,他也无法挽救这条海盗船走向覆没的命运。

（原载《国际问题研究》1964 年第 6 期）

和平共处五项原则的产生及其国际意义

和平共处五项原则是我国用以指导自己同各国发展关系的一贯原则。本文以列宁关于不同社会制度的国家和平共处的政策思想为指导，阐述了我国倡导和贯彻和平共处五项原则的历史背景和理论依据，论证了和平共处五项原则为什么是我国坚持独立自主对外政策必须遵循的指针。

和平共处是十月革命胜利后列宁首先提出的处理社会制度不同的国家关系的政策思想。中华人民共和国成立后，中国共产党和中国政府坚持和贯彻这个政策思想，倡导了著名的和平共处五项原则。最近，胡耀邦同志在党的十二大上所作的报告中谈到我国的对外政策时，重申和强调了和平共处五项原则，指出这是"中国用以指导自己同各国发展关系的一贯原则"，现在"和平共处"、"和平共处五项原则"已成为国际关系中的重要准则。

列宁当年为什么提出和平共处的政策思想？它的历史背景和

理论根据是什么？我党和我国政府倡导贯彻和平共处五项原则的
历史背景和理论根据又是什么？这需要从历史和理论的角度加以
探讨，才能深刻地理解它的重大国际意义。

一

　　列宁在十月革命之前已经论证，由于帝国主义时代资本主义
经济政治发展不平衡规律的作用，"社会主义不能在所有国家内
同时获得胜利。它将首先在一个或几个国家中获得胜利，而其余
国家在一段时间内将仍然是资产阶级或资产阶级以前时期的国
家"①。列宁认为，全世界向社会主义过渡，将经历一个历史时
期。社会主义同资本主义这两种社会制度将在长时间内同时存
在②。这样就产生了社会主义国家对于不同社会制度国家，包括
帝国主义国家的关系如何处理的问题。1919 年 9 月，当红军已
粉碎了高尔察克，而对邓尼金的战争还在进行的时候，列宁就预
见，随着战争的胜利，国际关系即将出现"社会主义国家和资
本主义国家共存的时期"③。同时，在十月革命影响下兴起的欧
洲的革命高潮也已经过去，俄共（布）已明确地提出将党的中
心任务转向经济建设的新轨道。在新时期里，作为唯一的社会主
义国家，苏俄需要打破国际上孤立的局面，赢得尽可能长期的和
平国际环境，进行社会主义改造和建设，争取同资本主义国家和
平共处，通过谈判和其他和平方式解决彼此间的争端，建立外交
和经济关系，这对苏俄来说是必要的，也是有利的。对西方列强

---

①　《列宁选集》第 2 卷，第 873 页。
②　《列宁全集》第 30 卷，第 21 页。
③　同上。

来说，首先，它们组织了十四个国家对苏俄进行三次武装干涉，试探了苏维埃政权的稳固性，经过一番较量而失败之后，纵然亡苏之心未死，已不得不开始同苏维埃政权保持和平关系。其次，当时西方列强在经济上陷入危机，被迫停止对苏封锁。由于苏俄有广阔的市场、丰富的原料，为着它们本身的利益，"资产阶级国家需要同俄国做生意，它们知道，没有经济上相互联系的形式，它们的破产将像以前那样延续下去"①。这就是说，为着生意经，西方资产阶级国家也要接受和平共处，同苏俄建立贸易关系和外交关系。第三，伴随着经济危机而来的是政治危机。西方资产阶级国家内部和彼此之间（如英、法、意之间，大小国家之间，特别是战胜国与战败国之间）的矛盾急剧地尖锐起来，苏俄可以利用这些矛盾进行突破。因此种种，争取与资本主义国家和平共处是有现实可能的。

社会主义国家和不同社会制度国家和平共处，不是权宜之计，而是指导其对外关系的基本方针。它的实现不是对帝国主义无原则的妥协以至屈服的结果，而是在爱国主义和国际主义的指导下坚持斗争的结果。本来，苏维埃政府于 1917 年 11 月 8 日宣布的《和平法令》，建议缔结不兼并、不赔款的和约，公开和取消帝国主义的秘密条约，废除沙皇政府和克伦斯基临时政府与东方各国签订的一切不平等条约。《和平法令》里虽没有和平共处的字样，但已包含一切国家有平等、自主、自决权利和互不干涉内政的原则，事实上已体现出列宁关于不同社会制度国家可以和平共处的政策思想了。

1917 年底，苏俄除了宣布承认它的邻邦芬兰的独立之外，还发表《告俄国和东方劳动穆斯林书》，宣布废除沙皇政府和

① 《列宁全集》第 33 卷，第 185 页。

临时政府旨在压迫东方各国和侵占它们领土所签订的一切条约。1919 年和 1920 年，在反击帝国主义武装干涉的战争还未结束时，苏维埃政府曾两次发表对华宣言，宣布放弃沙皇政府从中国掠得的种种特权，并建议立即谈判建立贸易关系和外交关系的协定；但由于北洋军阀政权反对苏俄的立场和帝国主义列强的阻挠，谈判没有达成协议。1921 年，当帝国主义的武装干涉基本结束时，苏维埃政府与近邻土耳其、波斯（伊朗）和阿富汗先后订立了体现和平共处原则的友好条约。这些都是苏俄这个社会主义国家争取与资本主义以前时期的国家和平共处的一些范例。

与此同时，苏俄争取同资本主义、帝国主义国家和平共处的努力也提上了日程。当时苏维埃政府为此而采取的策略是从建立正常贸易关系着手。因为这种关系的建立有助于苏俄战后国民经济的发展，而陷于经济危机的资本主义国家对于同苏俄的贸易也深感兴趣。随着贸易关系的建立和发展，外交上的承认也水到渠成。在欧洲资本主义国家中，英国对贸易的依赖最大，而当时经济的处境又特别不妙，苏俄因而选择英国作为打进资本主义国家的楔子。1920 年苏俄与英国首先举行谈判，1921 年 3 月两国订立了第一个贸易协定，苏俄得到了英国事实上的承认。接着，德国同苏俄签订了贸易协定，奥地利、意大利、挪威、丹麦等国也同苏俄签订了同样性质的通商协定。协约国孤立、封锁苏俄的阴谋遭到了挫折。列宁曾于 1922 年说过，"我们已经争得能够同资本主义列强共处的条件。这些强国现在不得不同我们建立贸易关系了"[①]。列宁这个预言这时已经成为现实。

1922 年 4 月，协约国邀请苏俄和战败国德国等 29 国在热那

---

① 《列宁全集》第 31 卷，第 373 页。

亚举行国际经济会议。这是一场严重的国际斗争，也是苏俄在列宁亲自指导下开展和平共处新外交的一次重大的实践。会议虽然没有取得具体协议，但苏俄在会议期间同德国签订的拉巴洛条约，恢复了两国外交关系，并决定采取最惠国待遇原则，以促进两国贸易，这就冲破了帝国主义的反苏联合战线。这是列宁关于不同社会制度国家和平共处的政策思想的重大胜利。1924 年一年中，欧洲、亚洲和拉丁美洲，有 12 个国家同苏联建交。1925年，日本正式承认了苏联。从此苏联同各资本主义国家进入一个相对稳定的和平共处时期。尽管这期间也发生过像英苏一度断交那样的重大波折，但和平共处政策的成就，对苏维埃政权的巩固和社会主义经济建设的迅速发展的作用及其重大的国际意义是不容低估的。

二

第二次世界大战结束后，经过解放战争的巨大胜利而屹立于东方的中华人民共和国，在中国共产党的领导下，坚持和贯彻列宁的和平共处的政策思想，并随着国内和国际形势的变化，发展和丰富了列宁的思想。

早在新中国成立前夕，毛泽东同志在新政治协商会议筹备会的谈话中就庄严地向全世界宣布："我们所反对的只是帝国主义制度及其反对中国人民的阴谋计划。任何外国政府，只要它愿意断绝对于中国反动派的关系，不再勾结或援助中国反动派，并向人民的中国采取真正的而不是虚伪的友好态度，我们就愿意同它在平等、互利和互相尊重领土主权的原则的基础之上，谈判建立外交关系的问题。中国人民愿意同世界各国人民实行友好合作，恢复和发展国际的通商事业，以利发展生产和繁荣经济。"① 第一届全国政协通过的《共同纲领》和全国人民代表大会通过的我国第一部宪法中都明确规定了和平外交政策。这就是我国一贯重视和平共处原则的生动表现。

同当年第一个社会主义国家苏联相比，社会主义中国诞生时的国际环境和国内环境更有利于实行和平外交政策。反法西斯的第二次世界大战胜利的结果，德意日法西斯垮台了，英法被削弱了，实力大大增强的苏联和欧亚两洲出现的一系列社会主义国家，都与我国互相支援。同时，帝国主义殖民体系开始瓦解了，亚洲、非洲民族独立运动蓬勃发展，也是对我国开展和平外交的一个有利因素。在国内，经过三年的解放战争，以美帝为靠山的国民党反动政权已被彻底击败，逃出中国大陆，势无复辟的可能。因此，新中国成立不到三年，同我国建交的已达 19 个国家。

但是，在第二次世界大战中经济和军事实力空前膨胀的美帝国主义，已成为资本主义世界的霸主。它建立北大西洋公约组织，推行杜鲁门主义，展开"冷战"。那时，美国变中国为美国殖民地的妄想虽已破产，但并不甘心，除了极力阻止我国恢复在联合国的合法席位之外，还梦想一举灭亡朝鲜，然后以朝鲜为跳板进犯中国。对亚非拉的不发达国家，美帝则通过"经援"和"军援"来干涉、控制和奴役它们。它并同一些亚洲国家订立军事同盟条约，威胁我国和其他社会主义国家的安全。西欧列强除了追随美国反共反苏之外，还武力镇压东南亚和中东的民族解放运动。在这种形势下，我国坚持和平共处的方针，并把它作为同任何国家建立邦交、进行经济合作的准绳和处理国际关系的依据。这样既有利于我国争取社会主义建设的和平国际环境，也有

① 《毛泽东选集》第 4 卷，第 1470 页。

利于揭露帝国主义的侵略政策和战争政策，孤立帝国主义侵略势力和战争势力。事实证明，和平共处政策是反对霸权主义和维护世界和平的有力武器。

美国仍继续侵占我国领土台湾省，并同蒋政权订立《共同防御条约》，这是破坏我国主权和领土、干涉我国内政、违反国际关系准则的露骨的侵略行径，是与和平共处的原则背道而驰的。在侵朝战争中，美帝操纵五届联合国大会，通过诬蔑朝中为"侵略者"的决议，打着"联合国"的旗号，拼凑有15国参加的侵略军开赴朝鲜作战，并对朝中实行制裁和禁运。由此可见，解放初年我国处境虽不像当年的苏联那样孤立，但面临的国际局势也是十分复杂和不易应付的。

另一方面，中国同刚从殖民主义统治下解放出来的其他国家，有共同的经历、处境和愿望。尽管社会制度不同，在一般国际关系中，首先在相互关系中，都有互相尊重主权和独立，互不干涉侵犯，以平等的地位开展经济合作的共同要求。

针对这两方面的情况，把和平共处应当遵守的原则加以高度的概括，使之具体化和更加明确，就成为迫切的需要。正是在这样的背景下，我国和印度共同提出了和平共处五项原则。和平共处五项原则首先是在1954年4月29日签订的《中华人民共和国和印度共和国关于西藏地方的通商和交通协定》中出现的。这一协定是中印和平协商和彼此让步的结果。在协商中，中印两国不但对有关西藏的一些具体问题达成了协议，而且共同商定了以（1）互相尊重领土主权，（2）互不侵犯，（3）互不干涉内政，（4）平等互利，（5）和平共处五项原则为指导两国之间关系的原则。正是在这一协定的基础上导致了同年6月中印和中缅总理分别发表的联合声明，确认五项原则作为处理国际关系的普遍指导原则。1955年4月在亚非会议上通过的十项原则，实际上是五项原则的引申和进一步具体化。到了六十年代初期，周恩来总理访问亚非 14 国时，提出了中国同非洲和阿拉伯国家关系的五项原则，针对当时这些民族主义国家的处境和考虑到作为社会主义国家的中国对它们应尽的国际义务，对和平共处五项原则又作了一些具体补充。

三

马克思主义的科学真理是在实践中发展，在斗争中光大的。首先由列宁提出的不同社会制度国家和平共处的原则，经过第二次世界大战和战后的大半个世纪的磨炼，获得了重大的发展。

当年苏联是世界上绝无仅有的社会主义国家，因而不存在社会主义国家之间和平共处的问题。同时，旧殖民主义体系还未瓦解，亚非两洲殖民地半殖民地取得政治独立的国家寥寥可数，因而苏联当时争取与之和平共处的国家主要是西方发达的资本主义国家、帝国主义国家，国际关系的情况比较简单一些。从第二次世界大战结束以来，国际形势发生急剧变化，国际关系和国际斗争愈形复杂，出现了一系列社会主义国家，并结成社会主义阵营。起初，社会主义国家间的关系侧重在无产阶级国际主义原则的指导下团结友好、互相合作。它们争取和平共处的对象是帝国主义阵营。当时，由于帝国主义掀起的反苏、反华、反共的国际逆流，"冷战"发展为局部的"热战"（如朝鲜战争），在这种气氛中争取同它们和平共处，其实是"冷战共处"罢了。和平共处的原则正经受着严酷的考验。

其次，五十年代初期以来民族独立国家愈来愈多。它们与旧宗主国或其他帝国主义国家（主要是美国）的关系既有依附的一面，也存在矛盾和斗争的一面。它们在经济上暂时还不能摆脱帝国主义的控制，政治上又要为维护主权和独立而斗争，情况是十分复杂的。美帝国主义依靠强大的经济优势和政治压力，通过新殖民主义种种方式把一些新独立国家纳入它的势力范围，破坏它们的主权和独立。有一个时期，在帝国主义的欺骗宣传和煽动之下，有些民族主义国家对社会主义国家心存疑虑，有些甚至被帝国主义利用来充当反社会主义国家的工具。它们彼此之间也是既有联合，又有矛盾（如政治制度、民族、宗教信仰的差别，领土边界的纷争等），加上帝国主义的挑拨和分化，更使它们彼此之间常常发生摩擦，难以和平共处，甚至兵戎相见。

　　但是，觉醒了的大多数民族独立国家都要求团结起来，互相支持，为进一步反帝反殖、维护民族独立、争取经济独立而斗争。民族主义国家这两种倾向，在1955年4月有中国参加的亚非29国会议（万隆会议）上充分和典型地表现出来。美帝国主义破坏会议虽未成功，但企图利用与会国之间的分歧煽风点火，造成争论不休的局面，个别代表还充当美国代理人，甚至在会上提出所谓"共产主义威胁"、"颠覆活动"的问题，把矛头指向中国，挑起争端。其后由于会议发起国印度、缅甸、锡兰、印度尼西亚和巴基斯坦五国共同努力，特别是由于我国代表团团长周恩来总理提出了"求同存异"有说服力的主张，会议终于成功，在"求同存异"的基础上，在最后公报中终于确立了十项原则作为和平共处、友好合作的方针。大势所趋，人心所向，和平共处的原则冲破种种障碍，放出了新的光彩。

四

　　从六十年代起，通过我国和一些爱好和平国家和人民的共同努力和奋斗，作为指导国际关系的和平共处五项原则已为许多国

家所接受，在国际政治上的影响也日益扩大。这表现于以下几个
方面：

（1）我国同一些亚非国家（如缅甸、尼泊尔、阿富汗、几
内亚、柬埔寨、印度尼西亚、加纳、阿拉伯也门等）先后订立
了"和平友好"（或"和平互助"、"和平与互不侵犯"）条约，
在条文内双方保证以和平共处五项原则作为两国关系的指导
原则。

（2）按照和平共处原则的精神，我国同一些邻邦（如缅甸、
尼泊尔、蒙古、巴基斯坦和阿富汗）通过互谅互让的和平协商，
订立边界条约，解决了历史遗留下来的边界问题。

（3）中国以外的有些国家在签订解决彼此间的政治争端的
协定时，也把和平共处五项原则的主要内容如"尊重主权和领
土完整"、"不干涉内政"等写了进去。1973年越南和美国在巴
黎签订的《关于在越南结束战争，恢复和平的协定》，以及同年
老挝各爱国力量方面同万象政府方面在万象签订的《关于在老
挝恢复和平和实现民族和睦的协定》就是如此。

（4）一些国际组织宣告的宗旨或通过的宣言也以不同方式
把和平共处五项原则的精神吸收进去。如1961年9月在贝尔格
莱德举行有25个国家参加的第一次不结盟国家会议，其最后发
表的宣言认为和平共处的原则是代替"冷战"和可能发生的全
面核战争灾难的唯一办法；第二次会议（1964年10月举行，有
47个国家参加）最后通过的纲领更要求联合国把和平共处原则
法典化。又如，1965年12月联合国大会通过的《不许干涉各国
内政和保护各国独立与主权的宣言》声称：没有一个国家有权
以任何理由直接地或间接地干涉任何国家的内部或外部事务。
1970年联大通过的《关于各国依照联合国宪章建立友好关系和
合作的国际法原则宣言》也明确指出，"任何旨在部分或完全破

坏一个国家的国家统一和领土完整的企图都不符合宪章的宗旨原则","每一个国家有责任不组织、煽动、资助、参与另一个国家的内争"。很明显，联大这两个宣言所强调的正是和平共处五项原则中的第一项和第三项。由此可见，到了今天，帝国主义列强凭借武力或武力威胁，来对别国推行其侵略目的的"炮舰外交"已经此路不通，而立足于正义，有利于维护世界和平与国际安全的和平共处五项原则，已被公认为指导国际关系的普遍准则，取得了国际法的效力。

尤其需要指出，1972年2月发表的中美上海联合公报白纸黑字地把和平共处五项原则全部写进去。它向全世界宣布："中美两国的社会制度和对外政策有着本质的区别。但是，双方同意，各国不论社会制度如何，都应根据尊重各国主权和领土完整、不侵犯别国、不干涉别国内政、平等互利，和平共处的原则来处理国与国之间的关系。国际争端，应在此基础上予以解决，而不诉诸武力和武力威胁。美国和中华人民共和国准备在他们的相互关系中实行这些原则。"联合公报还谈到台湾问题，美方也表示对中国关于台湾的立场"台湾是中国一个省，解放台湾是中国内政，别国无权干涉"等"不提出异议"。其后1979年1月签订的中美建交公报既"重申上海公报中双方一致同意的各项原则"（当然包括和平共处五项原则在内），"并再次强调"美国政府"承认中国的立场，即只有一个中国，台湾是中国的一部分"。也就是说，根据和平共处五项原则的头三项，经过我方的力争，美方接受了我方关于台湾问题的三原则（同台湾结束外交关系、废除美台"共同防御条约"、从台湾撤军）。这可以说是和平共处五项原则的一次胜利。

和平共处原则的重大进展还表现在中日关系方面。1972年9月，中日两国政府签署的中日邦交正常化的《联合声明》第六条宣告：两国政府同意"在和平共处各项原则的基础上"建立两国间持久的和平友好的关系。1978年8月签订的中日《和平友好条约》的第一条就重申在和平共处五项原则基础上"发展两国间持久的和平友好关系"。这就说明，在和平共处五项原则已为世界大多数国家所接受，成为指导和处理国与国之间的关系的国际法准则的七十年代，美日两国在同我国建立正常关系和发展双方的友好合作关系时也不能成为例外。和平共处五项原则在国际关系上的意义确是重大的。它的国际影响确是深远的。但是，口头上书面上接受和平共处五项原则是一回事，在行动上真正履行与否，又是另一回事。这就是中国老话所说的"听其言而观其行"。此外，和平共处五项原则有其正确的含义，不容许制造口实，任意解释。在和平共处五项原则的基础上建立和发展国与国关系的国家能否做到不折不扣地实践这些原则，对双方都是一个严峻的考验，其间当然也有斗争。

五

各个社会主义国家既然社会制度相同，它们彼此之间的关系是否也适用和平共处五项原则呢？社会主义国家之间的关系是新型的国际关系。它们固应在马列主义、无产阶级国际主义的共同思想的基础上加强团结，相互支持，相互援助，但也必须相互遵守和平共处五项原则，把它当作指导它们之间的关系的起码的准则和要求，并且应当以身作则，带头实践。早在和平共处五项原则明确地提出之前，即1950年2月，我国同另一个社会主义国家苏联签订的《友好同盟互助条约》，其主要条文中有这样的内容："缔约国双方保证以友好合作的精神，并遵照平等、互利、互相尊重国家主权与领土完整及不干涉对方内政的原则，发展和巩固中苏两国之间的经济与文化关系等。"这一条保证，尽管在表述上与后来中印提出的和平共处五项原则有些出入，但大致上是相同的（只缺"互不侵犯"和"和平相处"，但实际上"互相尊重国家主权与领土完整"一项已把"互不侵犯"包括进去）。由此可见，在新中国成立之初，当时的中苏两方都已承认和平共处五项原则也完全适用于社会主义国家之间的关系。这是列宁的关于和平共处的政策思想在新时期的发展。因为，尽管它们的社会制度都属于社会主义体系，它们也都是独立自主的主权国家，绝不容许侵犯兄弟国家的独立主权，破坏他国的领土完整，干涉他国的内政，也绝不容许在国家关系中违反平等互利的原则。同时，在社会主义国家中，建国的历史有长短的不同，有大国与小国的差别。但是不论进行社会主义革命或社会主义建设，都必须把马列主义的普遍真理同本国的实践相结合，由各国的党和人民自己去寻找道路，去探索和解决问题。如果社会主义国家之间不是按和平共处的原则处理彼此之间的关系，而是相反，那么，它们之间又怎么谈得上彼此帮助，互相支持，从而体现无产阶级国际主义的精神呢？正是基于这样的认识，胡耀邦同志在党的十二大的报告中强调，"和平共处五项原则，适用于我们同包括社会主义国家在内的一切国家的关系"。（重点符号是作者所加的——思慕）。

六

胡耀邦同志在十二大的报告中谈到对外关系部分时指出：我国坚持独立自主的对外政策，"把爱国主义和国际主义结合起来，从来是我们处理对外关系的根本出发点"。他又说："我们是爱国主义者，决不容忍中国的民族尊严和民族利益受到任何侵犯。我们是国际主义者，深深懂得中国的民族利益的充分实现，不能离开人类的总体利益。我们坚持执行独立自主的对外政策，同我们履行维护世界和平、促进人类进步的崇高的国际义务是一致的。"为了推行这样一条"从中国人民和世界人民利益出发"的对外政策，发展同世界各国的关系，这个报告反复强调和平共处五项原则，说明我国不仅是五项原则的首先倡导者之一，而且是五项原则的坚决捍卫者和忠实履行者。为什么我们对和平共处五项原则如此重视呢？

第一，就我国本身来说，我们当前的首要和中心任务就是把社会主义现代化经济建设继续推向前进。为了实现这个任务，我们要坚持对外开放政策，扩大对外经济、技术、文化的交流，以增强自力更生的能力，而指导国际交往和合作的正确的基本方针，就是和平共处五项原则。无论是从外国引进技术和资金还是同外国进行经济合作，都要做到平等互利，对方必须尊重我国的主权，不能借以干涉我国的内政。

第二，反对霸权主义，维护世界和平，是世界人民当前最重要的任务，需要长期和平的国际环境以从事社会主义现代化建设的我国尤其是如此。霸权主义是和平共处五项原则的大敌，是对世界和平的主要威胁。如果怀有维护世界和平的共同愿望的各国，在和平共处五项原则的基础上团结起来，同霸权主义、扩张主义的一切表现进行坚决的斗争，打乱它们的战争部署，世界和平是有可能维护的。

第三，十二大报告中特别提到我国同日本、美国和苏联三国的具体关系的问题。而所以成为问题都同对方在不同程度上违反和平共处五项原则有关。如前不多时日本有些势力在教科书的审定中歪曲和美化过去日本侵略中国和东南亚国家的历史事实，放映"大日本帝国"影片，为大战犯招魂等行径，意味着日本军国主义复活的危险又在冒头，和平共处五项原则受到蔑视。在"教科书"问题引起我国的抗议以后，日本那些"势力"不但不承认错误，反而说我方"干涉"日本的"内政"。这就不能不引起中日两国人民和其他国家人民的严重警惕。又如美国在同我国关系正常化以后，马上搞一个同两国建交联合公报严重抵触的《与台湾关系法》并死抱着不放，以为这样就可以使继续制造两个中国，继续向台湾出售武器一类的破坏中美正常关系的行径"合法化"。甚至当我们提出取消《与台湾关系法》扫除中美两国关系发展的严重障碍的主张和要求时，美国也有"一股势力"，说什么这个法案是美国国会制定和通过的，是属于"内政范围"，它的"法律效力"超过中美建交公报，反诬我们抨击《与台湾关系法》是"干涉"美国"内政"。试想，一个国家只要自己制订一项法律，就取得了侵犯别国主权、干涉别国内政的权利，就具有"合法性"，这种逻辑是多么荒谬！经过中美两国政府长达一年的谈判，不久前发表了联合公报，对美国向台出售武器问题作出了分步骤直到最后解决的规定，然而墨迹未干，美方却出尔反尔，声言"对台湾的政策没有变"，美国政府将继续执行《与台湾关系法》，甚至声称美方停止售台武器只能同我方"作出和平统一的保证联系在一起"。我们曾不止一次声明，台湾与祖国如何统一，完全是中国内政，不允许任何外国干涉。美方上述言论，实际上起了阻挠台湾回归祖国、破坏我国和平统一的作用，与和平共处五项原则大相径庭。再如苏联近年在中苏、中蒙边境陈兵百万大军，支持越南武力侵占柬埔寨，囊括老挝，不断向我国和泰国边境挑衅还以"应阿富汗政府的请求"出兵属于"合法行为"为借口，武装侵占我国邻邦阿富汗，造成三面包围我国之势，严重危及我国的安全和亚洲地区的和平。今年（指1982年——编者）十月初，苏联副外长伊利切夫来到中国，

同我国副外长钱其琛开始就两国关系正常化问题进行磋商。其后
我国外交部黄华部长赴莫斯科参加勃列日涅夫的葬礼时，又与苏
联外长葛罗米柯就这个问题继续磋商。正如胡耀邦同志答法国记
者问时所指出的，"中国方面诚心诚意地希望能够排除一切有害
于中苏关系正常化的障碍，使两国正常关系从此走上健康发展的
道路"。我们认为，中日和中美关系能否健康地发展和长期稳定
下来，中苏两国关系能否走向正常化，关键在于对方是否严格遵
守和平共处五项原则，并且体现为行动。

　　在我们这方面是没有什么障碍的。我国不但始终坚持和平
共处五项原则，并且说到做到。全世界都看到"我们没有在任
何外国留驻一兵一卒，没有侵占任何外国的一寸领土，没有侵
犯过任何外国的主权，没有以不平等关系强加于任何外国"
（见十二大报告）。新中国成立以来，我们虽然被迫进行过几次
自卫作战，但我方都极力克制自己，在完成自卫的任务之后便
主动撤退，不留一兵一卒，即使是抗美援朝战争，一旦停战协
定签订，我志愿军便尽快全都撤回国内，不像美军那样迄今还
打着"联合国军"的破旗赖在韩国不走。我国领导人曾多次保
证"在任何情况下，我们永远不称霸"。正因为我们"言必
信，行必果"，33 年来，我国在五项原则的基础上已同 125 个
国家建立了外交关系。

七

　　在同我国建交的这一百多个国家中，第三世界发展中国家占
了大多数。它们面临的共同任务，首先是维护民族独立和国家主
权以及积极发展民族经济，以经济独立来巩固其已经取得的政治
独立。近年来两个超级大国争夺的范围日益扩大，许多第三世界

国家首当其冲，它们的独立和主权受到威胁。它们的民族经济虽有不同程度的发展，但仍未能打破不平等的国际旧秩序的束缚，与资本主义发达国家进行经济合作，如参加欧洲经济共同体——非洲加勒比和太平洋（国家）洛美协定的几十个国家经过不断斗争，仍未达到真正平等互利的地步。通过全球谈判，实现南北经济关系的改善，还存在不少困难。加之，资本主义世界的长期的经济衰退（所谓滞胀局面）未见好转，美国西欧和日本之间的贸易战日趋激烈，它们向第三世界转嫁经济危机使后者的经济发展受到严重的不利影响。第三世界大多数穷国想要在和平共处五项原则，特别是真正平等互利的基础上与它们进行经济合作就十分困难。但是第三世界国家（连同我国在内）的领土占全世界三分之二以上，人口占全人类四分之三以上，资源丰富，市场广阔，其中有些国家的经济和技术的发展已达到相当高的水平。因此，第三世界各国彼此之间应当和可以密切地进行经济合作，互相援助。这就是所谓"南南合作"。这样的集体自力更生将大有助于冲破现存的不平等国际经济秩序和建立公正的新秩序。我国是发展中的社会主义国家，属于第三世界。我国同第三世界其他大多数国家过去有共同的遭遇，现在又面临同样的问题。我们不但把坚决同第三世界其他国家一起为反帝、反霸、反殖而斗争看作自己神圣的国际义务，而且一贯尽其所能地支援它们。无论是进行互利合作，还是提供援助都以和平共处五项原则为准绳，严格尊重双方的主权，不附带任何条件，不要求任何特权。过去是如此，今后随着我国经济的发展，我们将一如既往，不断在这方面加强同第三世界的互助合作。在坚持和平共处五项原则的前提下，推行、扩大"南南合作"，在我们方面是积极提倡和乐于率先实践的。

至于其他第三世界国家彼此之间的经济方面的合作互助，有一重要的先决条件就是加强团结。诚然，自第二次世界大战结束以来，第三世界国家先后结成了好些地区性以至国际性的组织，如非洲统一组织，阿拉伯联盟、伊斯兰国家会议、不结盟运动、七十七国集团、石油输出国组织等。这些组织在国际政治舞台上，在联合国内外，都起过一定的积极作用。可是，另一方面，毋庸讳言，由于第三世界各国之间，在民族、宗教、政治体制等方面的具体情况千差万别，以致形成彼此间的矛盾；有不少国家（主要是邻邦）由于殖民地时代遗留下一些历史问题，如领土、边界争端等，至今还存在不和的现象，甚至发生了武装冲突，加上霸权主义、帝国主义和殖民主义的挑拨离间，火上更加添油。战后连绵不断的局部战争共有470次，其中多数是发生在第三世界国家之间，打了一年多的两伊战争就是最突出的例子。由于这种分歧、争端的存在和加剧，"非统"、阿拉伯国家联盟，以至伊斯兰国家会议的团结都成为问题。"我们对第三世界某些国家间发生不和甚至武装冲突，深感不安。这些争端往往使双方蒙受重大的损失，有时还使霸权主义坐享其利。"（引自十二大报告）为了避免发生这种"为亲者痛仇者快"的事件，为了消除第三世界国家彼此互助合作的障碍，除了希望联合国和其他有关的组织大力调解之外，更盼有争端的国家在和平共处五项原则的基础上，求同存异，互谅互让，通过和平协商，来解决彼此间的分歧。

总的来说，联合一切致力于和平的国家和人民特别是团结第三世界国家和人民反对霸权主义，维护世界和平，是我们坚持的独立自主对外政策的主要方向，而和平共处五项原则的贯彻，则是指导我们朝着这个方向前进必须遵循的指针。现在，坚持和平共处五项原则已经载在我国第五届全国人民代表大会第五次会议通过的新宪法序言上，具有最高的法律效力。全世界都可以相信，我国一定言必信行必果，以五项原则作为准绳，大力发展同各国的外交关系和经济文化的交流。

（原载《世界历史》1983 年第 1 期）

建国以来世界大局和我国
对外关系演变的回顾
（1984 年）

在中国共产党的英明领导下，我们伟大社会主义祖国中华人民共和国的创建，快满 35 周年了。全国人民都雀跃、欢呼，以无限欣慰的心情来庆祝这个伟大的节日。作为世界史研究工作者，我想在本文就 35 年来我国对外关系的演变过程回顾和检视一下，或可有助于汲取应有的历史经验和教训，同时也为爱国主义和国际主义的教育提供一些可供参考的材料、线索，从而加强我们的信心和责任感。

一　35 年来国际局势的演变

35 年不过是人类历史迢迢长河中极小极小的一段，但就是在短短的三十几年中，世界已"换了人间"，我们的祖国更发生了翻天覆地的变化。

1. 第一次世界大战的结果之一，产生了第一个社会主义国家——苏联，带有反法西斯性质的第二次世界大战的结果，更产生了一系列社会主义国家（在新中国诞生之前就有 8 个人民民主国家)。于是世界分裂为两个对立的阵营——以苏联为首的社会主义阵营和以美国为首的帝国主义阵营。新中国创建初期属于前一阵营。当时美国经济军事实力甲于世界，英法沦为第二流国家，战败的德国一分为二，联邦德国属于美国势力范围，美国单独占领的战败国日本也依附美国，成为它的附庸。美国一手擎着它垄断的原子弹，一手端着当时最吃香的美元，总以为"一战"结束后夺不到的世界霸权，这回可以稳拿到手。另一方面，苏联实力虽比不上美国，但战后扩大了领土，迅速医治好战时经济创伤，1949年又爆炸了第一颗原子弹，同美国实力的对比缩短了差距，苏联便成为美国走向独霸世界的路上难以逾越的障碍。因而在我国成立前后，"美苏必战"的猜测甚嚣尘上。

从新中国成立那年起，美苏的对立逐步扩展为东西方两个集团的抗衡，为了对付以复兴和控制西欧、联合反苏反共为目的的"马歇尔计划"，苏联创立了经互会，接着北大西洋联盟和华沙条约组织两个军事政治集团相继出现，东西方的对峙更加壁垒分明。1957年欧洲共同体成立，它既是经互会的对立物、北约组织在经济上的补充，又逐渐成为美国在世界经济政治棋局中互争雄长的对手。国际关系由是显得十分错综复杂，"二战"以前近现代史中几个帝国主义强国，合纵连横，联甲制乙的所谓均势政治，已不再起作用。

2. "二战"以后，随着殖民体系的陆续瓦解，民族独立、解放运动风起云涌，已成为不可逆转的潮流。包括许多新独立国家的发展中国家构成了"第三世界"，我国就是第三世界国家中的一员。第三世界在战后国际舞台上的崛起是我们时代的头等大事。它逐渐改变了联合国任由少数大国操纵的局面，使霸权主义、帝国主义、扩张主义受到越来越大的制约。第三世界国家还陆续结成了地区性、国际性组织，这些集体力量的发挥，有助于它们的领土主权的维护和民族经济的发展，使它们的反帝反霸反殖的共同斗争步骤趋于一致。因之，近现代史上的"欧洲中心论"的传统旧观点固然变为陈腐，新兴的两个超级大国也不能为所欲为，任意摆布世界的命运。

3. 东西方两个对立的集团本身也不是铁板一块。在赫鲁晓夫当政时期，由于众所周知的原因，国际共运发生分裂。1956年10月先后发生的波兰波兹南事件和匈牙利事件，虽迅速被平服，但苏联集团内部已露出破绽。在西方集团中，西欧国家随着经济的迅速发展，实力加强，也不甘心屈从美国的发号施令，而日益要求与美国平起平坐。拥有核武器的法国，甚至脱离北约的军事一体化机构。即在五六十年代"冷战"期间，战争危机（如1961年的柏林危机）不时出现。赫鲁晓夫当权时期，一方面提出"三和"路线，鼓吹"戴维营精神"，企图通过美苏合作主宰世界，一方面加紧扩充核军备，同美国竞赛。核军备竞赛的结果，导致了1962年的加勒比海导弹危机，美苏核战争险些爆发。

4. 到60年代，赫鲁晓夫和艾森豪威尔相继下台，苏美和东西方之间才开始从"冷战"转入所谓缓和时期。从苏联方面来说，苏中关系恶化，甚至发展为局部军事冲突，苏联集结大军于中苏、中蒙边境。为了避免两面树敌，苏联企图先缓和西面欧洲的局势。因此，苏联在加紧向欧洲以外的世界各地扩张渗透的同时，以西欧、美国为主要对象，发动和平攻势，倡言对话、缓和和合作。在西欧方面，欧洲共同体经济的高速度发展，加强了法国、联邦德国等大国对美国的离心倾向。继承戴高乐主义的法国统治集团要树立缓和的榜样，本已同苏联比较接近。60年代末，继任联邦德国联合政府总理的社民党领袖勃兰特，更不错过他一向提倡的"新东方政策"的积极推行，即主张与西方合作，与东方谅解，承认"二战"后欧洲各国边界现状，改善同苏联东欧国家的关系，通过同民主德国接近促其演变的办法，来实现德国的统一等，这更起到了促致东西方缓和的作用。即便是美国的尼克松政府，一因受到旷日持久的侵越战争惨败的打击，二因严重的金融经济危机的折磨，内外交困，走向下坡路，态度不得不软化，因而也提出"谈判"的口号。这样，苏联、西欧、美国彼此互相迎合，从60年代末起，在20年"冷战"之后，便出现一个历时约10年的东西方"缓和"阶段。在这期间，不仅东西方的首脑接触频繁，而且就控制核军备和常规军备、欧洲安全及其他重要问题举行谈判，缔结了一些限制战略核武器条约，签订了欧安会最后文件；联邦德国更与苏、波、捷以至民主德国订立了实现关系正常化条约，如此等等。成效特别显著的是苏联所谓"缓和物质化"：通过东西方贸易的发展，双方都得到不同程度的实惠；通过对西方，特别是西欧的先进技术设备和低利率资金的引进，以至大规模的经济合作，苏联更缩短了同美国的经济差距，加速它的核军备和常规军备的现代化。

5. 在缓和声中，苏联加紧扩军，到了70年代中期，它的各种战略核武器的实力即使不超过美国，也已经旗鼓相当。同时，苏美在广大的第三世界地区继续展开了争夺，战略态势大体上转为苏攻美守。苏联沿南下的路线继续扩张，1978年支持越南攻占柬埔寨，1979年年底出兵侵占阿富汗，苏联的攻势达于顶峰，加上1980年波兰危机的爆发，苏联又有对波进行军事干预之势。在这样的形势下，苏联所宣传的"缓和不可逆转"便成空话，美苏关系首先又紧张起来。即便在卡特执政末年，美国对苏政策已转趋强硬。1981年里根上台后，为了恢复美国在世界的"领导地位"，标榜"扩军抗苏、重振国威"的对苏强硬政策。谈判之门虽还没有关死，但苏方也不甘示弱，整个国际局势重趋紧张。尽管美国的西欧盟国在对苏施加经济制裁等方面已不是唯命是从（如天然气管道事件），还想继续搞缓和，苏联的经济情况也日益困难，对"大家庭"内部的离心倾向的应付也愈形棘手，但两霸为了争夺军事优势而加紧的核军备竞赛，已势成骑虎，甚至不断升级。到了去年年底，欧洲中程核导弹的日内瓦谈判中断，北约、华约先后在几个前沿国家开始部署中程导弹，彼此剑拔弩张，迄今还没有恢复谈判，国际局势的紧张已达到第二次世界大战结束以来所未有的地步。加之，苏美双方在亚太地区的军事扩张活动也有增无已，"热点"更热、更多，世界和平面临严重威胁。

6. 以第三世界近年局势的演变而论，有两点值得注意：

（1）"二战"结束后，新的世界大战虽还没有发生，但局部战争却此伏彼起，连绵不绝，死伤人数累计也达千万以上，这里头包括帝国主义，霸权主义发动的侵略战争（如侵朝战争、侵越战争、侵阿战争、马岛战争、干涉格林纳达战争等），被压迫民族的解放战争（如阿尔及利亚反法战争、埃及为收回苏伊士运河而反英法的战争等）。由于第三世界不少国家之间在历史、民族、宗教、政治体制等方面的具体情况千差万别，以致形成彼此间的分歧、矛盾；有些国家（主要是邻邦）由于殖民地时代遗留下来的问题，如领土、边界的争端等，加上帝国主义、新殖民主义的挑拨离间，超级大国的介入，火上添油，至今还存在不和的现象，甚至发生了武装冲突。第三世界内部的这种局部战争，为数不少，直到最近，在中东、非洲之角、西撒、黑非洲和中美洲地区，冲突还没有完全停下来；两伊战争更是一个突出的例子。这类冲突既削弱了第三世界本身的力量，也可能成为触发大战的"热点"。

（2）第三世界国家一般经济落后，30多年来，获得政治独立以后，在不同程度上发展了民族经济。但是有些发展中国家在贸易、资金、技术等方面依然摆脱不了对旧宗主国的依赖；也有一些国家乞灵于超级大国的经济"援助"，后者便趁机攫取了经济优惠及其他特权。经过77国集团的多年斗争，它们仍不能打破不公正、不平等的国际经济旧秩序的框框。1981年，为了建立国际经济新秩序而举行的坎昆首脑会议，主要由于美国作梗，没有取得实际成果。加之，近几年的世界经济严重衰退，使大多数发展中国家经济恶化，发达国家向第三世界转嫁危机，更使后者深受其害。大多数第三世界国家所负的西方债务总额已超过8千亿美元，不少债务国连利息也无法偿付；美国的高利率和美元高汇率的延续，加重了第三世界债务的负担。发展中国家沉重的债务负担，不仅是经济问题，它也危及世界和平与稳定，有可能引起南北对抗。

从以上的回溯，我们可以看到这一短短时期的世界大局和国际关系变幻多端、错综复杂的梗概和特点。

二　35年来我国对外关系的演变

35年前的10月1日，我个人以第一届全国政协代表的身份，有幸地站在天安门城楼上参加中华人民共和国开国大典，亲眼看到毛主席升起第一面五星红旗，向全世界庄严地宣告中华人民共和国中央人民政府的成立。从此，伟大的新中国巍然屹立于世界的东方。中国原是经济文化落后的半封建半殖民地的东方大国，在这样的国家，以毛主席为领袖的中国共产党坚持马克思主义的基本原理与中国的具体国情和革命实践相结合，在国际援助下，领导各族人民，经过艰苦卓绝的斗争，终于取得新民主主义革命的胜利，进而建立了社会主义制度。这是世界历史上的新创造，给国际斗争、世界革命的发展增加了新的重要动力。社会主义新中国的创建，冲破了帝国主义的东方战线，大大改变了世界力量的对比，极大地鼓舞了世界上一切被压迫民族和人民的反抗斗争，特别是殖民地、半殖民地半封建国家人民的革命斗争。中国人民革命的胜利，是十月革命和第二次世界大战以后世界上发生的头等大事。

在新中国成立前夕，毛主席在新政协筹备会上的讲话中，就提出了近似于和平共处五项原则的外交方针；新政协会议通过的《共同纲领》，又明确规定我国外交政策的要点就是保障本国独立、自由和领土主权的完整，拥护国际的持久和平和各国人民的友好合作，反对帝国主义的侵略和战争政策。这些声明和规定实是指导我国对外政策的方针——和平共处五项原则的先声。此外，毛主席在《论人民民主专政》一文中，针对当时国际形势的特点，还提出了同苏联及各人民民主国家站在一起的主张，也是我国建国初期外交政策的一个指导思想。就在建国那一年，苏联和东欧、东亚8个人民民主国家率先承认了我国。1950年2月，我国还和苏联订立了《中苏友好同盟互助条约》。在当时，这对于国内建设和反帝御侮是必要和有利的。

但是，如毛主席所预料，建国以后，无论是国内社会主义革命和建设的进行，或是对外关系的开展，都不会是一帆风顺的。一开头我们就要同当时国际上的主要敌人美帝国主义进行较量，这就是抗美援朝战争。中国人民志愿军同朝鲜人民军并肩战斗。尽管美方占有军事优势，但经过5次战役，打了3年，中朝人民赢得辉煌胜利，美帝遭到"灾难性"惨败。美伪军共伤亡110万人，其中美军近40万，比美方在第二次世界大战中损失还多。美帝国主义分子不禁哀叹这次侵朝战争是"在错误的地方、错误的时间，发动的错误的战争"，以致造成美国史上最大的败绩。

侵朝战争刚开始，杜鲁门即自食前言，派遣海空军侵犯我国神圣领土台湾，侵朝统帅麦克阿瑟除了派飞机侵入我国东北和山东沿海狂轰滥炸之外，还不止一次向华盛顿建议炸断鸭绿江的桥梁，以至炸毁我军在东北的基地。只是由于华盛顿政府既不能不考虑这一着会激起美国人民和世界舆论的强烈反对，又担心苏联会履行中苏盟约而卷入战争，美国在亚洲大陆与两大国为敌，会遭到毁灭性的灾难，才被迫选择停战这一条路。不过美帝野心不死，除了拒绝从韩国撤军，对我实行封锁禁运，极力阻挠联合国恢复我国的席位之外，还继续霸占控制我领土台湾，重新武装战败国日本，并与日缔结军事同盟；同时又加紧渗入印度支那，加强对法国在印支战争的援助，妄图绞杀新生的越南民主共和国，甚至乘机取代法国对印支的统治，从西南方面威胁我国。美帝这些敌视中国、扼杀民族解放运动的倒行逆施，都是搬起石头砸自己的脚。

以越南人民的抗法斗争而论，早在我建国之前，以胡志明为首的印支共产党（后更名为越南劳动党）与我党的关系已经亲如兄弟。中华人民共和国的成立更进一步鼓舞了越南人民以至老挝、柬埔寨人民的抗法斗争。为了援越，中国人民在军事和经济上"曾经尽了最大的努力，作出了重大的民族牺牲，甚至减缓了自己的经济建设"（我外交部代部长韩念龙1981年7月13日在关于柬埔寨问题的国际会议上的发言）。在朝鲜战争期间，越南反法战争获得了重大胜利，而美国却直接介入，派空军助法作战，越战有更扩大的危险。于是，亚洲和全世界人民包括法国人民在内，都强烈要求和平解决朝鲜问题和恢复印度支那的和平。1954年初，苏美英法四国外长柏林会议决定于4月下旬召开包括中国等国参加的日内瓦国际会议，讨论朝鲜问题及恢复印支和平问题。

　　中国出席日内瓦会议，说明新中国已作为世界大国之一第一次登上国际政治舞台。当时我个人以新中国记者的身份，到日内瓦采访有关这次会议的新闻。在讨论印支问题的会上，我国代表团团长周总理在揭露和指责了美国干涉印支战争之后，大声疾呼："美国这些侵略行动应该被制止，亚洲的和平应该得到保证，亚洲各国的独立和主权应该得到尊重……在亚洲各国的外国军事基地应该排除，驻在亚洲各国的外国军队应该撤退，日本军国主义的复活应该防止，一切经济封锁和限制应该取消。"周总理还庄严地宣布："亚洲的事务应由亚洲人民来管，不应由美帝来管。"这些正气磅礴、大义凛然的声音，有力地表达了亚洲人民的心愿，博得了听众的热烈鼓掌。驻会记者（包括美国记者）差不多异口同声地承认："周恩来今天是地球上人口最多的国家的代表，成为全世界注意的焦点，他与莫洛托夫同为日内瓦会议的中心人物"，他不仅"确信自己国家的前途和力量"，并且"回答了亚洲人民对新中国的景仰"。这一切足以说明，新中国是代表强大的正义与和平的力量，在日内瓦这个国际政治舞台上第一次"亮相"的。

　　在第一阶段日内瓦会议上，朝、中、苏代表提出关于恢复朝鲜统一和举行全朝鲜自由选举方案，都遭美国和李承晚集团拒绝，使朝鲜问题的讨论陷于中断。在第二阶段讨论印支问题时，越代表团提出了承认印支3国的主权与独立，撤出一切外国军队等8项合理建议，得到老、柬、中、苏等国代表的大力支持，而法国初时则追随美国完全拒绝。但慑于世界舆论和法国人民反战的压力，特别是由于越军在奠边府大捷，法军主力被全歼，法国内阁也因而改组，由主张结束印支战争的孟戴斯·弗朗斯出任总理，法国代表团在会议上才改变立场，不顾美国的阻挠，在法国承认印支人民民族独立权利的基础上，达成了恢复印支和平的协议。这是新中国在国际政治舞台推行和平外交的第一个成就。

新中国不仅是和平共处五项原则的倡导者之一，而且是它的忠实履行者、坚决捍卫者。由于亚洲民族独立国家日益增多，它们同旧宗主国或其他帝国主义（如美国）的关系，既有依附的一面，也存在矛盾和斗争的一面，它们在经济上还不能摆脱帝国主义的羁绊，政治上又要为维护主权和独立而斗争。但是，觉醒了的大多数民族独立国家都要求团结起来，互相支持，为进一步取得反帝、反殖的胜利，巩固民族独立，争取经济独立和发展而斗争，于是，在印度、缅甸、锡兰（斯里兰卡），印度尼西亚和巴基斯坦5国倡议之下，第一次没有西方帝国主义参加的亚非29国会议于1955年4月在万隆举行。在会议上，美帝企图假手它的代理人，利用与会国之间的分歧煽风点火，造成争论不休的局面，甚至提出所谓"共产主义的威胁"，把矛头指向中国，挑起争端，破坏会议。由于5个发起国和多数与会国共同的努力，特别由于我国周恩来总理提出了求大同存小异的主张，会议终于成功，在求同存异的基础上，在最后公报中把五项原则加以引申、补充，确立了十项原则，作为和平共处、友好合作的方针。这样，"万隆精神"便为今后第三世界国家的团结合作铺平了道路，这也是我国和平外交政策的一项显著成就。

在这两个会议以后，我国的国际声望日隆。到了50年代末期，同我国建交的国家增至35个。按照和平共处五项原则的精神，我国同一些亚非国家订立了一些和平友好条约，还同一些邻邦，通过互谅互让的和平协商，订立了边界条约，解决了历史上遗留下来的边界问题，为第三世界国家和平解决这类问题树立了良好的榜样。

1953年斯大林同志逝世以后，特别是赫鲁晓夫上台以后，苏联的政局和路线发生了急剧巨大的变化。以国际共运理论上的大论争开始，从中苏两党关系的破裂，发展为两国关系的恶化。赫鲁晓夫一方面同美国又合作又争夺，另一方面却向我国施加种种压力。据联邦德国总理阿登纳的回忆，1955 年 9 月他访问莫斯科同赫鲁晓夫私下会谈时，赫鲁晓夫一再流露出对"赤色中国的忧虑"。他说："您想象一下，赤色中国已经有 6 亿以上人口，每年还要增加 1200 万。这些人单靠一把米过活……这该会发展到什么地步呢？""因此我请您帮助我们。您帮助我们对付赤色中国吧。"看了《阿登纳回忆录》（第 2 卷，第 625—626 页）中的这一段记录——如果不是捏造的话，我们都会感到赫鲁晓夫的谈话真是莫名其妙，以至胡言乱语。可是，联系到后来赫鲁晓夫为了控制中国而干的一连串坏事，如要求在中国建立长波电台和联合舰队（遭到我国拒绝），片面取消中苏关于国防技术（研制原子弹技术）合作的协定，在我国建国 10 周年国宴上教训中国不要"用武力试探资本主义制度的稳定性"，片面撕毁所有同我国签订的科技合作合同，撤走全部苏联专家等言论和行动，他对阿登纳说那番"怪话"也并不奇怪。对此，《中国共产党中央委员会关于建国以来党的若干历史问题的决议》中已做了正确总结。

十年的"文化大革命"是十年浩劫，对"文化大革命"必须彻底否定。"四人帮"在"文化大革命"中推行的极"左"路线的流毒，在对外关系上也受到了不少的坏影响。"文化大革命"开始以后，"四人帮"所叫嚷的极"左"，实际上是反马克思主义的谬论，如"穷过渡"，如对所谓"唯生产力论"的批判，严重地曲解了自力更生的方针，把它同发展对外经济关系对立起来；把"打倒一切，全面内战"的极"左"口号应用到国外关系，不分青红皂白地提出"打倒帝修反"的口号，四面出击，盲目排外，一时间使我国陷于闭关自守，自我孤立的地位，造成外事工作的混乱。不过，也要看到，即使在十年内乱时期，外交上大事还是由周总理按照毛主席和党中央一贯的指示、方针、政策，针对当时国际的重大变化亲自处理。毛主席即使在晚年犯了发动"文化大革命"的"左"的错误，但在对外关系上仍警觉地维护我国的安全，顶住苏联霸权主义的军事压力（如珍宝岛事件），继续支援各国人民的正义斗争，并且提出了"三个世界"划分的正确战略和我国永远不称霸的重要思想。尽管国内动乱，中国作为世界大国的国际地位不仅没有动摇，进入70年代后且有所提高。1971年，联合国2/3以上的会员国投票赞成恢复我国的合法席位，美国历时20多年的阻挠归于失败。尼克松总统迫于当时侵越战争的失败、经济和军事实力的削弱，在西方与苏联搞缓和的同时，对我国的强硬态度也趋于软化。1971年7月，基辛格国家安全事务助理秘密访问北京，1972年2月，尼克松总统应邀访华。双方签署了《上海公报》，把和平共处五项原则写进去，作为处理两国关系的准则，同时美方声明，美国承认"台湾是中国的一部分，美国对此不提出异议"。中美关系的改进震动了日本，接着田中首相访华；同年9月，日本同我国恢复外交关系。

　　党的十一届三中全会以后，拨乱反正，也包括外交路线在内，我国的对外关系，遵循十二大报告所提出的"独立自主的对外政策"，朝着完成三大任务的主要方向，有了迅速而健康的发展。进入80年代，两霸争夺和核军备竞赛有增无已，错综复杂的国际局势更加紧张和动荡不安，世界和平岌岌可危。作为社会主义大国，我们的独立自主的外交政策和措施，还是遵循毛主席和周总理制定的原则，以爱国主义与国际主义的结合作为根本点，从中国人民的根本利益和世界人民的根本利益出发。我国根据形势的发展变化，对一些具体政策和措施，进行及时的调整、

充实和发展，使之更加切合实际，更好地体现了我国对外政策的
总方针。

　　最后，我还想谈谈进入 80 年代以来我国处理对外关系的一
些实际行动和所取得的成就。

　　1. 中美关系。1979 年 1 月，中美正式建立外交关系，建交公
报重申《上海公报》中双方一致同意的各项原则，并再次强调
"任何一方都不应该在亚太地区以及世界上任何地区谋求霸权"。
美方声明接受在台湾问题上我方提出的"断交"、"废约"、"撤
军"三个具体要求。但墨迹未干，美国国会便通过了严重违反协
议的《与台湾关系法》，并根据它继续向台湾出售武器，在我谋求
台湾和平回归祖国的路上设置障碍。到了 1981 年，以亲台著称的
里根出任总统，中美关系曾经一度冷却、逆转，经过近一年的谈
判，中美 1982 年 8 月 17 日联合公报发表，对美向台出售武器问题
作出了分步骤减少直到最后彻底解决的规定。可是，到了 1983 年
上半年，美参议院外委会通过所谓"台湾前途"的决议案和参众
两院有关台湾在"亚洲银行"地位的修正条款，都是搞"一中一
台"的货色。只是到了里根第二次竞选总统期间，两国首脑互访
成为事实，中美关系才出现了举世瞩目的进展。

　　2. 中苏关系和中国同东欧国家的关系。中苏两大国关系正
常化，和睦相处，发展经济、技术和文化交流，不但符合两国人
民的根本利益，而且有利于世界和平。我国真诚希望两国关系根
本改善。自从 1982 年夏中苏就关系正常化问题开始进行副外长
级磋商以来，已举行了 4 轮，我方一开始就向苏提出消除威胁我
国安全的三大障碍的要求，但苏方却以"事关第三国"为借口，
予以拒绝。结果，经过两年的磋商，两国在人员来往、贸易、学
术文化的交流方面开始有了进展，但三大障碍依然存在。今年上
半年，随着中美首脑的互访、越南党政领导人访问莫斯科、越南

再次挑起中越边境的军事冲突，中苏两国的政治关系又有逆转之势（如原定苏联部长会议第一副主席阿尔希波夫访华之行临时取消，苏联公开反华的言论又有所增加等）。最近我国钱其琛副外长应邀访苏，又就苏方上述的借口说理反驳。第 5 轮的磋商不久将要举行，关系正常化能否实现，主要取决于苏方有无排除三个障碍的行动，我们是有耐心等待的。近年来，我国同匈、波、保、捷、民主德国 5 国关系有了改善。最近，继钱其琛副外长访问保、捷、苏 3 国之后，我对外经济贸易部长陈慕华又出访匈、波、捷 3 国，并分别同它们签订发展贸易和技术合作协定，接着波兰副外长、匈牙利部长会议副主席马尔罗伊也到我国访问。前些天，陈慕华又出访保加利亚和民主德国，预期她也将和这两国签署双边贸易协议。这是我国同东欧 5 个社会主义国家关系改善的开端，是值得重视的。

3. 中日关系。最近几年，我国同邻邦日本的关系，尽管不是十全十美、毫无干扰，但相对说来是有了稳定发展的。双方同意在指导两国关系的三原则（"和平友好、平等互利、稳定发展"）之外增加了"互相信赖"一项；成立中日友好 21 世纪委员会，作为促进和扩大中日友好到青年一代的机构。该委员会第一次会议已在东京举行。在经济方面，双边贸易从 1978 年到 1983 年增加了 1 倍，日本还确定，从今年起第二次给我国低利贷款增加到 4700 亿日元（相当于 21 亿美元），供我国交通和能源建设之用。

4. 中国与西欧的关系。新近我国同欧洲共同体实现全面建交，并建立了定期的政治磋商制度。近几年来，我国同法国、联邦德国、英、意、比等国的关系一般是友好的，经济贸易的发展也相当快。特别是进入 80 年代，在东西方关系紧张、西方经济复苏不平衡的情况下，我国同西欧在政治经济上进一步发展了友好合作关系。荷兰政府已改变了它过去在对台关系上有损于我国主权的态度，两国恢复了大使级外交关系。最近英国外交大臣杰弗里·豪访问北京，香港归还我国问题的具体解决有了"重大进展"。

5. 中国与第三世界国家的关系。我们对第三世界国家，不论大小、强弱、贫富，一律平等相待。我们本着和平共处五项原则同世界各国建立和发展外交关系，迄今共有 129 个国家与我建交（现仍承认台北政权的只余 23 国），其中第三世界国家占了 100 个以上。30 多年来，我国支援了第三世界的正义斗争，第三世界也支援了我国的社会主义革命和建设事业。第三世界国家选择什么社会制度、政治体制，是这些国家人民自己的事，我们决不干涉，更不向它们"输出革命"。第三世界有的国家根据自己的情况，同这个或那个超级大国比较亲近，接受这个或那个超级大国的援助，这并不影响我们同它们发展友好关系，我们摒弃那种以"亲美"、"亲苏"来画线的做法。我们历来努力加强第三世界本身的团结，一贯希望有争端的第三世界国家以大局为重，通过和平协商解决分歧而不诉诸武力，我们决不介入它们之间的纷争，也反对任何外来势力插手其中。

中国恢复了联合国的席位以后，我国代表在联大和安理会上为维护第三世界国家的共同利益作出了努力。我国坚决支持第三世界国家秘鲁的德奎利亚尔出任联合国秘书长，是一个典型的例子。我们在联合国内外积极支持巴勒斯坦人民、南部非洲人民的正义斗争，支持拉美国家发起的反对海洋霸权的斗争，石油输出国组织和其他原料生产国争取对自己的资源享有永久主权的斗争，不结盟国反对强权政治和集团支配的斗争，以及所有发展中国家为建立国际经济新秩序而进行的斗争。对于第三世界国家发展民族经济，争取以经济独立巩固政治独立的努力，我国一向给予坚决的支持和力所能及的援助。30 多年来，我国向约 80 个国家和地区提供了援助，建成项目 1000 多个，先后派出工程技术人员 18 万多人次、医疗队员 6500 多人次。最近，鉴于第三世界国家经济发展情况的变化，为了发展南南合作（集体自力更生），以改善南北经济关系和建立国际经济新秩序，我国同第三世界国家经济关系开始转移到以互利为基础的经济技术合作上来。"平等互利、讲求实效、形式多样、共同发展"的四原则，是我国同第三世界国家进行经济技术合作的准绳。

随着我国和平外交活动的开展，对外开放政策的坚持和进一步强化，我国同友好国家人员的交往也更加频繁。一年多来，我国领导人以及全国人大代表团，先后访问了不少国家，其中以第三世界国家为多，应邀来我国访问的国家元首、首脑、国会代表团中，更是第三世界国家占了绝大多数。通过这些相互访问，我国在广大的第三世界中赢得了声誉和信任，在国际事务中的影响更加扩大。今年 7 月，塞内加尔总统访问我国时，塞报《太阳报》说得好："在这个受世界经济大国的利己主义的支配如此严酷的世纪……幸运的是中国从幅员和成就来说，也具有大国的特点，但它坚决支持第三世界国家，并与它们同呼吸，共命运。"该报又说："中国的警惕性和抗击侵略的决心，如同它的和平愿望和它向世界（包括强大的美国）所有人民开放的政策，对于我们这个星球现在没有发生大灾难这件事所起的作用是不小的。"

本文仓促写成，既不够全面深入，错误也在所难免，敬请同行专家和读者指正。

（原载《外国史知识》1984 年第 9、10 期）

世界和平的前途

（1985 年 2 月）

（一）

维护世界和平，缓和国际的紧张和动荡局势，制止军备竞赛，防止核战争的爆发，是全世界爱好和平的国家和亿万人民的愿望，更是正在进行现代化建设的新中国的渴望。

自从 1983 年底美苏双方对控制欧洲中程核导弹的谈判中断，美国在西德英意等国家实行部署潘兴Ⅱ导弹和巡航导弹。苏方在东德、捷克斯洛伐克反部署 S20 导弹多枚以来，彼此对峙，剑拔弩张，国际局势极度紧张，为 1962 年古巴导弹危机以来所未有，核大战有一触即发之势。世界爱好和平的人民十分忧虑。

在此期间，面临改选的美国总统里根，不顾财政巨大赤字，扩充核军备，复振国威，坚持在北约国家前沿部署针对苏联本土及东欧的中程核导弹潘兴Ⅱ及巡航弹于西欧盟国，在中美洲直接入侵格林纳达，威胁尼加拉瓜，加强对尼桑地诺政府的反对派的援助，以颠覆亲古巴、亲苏联的尼政权。同时在远东地区加强与日本、韩国军事合作组成三角关系，来威胁亚太地区的苏联，并与苏联以金兰湾为基地的远东地区的日益加强的海空军相抗衡。

从去年 7 月起，苏联以联邦德国两度把数亿美元巨款贷给民主德国为契机，率先部署中程导弹，复以科尔总理种种袒护从民主德国返回西德的德国人的言行为借口，又旧事重提，通过《真理报》、《新时代》等喉舌，大事谴责西德"复仇主义"、"军国主义"复活，颠覆东德的社会主义制度。这显然是指桑骂槐，警告民主德国的昂纳克政权，以致后者不能如期访问波恩；保加利亚的日夫科夫亦随之采取同一行动。同时，西欧联盟亦通过决议同意西德拥有和自制进攻性的重武器，尽管西德外长根舍亦声明无意执行这一任务，更使苏联的指责振振有词，但这一事件的发生，使西德与苏联和东欧集团的关系，以至整个东西方关系更加紧张起来。十年缓和局面有毁于一旦之势。西德的新东方政策也陷入死胡同。在这美苏双方舌剑唇枪期间，苏联的最高领导人契尔年科患病，国防部长乌斯季诺夫病故，美国坚持强硬外交政策的里根再度当选为总统。苏联只好与美当局打交道，里根为了收买人心，也需要谈和平，因而有舒尔茨国务卿与苏联部长会议第一副主席兼外长葛罗米柯 1 月 8、9 日在日内瓦的会晤和确定 3 月 12 日就战略核武器、欧洲战区中程核导弹以及太空武器等问题一揽子举行会谈。现双方都已派出代表，会谈议题亦已确定。世界人民、第三世界人民，特别是我国人民寄一线和平希望于这次会谈。有人说 1985 年将是"缓和年"（新加坡《联合早报》），也有更多人认为这次会谈是"和平的开端"，甚至苏联方面也比较积极一点，塔斯社社长洛谢夫竟谈"目前人类再次有了可能防止核战的希望"（塔斯社去年 12 月 25 日俄文电）。大体上两个超级大国态度都很硬（据估计美有核弹头近 11000 枚、苏有 9700 枚）。会谈还没开场，美苏双方就争吵不休。华盛顿方面态度比较消极和僵硬。派出的谈判三个问题的代表都属于强硬派，他们坚持准备星球大战，保持战略防御的太空武器，决不让步，据说国防部长温伯格的态度与国务卿舒尔茨有分歧，前者在太空武器方面比舒尔茨更为僵硬，而里根却倾向于前者。苏联的态度相对上较为积极，但在太空武器问题上坚持不能退让，一定要谈判一揽子解决。至笔者执笔时，3月间的美苏会谈尚未开始，但是许多人都因美苏已有争论，认为会谈要拖到很长久的未来，而且没有结果。和平的前途究竟怎样呢？

（二）

去年10月，邓小平同志会见科尔时说过，"现在，我们对战争危险的看法有了一点变化。我们感到制止新的战争爆发的因素有了增长"。去年12月13日在会见苏丹总统尼迈里时他又说："我们要求和平，和平有利于世界人民，特别有利于我们第三世界，看来和平还是有希望的。"

大家都知道里根总统要加强实力地位来与苏联争核优势。美国虽比苏联富有，它的太空武器已领先于苏联，它花了几百亿美元来进行这项武器的研究。不过，美国在财政、经济上也有困难。它的经济虽已回升，但财政赤字今年有两千多亿美元，其中军费开支（虽稍削减）却占了大部分。对外贸易逆差也达数百亿美元。它的国债更达万亿多美元。这使得里根第二任政府虽要多增军费开支，也受到议员们的反对。北约盟国多宁要和平而畏惧战争者，比荷两国迟迟不想部署导弹在其境内，希腊更拒绝在其境内部署，要使巴尔干国家成为"无核区"。西德、英、意等继续部署也有困难，遭到反对派和群众的反对。华约大多数东欧成员如罗马尼亚、匈牙利、东德和保加利亚，以及波兰，离心倾向日益明显。罗马尼亚更公开主张，北约与华约国家都督促美苏停止军备竞赛。昂纳克虽不敢访问波恩，但因为经济的原因仍与西德保持密切的关系，生怕核战争一爆发，两个德国首先沦为核浩劫的牺牲品。新近英苏、英保、西德和捷克斯洛伐克之间还互相访问。波兰也希望美国取消对它的经济制裁。美国的北约盟国中英国追随华盛顿较为坚决，但法国较同美国疏远。美国在亚太地区虽与澳新订立同盟条约，但新西兰坚决拒绝带有核武器的美国军舰进入新港口，澳大利亚亦要求5个核大国控制以至销毁核武器。甚至美国国内4个政界头面人物如麦克纳马拉、凯南、斯密斯和万斯都在美国去年最后一期《外交季刊》撰文，主张美苏合作控制核军备，与现任国务卿舒尔茨和国防部长温伯格唱对台戏。在这种情况下，里根政府要坚持死硬态度也不无困难。此外中欧裁军会议和斯德哥尔摩裁军会议（即"欧安会"续会）都已同时举行，它们虽然也将旷日持久，但与即将举行的3月12日美苏核裁军会谈有互相促进作用。不结盟运动的领袖之一、南斯拉夫联邦主席久拉诺维奇也宣称，缓和需要所有国家广泛合作。更值得重视的，就是印度、希腊、瑞典、坦桑尼亚、墨西哥和阿根廷6国的首脑今年1月下旬在新德里开会讨论如何推动核裁军问题，并已就此发表宣言交给5个核大国及其他国家。有一部分代表还去雅典与各国知名人士继续开会讨论这个问题。这样的会议可以说是世界舆论的代表，相信对美苏的核裁军会谈是会起积极作用的。至于世界各国的反战反核运动（包括西德和英国在内）虽然受到镇压，还是此伏彼起。最近在苏联举行的青年节也以倡导核裁军作为主题，相信将会对美苏会谈施加群众的压力。

还有最后一个和平因素是中国争取和平的努力，去年赵紫阳总理访问西欧6国，强调反对霸权主义、维护世界和平及缓和国际紧张局势的必要。不久前，邓小平同志又三次对外宾强调目前维护世界和平、防止新的战争爆发的可能性。中国是一个坚持开放的中国，既与美国的友谊有良好的发展，新近也与苏联及罗马尼亚以外其他东欧社会主义国家订有长期贸易和科技合作协定，关系改善。我国对于裁军和维护世界和平表现这种明确的态度，对于第三世界亦将推动它们群起而发挥积极作用。因此，美苏日内瓦会谈虽会旷日持久，也有达成协议或部分协议的希望。

（原载《群言》1985 年第 2 期）

为争取在一个不太长的时间内改变我国世界史研究的落后面貌而努力

我们这次会议开了七天，在三中全会精神和中央领导同志讲话精神的鼓舞下，经过与会同志的努力，大家敞开思想，畅所欲言，虚实结合，反复讨论，我们的会议已基本上完成了预定的任务，有了不少的收获。第一，进一步明确了世界史研究工作的指导思想，这就是：坚持以马列主义、毛泽东思想为指导，完整地、准确地掌握马列主义、毛泽东思想的科学体系，运用历史唯物主义的基本原理，研究总结人类社会发展的历史经验，阐明历史发展的客观规律，为加速我国社会主义现代化服务。第二，我们通过对研究课题和项目的审议，摆情况，提建议，就规划草案中的项目作了适当的调整，在六十一个研究项目中已有五十六项落实到有关单位和个人。第三，通过酝酿和协商，我们决定筹建世界史学会，并确定了筹委会及其工作小组人选名单。

一　关于指导思想问题

最近邓小平同志代表党中央提出，为了实现中国式的社会主义现代化，必须坚持社会主义道路，坚持无产阶级专政，坚持党的领导，坚持马列主义、毛泽东思想。世界史研究既然要为我国的四化服务，当然同样必须遵循这四项基本原则，特别必须坚持以马列主义、毛泽东思想为指导，必须完整地、准确地掌握马列主义、毛泽东思想的科学体系，反对贴标签，反对以经典著作的片言只语代替马列主义的基本原理。必须坚持历史唯物主义和辩证唯物主义的立场、观点、方法，批判资产阶级和修正主义的观点。

要解放思想。解放思想，就是要用马列主义、毛泽东思想研究新情况，解决新问题，为四个现代化服务。我们决不能走资产阶级史学家"为历史而历史"的老路，我们要坚持为现实政治斗争服务。世界史研究的对象是世界的过去事情，离现实远一点，但它仍能够为现实政治斗争、为四化服务。举例说，我们好好总结美、英、德、法及日本等国搞现代化的历史经验，就可以为我国的建设做借鉴。至于苏联在社会主义革命和建设中正反两方面的经验教训，因为情况接近一些，对我们的四化建设的借鉴作用就更直接一些。为了加速四化建设，我们需要一个较长期的和平国际环境，为此，我们就必须按照毛泽东同志关于三个世界划分的国际战略思想，团结世界上一切可以团结的力量共同反对霸权主义，打破苏联社会帝国主义妄图孤立我国、破坏我国四化建设的阴谋。目前，苏联的侵略矛头正指向中东、非洲、南亚、东南亚等地区，如果我们对这些地区及国家的历史特点、对宗教的产生及作用等知之甚少，或一无所知，那就难以有效地团结这些国家的人民来共同反对苏联霸权主义者。此外，加强世界史的研究，普及世界史知识，有助于提高我们全民族的科学文化水平，对全国人民，特别是青年一代进行历史唯物主义和国际主义的教育，这也是为四化服务。

我们必须强调继续解放思想，打破"禁区"进一步肃清林彪、"四人帮"实用主义影射史学的流毒，批判他们的极左路线在世界史领域所造成的恶劣影响。强调坚持四项基本原则，并不是说"放"已经过头了，要"收"了。我们应该看到，在世界史领域，"放"还只是刚刚开始。苏联在世界史方面的一套研究体系和方法的影响、资产阶级"欧洲中心论"的影响以及涉外方面的某些不合理、不必要的条条框框的束缚，也会造成"禁区"，我们都需要从其中解放出来。为了解放思想，打破"禁区"，必须注意处理好以下几个区别：学术研究与政治的区别，具有稳定性的历史研究与外交政策宣传的区别，个人研究成果与政府文件的区别，两者虽有联系，但不能把它们等同起来。我们要提倡文责自负，不要别人替自己打保票，不要随便扣政治帽子。

二 关于马克思主义的学风

为了更好地为四化服务，为了提高本学科的研究水平，必须坚持和发扬马克思主义的学风。首先，就是实事求是的学风。世界史研究，必须详细地占有批判地审查过的大量材料，从客观存在的历史事实出发，加以科学的分析和综合比较研究，从中找出历史发展本身所固有的规律，绝不能从概念出发，从语录出发，随意引申，轻率武断，或各取所需，随便剪裁，据以臆造历史的规律。必须根绝一切影射比附，应当尊重历史，按照历史的本来面目总结历史经验。只有采取这样扎扎实实的科学态度，才能真正获得规律性的认识，使世界史研究确实起到有益的借鉴作用，做到"古为今用，洋为中用"。我们也不能急于求成，贪大求全，片面追求数量而忽视质量，应当脚踏实地，根据实际情况和进度，陆续写出有学术性的专题论文和中型的研究成果，日积月累，逐步打好世界史学科的研究基础。

其次，我们还要贯彻执行毛泽东同志提出的"双百"方针，发扬学术民主。这是搞好世界史研究不可或缺的保证。要通过研究会、学会、刊物、组织和广泛开展重大研究课题的学术讨论，鼓励不同学术见解的自由探讨、自由论争和自由发展。允许批评，也允许反批评，实行不打棍子、不抓辫子、不扣帽子的"三不主义"。我们认为，在学术问题上，应该博采众论，鉴别比较，反复探讨，相互启发，才能真正提高科学研究的水平，较快地出成果、出人才，更好地为实现我国的四个现代化服务。

三　存在的问题

1. 我们的规划草案，经过与会同志们认真的讨论，做了调整和补充，原则上定下来了。比起原来的草案，这一次比较完善、具体了，但还不够。例如，作为重点研究项目的多卷本《世界通史》的编写和准备工作，会上讨论不够充分，虽提了一些建议，但仍缺乏具体的步骤和组织措施。此外，一些缺门（如东欧史、南欧史、北欧史、西亚史、南亚史、大洋洲史等）和薄弱环节（如苏俄史、国际共运史等）需要加强研究，其中有的还没有列入规划。

2. 为了保证规划的落实，还需要进一步采取行之有效的措施，特别是研究队伍的建设和图书资料的充实，大家对此提出了不少积极的建议，但实现起来仍会有一定的困难。我们应该有这个思想准备，并从多方面积极想办法克服这些困难。

3. 关于领导体制问题，与会代表强烈要求认真解决，不然的话，这个规划仍会有落空的危险。这个问题我们将向上级反映，由上级领导讨论解决。世界历史研究所在这方面愿意做些跑腿和联络的工作，为规划的落实竭尽我们的绵薄之力。

同志们，我们的会议就要胜利结束了。通过这次会议，我们进一步明确了研究工作应该遵循的指导思想，进一步认识到我们这一学科不但应当而且能够为加速实现我国的社会主义现代化服务。世界史学科在我国社会主义革命和建设中不是可有可无的，而是应该占有一定的位置，它可以在全国工作着重点的转移中起到积极的作用。世界史研究工作（包括教学及其他有关工作），不是没有奔头，而是大有奔头。我们相信，在会议之后，同志们的社会主义积极性一定会更高，攀登科学高峰的勇气和信心一定会更大。邓小平同志最近号召我们，要求我们思想理论战线上的同志们一定要赶快组织力量，订好计划，在尽可能快的时间里陆续写出并且印出一批有新内容、新语言的有分量的论文、书籍、读本、教科书。这个号召同样适用于我们世界史工作者。

现在，我们的规划已经订好了。希望代表们回去以后，赶快组织力量，团结互助，分工协作，解放思想，克服困难，讲求研究方法，把自己所承担的规划中的项目努力付诸实现，争取在一个不太长的时间内改变我国世界史研究的落后面貌，把世界史研究推进到一个新的较高水平，为加速实现我国社会主义现代化作出应有的贡献。

（该文为作者在"全国世界史学科规划工作会议"上的总结发言，
原载《世界史研究动态》1979 年第 5 期）

掌握国外动向，选择重点课题，
开展对世界历史的研究

党的十一届三中全会以来，世界史学界和社会科学的其他领域一样，积极响应党中央提高全民族教育科学文化水平的号召，研究气氛十分活跃，纷纷成立或筹备学会、研究会，提出了许多新的问题，发表了许多新的意见，获得了一些新的成果。

在刚刚闭幕的中国史学会重建代表大会上，胡乔木同志的讲话，详细说明了研究历史科学的重大意义，提出了进一步发展包括世界史在内的我国历史科学的殷切期望，强调"除了作通史和断代史研究之外，还要用更多的力量作富有意义的专题研究"。这个意见是值得重视的。

每个史学工作者都清楚，要进行创造性的研究，必须占有大量的材料。首先是第一手的原始材料，再就是了解和掌握别人已有的研究成果。我们的研究动态交流会议的重要内容，就是讨论如何更有效地尽快掌握世界各国史学研究的新动向和优秀成果以及它们所整理和运用的有关文献史料，以便加速我国世界史学科的发展。我们承担的编写多卷本世界通史和《中国大百科全书》外国史卷的艰巨任务，迫切要求我们改进对世界各国史学研究情报的收集和研究工作。另外有人批评我们在世界史方面发表的文章是"题目旧。观点旧，材料旧"，即所谓"三旧"。这句话虽是尖锐了一些，听起来不大顺耳，但部分地反映了我们现在的实际情况。资料缺乏，情况不明，已经成了世界史方面开展工作的严重阻力，妨碍了科研水平的提高，也不利于同国外的文化交流。因此，世界史研究动态的掌握和研究，是世界史学科基本建设的一个重要的方面，我们应该予以充分的重视，并且要急起直追来填补这个空白。许多同志都就这个问题发出过呼吁，现在我们需要讨论出一些切实可行的措施。

如大家所共知的，在我国，世界史学科是新中国成立后才建立起来的年轻学科，基础是薄弱的。五十年代，我们在学习苏联的时候过分强调了一边倒，既没有对苏联的史学理论、方法论和成果作应有的科学分析，又在很大程度上忽视了对其他国家史学发展情况的了解和研究。六十年代中期以后，在"四人帮"横行的十多年间，世界史的研究工作几乎是完全停顿，这就进一步加深了我们对国外史学的隔阂，拉长了我们的世界史研究水平同一些外国的水平的差距。一定时期内国际环境对开展与国外的文化交流的限制，长时期内史学界研究课题范围的狭窄，也对我们了解、掌握国外史学动态产生过消极影响。这是主观方面的情况。

另一方面，近几十年内，在国外，历史学和其他学科一样，有了很大的发展和变化，出现了许多新的流派，提出了许多新的问题，采用了不少新的研究方法。对于这些方面的情况，我们总的说来是不甚了了，颇为陌生。国外的某些新的研究领域，在我国还无人问津。我们世界历史研究所编辑出版的内部发行的《世界史研究动态》月刊，虽然在这方面做了一些工作，但限于当前总的水平和视野，对国外的研究动态的介绍只是一鳞半爪，缺乏广度、深度和系统性，对国内的研究动态的了解介绍也很不够。

就史学流派来说，现在在西方，有一派很盛行，这就是所谓结构主义的史学。根据西德的历史学家 J. 科卡的解释，所谓结构主义就是以"结构史的观察方式"来研究历史。所谓结构史的观察方式，就是要注意"对各种关系、状态、超个体的发展和进程进行观察探讨"，"要多注意历史中人物行为的条件，少关心个人的动机、决断和行为本身，要特别关心固定的、很少变化的现象"，甚至说"不必关心经常变化的现实"。结构主义史学家还主张在方法论上多向马克思和英国的社会主义者韦伯学习。我看这些话本身就是有矛盾的，英国的韦伯同马克思有什么共同的地方呢？究竟什么是结构主义的史学，又有各种不同的说法（法国一些人的说法就同上头讲的不大一样）。而这些说法是比较玄的，不大好懂的。还有不少人对结构主义史学提出批评，指责他们轻视政治史的研究。

还有一个也是近年流行的流派，就是历史计量学派，即数量史学派，又称计量经济史学或新经济史学。这是当前美国流行的史学流派之一，但也不限于美国。这个流派产生于 20 世纪 50 年代末，60 年代形成一个重要学派，现在还在发展。这个学派运用数学统计学等等作工具，企图借助这个工具来重新解释整个历史或经济史和其他历史。在其他国家，如法国，也出现了计量史学或数量史学。不久前，美国黑人史学家富兰克林在讲学中谈到流派问题时讲到，苏联一些史学家也在用数学来研究历史，解释历史。他说，他估计我们中国恐怕也开始搞这一套了。可见，他是相当肯定这一派的。

除了这两派以外，在美国，自五十年代以来对于美国历史的研究，先后出现了"新保守主义派"（也即"一致性学派"）、"新自由主义派"、"新左派"（即"修正学派"，是对"新保守主义"的修正，不是修正主义的修正）还有"后修正学派"。此外，还有"新政治史派"、"新社会史派"，等等。真是形形色色，五花八门。

日本的史学也值得我们注意。说到日本的流派，年纪大一点的同志可能都知道战前有"讲座派"与"劳农派"的论战，后来又出现了折中的流派。战后日本史学界也有了重大的变化，但我们了解不多。万峰同志在《世界史研究动态》（1979 年第 6 期）上发表过文章介绍。这次北大日本史组的同志搞了一份《二十年来日本历史学的发展变化概述》的材料，已分发给代表们了，我就不再赘述了。

从整个西方史学界的倾向看来，一方面是注重跨学科或多科性的研究（有所谓"社会历史学"、"历史人口学"、"精神状态史"等，名目繁多），注重比较综合研究。西方有些史学家纠正过去偏重政治史的研究的倾向，在不同程度上自觉不自觉地采用马克思主义的史学理论，注重社会经济发展史的研究，这种倾向也有可取的地方，值得重视。另一方面，也可以看到，不少西方史学家从宏观转到微观，他们考察研究的对象越来越细，收集、分析的资料包括教会注册簿、个人信件、个人的遗嘱等。尽管细也有好处，但也容易流于烦琐，没有概括、综合，看不到全局、整体性。甚至有些史学家根本否定历史的规律性，否定历史可以作为现实的借鉴作用，这就等于否定了历史本身，这种状况可不可以说是一种历史的虚无主义呢？这种看法、这种流派，我们是不能赞同，甚至是应该批判的。

至于苏联，我们了解的情况不多。苏联在 50 年代以来，史学界的研究也有不少变化和发展。对苏联的史学，我们恐怕也不能完全抹杀，也有可取的地方。

此外，对于某一地区，如非洲、拉美、东南亚，对于某一专题，如二战史、民族解放运动史、美国的外交政策及冷战史、黑人奴隶史等也有不同的流派。

除了流派之外，各国在断代史、地区史、国别史和专题史方面的研究重点也有变化，也值得注意。比如说，法国过去比较重视古代史和中世纪史的研究，对现代史重视不够。现在也开始重视现代和当代的研究了。又如，西方对亚洲的历史一直比较重视，但对非洲和拉美不大重视，现在也开始重视起来。

总的来说，目前我们对世界各国历史学的发展情况的了解和研究，远远不能适应我们世界史学科发展的需要。尽管近两三年以来有些同志在这方面做了不少工作，但是多年形成的落后状况还没有得到根本改观。

我们的研究对象是世界各国从古到今的历史，它所涉及的文献资料的数量，真可说是浩如烟海。当代的一些历史学家都感到，如果单靠个人的力量，要求充分掌握世界各地出版的有关某个学科、某个专题的全面资料，几乎是不可能的。在文化发达的国家，50 年代以来利用电子计算机检索图书情报资料的工作得到巨大发展。在日本，我们了解到，人们已经用电子计算机来研究古代史。但怎样研究，目前我们还不大了解。在我国，在周总理的亲切关怀下，1974 年以来已经着手研究利用电子计算机检索图书情报资料。但是要达到广泛应用，特别应用到我们世界史方面，一时恐怕还办不到，这还是若干年之后的事。

动态研究的成功与否首先取决于是否有正确的指导思想和科学的工作方法。不然的话，许多宝贵的资料我们会视而不见，不去注意收集和整理，许多了解国外研究动态的良好机会会白白放过。这里可以举一两个例子来说明。日本的一些学术代表团到中国来访问，往往要求参加有关活动的中国人填写一定的表格，内容包括现任职务，主要研究方向等。新近，美国有一个史学团体要编写出版一个国外学者研究美国史情况的指南，要求各国史学团体和研究机构提供本国近年研究美国史的具体情况，包括研究什么专题，出版什么书，有什么代表性论文等，这种做法也值得我们借鉴。但我们自己对于本国这方面的情况还是了解得不够具体，对外国情况更没有有计划地调查、了解。我们也没有相应的机构专门注意系统地收集和整理来访的外国学者的情况。今后若干年内，我们的人力和财力都很有限，要做的事情又很多，显然是不能毫无重点地平均使用我们的力量。是否可以这样设想，对国外史学研究动态的了解，其范围不能太宽了，是否比我们研究的重点课题宽一些，要有重点，但选择重点是为了保证重点研究课题的顺利进行。在着重系统地掌握与重点研究课题密切相关的动向的同时，对目前重点以外的动态也要适当兼顾一下，适当配置人力物力，加以注意。

对史学研究动态掌握的深度和广度是与我们对世界史的研究工作所达到的深度和广度成正比例的。研究工作开展得越深越广，对国外相应部门的研究情况必然了解得更多更深。这是一方面。另一方面，对国外史学的研究动向的深刻了解，必然会对我们选择研究课题，对我们研究问题的深度和广度产生相当巨大的、有益的影响。是不是可以这样讲，这种关系是一种辩证的关系。

概括地说来，我们应该经常地、系统地收集和整理下列几个方面的研究动态资料。

第一，在世界史研究方面的流派、思潮、治学方法的变化，各种不同流派、思潮出现的背景，它们的主要代表人物的重要著述，各种不同流派的主要刊物内容的变化。特别是近年西方的"新史学"各流派（如法国的年鉴派，美国的"新左派"，许多国家的计量学派等）的兴起，以及在研究方法上新技术的采用

（如对各种社会经济统计资料的分析，电子计算机的运用，地方史资料、口传史料的运用等），在不同程度上值得我们注意和重视。

第二，各国各学科的主要研究机构的活动，各种重要的国际学术会议的情况（如今年 8 月将在布加勒斯特举行的第十五届国际史学会议），特别是它们讨论的中心课题和有代表性的报告、论文，要了解，要收集。

第三，新兴的分支学科的发展情况。例如城市的历史、妇女史等。

第四，对世界性的和各国内部重大历史事件（如法国大革命、第二次世界大战），重要的历史人物（如罗伯斯庇尔、拿破仑、丘吉尔、罗斯福，拉美独立运动时期的玻利瓦尔）研究情况的变化。

第五，与近期内重点研究课题有关的各种情况，包括对某些史科的可靠性，真假问题要弄清楚。如俄国彼得一世的遗嘱、日本的田中奏折、纳粹德国的霍尔巴赫备忘录，它们的真伪，可靠性也有争论，我们值得注意。最近听说法西斯意大利侵略阿比西尼亚的档案也公开了，如果能看到这个档案，对于它的可靠性也要搞清楚。

加强世界史研究动态的了解和探讨工作，根本目的是为了推动我国世界史研究工作更快更好的发展。但是如何收集有关的研究动态和资料，如何有效地利用已收集到的动态和资料，又是一个牵涉到许多方面的问题。除了应该明确收集资料的范围，还涉及图书资料的采购，如何使国际学术交流有效地为加强了解国外的研究动态服务，如何使国内各方面收集的情况、资料及时交流都是问题。更具体一点说，我们可否考虑在不远的将来建立世界史研究情报中心，专业的世界史研究情报人员如何培养、提高，也要考虑，各学术情报单位如何合作与协调，动态情报刊物如何办（不只是我们所出的那一个，各单位也可以根据需要和可能出版这样的刊物）等问题，都有考虑的必要。但我们这次会议由于时间关系，不能对这些问题都讨论较细较透，应着重于交流国内外世界史研究的动向，并且对今后应在哪些方面加强对世界史研究动态的了解、研究和交流，进行比较深入的讨论。至于与这些有关的一些很具体的问题，如图书资料如何充实，要求有更多一点世界史工作者到国外考察，邀请国外史学家到中国讲学问题，拟不作为讨论重点，但同志们都可以提出意见。

下面谈一下重点研究课题问题。

一年多的实际工作使我们感到，根据目前我国世界史学科的发展状况和我所现有的力量，必须把有限的人力组织到一些重点课题的研究上来，要围绕这些重点课题进行研究，才能较快地取得较大的成果。只有在某些问题上有所突破，取得一批质量较高的科研成果，才能够更好地推动世界史学科的发展。重点研究课题的提出，既考虑到直接间接地为社会主义现代化建设服务的需要，又尽可能考虑现实的可能性。这些课题的研究，需要世界史学界的同志们和我们一起努力，单靠我们所的有限人员是没有办法实现的。

一些具体的选题已经印发给大家。这些选题只是我们所在拟订近期研究规划时的初步设想，并不意味着对其他研究单位也都适用。而且，由于准备仓促，可能很不全面，很不周到，甚至不一定对头，希望大家多多提出补充和修改意见。现在仅把我们对一些选题的想法讲一讲，以便起一个抛砖引玉的作用。

第一，第二次世界大战前夕的国际关系史，对于观察现在的国际形势，无疑能够提供某些借鉴。我们因而把从慕尼黑阴谋到太平洋战争爆发这段时间内的国际关系，列为重点课题之一。这种研究也将为今后对二战史作较深入的研究做好准备。自从苏联霸权主义入侵阿富汗以来，不少政界人物、西方记者把目前形势同希特勒发动第二次世界大战时的形势相比。情况虽然不完全一样，但有不少地方是相似的。比如菲律宾外长罗慕洛前些时就说，目前形势跟"慕尼黑时代"差不多。但历史是不会重演的，每个时代有每个时代的具体历史条件。过去的历史经验教训只能作为借鉴。对这段历史的研究，对目前反对霸权主义、巩固世界和平的斗争还是有用处的。领导同志已明确指示我们，对二战史要深入研究。当前国际上对第二次世界大战史的研究是相当重视的。一向不重视现代史研究的法国史学界最近也把它作为重点研究对象。法国有一本杂志专门发表有关二战史的论文。

第二，美国尽管现在在走下坡路，但它还是一个举足轻重的超级大国，它在20世纪的崛起以及它在世界历史中的作用，也都需要重点研究。

第三，列宁、斯大林时期苏联史的研究，我们也列为重点课题之一。我国的革命和建设都受过苏联经验的强烈影响。尽管学术界对这种影响有不同的估价，但是毫无疑义，苏联的正反两方面的经验，对于我们正确认识中国革命和建设的经验有重要的借鉴作用。应该指出，对于苏联在列宁、斯大林时期革命和建设的经验，在相当长的时间内，我国学术界是照搬苏联人自己的说法。后来情况有些变化。但是真正根据比较充分的材料，作比较深入的研究，作出分析，作出论断，还显得很不够。

第四，俄国资本主义的发展及其演变为帝国主义的历史过程和特点，我们也打算列为一个重点课题。弄清楚这个问题，对于进一步理解十月革命的前因后果，十月革命后列宁、斯大林为首的布尔什维克党的各项决策，都会有所帮助。研究19世纪下半叶和20世纪初年俄国的对外政策，会有助于我们理解目前苏联霸权主义在中近东、非洲和印度洋的扩张以及所谓"南下"政策。

第五，从明治维新起日本资本主义的发展和第二次世界大战后日本资本主义的演变，也可以为我们提供某些有益的借鉴。

第六，亚非拉民族解放运动各个发展时期的特点，尤其是亚非拉民族民主革命的特点，应该是我们重点进行研究的课题。我们中国也属于第三世界，如对第三世界的历史条件和真实情况了解不够，又如何能够很好地团结第三世界，扩大和巩固国际反霸统一战线呢？虽然国内外出版过相当数量有关这个问题的书刊，但其中有许多值得重新加以考虑的东西。拿非洲的情况来说，1976 年和 1978 年苏联出版了大部头著作《近代非洲人民民族解放斗争史》和《现代非洲人民民族解放斗争史》，书中提出了民族解放运动的类型划分，领导阶级和领导权问题，斗争的策略及其所表现出来的特点等一套所谓"苏联学者的新观点"。英美等国的学者近年来也开始重视研究这一专题。我们由于多年对这个问题缺乏深入的研究，对苏联人散布的大国沙文主义、"天然盟友和支持者"之类的谰言，没能及时予以有理有据的有力驳斥。近代和现代拉丁美洲的民族民主革命运动有它自己的特点。十九世纪初期拉丁美洲的民族解放和独立运动，是近代世界各殖民地半殖民地人民同类斗争中最早发生的，规模大，时间长，影响深远。但是迄今史学界对于这一革命的性质和意义，估价不一。战后拉美有些国家像墨西哥、巴西等国经济的发展和现代化比较快，原因何在，会有什么影响，近年拉丁美洲的社会思潮及其对民族民主运动的影响等，都值得我们适当加以研究。

第七，在当代非洲的许多国家中，部族（部落）制度在独立后的政治经济生活中还起着重要的作用，特别是在黑非洲。这是非洲历史的一个特点。非洲某些国家经济发展比较落后，甚至基本经济结构没有改变，在很大程度上依然依赖西方的原宗主国，仍由外国控制，这也与部族制度的影响有关。研究非洲的部族制度，不但对于了解现在非洲有重要意义，也会加深理解整个人类历史发展的规律，有一定的帮助。

第八，在古代、中世纪史方面，考虑到人员过少、资料短缺和近期的需要，打算把重点放在对古代、中世纪史的某些重大理论问题和各国奴隶制、封建制的比较研究上。举例来说，奴隶占有制作为一种社会经济形态的普遍性问题，在世界各国引起了热烈的争论。我们编写多卷本世界通史，不能回避这类问题。最近一期《历史研究》上发表书评，说杭大北大等高校编写的一本古代世界史，对奴隶制提出一些新的看法。如果是这样，那是很好的。至于对各国中世纪史的比较研究，不仅有助于了解世界历史发展的规律，还能为中国史的研究提供一定的借鉴。

最后，简单谈一下改进研究方法问题。主要说两点：第一，我认为还是坚持以马克思主义、毛泽东思想作指导，第二是提倡个人刻苦钻研和集体协作相结合。

胡乔木同志最近在中国史学会重建大会上指出，马克思主义的基本立场、观点、方法，应该成为历史研究工作的向导。乔木同志认为马克思主义是在发展的，是不断为其他科学（包括史学）的发展所丰富的。固然，我们要注意防止用教条主义态度研究马克思主义，仅是引经据典，贴标签，不是真正坚持马克思主义为指导，但马克思主义的立场、观点、方法，它的科学体系我们还是要运用的。当前世界形势的发展和变化是很迅速的，不断提出大量新的问题，要求我们作出科学的解释。同时又不断要求我们对过去已有的一些结论重新加以审查和验证。无论是在古代、中世纪史方面，还是在近、现代史方面，我们都面临着大量的理论问题需要解决。例如人类历史发展的动力问题，世界各国历史的共性和特点问题，经济基础与上层建筑的辩证关系问题，等等，这都是一些非常复杂但又不可回避的问题。这些问题的解决，都需要马列主义的指导，需要各个有关学科的共同协作，付出大量艰苦的劳动。在这样一些问题上，我们只能在马克思主义基本原理指导下，在详细占有资料的基础上，开展百家争鸣，从多方面进行深入的探讨。不能容许任何臆测和武断。既要重视国外一切有价值的新的研究方法和具体研究成果，采取科学的批判的态度，有选择地取长补短，做到洋为中用，同时又要坚持我们自己的独立探索，不盲从，不照抄照搬，唯"新"是务。

创造性的史学研究工作是一种艰苦的劳动，没有个人的刻苦钻研和长期持续不懈的努力，是绝不可能取得重要的成果的。在相当长的一段时间内，我们不可能根本改变人力单薄、任务繁重的情况。因此，除了发挥每个人的积极性，集体协作具有更加重要、更加突出的意义。世界史领域这样广阔，上下几千年以至几十万年，数百万年，纵横六大洲，一百多个国家，也要求我们加强多方面的合作来求得某些问题上的突破。要做到这一点，一个人，一个研究所、学校是不行的。无论是编写多卷本的世界通史，还是撰写《中国大百科全书》外国历史卷，还是为了完成其他的重要科研任务，离开全国世界史工作者的集体努力，都是不可能获得圆满成功的。世界史学界的团结，总的说来是不错的。团结就是力量，团结就是胜利。在今后的工作中，我们还要创造多种协作形式，加强各方面的合作。总之一句话，集思广益，群策群力，为尽快改变世界史学科的落后面貌，为直接间接地为我国社会主义现代化建设作出更多的贡献，为我国人民和世界人民服务，这就是我们的心愿，就是我们共同奋斗的目标。

（该文为作者在"世界史研究动态交流会议"上的主题发言，
原载《世界史研究动态》1980 年第 6 期）

关于选择重点课题和开展动态
情报工作的几点意见

（一）研究课题的选择问题

我在会议开始时的发言中，曾经谈到过对现阶段世界史研究中几个重点课题的意见，并提请大家讨论。这些课题是根据目前我国世界史学科的现状，特别是我们世界史研究所现有的主观力量和客观上对我们的要求而提出的，是作为世界史所的科研规划初步拟订，征求意见和提供酝酿讨论的。在提出这些课题时，既考虑到了世界史学科的现实需要，也考虑到了比较长远的发展需要。譬如说，国家要求及早编辑出版大百科全书，其中有关外国历史部分的撰写，计划三年左右脱稿。这就要求我们对不少比较关键性的或有争论的问题先进行深入的研究，提出自己的见解，也要求我们选择好一系列课题，进行重点研究，以便为撰写做准备。从较长远的观点说，我国世界史学界负有编写多卷本世界通史的艰巨任务，这也要求我们艰苦努力，首先重点研究一系列专题，在这个基础上，再编写断代史和通史。也就是说，目前的专题研究是为将来的通史编写直接打基础，作准备的；从科学研究的规律来说，也要求从专题研究逐步过渡到编写断代史和通史。我们只有这样做，才能真正一步一个脚印、日积月累，把工作做好。这样的做法，是符合胡乔木同志在全国史学会重建大会上讲话中提出的要求的。

但是，提出这些课题绝不是说，这些课题就全面概括了当前世界史研究的课题了，也不是说，有些没有概括进去的课题就不重要了，可以放弃不搞了。我们决不应该以偏概全，或给世界史的研究设条条定框框，限制它的发展。我们只是想请同行们考虑，看看是否可能把某些有关单位的研究工作，按照原来的分工，在客观允许的条件下，尽量集注到这样一些课题上来，以便在一段时期内，适当集中力量，群策群力，更快更好地取得一批科研成果。这样做，我们的力量就能拧成一股绳，就能更有把握对若干问题研究得比较深入一些，就能更好地落实全国世界史学科规划。至于这些课题中所没有或较少涉及的研究工作，只要是对提高中华民族科学文化水平有帮助的，对党的事业有利的，能为祖国取得荣誉的，那就毫无疑义地还是可以继续进行。重点课题和重点课题以外的研究工作，尽管有轻重缓急的不同，还是可以并行不悖的。它们之间的关系应该是相互促进、互为补充的。举例说，亚洲史的研究项目有许多是我们提出的课题中没有概括进去的，但亚洲史是我们世界史学科建设的一个重要方面。我们作为一个亚洲国家，亚洲史的研究，特别是我们邻近的亚洲国家史的研究，更具有特别重要性。弄清楚这方面的某些问题，对我国的外交政策也有现实的意义。因此，亚洲史研究工作很有必要。我们应当毫不犹疑地加强这方面的研究工作，同时在有关的研究课题上和我们的重点课题挂钩、协作。我认为，在两者之间并不存在根本上的矛盾。再举例说，我们在重点研究课题的一些设想的几份材料中，提出的古代中世纪历史的重点研究课题不多，所以如此，主要是由于我所本身在这方面的研究力量很单薄（连我们招收的这方面的研究生目前还要请外单位的专家担任辅导），应该有所为有所不为，并不意味着古代中世纪史的研究可有可无，无关紧要。历史是一条长河，源远流长，不可分割。对于古代中世纪的奴隶制、封建制和其他类似的关键性问题（如非洲的部族问题）等，都要进行系统、深入、具体的研究，取得成果，才能在理论上总结出历史发展的规律性，温故知新，古为今用。大概由于我在第一次大会上的发言中，就重点课题的一些例子作说明时，讲得不够全面、不够清楚，给一些同志以重欧轻亚、厚今薄古的印象，这是可以理解的，我应当在这个小结发言中补充说明。总而言之，根据乔木同志的讲话，我们提出选题的原则是：一方面要考虑到能提出一批为我国社会主义建设现代化直接间接服务，与现实挂钩的课题；另一方面也要研究在本学科中必须解决的问题，能为祖国争得荣誉的课题，结合新情况新动向，虽然有所侧重，但不能偏废。

（二）重点课题和收集情报的关系

同志们在讨论中也谈到了重点课题和收集情报的关系问题。有些同志提出疑问说，有了重点课题是否意味着：只要收集和它们有关的科研动态情报就行了，其他的可以暂时不管或少管。关于这一问题，我想谈谈个人的看法。

第一，收集国外有关世界史研究的动态情报，目的是为我们自己的科研服务，它是科研的一种基本功。世界史科研情报的内容十分丰富，包括国外世界史各学科研究的现状及其渊源、各个科研机构的情况、主要流派及其代表人物的情况、他们的学术观点、治学方法和重要著作、各国史学的重要新成果、新史料的发现、研究工作中的问题、某一领域研究工作的发展和变化趋势，以及当前出现的新动向等。所有这些，都值得我们重视，应该认真收集整理。但要指出，研究动态最核心的内容是指对某个研究课题进展情况的了解，如进展的过程、不同的看法、争论的焦点等，以及了解国外引用的史料和对新史料的鉴别的情况。只有了解这些核心内容，才能真正做到吸取国外真正的优秀科研成果。

第二，我们的动态情报工作要考虑到我们自己的重点课题，应当注意与之有关的动向和成果，以便我们的科研人员在进行研究时耳聪目明。对国外在这些方面值得注意的一言一行都心中有数。只有这样，我们的重点课题研究才能赶上世界先进水平，以至取得某些突破。因此，我们必须大力加强这方面的情报工作。与此同时，我们也不能忽视其他方面的情报收集工作。考虑到世界史学科牵涉的面很广，上下连贯、纵横交错的特点，我们的视野总要宽些，眼光总要远些，凡是有学术价值的动态情报资料，都要在可能范围内广泛收集。因为这些资料不仅对我们当前的某些研究工作会有用处，它们之中也许还包含着一些具有重要意义而我们一时并未认识到的资料。

第三，我们固然要重视新近国外世界史研究的动态资料，但正如对于研究方法和成果本身那样，也是有所选择，而不是唯新是务。我们还要注意收集 60 年代和 70 年代初、中期的情报资料，以弥补十多年来林彪、"四人帮"横行时造成的损失。即使是 60 年代以前的情报资料（包括苏联方面的），只要是有价值而又未为我们掌握的，也要择要收集。

第四，我在上面所讲的，确是侧重国外研究的动态情报收集工作，所以如此，并不是重洋轻中，一是因为我们研究的是世界史、外国史，二是因为无可讳言，我们在世界史研究方面一般是比某些国家落后，但这并不意味着我们就可以忽视国内对这门学科研究的动态。在这方面，北京与外地的同行、各地的同行不能关起门来，各搞各的，都要随时互通消息，交流经验，才能更好地合作，并避免不必要的重复劳动。

总之，在动态情报工作中，我们既要广泛注意，又要重点选择。我们的学术刊物，特别是研究情报刊物在这方面承担了十分重要的责任，更应该加倍努力去做好这一工作。

（三）对开展动态情报工作的几点意见

同志们对今后如何开展动态情报工作提出了很多很好的意见和建议，值得我们认真研究，在今后逐步付诸实施。就现实条件来说，我认为当前可以先做以下几件事情：

一、继续开展各种形式的动态交流活动。实践证明，我们这次会议是有收获的。因此，在今后适当时候，继续举行这种性质的会议将是必要和有益的。当然，更经常的还是要按照具体情况，采取灵活多样的方式，例如举行一些小型专题性的动态交流会；研究会举行学术讨论会时，也应该把与交流有关的研究动态作为一项重要内容。

二、从世界史研究所做起，加强动态情报工作，把它提高到与研究工作同等重要的地位。号召研究人员重视这一工作，定期交出成果，作出成绩，并及时通过各种渠道和各兄弟单位交流。

三、提高《世界史研究动态》月刊的质量，要求从以下几个方面切实改进：

①按阶段拟订选题计划，并送交各研究会和其他兄弟单位征求意见、组织稿件；

②加强对国内科研动态的报道，附带也向全国世界史工作者呼吁：请不要过于谦虚，欢迎同志们积极提供自己的科研情况，包括规划、设想和论争情况等；

③努力推动百家争鸣，多发表内部讨论性的文章，多发表各

种不同观点的文章，办好"研究与讨论"这一栏目，以活跃学术讨论气氛；

④逐步做到不只是简单介绍国外的情况，还应该进一步增加综合分析性的文章；要加强计划性，争取有系统地介绍国外史学的有关情况。

《世界历史》双月刊也要加强动态栏的内容，尽量多发经过分析综合的、可以公开的国内外史学动态。我们也希望各研究会重视和加强动态情报工作，源源不断地为我们的这两个刊物提供稿件。

同志们还提出了一些经过一定努力可望做到的建议，例如由几个单位协作，编辑国内的专业书刊目录或专题论文索引等，我们也希望各研究会能承担这一项目的组织协调工作，共同努力，实现这些要求。

（该文为作者在"世界史研究动态交流会议"上的小结发言，
原载《世界中研究动态》1980 年第 6 期）

积极响应党的号召，"大大加强"世界史研究

（一）

　　全国人民都正在认真地学习节日前夕党的十一届六中全会通过、发表的《关于建国以来党的若干历史问题的决议》以及胡耀邦同志在庆祝大会上的讲话。

　　这两个文件都提出了大大加强世界史研究的任务，我们要很好地以行动响应党的号召，完成党所交付的光荣而艰巨的任务。在我们世界史教研工作者面前就有一个史学理论问题，指导思想问题，这个问题就是"为历史而历史"，单纯为了世界史本学科建设的需要而讲授、研究世界史，还是结合现实，为无产阶级政治服务，为我国社会主义建设现代化服务而从事世界史的教学和研究？近几年来，随着我们史学工作者科学研究和学术讨论活动的恢复和开展，并由于所谓"现实"、"政治"、"服务"等名词的概念的广义解释——也就是正确的解释，得到大多数同行的赞同，脱离政治，"为历史而历史"的倾向的市场日益缩小。通过这些论述、探讨，这个问题像是接近于解决了，但还没有完全解决。就我的见闻所及，不论中国史的研究也好，世界史的研究也

好，还是有人对这个问题抱怀疑的态度。比方说，有人强调，作为一门科学，历史研究要独立研究，中心任务就是本学科的建设。结合现实政治，就会从属于政治，妨害历史的独立研究，降低它的科学性，以至它的"尊严"。而《决议》和《讲话》的发表，更像一股强劲的东风那样，大有助于上述这种疑云和思想障碍的清除。

为什么这样说呢？

明确地提出把"大大加强"世界历史的研究作为今后一项重要任务，这绝不是偶然的，也不是出于"纯学术"的理由。固然，从马克思、恩格斯到列宁、斯大林以至毛泽东同志都十分重视历史科学，重视包括世界史在内的历史研究，强调要利用过去历史的经验，"历史的启示"，作为认识现在和将来以及进行革命斗争、改变旧世界、创造新世界的借鉴，这个道理，已经是众所周知、耳熟能详，不用我在这里唠叨了。"决议"这样重视和倡导中外历史的研究是完全符合马列主义、毛泽东思想的教导的。但还不止此，有更具体的理由，具体结合到我国和世界的现实，世界史尤其是世界现代史的研究的需要显得更加迫切。

第一，我国作为世界性大国，不是孤立地存在，而是跟世界许多国家（到目前为止，同我国建交的国家有 124 个）有着各种各样的关系（包括兄弟国家的关系、友好的关系、敌对的关系、又联合又斗争的关系），尽管我们在国际交往中，有着基本的原则立场，大体上也可以按着三个世界的划分，分别处理我国同它们之间的关系。但是，各国具体情况十分复杂，不能一刀切。为了使我们的对外政策和活动做到因地制宜，恰到好处，我们不仅需要搞清楚它们的现状，而且需要了解他们本身的历史，同我们关系的历史。我们宣告我国属于第三世界，要同第三世界各国密切合作，但我们对于第三世界各国的历史就不大了解，对于阿拉伯国家,伊斯兰国家,保留部族制度的黑非洲国家的历史特别是如此。在世界史研究方面,这一类的空白不少,有待于填补。

第二,正如胡耀邦同志所指出,"中国共产党人从来是把爱国主义与国际主义融为一体的"。作为社会主义国家,我们不仅要对人民群众进行爱国主义教育,而且要进行国际主义的教育。世界史的研究学习,有助于我们立足本国,放眼世界,了解世界历史发展的必然趋势。了解我们自己的命运为什么同全世界人民的正义斗争和人类进步事业紧密联系在一起,了解同各国人民友好往来,互相支持,彼此合作的重要性,从而树立国际主义的世界观,清除任何大国主义的灰尘。另一方面,在十年浩劫以后,随着对外开放政策的实施,在我国的部分人中,特别是青年人中,盲目崇拜西方的民族自卑感有所抬头。世界史的研究学习,会使我们对于资本主义国家有全面的认识,包括它的落后面、腐朽面、黑暗面及其由来,也有助于我们进行爱国主义教育,提高人民群众的民族自尊心、自信心。

第三,我们党在新的历史时期的奋斗目标,不仅要进行四化建设,而且要建立一个高度民主、高度文明的社会主义强国,这既要充分发扬民主——社会主义民主,清除封建专制主义的余毒,又要在批判地继承整个人类创造出来的全部文化遗产的基础上发展教育、科学、文化。对世界历史作认真、系统的研究(包括经济史、文化思想史、科技史等),才能掌握整个人类的教育、科学、文化成果,把他们的文化遗产批判地继承下来,建立高度的精神文明,树立崇高的道德风尚。照我浅薄的体会,要建设无产阶级社会主义文化,高度的精神文明,需要确切地认识全人类在发展过程中所创造的文化,然后才能批判地加以继承,加以改造。而世界史的研究学习,有助于对这种人类文化遗产、精神财富的认识、了解。

我国目前面临的头等的重要任务，是搞好社会主义现代化建设。进行四化建设要有一定的国内条件和国际条件。首先要重视我们的国情，摸清、摸准国情。其次，我们现在不是在月球上、在真空中，而是在地球上。世界上有我们的朋友，也有我们的敌人，也有又联合又斗争的对象，国际条件有对我们有利的，也有不利的。我们搞四化建设受到世界形势、国际条件的影响、制约。所以，除了认识国情之外，还得认识"世情"——世界之情，也就是说，要清醒地、实事求是地、全面地搞清楚现阶段的国际环境、国际形势的特点以及在这方面可能发生的变化，从而审时度势，作出正确的估计和决策。当然，要认识"世情"，首先要研究、分析世界的现状。但是，今天国际条件的起源是同昨天联系着的，不了解它的起源也就不可能很好了解现在事件发展的过程或对它作出正确的估计，而且过去发生的现象和过程，或者是今天继续存在着，或者是仍对今天发生直接影响。这就是说，要全面地、深入地了解世界的今天，还得了解世界的昨天——世界历史——特别是世界现代史。因为这个问题同我们大家的专业，世界现代史的教学、研究关系密切，想稍为详细一点加以探讨。

1. 我国是在 20 世纪 80 年代进行社会主义现代化建设的。正如《决议》和胡耀邦同志所指出：社会主义现代化建设是一场伟大的革命。我们是处在什么样的国际环境中、历史环境中执行社会主义现代化建设这个新的伟大的革命任务呢？要回答这个问题，就首先要了解我们所处的现阶段的世界总的轮廓、主要的特征究竟是怎样。这也就是时代问题——马列主义的基本问题之一。现在究竟是什么时代？仍是列宁在第一次世界大战期间所说的："帝国主义和无产阶级革命"的时代；抑或是毛泽东同志在第二次世界大战结束后所说的："全世界资本主义和帝国主义走向灭亡，全世界社会主义和人民民主走向胜利的历史时代"，以至他老人家在 1966 年所说的"世界革命的一个新的伟大的时代"。"时代"这个基本问题还牵涉对帝国主义的垂死性如何理解，资本主义总危机是否存在，世界的基本矛盾和主要矛盾是什么，社会主义和资本主义两个阵营瓦解以后，整个世界的特点是如苏联所说的社会主义和资本主义两个体系的对立斗争，还是如毛主席所论断的划分为"三个世界"，或如西方人士所说的已从两极到多极世界，以至帝国主义战争是否不能避免等一系列有争论的问题。例如今年第四期《中国社会科学》（双月刊）就登载有蒋学模同志的《按照列宁的原意认识帝国主义的垂死性》一文，以及宦乡同志的对该文的读后记，彼此的意见有些出入。这些不仅是理论问题，世界现代史的理论问题，同时也是历史现实问题。究竟哪一种看法符合实际，要回答这个问题，我们还得以马列主义、毛泽东思想为指导，从实际出发，就大量的、复杂的历史事实及其演变、发展的过程进行实事求是的探讨和分析，才能得出比较正确的结论；也才能明确今天的时代，当前的整个世界大局，对于我们这样一个世界性的社会主义大国所要完成的伟大革命事业的直接间接影响如何，利害关系如何（总的来说，有利的条件是什么，不利的条件又是什么），从而趋利避害，以至化消极因素为积极因素。诚然，时代这个问题是太大了，我们的世界现代史研究工作者如果选择这个大问题作为专题来研究，要取得成果，的确是穷年累月的事，但我们是不能回避这个问题的。如果我们结合我国进行社会主义现代化建设的现实需要，并以它作为动力，从历史的角度来侧重考察探讨时代这个问题的某些侧面（例如战后美苏关系史的演变）就可能有所突破。

　　2. 在"世情"方面同我们四化建设关系特别密切的一个问

题，就是能否争取长期的国际和平环境的问题。由于我们的特殊国情——地大人多，农民人口特别多，底子薄，经济落后，科学文化水平低等，加上新中国成立后两次耽误，要实现高度的现代化，不能像五六十年代的西德、日本那样，十年八年就可以奏功，而是三几十年的事。这就需要一个尽可能长期的国际和平环境，争取的可能性究竟多大，这牵涉到和平与战争这个根本性问题，极其复杂的理论问题。要回答这个问题，当然首先要从横的方面检视、剖析一下当前国际局势中有哪些会导致、促进战争的因素，哪些有利于维护和平的因素；但也需要从纵的方面回顾、探讨二战结束以后三十多年来世界力量对比的变化，美苏关系、中苏关系的演变，战争危机的出现与消退，局部战争的起伏，国际反霸统一战线的酝酿和形成，以及其他同战争与和平有关的国际因素的演变过程。也就是说，要从现代国际关系史的角度来深入研究。固然，历史不会一模一样地重演，第二次世界大战不同于第一次大战，今天蕴藏着新的大战危险的国际形势也不同于二战的前夕，但是结合当前的国际形势的现实，就第二次世界大战史进行比较的研究（但不是简单的比附），对于如何反对侵略，维护和平，制止新的大战的爆发，还是会提供一些有益的经验教训。例如对二战前夕，英法的绥靖政策，希特勒的和平烟幕和他的战争讹诈，英法苏反法西斯联盟的流产等的重新研究，就会在这方面起"前事不忘，后事之师"的借鉴作用，我们这次讨论会的重点题目之一就与此有关，相信二战史研究会也仍会重视这些课题。

3.《决议》在谈到毛泽东思想的活的灵魂的第一个基本方面"独立自主，自力更生"时说："当然，我国的革命和建设不是也不可能孤立于世界之外，我们在任何时候都需要外援，特别需要学习外国一切对我们有益的先进事物。"但是，为了进行社会主义现代化建设，我们在自力更生为主的前提下，争取外援的现实可能性有多大？《决议》在第八部分指出，我们同时又必须看到我国经济建设已经取得的成就和经验以及国际经济技术交流的扩大等国内国际的有利条件。争取外援的国际条件究竟怎样呢？简单说来，这主要取决于当前的世界经济形势（如资本主义世界经济是否继续"滞胀"抑或有所好转，会不会发生严重危机等）和当前国际政治斗争的形势，特别是世界战略形势的演变（如美苏关系，日本、西欧与苏联的关系，日本、西欧同美国的联合与分歧等）。不过，在世界现代史中，同外援有关的一些事实，远如苏联新经济政策时期的"租让制"，近如二战结束后初期在西欧实施的"马歇尔计划"，在南亚和东南亚实施的"科伦坡计划"，60 年代日本大量吸收外资和外国技术的做法等都同外援有关，这些外援的性质如何，其利弊得失如何，我们也可以从现实的需要出发，从历史的角度，重新进行探讨，吸取经验教训。

（二）

我还认为，《决议》这个历史文献，在向我们历史研究工作者发出号召的同时，又向我们提出了一些需要进一步研究的课题。我对于《决议》的学习还是初步的，钻研和体会都不深，但通过《决议》的学习，我就发现至少有如下一些重要的世界史课题需要和值得进行深入研究或重新研究。

（1）中国人民革命胜利，我国成为社会主义大国，对世界现代史的发展的深远影响（在世界现代史中的巨大意义）的问题。世界现代史的研究者是不应也不会忽视中国人民革命胜利的伟大国际意义的。但是今天，我们仍有必要根据史实，实事求是地予以充分的阐明。而且，就世界现代史本身来说，对中国人民革命胜利的世界意义如何评价，关系重大，并且牵涉到有争论的现代史分期问题，我们还是需要通过深入、科学的研究，做到评价符合实际，恰如其分，既不妄自菲薄，又不妄自尊大，大国沙文主义的"苏联中心"论和林彪的"井冈山道路通天下"论都是要不得的。

（2）中国和苏联以及一些东欧国家的社会主义改造的比较研究。《决议》的第二部分《基本完成社会主义改造的七年》中的第12节指出："在过渡时期中，我们党创造性地开辟了一条适合中国特点的社会主义改造的道路。"从历史的角度，就我国和这些国家的社会主义改造的过程、特点和后果，进行比较的研究还是有意义的。

（3）我国反右斗争的扩大化与斯大林肃反扩大化的比较研究。《决议》第四部分第17节，在肯定反右斗争是"完全正确和必要的"同时，指出它"被严重地扩大化了，把一批知识分子、爱国人士和党内干部错划为右派分子，造成了不幸的后果"。看了这段话也使我联想到斯大林的"肃反扩大化"。固然，我国的反右斗争和斯大林的所谓"肃反扩大化"性质有所不同，不能作简单的比附。但斯大林的"肃反扩大化"对苏联以至整个国际共运带来更大的"不幸的后果"，结合一些新发现的有关材料，就这个历史事件重新进行科学研究还是有意义的。

（4）由于社会主义的运动历史不长，社会主义国家的历史更短，这一历史事实所孕生的一连串问题。以社会主义国家的历史来说，的确比资本主义国家的历史（从1640年英国的资产阶级革命开始，资本主义国家的历史已有三百多年）短得多，十月革命的胜利建立的第一个社会主义国家，仅六十多年。不过，即便在这短短几十年中间，积累的事实材料还是很丰富的。不要说别的,列宁斯大林时期,苏联党的建设和党的领导,经济建设、农业集体化、工业化的道路(包括新经济政策)的正反两方面的历史经验,都有不少可供借鉴之处,我们可以在这些问题上进行比较研究。我们世界现代史研究会,已经开始这样做了,还可以继续深入下去,特别是党的建设,党内斗争方面的问题。这方面的历史研究还可以推广到东欧一些国家(如波、匈、南、罗等)中去。

(5)我国发动"反修防修"运动的国际的原因。《决议》第24节第一项指出,"苏联领导人挑起中苏论战,并把两党之间的原则争论变为国家争论,对中国施加政治上、经济上和军事上的压力,迫使我们不得不进行反对苏联大国沙文主义的正义的斗争。在这种情况的影响下,我们在国内进行反修防修运动,使阶级斗争扩大化的错误日益深入到党内……"。1957年起展开的中苏大论战对我国的"反修防修"运动诚然有影响,在此之前,斯大林逝世以后,赫鲁晓夫篡党夺权,大反斯大林及其在国际上的影响以及波匈事件等,是否也直接、间接影响到我党的反右倾运动以至"中央出了修正主义"、"赫鲁晓夫那样的人物""现正睡在我们的身旁"那一类的错误的估计。为了搞清楚这个严重错误的国际的历史的原因,我们有必要重新检视、研究国际共运这段历史。

(6)国际共运史上在领袖和党的关系方面出现严重偏差的问题。《决议》第24节第二项谈到个人崇拜产生的国际历史原因时指出:"国际共产主义运动史上由于没有正确解决领袖和党的关系问题而出现过的一些严重偏差,对我们党产生了消极的影响。"我们知道,国际共运史上,从马克思、恩格斯到列宁,在反对个人崇拜方面是有优良的传统的。但是,无庸讳言,30年代中期以后,斯大林自己就破坏了这个传统,逐渐产生了个人崇

拜，在其他一些东欧国家的党中也存在这种偏差（如匈牙利党
的拉科西有所谓"匈牙利人民英明的领袖和父亲"之称）。在共
产国际初期，由于当时历史环境，共产国际组织本身集中统一，
加入国际的各党是它的一个支部，它与各国共产党之间存在着领
导和被领导的关系，也就是说，它在思想上、政治上和组织上对
各国党有约束作用。十月革命胜利后，建立第一个社会主义国家
的苏联，一直被看作世界革命的中心，苏共在共产国际的各党中
处于"为首"的地位，因而共产国际对各支部的领导，实际上
是苏共对各国党的领导。国际共运史上，没有很好地解决领袖和
党的关系问题。固然，共产国际的指示也有不少是正确的，苏联
在解放前对我国革命的援助和在新中国成立初期对我国建设的支
援都应当肯定，但由于上述情况及其他原因，共产国际对各支
部，瞎指挥，乱弹琴的错误，也不是没有（除了中国以外，还
有印度、德国、法国以至罗马尼亚党都受到影响）。这就形成了
《决议》第 28 节所说的"主要在本世纪二十年代后期和三十年
代前期在国际共产主义运动中和我们党内……把共产国际决议和
苏联经验神圣化的错误倾向"。诚然，"毛泽东思想是在同这种
错误倾向作斗争并深刻总结这方面的历史经验的过程中逐渐形成
和发展起来的"。但是，尽管如此，甚至在共产国际于 1943 年解
散以后，共产国际在组织上不适当地集中统一和苏联的一套过分
集权的观点和做法，对我党继续产生的消极影响，再加上国际共
运史中的领袖和党的关系的偏差，与毛泽东同志后来的个人专断
和个人崇拜也有关系。过去我国世界近现代史和国际共运史研究
工作者把这类问题视同"禁区"，没有多少研究成果。我见闻不
广，迄今只看见几篇论文（如北大向青同志的《关于共产国际
和中国革命问题》，华东师大张月明同志的《"为首"论在国际
共运中的实际后果》以及北大陈峰君同志的《共产国际和印度

革命》和《共产国际与罗易的四次交锋》），究竟具体情况如何，我们也需要在国际共运史中重新检视、探讨这段历史经验。

（7）关于东西方封建社会的异同问题。在前些时候，我们一些同行已经建议对这个课题进行系统的比较研究。宦乡同志在日本史研究会成立会上的讲话还提出，为什么我国的封建制度的残余到今天还在起作用，而日本尽管在二战前也很厉害，但它同资本主义结合起来，倒成为强大的军国主义强国，在战后美国占领下，经过一些改革，日本的封建经济基础便迅速崩溃，日本一跃又成为经济大国，为什么？现在，《决议》说到我党党内个人专断和个人崇拜现象增长起来的原因时又指出，这同我国长期封建专制主义在思想政治方面的余毒不容易肃清有关。为什么？要回答这个问题，还需要就东西方以至中国的封建社会的异同的历史作比较的研究探讨，这个任务也是属于世界史教研工作的范围，尽管与世界现代史关系少些。

上面列出这些课题，出自我个人在初步学习中的体会，不一定对头。即使是对头，也不是意味着，我们就得按题作文，做一番注释、图解工夫（当然，提供学习参考材料的工作，是需要有人做的）；更不是意味着，我们就得根据现实政治需要去主观地解释历史，任意剪裁历史，或用现实政治的结论去取代历史结论，用今天的观点去塑造历史。从上面列举的题目可以看出，它们的大多数（最后一个题目除外），都是世界现代史中重大的历史现象、事件，需要和值得进行科学研究。而在过去，或者由于没有受到应有的重视（如第1—2题），或者由于政治的原因，我国还没有进行全面、深入、充分的探讨（如第3—6题）。现在，党中央号召全党"大大加强对马克思主义理论的研究，对中外历史和现状的研究……"，以这个号召作为动力，我们世界史教研工作者，运用马列主义、毛泽东思想的武器，收集、整理和审查大量有关的资料（包括新发现的资料），大大加强这些课题的研究，搞清楚历史的本来面目，此其时矣！

　　固然，上列的有些课题，就我国来说，所以研究得不够充分，或是因为在过去是属于"禁区"的范围，或是因为同敏感的政治事件、外交政策有关，而有意回避。但是，解放思想，打破"禁区"，已成为我国史学界共同的要求，学术探讨与政治表态不能混为一谈。有些科研成果的公开发表，应当慎重，但不能因噎废食，缩手缩脚，对于这类课题，连碰也不敢碰。对我们史学工作者来说，重要的是揭示历史真理，而不是能否"一鸣惊人"或可能要"藏诸名山"的个人考虑。我们选择的世界现代史专业研究对象，与现实最接近，你不去碰它，它也会找上门来，因而解放思想，打破"禁区"，特别要从我们世界现代史教研工作者做起，当仁不让地把这个任务承担起来。

（该文为作者在"中国世界现代史研究会第二届学术讨论会"的发言摘要，原载《世界史研究动态》1981 年第 10 期）

从国际现实谈到世界史研究[*]

一　研究历史要结合现实

学习研究历史，不是单纯为研究而研究，而是要结合现实、着眼现实，我们通过历史（本国的和世界的）研究，能够更清楚地认识世界，以便更好地改造世界。拿我国来说，我们"现阶段的总任务是：团结全国各族人民，自力更生，艰苦奋斗，逐步实现工业、农业、国防和科学技术现代化，把我国建设成为高度文明、高度民主的社会主义国家"。这是我国现阶段最大的政治。在八十年代，我们有三大任务：（1）加紧社会主义现代化建设；（2）争取实现包括台湾在内的祖国统一；（3）反对霸权主义、维护世界和平。这第三个大任务"反对霸权主义、维护世界和平"属于对外关系、对外活动的范畴。诚然，社会主义现代化经济建设是核心，是完成其他两大任务的基础。但通过有效的外交活动，做好反对霸权主义和维护世界和平的任务，对于

　　* 本文是根据刘思慕同志 1983 年 8 月 23 日在《世界历史》编辑部召开的全国青年世界史工作者座谈会上的讲话记录稿整理的，本刊发表时做了删节。

其他两大任务也将起到不可低估的促进作用。这是因为我们搞四化建设不可避免要受世界形势、国际条件的影响和制约。因此，我们除了要认识"国情"外，还要清楚地、实事求是地和尽可能全面地搞清楚现阶段的国际环境、世界形势以及它们的特点和动向，以至个别重大国际问题、事件的出现和演变。

特别应指出的是，我们的四化建设需要一个较长时期的国际和平环境。如果在四化实现之前爆发了侵华战争或者发生把我国卷进去的新的大战（核战争或常规战争），那么，我们的四化建设即使不前功尽弃，也会遭受极大的破坏和干扰。而现在，有充分的力量发动侵华战争、挑起新的世界规模的大战的，只有两个核武装到了牙齿的超级大国。中央领导同志说过，在今天的条件下，新的大战的爆发可以延缓或制止，世界和平的维护是有可能的。但当前国际局势中有哪些是有可能导致、促进大战爆发的因素，又有哪些有利于维护和平、推迟或制止大战爆发的因素？我们必须对当前国际斗争的特点、世界力量的对比进行全面的辩证的剖析。

不仅如此，在自力更生的前提下，实行对外开放，按照平等互利的原则，扩大对外经济、技术交流，是我国坚定不移的战略方针。但是同西方工业发达国家打交道时，我们不要忘记资本主义国家和资本主义企业的资本主义特性。此外，我们还要了解，争取同它们扩大经济合作、技术交流的可能性有多大，这主要取决于当前世界经济情况和国际政治关系的演变。比方说，在70年代末到80年代初资本主义以滞胀（生产贸易停滞、通货膨胀）为特点的长期的经济危机对我国对外开放政策的影响有利的一面，也有不利的一面。举例来说，第一，主要西方国家的生产能力、资金、技术、商品都患过剩，这正是我国进口必需的原料和设备的大好时机；第二，国际市场商品价格普遍下跌，但我进口的初级产品价格下跌大于我出口的工业制成品。两相比较对我有利；第三，西方主要国家贸易普遍萎缩，出现逆差，贸易战加剧，保护主义盛行，因而我国的出口贸易增长受影响，比较大宗的纺织品出口受限制就是一例；第四，利率高，并发生国际债务危机，第三世界和一些东欧国家还不起债，要求延期偿还，这种情况不利于我国引进低利资金。总的来说，利多于弊。

到了1983年初，资本主义世界的经济由萧条转为复苏，但这种复苏的程度和速度在各资本主义国家以及受其影响的地区，发展很不平衡。西方国家中，法、意较差，第三世界国家的经济贸易还是不振，利息率没有怎样降下去，美元特别坚挺，有些国家的失业率依然很高，石油价格有回升的迹象，等等。这些新情况究竟对我国的对外开放政策的影响如何，还有待于观察。摸清世界经济的现况和动向，可以帮助我们在实施对外开放政策方面知道如何趋利避害。

就国际政治关系而论，第一，我国不仅地大物博人多，其对外开放政策有不小的吸引力，而且在国际团结反霸的斗争中已处于举足轻重的地位，这一特点也有利于我国对外经济关系的发展。其次，过去一个时期，两个超级大国几乎操纵一切的局面已有所改变，双方的盟国已在不同程度上出现离心倾向，特别是美国的西欧盟国要求平等伙伴的地位，彼此之间的利害关系不一致，互相竞争，这就提供给我们以更多的发展贸易、引进资金和技术、进行经济合作的门路。再次，中苏关系松动一些之后，在经济文化交流方面已出现一些积极因素，自然也会带动中国同罗、南以外一些东欧国家关系的改善。

最后，谈到三大任务中争取包括台湾在内的祖国统一大业，这是我国的内政问题，但也牵涉到对外斗争。因美同我国建交之后继续插手台湾，实质上妄图搞一中一台，继续控制这个宝岛。

我们除了不断对台湾国民党当局做工作之外，不能不站在反霸的立场，同美国进行外交斗争来消除统一大业这个阻力。

二 结合哪些国际现实来进行世界史研究？

列宁说过，他所处的时代是"帝国主义和无产阶级革命"的时代。现在，虽然一系列的社会主义国家已经出现和发展，帝国主义已经削弱，但作为资本主义最高阶段的帝国主义还没有灭亡，因而世界无产阶级革命的历史使命还有待完成。从这个意义来说，时代没有变。另一方面，战后以来，特别是经过60年代的大动荡、大分化、大改组，世界形势进入一个新的阶段。所以毛泽东同志于1974年有三个世界划分的理论。邓小平同志是把三个世界划分的观点作为"英明"的，"富有远见"的"国际战略原则"[①] 来评价的。1982年4月，赵紫阳总理在会见几内亚比绍国家元首谈到我国对外政策和国内形势时也说过："我们制定的对外政策的基本依据，仍然是毛泽东主席在世时提出的关于三个世界划分的理论。"[②] 但是，胡耀邦同志在十二大报告中和以后中央领导同志在公开讲话中都没有重申三个世界划分的观点，所以如此，我个人体会大概有以下几个原因：1. 第一世界中的两个超级大国争夺世界霸权的战略态势最近起了相当重大的变化，美霸守中有攻，苏霸攻中有守；2. 第二世界中的一些大国也出现了一些不利于反霸斗争的新苗头，如英国进攻阿根廷的马岛，日本冒出了军国主义复活危险的苗头；3. 在我们的宪法序言、党章和十二大报告中都把反帝、反霸、反殖并提，而第二世

① 参见《邓小平文选》，第146页。
② 参见《三中全会以来重要文献选编》下册，第1256页。

界的西方国家中就有好几个国家名列帝、殖的榜上。所以，在公开的正式文件中，在策略上似以不提第二世界、不提三个世界的划分为宜。

关于 80 年代国际形势、国际关系的主要特征，可以概括为以下几点：1. 世界局势动荡紧张，充满危机，大战虽然没有，但局部性战争连绵不断，可以触发战争的"热点"越来越多。2. 当今威胁世界各国和平共处的主要力量是帝国主义、霸权主义和殖民主义。美苏两个超级大国在世界范围内展开争夺，形成世界不安和动乱的主要根源。3. 两个超级大国虽各有盟国——北约与华约组织，但它们在不同程度上有离心倾向，两霸本身日行孤立，国内也存在经济困难及其他困难，不易克服。4. 第三世界在战后国际舞台上的崛起，改变了超级大国可以任意摆布世界命运的局面。5. 第三世界也有它的弱点和困难。这表现于：殖民主义的残余在一些新独立的国家还没有扫除干净；国内政局不稳定，政变（军事政变）频繁以至发生内战；一些第三世界国家彼此之间存在着历史上遗留下来的争端，加上超级大国、帝国主义的挑拨、插手，更演变为军事冲突；各国经济发展很不平衡，有些国家依然在不同程度上依赖旧宗主国或超级大国等。

当前的国际形势又有一些什么新特点呢？

最近宦乡同志在《世界知识》第 16 期发表的《纵谈当前国际形势》答记者问中指出，当前国际形势有四个特点：1. 美苏争霸空前激烈；2. 美苏各自对盟国的控制正在削弱；3. 第三世界的困难的加重；4. 整个世界经济处在开始复苏的过程中。对于这个分析，我基本上是同意的，只想作如下一些补充：

（1）军备、特别是核军备竞赛，是美苏两个超级大国争夺世界霸权的核心问题。70 年代两国签订了一些关于限制战略核武器的协定，实际上只是掩耳盗铃，双方军备竞赛变本加厉，核武器的花样和发射方式越来越多。同时这些谈判也在一定程度上加剧了美国与西方盟国之间的矛盾。

　　欧洲地区核武器问题的谈判说明了两个超级大国争夺世界霸权的重点仍在欧洲。但它们的争夺范围已一天比一天扩大，差不多遍及全世界，从欧洲的侧翼、中东、东北非、波斯湾、印度洋，到印度支那和东南亚，直至东北亚。在两伊战争中像是消极中立的苏联，最近又有偏袒伊拉克的趋势。在印度支那，苏联继续支持越南地区霸权主义者盘踞柬埔寨。美国除了密切同东盟的关系、加强对东盟的经援、军援，满足菲、泰的要求之外，还通过中曾根对美韩的访问，加强了美日韩在东北亚军事合作的三角关系，以便在亚洲对付苏联。同时，苏联假手古巴在中美洲支持尼加拉瓜的桑地诺阵线政权和萨尔瓦多的反政府游击队，而美国则支持反尼加拉瓜的邻邦萨尔瓦多、军援萨尔瓦多政府对游击队的镇压以至策动危地马拉的军事政变等，这说明美苏对拉美，特别是中美洲的争夺也是日益加紧。最近利比亚和法国已经介入乍得内战，如果美苏直接插手，这场战乱也可能国际化。

　　（2）关于宦乡同志指出的第二个特点没有多少补充，只想指出，美苏对盟国控制的削弱比较明显地表现于如下的事例：①美国对于西欧盟国与苏联的天然气管道贸易的禁止，因西欧的坚持只好取消；②苏联对波兰问题曾一度剑拔弩张，但不敢再施1968年武装干涉捷克斯洛伐克的故技，而是听任波兰党自行解决。此外，最近从安德罗波夫到苏联一些报刊也不得不承认："新世界是多么复杂而又各种各样，各个社会主义国家之间在经济文化方面，在解决社会主义建设任务的途径和方式方面都有很大的差别。"（《新时代周刊》1983年第26期）这就是说，过去苏联曾把自己建设的模式视为唯一正确的模式强加于"大家庭"的其他国家的做法，现在已不再强调了。

（3）再就和平与战争问题补充一点看法。如所共认，目前要打世界大战，只有两个超级大国有这个资格，既然两个超级大国都想独霸世界，谁能保它们有一天不迎头相撞打起来呢？因此，对于大战爆发的危险要有足够的估计。而且大战有可能在小问题上爆发。目前两霸争夺的"热点"更有可能爆发成为两霸本身或其代理人的相当规模的战争。这一点也要考虑进去。

不过对和平与战争问题仍要采取一分为二的辩证的观点，既要充分估计到两个超级大国具有为了争夺世界霸权而发动大战的空前强大的军事力量，也要清醒地看到今天的世界还有不可轻视的对新的大战的强大制约力量以及它们本身存在的弱点和困难。不少人认为核武器时代，存在所谓"恐怖平衡"，如果打核战争，交战双方就会同归于尽，即使两霸的头子敢冒天下之大不韪悍然打大战，也会遭到两国人民，它们的盟国的强烈反对。而且战端一开，欧洲就会首当其冲，成为核战争、现代化战争的主要战场。新近北欧国家已倡议北欧成为无核区。北约中的希腊也公开声明反对欧洲部署战区核导弹。东欧的南、罗都力主裁军以及和平解决国际争端。更值得注意的是世界各地群众性的反核反战运动，去年曾搞得如火如荼，对于制约新的战争的重大作用也不能忽视。大家都看到第三世界国家和人民反对霸权主义的巨大力量，在联合国内外都表现出来。而且，两霸已不能垄断核武器，除了英法两国之外，第三世界中的中国已能制造和发射洲际导弹以至用潜艇发射核武器，这就使两霸不能为所欲为。就两霸本身的经济困难而论，也有不少事例。美国加强扩军的结果，财政赤字已高达二千亿美元，国债更超过一万四千亿美元；苏联的国民经济发展继续放慢，农业、轻工业落后，还背上对古巴、阿富汗、越南援助等沉重的包袱。两霸的这些困难和弱点，都要求有个喘息时间，这对挑起战争的企图起到制约作用。总的来说，战争的危险是存在的，但世界和平的维护也是有可能的，关键在于世界爱好和平的国家和人民怎样进一步团结起来，为反对霸权主义、打乱和破坏它们的战争部署而加紧斗争。

宦乡同志说当前国际形势的第三个特点是第三世界国家困难加重，我认为是符合事实的，首先是经济困难。它们本来经济落后，对于西方的依赖很深，经不起资本主义世界经济危机的打击，加上经济危机的转嫁，贸易不振，剪刀差扩大，有不少国家负债沉重（共达 700 亿美元），无法如期偿还（有 20 多个国家）。困难的主要根源在于它们的经济还受到不公正、不平等、不合理的国际经济秩序的束缚。为了建立新的国际新经济秩序，由第三世界组成的七十七国集团建议就此进行"全球谈判"。由于西方国家态度不一致，美国的态度最僵硬、消极，只主张双边谈判，所谓"全球谈判"没有取得什么有利于发展中国家经济的实际效果。

至于第三世界国家在政治方面的困难加重，表现在 1. 局部性的战争有增无已；2. 第三世界的国际组织，如阿拉伯国家联盟的四分五裂，非洲统一组织也不是真正统一，不结盟运动也因成员中有实际上与苏联结盟的古、越两国从中作梗，给运动带来消极的影响。

三　我国对外关系的几个问题

大家很关心目前我国对外关系——中美、中苏、中日关系的情况和对策，在这方面我国的态度十分鲜明。

（1）中美关系。胡耀邦同志说，中美之间有个很紧的疙瘩没有解开，那就是台湾问题。中美刚建交不久美国就炮制出所谓的《与台湾关系法》，并根据它来继续向台出售武器，阻挠我国大陆与台湾的和平统一。到了去年 8 月 17 日，经过 10 个月的反复谈判，中美双方才取得协议，发表了联合公报。在公报中，美方声明它不寻求执行一项长期向台湾出售武器的政策，它准备逐步减少对台湾的武器出售并经过一段时间导致最后的解决。可是联合公报的墨迹未干，里根在当天即公开宣称：在售台武器问题上，今后仍将"继续按照《与台湾关系法》进行"，并说，美国对售台武器问题的调整必须以中国继续执行以和平解决台湾问题的政策为条件。这等于一方面要我们保证和平解决台湾问题，另一方面它则继续供应台湾现代化武器，鼓励台湾继续同中国大陆对抗。此外，美方还有种种违反公报原则、损害两国关系的举动，如胡娜事件、单方面宣布我国纺织品向美出口的限额、与中国直接通航的泛美航空公司要飞经台湾等事件。最近，美国为欧洲战区核武器部署问题，同苏联的关系又紧张起来，而中苏关系像是有些松动，白宫又慌了手脚，再施展出两面三刀的伎俩：一方面宣布里根政府已批准在贸易方面把我当作友好国家对待，同意向我出售先进技术产品，宣布温伯格九月访华；同时，美国防部又宣布一项向台出售总值高达 5.3 亿美元的军火的计划。究竟两国关系如何发展，我们且拭目以待。

（2）中苏关系。现在中苏关系还说不上正常化。1982 年 10 月两国副外长开始磋商都没有取得实质性的进展，特别是我们提出苏联要以行动消除威胁我们安全的三个障碍，作为正常化的前提，苏联一个都没有做到。苏方对中苏关系正常化磋商的态度可用三个"不"字来概括：即不急于求成、不让步、不中断同我对话。我们也有相当的耐心和信心，因为正常化对我们两国人民、对世界和平都有好处。但我们并不是消极等待，前些时候，我们派中国人民友协和中苏友好代表团访问苏联，最近我们又邀请苏副外长贾丕才在第三次磋商之前于九月访华，就是例证。

（3）中日关系。自 1972 年建交以后，双方是比较满意的。从贸易关系来看，日本占我国对外贸易的第一位，1981 年的贸易额为建交时的 10 倍，约占我国对外贸易总额的 1/4。我方对日出口中原石油占一半，入口中成套设备占大部分，我国入超。1982 年，日方入超。日方还无偿支援在京建设大规模的中日医院。中日人员交往更是频繁，日方人员访华近年达 10 万多人次。但两国关系也不是没有曲折，没有波澜，如宝钢事件、日韩共同开发大陆架协定、钓鱼岛归属问题，还有 1982 年的篡改教科书问题等。至于日本增强防卫力量问题，我们认为，一方面日本作为独立的主权国家，有权拥有一定的自卫武装力量；另一方面，这种武装力量应该是防御性的、适度的，不构成对近邻国家的威胁。1983 年 8 月 15 日（38 年前日本投降的日子），中曾根等 18 位内阁大臣以高级官员的身份参拜靖国神社一事发生后，我新华社就发表以“前事不忘，后事之师”（这是中日复交之初，日方领导人访华见到周总理九十度鞠躬，表示对侵华战争谢罪时，总理所说的一句名言）为题的社评，列举出如下几个逆流事例：（1）修改和平宪法中的第九条中关于“永久放弃以国家权力发动战争与武力的威胁，作为解决国际争端的手段”，“不保有海、空军及其他战争力量，不承认国家的交战权”等规定；（2）中曾根首相第一次公开表明要从经济大国走向政治大国的意向；（3）突破禁止武器出口的原有规定，向美提供先进的军事技术，军火工业也有所发展。日本残余的军国主义分子还相当活跃，冒出军国主义复活的危险苗头自不奇怪，我们正确的态度是：一方面要注意这一类逆流的动向，保持警惕；另一方面，要看到这种时代错误是挡不住中日友好合作的主流的。我们要把这些少数军国主义分子与真正要同中国人民世世代代友好下去的广大日本人民分别开来。

现在让我们结合这些现实转而谈谈世界史研究的问题。

四　需要追溯探讨的世界史实举例

要知道以上所谈的国际现实、世界格局、国际斗争、国际形势的特点，是怎样形成的，怎样演变的，也就是它们的前因后果，来龙去脉是怎样的，有什么历史背景，未来的历史动向又如何？这就需要懂得世界历史了。

（1）今天的国际现状诚然是五花八门，千头万绪，但一个最突出的现象，就是两个超级大国争夺世界霸权。列宁说，进入帝国主义时代后，帝国主义的一个重要的特点是几个大国都想争夺世界霸权。但是在过去，世界霸权的争夺主要是在欧洲几个帝国主义大国（一战和一战前夕是在德、奥、英、法、俄五国之间进行的，两次大战之间是在德、意、日、英、法、美之间）进行的。自二战结束以后不久，却出现美苏两个世界性的超级大国，只有它们两家有独霸世界的资格。这个新格局究竟在历史上是怎样形成的？大家都知道，自从1941年6月德国进攻苏联后，苏联变成英美法等大国的盟国，彼此存在着合作的关系。在战后初期，苏美英三国在莫斯科、巴黎举行过外长会议，讨论一些战后重大问题。那时战胜国中，美国在经济上、军事上都是世界唯一的最强的国家，至于苏联在三大国中的发言权已超过英国，在军力和政治影响上是仅次于美国的强国。它不仅扩大了领土，获得战败国的巨额赔偿，而到了20世纪40年代末期苏联在经济上迅速恢复到战前最高水平，1949年原子弹的研制成功已开始打破了美国的核垄断，再加上一系列社会主义国家（包括我国）的出现，美苏关系便由同盟合作变为分裂对抗，到了"北约"和"华约"先后出现，冷战僵持更定型化，发展为东西方两个

军事集团对峙的局面。到了 60 年代末、70 年代，冷战却为缓和
所代替。这是否同美国侵越战争失败而又碰上严重的财政经济危
机（1969 年开始）为背景的"尼克松主义"有关？当时戴高乐
倡导的与苏搞缓和谅解和合作的主张以及西德勃兰特（社民党
领袖）的新东方政策是否也起了一定的作用？在这期间，两霸
在欧洲和世界范围内的争夺是放慢、收敛了，还是加紧、扩大
了？两霸军事和经济力量的对比发生了什么变化？它们同它们的
盟国的关系又发生什么变化？要回答这些问题，并从这段历史中
取得借鉴，我们就得好好地研究现代世界史中的战后世界史，特
别是国际关系史。战后世界史首先同二战的结果有密切的关系，
如二战战局的变化，二战中新武器、新战术的使用，交战双方的
得失，战后世界的格局，包括势力范围的划分等。在二战中美英
和其后美苏英三大国参加和领导的国际会议主要是开罗会议、德
黑兰会议、莫斯科会晤、雅尔塔会议。雅尔塔会议和英苏首脑莫
斯科私下会商对战后世界政治格局和世界势力范围的划分关系最
大。前者同我国的关系特别密切。在 1945 年 2 月美苏英首脑参
加的雅尔塔会议上，讨论和确定了苏联参加对日作战的政治条
件，并就此签订了秘密协定，其内容包括维持外蒙古的现状
（独立），大连商港国际化，苏联租用旅顺口为海军基地，中苏
共同经营中长铁路，苏联表示要和国民党政府签订友好同盟条约
等。在日本投降后，斯大林在"告人民书"中指出：1904 年日
本同俄国之间的帝国主义战争，日本侵略了俄国，沙皇政府的战
败是俄国的一个"污点"，为了洗刷这个"污点"，"我们这些老
一辈人等待了四十年"。这些事都说明第一个社会主义国家苏联
在战后由大国沙文主义变为霸权主义是有其历史根源的。至于斯
大林与丘吉尔 1944 年 10 月在莫斯科会晤，据说是商谈战后巴尔
干（东南欧）的势力范围划分问题。这也是霸权主义的做法。

在第一次世界大战结束后，当时美国的威尔逊总统何尝不想称霸世界。他在战胜国分赃的巴黎和会上极力干预欧洲事务，重申他的"十四点建议"和国联盟约作为美国削弱英法、主宰世界的障眼法。彼此钩心斗角的结果，美国却斗不过相当强大并联合起来的英法，连它自己发起的国联也没有加入，美国在二战与一战结束后的地位如此不同，也需要通过一战史和二战史的比较研究加以探讨。

（2）和平与战争问题。二战结束以后，世界规模的大战还没有发生，但局部战争却不计其数，几乎都发生在第三世界，牺牲者合计至少有两千万人。为什么战后以来两霸争夺得这样紧张，却没有酿成大战，而一战在 1918 年结束后，仅历 27 年就爆发了二战（如果二战起点从"七七事变"算起则仅相隔十九年）。原因何在？如果说二战的爆发，归因于英法以至美国对德意日侵略者的绥靖，太平洋战争的爆发也在不同程度上同所谓"远东慕尼黑"有关，那么在 20 世纪 70 年代美国也同苏联大搞"缓和"，有人把西方国家同苏联东欧大做生意称为"经济绥靖"。苏联与美国及其西欧盟国之间曾发生过几次战争危机，如两次柏林危机、1962 年的加勒比海导弹危机，可是后来美苏之间像这样千钧一发的战争危机却没有再出现，苏军直接占领阿富汗也只激起美国的所谓经济制裁而已。为什么？这也是值得我们从历史的角度深入而实事求是地研究的一个问题。

（3）谈谈第三世界的崛起及其问题与历史研究的必要。第三世界在战后舞台上的崛起经历过一段曲折复杂的过程。二战以前的亚非拉，除了拉美独立国家稍多之外，独立国家寥寥可数。在亚洲地区西方殖民者约占有 2/3 的土地；除日本外，名义上独立的伊朗和中国也是半殖民地；土耳其奥斯曼帝国被瓜分得支离破碎。非洲只有三个独立国家：埃塞俄比亚、利比里亚和埃及。

只是到了二战以后，世界上被压迫民族通过各种途径取得民族独立，旧殖民主义体系终于大体上瓦解。亚非拉的发展中国家和一些发展中的社会主义国家构成了第三世界。其数量约计有 130 个，领土约占全世界的 2/3，人口占 3/4 以上，资源丰富，又有自己地区性以至国际性的组织，是应该能够左右国际政治的强大力量。但也有一些弱点和困难。

（一）如胡耀邦同志在《关于对外经济关系问题》一文中所指出的："第三世界多数国家都同我们友好，有反对帝国主义、霸权主义、殖民主义的积极性。但它们的社会制度、政治制度和经济发展水平却有很大的不同（同是阿拉伯国家，阿尔及利亚、利比亚和摩洛哥就差异很大）。在对待帝国主义、超级大国的态度上，在对待本国人民的态度上也有种种差别（亲美、亲苏、亲法）。……除了几个社会主义国家外，可以看到有些国家是大地主、大资产阶级的军事专制，有些国家是民族资产阶级的军事专制，还有些国家是比较开明的资产阶级和小资产阶级联合专政，以及其他等。"他又说："鉴于以上这些复杂情况，我认为，对于支援第三世界国家的方针，包括经济援助和经济交往的方针，究竟应当如何具体执行，如何分别对待，需要过细地研究。""需要过细地加以研究"，那就不限于对现状的研究而且要从历史的角度加以研究（例如对于眼前受到人们特别注意的国家如利比亚、叙利亚、伊朗、伊拉克、黎巴嫩、乍得和一些中美洲国家的历史）。

（二）胡耀邦同志在十二大报告中说，"殖民主义的残余还远远没有扫除干净"。大英帝国虽已土崩瓦解，但英国统治者的旧殖民主义的那一套意识和做法，还没有根绝，这在马岛战役、香港问题等可以看出来。美帝国主义也是个十足的新殖民主义者，在中东和拉丁美洲特别突出地表现出来，欧洲共同体国家对于南北关系的态度以及同非洲、加勒比海和太平洋国家签订的几次洛美协定，就带有相当浓厚的新殖民主义气味。法国在非洲的旧殖民地（所谓法语国家）的所作所为更是新殖民主义的一个典型，现在又正在乍得做表演了。

（三）第三世界相当多的国家在国内经常发生政变，以至内战；同国外也发生疆界和领土争端，这些内乱和纷争很大多数或同部族、种族、宗教上的差别有关，或同殖民地时代遗留下来的问题有关（如非洲几次瓜分，其疆界多是像一刀切似的划定，而不问其范围包括什么民族、部族。拉丁美洲及中东也有这样的情况），要知道这些纷争如何发生、如何解决，就要对这些历史问题进行研究才能搞清楚。

（4）最后还想谈两桩事：一是中美关系中的台湾问题，二是中苏关系。

中美关系的最大障碍的台湾问题，不是从《与台湾关系法》的炮制才开始产生的。远在1844年美迫满清签订望厦条约，取得厦门等通商口岸时起就垂涎台湾。到了19世纪六十年代，厦门美总领事曾借口美一商船在台附近触礁事故，深入台湾岛上进行调查写成报告，敦促美国务院对台采取行动——即取得这个大岛。甲午战争后，台湾为日本所独占，在开罗会议上，罗斯福主张台湾归还中国，但实质上包含两个用意：一、不让战败后的日本再占有台湾这个宝岛；二、归还中国当时实际上是归还美国的仆从蒋介石政府。美援蒋失败后，美对台的如意算盘就是使台湾与大陆隔离不让其落入人民中国的手中。于是就炮制出一个台湾地位未定论，但这种方法行不通只好让蒋接收台湾。蒋在解放战争中失败跑到台湾去，美不得不继续援蒋。杜勒斯和副国务卿腊斯克曾一度提出台湾中立化的方案。1950年朝鲜战争时，杜鲁门下令将第七舰队驶向台湾海峡，实际上把台湾变为美国的保护地。麦克阿瑟说，台湾是美国在西太平洋上的"一艘不沉的航空母舰"，决不能让它"落入美国之未来敌人手中"。这话泄露了美政府的真正用意，杜鲁门非常着急，特别发表声明，说明美国对台湾无任何企图，这是"此地无银三百两"。

中苏关系历史可以追溯到沙俄强迫满清政府订立一系列不平等条约（瑷珲条约、北京条约等）吞并了我大片领土（150多万平方公里）。解放后，我国政府已经表示不算这笔老账，主张照顾现实情况，以这些条约为基础，通过和平谈判解决两国的边界问题。但苏方诬蔑我们对苏联有领土要求，指责我们歪曲历史，这就逼使我们非把旧账也摆出来不可了。在解放之前，苏共以老子党自居，不把中国党放在眼里，对我解放战争进行干涉和瞎指挥。解放后刘少奇同志晤见斯大林，他当面承认了错误，这笔旧账可以不算。在最近开始磋商两国关系正常化以后，我方提出要排除那三方面威胁我国安全的障碍，但迄今仍不见苏方有接受的表示。这就使我们不能不记起赫鲁晓夫当政时期的一些旧账，如向我施加压力要我同苏搞联合舰队、搞电台，反对我研制和拥有原子弹，要我接受它的核保护伞等历史旧账以至勃列日涅夫执政时期的珍宝岛事件和新疆铁列克提地区的武装冲突事件。"前事不忘，后事之师"这句名言不仅适用于中日关系，也同样适用于中苏关系。

（原载《世界史研究动态》1983年第11期）

从《诗与真》谈歌德的生平及其著作的特点

　　五四运动后不久，我曾读过郭沫若译的歌德早年名著《少年维特的烦恼》，留下的印象十分深刻。1932 年暮春，我到德国学习。那时歌德的盛大百年祭刚刚过去，但"歌德热"还未消退，我有机会读到一些纪念和评价歌德的形形色色的文章——从德共理论家到炫学的资产阶级学者以至纳粹的吹鼓手都有不少文章发表，十分热闹。我短期学习的地点恰恰是歌德的出生地美因河畔法兰克福市。我曾瞻礼过歌德的故居，听过德国朋友们谈起歌德童年的种种有趣的故事。歌德在他的自传《诗与真》和一些诗歌中所描绘的故乡风物和附近的名胜古迹，有不少我曾身历其境，记忆犹新。1936 年我在日本过流亡的生活的时候，接受生活书店之约翻译歌德自传《诗与真》，幽居多暇，经过约一年的时间便把这个自传全部四卷赶译了出来，于 1936 年年底和1937 年年初分两册出版。不久，抗日战争爆发，这书刚发行，便如昙花一现那样，绝市绝版。解放以后的 60 年代初期，我曾一度挤出时间，开始把原译本校改，争取重版，但刚着手修改了几十页，又遭到十年内乱的干扰，一搁笔又是十几年。只是到了前年才继续进行这个改译工作，总算在歌德一百五十周年祭的前夕把它完成，交人民文学出版社出版，作为对伟大诗人歌德一份微薄的献礼。

在修订的过程中，我把《诗与真》全书重读了不止一遍，同时又浏览了歌德其他一些代表作以及有关歌德的生平、思想的记述（如《歌德谈话录》等），稍加吟味，我对歌德的生平、思想、著作的特点又多少加深了认识。

（一）

恩格斯早就推许歌德为"最伟大的德意志人"[1]。后来卓越的马克思主义文艺评论家弗·梅林在《歌德与现代》一文中又引申恩格斯的话高度赞扬歌德道："所有德国文化领域伟大人物之中，没有比歌德更真实、更伟大、更不朽的艺术家了。"[2] 诚然，歌德不仅是德国以至欧洲的一个伟大的诗人、艺术家，而且学识极其广博，也是一个卓越的思想家、科学家。不过，金无足赤，人无完人，他同时也兼有一些严重的弱点和缺点。他的性格具有突出的两面性，他的一生充满着矛盾。恩格斯曾在《诗歌和散文中的德国社会主义》[3] 一文中对歌德所表现出来的两重性有过很精辟的分析。恩格斯写道："在他心中经常进行着天才诗人和法兰克福市议员的谨慎儿子、可敬的魏玛枢密顾问之间的斗

---

[1]　参见《诗歌和散文中的德国社会主义》，《马克思恩格斯全集》第 4 卷，第 256 页。

[2]　引自张玉书、高中甫、韩耀成译《弗·梅林文学论文两篇》的译者注，载《世界文学》1979 年第 3 期第 287 页。

[3]　参见《诗歌和散文中的德国社会主义》，《马克思恩格斯全集》第 4 卷，第 256 页。

争。前者厌恶周围环境的鄙俗气，而后者却不得不对这种鄙俗气妥协、迁就。因此，歌德有时非常伟大，有时极为渺小；有时是叛逆的、爱嘲笑的、鄙视世界的天才，有时则是谨小慎微、事事知足、胸襟狭隘的庸俗市民。"恩格斯又说："他的气质、他的精力、他的全部精神意向都把他推向实际生活，而他所接触的实际生活，却是很可怜的。"恩格斯这两段话不仅如实地刻画了歌德的两面性，而且指出了这是阶级局限性以及时代精神和矛盾给他身上打下的烙印。

歌德出身法兰克福自由市的富裕家庭，母亲是市长的女儿，祖父是中产阶级，父亲考得法律博士学位后，仕途并不得志，闲居家中，捐得一个"宫廷顾问"的官衔，为了望子成龙，对歌德管教很严。歌德生当 18 世纪 50 年代到 19 世纪 30 年代——也正是资产阶级社会的太阳已在西欧冉冉升起，黑暗的封建社会已面临彻底崩溃的大转折的时代，但是歌德的祖国德国在经济上是落后的，资产阶级软弱无力，还是要依附封建势力而生存，在政治上德国是分裂的，德国人民依然呻吟在大小封建诸侯的腐朽、暴虐统治之下。即便以歌德出生地法兰克福自由市而论，它曾经是德国重要的商业中心，这时却已中落，而让位于其他地区的新兴商业城市。但这个帝国直辖市却仍保留着森严的等级制和封建特权的残余。所以，恩格斯谈到当年的德国时愤慨地说："一种卑鄙的、奴颜婢膝的商人习气渗透了全体人民。一切都烂透了，动摇了，眼看就要坍塌了，简直没有一线好转的希望，因为这个民族连清除已经死了的制度的腐烂尸骸的力量都没有。"然而恩格斯接着又说："歌德时代的德国在政治社会方面是可耻的，但在文学方面是伟大的"①，而歌德就是这个时代德国文学最有代

---

① 《德国状况》，载《马克思恩格斯全集》第 2 卷，第 633 页。

表性的人物。为什么这样说呢？这得从歌德所处的时代的精神及其矛盾中寻求解答。

歌德活到 83 岁的一生中，尽管大体上一帆风顺，但所走过的道路还是曲折而复杂的。他出生时文艺复兴已结下丰硕的果实，宗教改革已告一段落，启蒙运动也丰收在望，但近代欧洲以至世界的大变革、大动荡却方兴未艾。用歌德自己的话来说："当时发生了一系列震撼世界的大事……对于七年战争、美国脱离英国独立、法国革命、整个拿破仑时代，拿破仑的覆灭以及后来的一些事件，我都是一个活着的见证人。"[①] 在这样的新的时代精神和伟大的历史浪潮的影响和冲击之下，像歌德那样处于落后的德国而观察敏锐、耽于沉思、不满现状的市民阶级知识分子，当然不能无所动于衷。但是，正如梅林所指出："德国人悲惨的历史给他们带来了厄运，使他们只能在思想上和诗歌里欢迎这新的开天辟地的日子，只能在文学领域里进行他们的革命。"[②] 所以歌德早年曾参加德国文艺方面的狂飙突进运动，并写出了歌颂反抗封建和争取民族独立英雄的《葛兹·冯·伯里欣根》和《爱格蒙特》两部杰出的历史剧，开始创作了蔑视和否定统治宇宙、创造人类的主神宙斯的长诗《普罗米修斯》，并不是偶然的。

但是阶级的局限性却使歌德不能以积极行动去迎接这些伟大的革命历史潮流。他认为改变德国的丑恶现状的出路不是资产阶级的暴力革命，而是通过开明君侯的适当的改良，改革措施来避免这种造成混乱和破坏的革命。所以，他对法国大革命初则表示

---

① 参见朱光潜译爱克曼辑录《歌德谈话录》，第 30 页。

② 引自上揭的《弗·梅林文学论文两篇》中论歌德的一篇，载《世界文学》1979 年第 3 期，第 29 页。

欢迎（认为"对我也是一场革命"），继则恶惧、憎恨以至追随魏玛卡尔大公参加奥普的征法大军（虽然是身不由己），态度前后矛盾；歌德对爱好文艺、貌似开明的卡尔大公抱有很大的幻想，甘于留在魏玛小朝廷里，担任枢密院重臣和以受封为贵族的身份，度过了他的大半生（尽管进行了一些社会兴革，并且一度厌倦宫廷生活，潜往意大利住了近两年）。这两件事突出地暴露了他在政治方面的两面性中消极的一面。

诚然，歌德这种两面性，是同他在世界观方面的更根本的两面性有密切关系的。比方说吧：（1）以哲学思想而论，一方面，他崇尚自然，刻苦钻研自然科学，以至认为大自然本身就是神，多少带有素朴的唯物主义的味道，但另一方面他又倾向于唯心主义的先验论，甚至侈谈占梦和预感的灵验，否认世界是由物质构成，特别是编造出所谓"精灵"（Damon）那样超自然，不可捉摸、不可解释的东西或"力量"，把拿破仑、拜伦等伟大人物的出现以至他自己某些行动和成就都归因于"精灵"的作用。（2）以宗教信仰而论，一方面他反对"原罪"之说，反对教会的支配权，昌言自己有自己的基督教，甚至不辞站在无神论者一边，另一方面他又说自己"信仰上帝"，革命的成败取决于上帝的意旨。（3）再以社会历史观来说，歌德一方面看到时代和社会关系的影响的重要性，把个人看成"集体性人物"，以至承认伟大人物比起整个社会来是渺小的；另一方面他又看不起下层社会和人民群众，许多时还强调天才的决定性的作用。总的来说，歌德在世界观方面的主流还是唯心主义（带有神秘气息的唯心主义）而不是唯物主义，是个人主义而不是集体主义，是英雄史观而不是人民群众史观。

尽管如此，我们认为，他的弱点、缺点还是瑕不掩瑜。作为反映封建社会过渡到资本主义社会的时代精神和矛盾的诗人和思想家，歌德的成就和贡献是伟大的、不朽的。

（二）

歌德在《诗与真》第二卷的卷头题有一句古老的德意志格言说："一个人在青年期所愿望的在老年后得到丰收。"这句话也完全适用于歌德本身。尽管他中年以后的大半生是在魏玛这个鄙陋的小公国度过的，但他的最有代表性的长篇小说《威廉·麦斯特》、不朽的诗剧《浮士德》就是在他的晚年完成的。他的副产品《植物形态学》、《颜色学》等带有辩证因素的自然科学研究也是在这时期取得成果。以他的文艺创作的"顶峰"《浮士德》而论，歌德根据德国民间传说，在这本悲剧中，通过浮士德博士一生的发展、变化，用艺术的手腕概括了从文艺复兴时期到十九世纪初资产阶级上升时期西欧的进步知识分子毕生追求知识、探索真理和人生意义的进取精神和痛苦经历。同时也是歌德一生时而战斗，时而妥协的曲折历程和内心世界以及远大抱负的自我写照。正是由于《浮士德》和歌德其他一些作品具有这样的特色，有点像后来列宁把托尔斯泰称为"俄国革命的镜子"那样，德国革命诗人海涅也把他的这位先辈称为"世界（指西方世界——笔者）的一面镜子"。

即便《诗与真》这本四卷巨著也是歌德晚年在魏玛陆续写成的。[①] 这本自传是老诗人主要根据自己的回忆写出来的。它的叙述限于他 26 岁动身去魏玛以前的事。也就是说，它只是他从

---

　　①　歌德于 1809 年 59 岁时开始写第一卷，到 1811 年才脱稿，第二和第三卷，分别于 1812 年和 1813 年完成，第四卷则在 27 年以后，1830 年歌德 81 岁时，逝世的前两年才完成。

幼年到青壮年的一段生涯的回忆录。但是如果说爱克曼辑录的《歌德谈话录》是记下了"歌德晚年的最成熟的思想和实践经验"① 的话，而《诗与真》却是这位伟大诗人回溯自己由诞生到茁壮成长以至成熟的历程。歌德说得好，"一个人最有意义的时期就是他的发展时期"②。歌德对这个"最有意义的时期"的自我写照，正是《诗与真》的一个值得重视的特色。

在改译的过程中，笔者注意到《诗与真》有如下的特点，值得列举出来。

1. 深刻的自我剖析和坦率的自我披沥是歌德这部自传的第一个特点。歌德自己说过："无论在宗教方面、科学方面、政治方面，我一般力求不撒谎，有勇气把心里所感到的一切照实说出来。"③ 不仅如此，在青少年时期，无论是在家庭生活上、社会生活上，还是在恋爱生活上，他心底里想的、背着人干的，优点也好，缺点也好，他都毫不隐瞒。即使是突然一闪念，他也不讳言。例如歌德曾经自负地说，他幼年时便"常以干出非常的事业自期……而最有吸引力的就是能够戴上装饰诗人的桂冠"。这个大志终于实现了。可是，在十四五岁时，他曾同一些出身低微的市井青少年厮混玩乐过一段日子，当他们"纵谈种种赚钱的手段和门路时"，歌德也"欣然倾听着"。又如在他去魏玛的半年前，在旅游瑞士的途中，瞻礼圣母修道院，当寺僧出示一顶瑰丽的王妃冠时，他便爱不释手，竟动了据为己有念头，把它覆在他当时的未婚妻丽莉的金发之上，甚至心里想，"一个人如果能成为青年的国王，获有这样一个王

---

① 引自朱光潜译的《歌德谈话录》译后记。
② 引自上揭的《歌德谈话录》第 19 页。
③ 引自上揭的《歌德谈话录》第 21—22 页。

妃和一个新的王国，那是多么值得企求和努力的事"。这样的非分之想也如实地记下来，说明"诗与真"的"真"字，歌德是做得很到家的。

2. 其次，在歌德自传对早期的思想和生活的回忆中，我们也可以看到他所承袭的文化遗产，所接受的前辈和同辈人的教养和影响是丰富而复杂的，他接受文艺复兴运动的辉煌成果，承认"百科全书派"的启蒙运动对他的启迪，尽管对这一派人物有抑有扬（贬抑伏尔泰和霍尔巴哈而赞扬狄德罗和卢梭）。对德国启蒙运动的杰出代表莱辛也推崇备至。在哲学和科学方面，他最佩服荷兰的斯宾诺莎，认为受他的影响最大。在文艺方面，他对希腊神话，尤其是荷马，极其倾倒。但他特别强调莎士比亚对他的深刻影响，认为莎翁的创作尽善尽美，他由莎翁迷进而为"莎翁通"。在同时代的德国文学家中，《救世主》长诗的作者克洛普斯托克（1724—1803）和狂飙突进运动的先驱赫尔德尔（1744—1803）被尊为他的引路人。正是在这样时代思潮和代表性人物的复杂错综的影响之下，歌德的文艺思想，便由狂飙突进运动转到古典主义以及古典主义与浪漫主义结合。

3. 再次，即在魏玛以前的时期，歌德在文艺方面初露头角的卓越成就，已奠定了他在德国以至欧洲的重要地位。例如他在1773年第一次公开出版的《葛兹》就受到当时文艺界的重视，因为它在艺术形式上模仿莎翁的历史剧而有其自己的特色，他赢得了"德国的莎士比亚"之称。特别是第二年书信体小说《少年维特的烦恼》的发表，更使歌德誉满全欧，影响深远。关于这本小说的背景、内容和影响，已经是众所周知，歌德在《诗与真》第十三章中又加以相当详尽的说明，不用我多谈。在这里我只想给读者介绍梅林的有关一段话。梅林深刻地指出，歌德通过《维特》的创作，"把使他不安、使他痛苦的一切，以及时代的骚动情绪所包含的病态和畸形的东西全部倾泻在他创造出来的人物的身上"，从而把他自己"从暴风雨的心境中拯救出来"，"从头再过新的生活"。① 由此我们可以体会到，《维特》这一出三角恋爱的悲剧实际上也是当时要求个性解放、恋爱自由的思潮与封建社会种种束缚剧烈冲突的社会悲剧。

除了上述这两篇杰作和未完成的长诗《普罗米修斯》，歌德晚年完成的名著如《浮士德》、《爱格蒙特》等在这时期也已开始酝酿、构思以至动笔写了初稿（如《原浮士德》）。这样说来，《诗与真》的撰写和出版，大有助于后世对歌德的不少名著的背景和主题思想的了解。

4.《诗与真》和《歌德谈话录》在性质上同是回忆录之作，不同的只是前者出自歌德本人的手笔，后者是由别人记录。以内容而论，两者都丰富多彩，但各有千秋。两者同属于传记文学，但"自传"比起"谈话录"来，像是较富于文艺性，可以说本身就是一部自传性的文艺创作，有点像卢梭晚年的《忏悔录》那样，同是用散文写成的诗篇。

固然，歌德在《诗与真》里对自己在青少年时期几次恋爱故事的回忆追述，尽管情节各有特点，但都构成了扣人心弦的哀艳的诗篇。即使是几次旅游的记叙或是描绘出如画的秀丽风光，或是抒发怀古之幽情，特别是瑞士纪游，读起来恍如置身于"世界公园"的层峦幽壑、山色湖光之间，目眩神迷，与大自然拥抱在一起。这样的游记片断可以说是一首引人入胜的散文诗。此外，《诗与真》还附录或摘录了歌德自己创作的童话故事（七岁时用口头讲的《新帕利斯》）、好几首讽刺诗和情诗（包括怀

---

① 引自前揭梅林论歌德的文章，载《世界文学》1979 年第 3 期，第 292 页。

念恋人丽莉的诗），虽然仅是歌德作品的一鳞半爪，也增添了自传的文艺色彩。

（三）

总的说来，像但丁一样，歌德是一个划时代的伟大诗人，但历史、时代、阶级地位的局限性，决定他具有突出的两面性。我们不能用今天的尺度来衡量百多年前的歌德，拿社会主义文艺的标准来苛求反映资产阶级上升时代歌德的创作。可以确定，他是资产阶级文化高峰时期的典型代表，恩格斯把他推崇为在文艺领域里"真正的奥林匹亚神山上的宙斯"，也不是溢美之词。综观歌德的一生，他像浮士德一样，热爱生活，追求真理，精力充沛，自强不息。从这个意义来说，歌德在临终前以"一个战士"自命，也当之无愧。

列宁说过，"当我们谈到无产阶级文化的时候……应当明确地认识到，只有确切地了解人类全部发展过程所创造的文化，只有对这种文化加以改造，才能建设无产阶级的文化"①。列宁又说，"要善于吸收、掌握、利用先前阶级的知识和素养，为本阶级的胜利而运用这一切"②。歌德在文艺方面给我们留下极其丰富的精神财富，对于我们社会主义中国也是宝贵的、有价值的。特别是当我们积极努力建设高度社会主义物质文明和精神文明的今天，如何批判地继承和有选择地吸收歌德这一份重要的历史遗产，也是我们文艺界当前一个不可忽视的任务。这就像列宁所强调的那样，首先需要对歌德的生平及其著作有确切的了解，我们

---

① 列宁：《青年团的任务》，《列宁选集》第4卷，第347—348页。
② 列宁：《俄共（布）中央委员会的报告》，《列宁选集》第4卷，第170页。

才能结合我国的实际和当前的需要，有选择地吸收、发扬歌德伟大、战斗、积极的一面，而摈弃他的渺小、庸俗、消极的一面，来建设、丰富我们的社会主义文艺，而要确切了解、深入研究歌德，《诗与真》和《歌德谈话录》同是可以凭借的重要的第一手材料。

（原载《思想战线》1983 年第 5 期）

《歌德自传——诗与真》译者序

译者旧序

现在离歌德逝世百年祭转眼又四年了，那时世界——特别是国社党将要抬头的德国和社会主义的苏联——纪念歌德的热烈，读者想还记得。译者不在那时凑热闹，而在歌德崇拜的狂热已渐冷去的时候，把歌德自传译出来，诚然有点明日黄花之感。不过，这个伟大的诗人的价值不是百年的，而是千万年的，不朽的，而且他的真价不断为人重新估价，重新认识。在歌德自己著作的译本和关于歌德的文献两方面均极贫乏的中国，把歌德的作品而同时又可供重新认识歌德之助的《歌德自传——诗与真》介绍到中国来，也不是无意义的吧。

诚然，世界上研究歌德的书籍论文，真是"汗牛充栋"，自百年忌以来，又不知添了多少。可是像那些《歌德的牙齿》、《歌德时代的眼镜》① 一类的炫学的琐屑的研究，固不必说。无

---

① 前一文为柏林大学某讲师之作，后一文出自冯·弗卢格（A. von Pflugk）之手，载于 1932 年《德国年鉴》（《Deutscher Almanach》）。

数的资产阶级的歌德研究和批判者中能够认识歌德的真价的真不多见。有些侧重女人对于歌德的影响，有些把歌德神秘化，奉之为超越时代的天才，不是故意歪曲，便是搔不着痒处，例如法诺·莱因南德（L. Farnoux-Reinand）在《秩序》（L'Order）杂志（1932 年 3 月 22 日）上曾说："如不考究妇人对于歌德的影响，歌德的研究便不可能。"又如一九三一年夏死去之神秘主义的精神现象学的文学理论家冈多尔夫（F. Gundolf）教授，认歌德为"自我"思想的告知者，"不依系于何物，自己完成自己，与为时间所限制的存在没有关系，与目的也无关系的自律的人格"，更是极神秘之至。

国社党之也利用歌德来做他们的宣传的工具，自不待说。例如在死后百年纪念时，国社党的机关报《国民观察报》（《Völkische Beobachter》）宣称歌德为"我们德意志人"，所走的方向跟国家社会主义党的一样。他们的理论家罗森堡（Rosenberg）更谓歌德为希特勒、蒂森之流的先驱者，在《浮士德》里高喊着独占。

事实上，歌德确是伟大的天才，但绝不是超时代的天才。歌德的恋爱的生活诚然是丰富多趣的，但是给予他以决定的影响的决不是妇女。从某一方面来说，歌德是反动的，但他的反动性与德国今日的国社党不同，而且在某一方面是比后者前进得多。恩格斯也称歌德为"最伟大的德意志人"，而又说："歌德有时伟大，有时狭小，有时是反抗的，嘲笑的，轻蔑世间的天才，有时却是谨慎的满足的狭量之俗物。"

歌德的这种二重性，恰恰证明这个伟大的天才是为他当时的社会的政治的条件所制约。歌德生当十八世纪的后半期和十九世纪的初期，法国的启蒙思想已波及欧洲，但是后进的德国还未见革命的有力的布尔乔亚的存在。歌德的生地是旧商业城市的法兰克福城，家世由商人而进为贵族，他自己后来且充当魏玛的枢密顾问官。因为这种关系，他一方面，表现出与同时代的诗人（如席勒）不同，他具有积极性，注重实践生活以至带有泛神论，素朴的唯物论的倾向，而且对于当时的社会的因袭的虚伪的生活样式也取挑战的态度。可是，在其他方面，胆小的市井商人、门阀子弟和支配阶级的劣根性也在歌德的作品中反映出来。例如他反对急进的法国革命，而主张进化，对于封建的绝对主义的秩序虽然从两三侧面反对，但对于伟大的历史运动却怀恐怖，后来在魏玛时代且醉心于宫廷的极微小的快乐。

不过，文学批判者之指出歌德的世界观的这种矛盾，不是对歌德个人有所苛求，而只是想从当时的社会关系中来认识真正的歌德，使后之承袭文学遗产者，抛弃这天才诗人的俗物的狭小的方面，而发扬光大他的伟大前进的方面。而且歌德虽是一个爱国主义者，但同时又不是一个狭隘民族主义者，对于犹太民族，也具同情，他虽与封建社会妥协，但对于中世纪的专制、腐败却加以攻击和嘲笑。所以大体上说，歌德终不失为当时新兴的资产阶级的前卫的意识的代表，不特与反犹太主义，毁灭文化，复返于中世纪的野蛮的国社党不能同日而语，而且是他们的讽刺。

欲认识真正的歌德，只有从新的社会科学的观点，把歌德的时代的社会关系，以及他的一生和全部著作加以精密的研究才成。但是歌德自传之大足以为这种目的之助，是不容否认的。也许有人说，歌德自传是诗人在老年（五十九岁）回忆之作，而且只叙到魏玛时代（二十六岁）以前的事，没有别人替他作的传那样的客观和完备，不知在时代和社会关系上来描写自己正是歌德自传可以自负的地方（见原序）。事实上在自传中，借着对他的家庭、朋友、城市、宫廷，以及各种人物的详尽生动的描写，整个的歌德也像烘云托月那样活现出来。他所写的纵只及他一生的早年，但恰是他的世界观形成的时期，他的二重性已在那时具有。例如在自传中我们看见他一方面同情职工，以至反抗市政府的叛徒，暴露当时封建贵族的种种腐败和虚伪，但其他方面对于封建盛时的光荣犹有余恋；我们又看见一方面他的宗教是一种自然的崇拜，对于神的公平，甚至怀疑，但是他方面又称道重仪式的天主教而薄新教。凡此种种，都是他生当的过渡时代的特征。正如他自己在序文中所说的，时代给予时代的人的影响极大，早生十年，或迟生十年，便全然不同，假如歌德迟生二三十年，歌德的思想恐怕会更前进和彻底一点吧。

以文学上的价值论，《诗与真》也是值得称道的。歌德的写实主义的观察方法和描写的手腕在本书里也颇充分地表现出来。而且文笔变化多趣，有时议论风生，有时娓娓如儿女细语，有时插入戏剧性的场面，关于他的恋爱故事的记叙，又饶有牧歌的意味。所以，本书在风格上虽与卢梭《忏悔录》异趣，但同样可当作文学作品来欣赏。

最后，关于本书的翻译，还有几句话要说：歌德的作品不易译，散文虽比诗好一点，但以他在自传中无所不谈的缘故，有好些典故史实，人物书名便不容易考证出来。译者之从事本书的翻译，除根据德文原本之外，复参考英日译本及其他歌德传记，力求畅达，并尽可能将重要之书名、地名、人名等加注。但以浅学之故，错误之处自所不免，译者敬以万分的诚意等待国内读者的指正。

一九三六年七月二十四日

译者新序

（一）

旧译《歌德自传》（又名《诗与真》）是歌德百年祭之后四年（1936年），我通过黄源同志的介绍，应上海生活书店之约赶译出来的。一九三二年暮春，我曾到德国作短期的学习，那时德国和其他一些西欧国家的盛大纪念刚刚过去，我读到了一些纪念和评价歌德的形形色色的文章。我学习的地点恰恰是歌德的出生地法兰克福市，我曾瞻礼过歌德的故居，他在《自传》里描绘的他的故乡风物和附近的古迹名胜，有相当大部分我自己也身历其境，记忆犹新，因而对于他这本名著特别感到亲切。尽管那时我只是业余的文艺爱好者，对德国文学和历史缺乏研究，德语未能熟练掌握，也高兴地把这个任务接下来。

翻译工作是在日本过流亡生活时进行的，幽居多暇，只花了约一年的时间就把它完成，分上下两册于一九三六年十二月和一九三七年四月先后出版。当时在我国国内郭老译的《少年维特的烦恼》早已出版（1922年），曾经轰动一时，其后还有好几种译本。歌德有些诗也译了出来（如1936年冯至同志译的《中德四季晨昏杂咏》），但歌德其他代表作还是有待于翻译。所以希望《歌德自传》这一巨著的中译本同读者见面，多少也可以填补这个空白。可是，这个译本刚发行几个月便爆发了"七七事变"，这本书随即绝市以至绝版了。经过抗日战争和解放战争的战火纷飞的年代，不但"兵荒马乱"，纸也荒，而且自己亦改行从事紧张的战时新闻工作，这类的外国文学书当然没有修订重版的机会，甚至连我身边仅有的一套样书也丢失了。只是到了解放后60年代初期，在同文化部一位领导同志偶然谈起《歌德自

传》时，他热情地鼓励我设法把这个旧译本修订再版，文艺书
的翻译久矣乎搁笔的我才重燃起这个死灰似的念头。刚巧文学研
究会的老战友叶启芳同志在抗战末年从韶关的旧书摊上买到了我
这个译本，了解到我有这个打算，便慨然把书赠给我。手头有了
它，又从人民文学出版社借了一套旧版的德文本，我便开始利用
工作余暇动笔在我的旧译本上做起修订工作。可是，"好事多
磨"，还没有改完两章，十年内乱就已临头，检查、交代、挨批
还忙不过来，当然更不容许有接触"散发封资臭味"的洋书的
闲情逸致。一搁下又是十几年，只是在那位领导同志和一些老同
志的策励之下，我又旧事重提，接受人民文学出版社让我修订这
译本的任务，"见缝插针"，鼓点老劲先把上卷改好，于去年暮
春交稿，下卷慢慢再改。但考虑到今年正好是歌德逝世一百五十
周年，作为歌德晚年曾经向往和歌颂过的中国，在"换了人间"
的今天，似应趁着今年歌德这个大日子，尽可能多出版一些有关
这个伟大诗人的译著，以飨爱好文艺的广大读者，同时也可以提
供批判地继承西方文艺的丰富遗产的材料，从而有助于我们社会
主义文艺新的春天的繁荣。因此，我还是贾其余勇，挤出时间，
争分夺秒地把旧译本下卷也于三月以前修订了出来，作为向歌德
一百五十周年祭的微薄献礼。

（二）

　　对于歌德个人的总的评价，对这本自传的评价，我在旧译本
的序言中，根据马克思主义的观点，已有所论列。虽然已经事隔
近半世纪，这些看法还没有过时，所以我在改译本中仍把旧序保
留下来。不过，在这次修订的过程中，我把全书从头到尾重读了
不止一遍，同时又浏览了歌德其他一些代表作，以及有关歌德生

平、思想的重要记述、《歌德谈话录》，稍加吟味，除了保持原来的看法之外，还想在新序中做些必要的补充和强调。

我在旧序中曾引用恩格斯的评语说，歌德是"最伟大的德意志人"。后来卓越的马克思主义文艺批评家梅林在《歌德与现代》① 一文中，又引申恩格斯的话，高度赞扬歌德道："所有德国文化领域的伟大人物之中，没有比歌德更真实、更伟大、更不朽的艺术家了。"诚然，歌德不仅是德国以至欧洲的一个伟大的诗人、艺术家，而且多才多艺，学识极其广博，也是一个卓越的思想家、科学家。不过，金无足赤，人无完人，他同时也兼有一些严重的弱点、缺点，也就是说，他的一生充满着矛盾，他的性格具有突出的两面性。恩格斯曾在《诗歌和散文中的德国社会主义》② 一文中对于歌德的生平、思想和作品所表现出来的这种矛盾，有过很精辟的分析。恩格斯写道："在他心中经常进行着天才诗人和法兰克福市议员的谨慎儿子、可敬的魏玛枢密顾问之间的斗争。前者厌恶周围环境的鄙俗气，而后者却不得不对这种鄙俗气妥协、迁就。因此，歌德有时非常伟大，有时极为渺小，有时是叛逆的、爱嘲笑的、鄙视世界的天才，有时则是谨小慎微、事事知足，胸襟狭隘的庸人。"恩格斯又说："他的气质，他的精力，他的全部精神意向都把他推向实际生活，而他所接触的实际生活，却是很可怜的。"恩格斯这两段话，不仅如实地刻画了歌德的两面性，而且指出了这是阶级局限性以及时代精神和矛盾在他身上打下的烙印。

歌德生当 18 世纪 50 年代到 19 世纪 30 年代——也正是资产

---

① 引自张玉书、高中甫、韩耀成译《弗·梅林文学论文两篇》的译者注，载《世界文学》1979 年第三期，第 287 页。

② 参见《马克思恩格斯全集》第四卷，第 256 页。

阶级社会的太阳已在欧洲的西方冉冉升起，黑暗的封建社会已面临彻底崩溃的大转折时代。但是歌德的祖国德国在经济上是落后的，少数商业资本家软弱无力，还是要依附封建势力而生存，在政治上是分裂的，德国人民依然呻吟在封建割据的王公的腐朽暴虐统治之下。所谓"日耳曼神圣罗马帝国"只是一个空架子。即便以歌德生地的美因河畔的法兰克福自由市而论，它虽然曾经是一个重要的商业中心，但这时却已中落，而让位于莱茵河下游和其他地区的新兴商业城市，但这个帝国直辖市却仍保留着森严的等级制度和封建特权的残余。所以，恩格斯谈到当年的德国时愤慨地说："一种卑鄙的、奴颜婢膝的商人习气渗透了全体人民。一切都烂透了，动摇了，眼看就要坍塌了，简直没有一线好转的希望，因为这个民族连清除已经死了的制度的腐烂尸骸的力量都没有。"然而恩格斯接着又说："歌德时代的德国在政治社会方面是可耻的，但在文学方面是伟大的。"① 而歌德就是这个时代德国的伟大文学最有代表性的人物，为什么这样说呢？这得从歌德处的时代的精神及其矛盾寻求解答。

　　歌德活到83岁的一生，尽管大体上是一帆风顺，但他的道路还是曲折而复杂的。他出生时，文艺复兴已结下丰硕的果实，宗教改革运动已告一段落，启蒙运动也在政治思想和文化领域方面为资产阶级革命鸣锣开道。接着近代欧洲以至世界又进入大变革、大动荡的时代，用歌德自己的话来说："当时发生了一系列震撼世界的大事，我活得很长，看到这类大事一直在接二连三地发生。对于七年战争，美国脱离英国独立、法国革命、整个拿破仑时代，拿破仑的覆灭以及后来的一些事件，我都是一个活着的

①　《德国状况》，载《马克思恩格斯全集》第二卷，第623页。

见证人。"① 在这样的新时代精神和伟大的历史浪潮的影响、冲击之下，像歌德那样处于落后的德国，而对现实的观察极为敏锐、耽于沉思、不满现状的市民阶级知识分子，当然不能无所动于衷。但是，正如梅林所指出，"德国人悲惨的历史给他们带来了厄运，使他们只能在思想上和诗歌里欢迎这新的开天辟地的日子，只能在文学领域里进行他们的革命"②。所以歌德早年曾积极参加德国文艺方面的"狂飙突进运动"，并写出了歌颂反封建和争取民族独立的英雄的历史剧《葛兹·冯·伯里欣根》和《爱格蒙特》两部杰出的作品，并不是偶然。恩格斯曾推许《葛兹》是歌德"通过戏剧的形式向一个叛逆者表示哀悼和敬意"。但是，阶级的局限性却使歌德不能以积极的行动来顺应这些伟大的革命历史潮流。他认为打破歌德的影响，歌德的研究便不可能。又如一九三一年夏死去之神秘主义的精神现象学的文学理论家冈多尔夫（F. Gundolf）教授，认歌德为"自我"思想的告知者，"不依系于何物，自己完成自己，与为时间所限制的存在没有关系，与目的也无关系的自律的人格"，更是极神秘之至。

国社党之也利用歌德来做他们的宣传的工具，自不待说。例如在死后百年纪念时，国社党的机关报《国民观察报》（*Völkische Beobachter*）宣称歌德为"我们的德意志人"，所走的方向跟国家社会主义党的一样。他们的理论家罗森堡（Rosenberg）更谓歌德为希特勒、蒂森之流的先驱者，在《浮士德》里高喊着独占。

事实上，歌德确是伟大的天才，但决不是超时代的天才。歌

① 参见朱光潜译爱克曼《歌德谈话录》，第 30 页。
② 引自《弗·梅林文学论文两篇》中论歌德的一篇，载《世界文学》1979 年第三期，第 291 页。

德的恋爱的生活诚然是丰富多趣的，但是给予他以决定的影响的决不是妇女。从某一方面来说，歌德是反动的，但他的反动性与德国今日的国社党不同，而且在某一方面是比后者前进得多。恩格斯也称歌德为"最伟大德意志人"，而又说："歌德有时伟大，有时狭小，有时是反抗的，嘲笑的，轻蔑世间的天才，有时却是谨慎的满足的狭量之俗物。"

歌德的这种二重性，恰恰证明这个伟大的天才是为他当时的社会的政治的条件所制约。歌德生当18世纪的后半期和19世纪的初期，法国的启蒙思想已波及欧洲，但是后进的德国还未见革命的有力的布尔乔亚的存在。歌德的生地是旧商业城市的法兰克福城，家世由商人而进为贵族，他自己后来且充当魏玛的枢密顾问官。因为这种关系，他一方面，表现出与同时代的诗人（如席勒）不同，他具有积极性，注重实践生活以至带有泛神论，素朴的唯物论的倾向，而且对于当时的社会的因袭的虚伪的生活样式也取挑战的态度。可是，在他方面，胆小的市井商人、门阀子弟和支配阶级的根性也在歌德的作品中反映出来。例如他反对急进的法国革命，而主张进化，对于封建的绝对主义的秩序虽然从两三侧面反对，但对于伟大的历史运动却怀恐怖，后来在魏玛时代且醉心于宫廷的极微小的快乐。

不过，文学批判者之指出歌德的世界观的这种矛盾，不是对歌德个人有所苛求，而只是想从当时的社会关系中认识真正的歌德，使后之承袭文学遗产者，抛弃这天才诗人的俗物的狭小的方面，而发扬光大他的伟大前进的方面。而且歌德虽是一个爱国主义者，但同时又不是一个狭隘民族主义者，对于犹太民族，也具同情，他虽与封建社会妥协，但对于中世纪的专制、腐败却加以攻击和嘲笑。所以大体上来说，歌德终不失为当时新兴的资产阶级的前卫的意识的代表，不特与反犹太主义，毁灭文化，复返于中世纪的野蛮的国社党不能同日而语，而且是他们的讽刺。

欲认识真正的歌德，只有从新的社会科学的观点，把歌德的时代的社会关系，以及他的一生和全部著作加以精密的研究才成。但是歌德自传之大足以为这种目的之助，是不容否认的。也许有人说，歌德自传是诗人在老年（五十九岁）回忆之作，而且只叙到魏玛时代（二十六岁）以前的事，没有别人替他作的传那样的客观和完备，不知在时代和社会关系上来描写自己正是歌德自传可以自负的地方（见原序）。事实上在自传中，藉着对于他的家庭，朋友，城市，宫廷，以及各种人物的详尽生动的描写，整个的歌德也像烘云托月那样活现出来。他所写的纵只及他一生的早年期，但恰是他的世界观形成的时期，他的二重性已在那时具有。例如在自传中我们看见他一方面同情于德国的丑恶现状的出路不是资产阶级的暴力革命，而是通过开明君侯的适当的改良、改革措施来避免这种造成混乱和破坏的革命。他对法国大革命初则欢迎，继则恐惧以至憎恨的前后矛盾的态度，他对爱好文艺、貌似开明的卡尔大公爵抱有很大的幻想，甘于留在魏玛小朝廷，以枢密院重臣和贵族身分消磨了他的大半生（尽管一度潜往意大利，在那逗留了近两年），——这两事特别突出了他在政治方面的两重性中的消极的一面。[1]

诚然，歌德这种两面性是同他在世界观方面的更根本的两面性有密切的关系的。比方说吧：（1）以哲学思想而论：一方面他深受斯宾诺莎的影响，崇尚自然，刻苦钻研科学，以至认为大自然本身就是神，多少带有朴素的唯物主义的味道；但另一方

---

[1]　关于歌德对法国大革命的态度，他在魏玛大半生的简史，请参阅朱光潜译的《歌德谈话录》和译者注的有关部分以及高中甫的近著《德国伟大的诗人——歌德》，北京出版社 1981 年版。

面，他又倾向于唯心主义的先验论，甚至侈谈占梦和预感的灵验，否认世界是由物质构成，特别是编造出"精灵"那样的超自然、不可捉摸、不可解释的东西或"力量"，把拿破仑、拜伦等伟大人物的出现，以至自己的某些行动和成就，也归因于"精灵"的作用。（2）以宗教信仰而论：一方面他反对"原罪"之说，反对教会的支配权，倡言自己有自己的基督教，甚至不辞站在无神论者一边；但另一方面又说自己"相信上帝"，革命的成败取决于上帝的意旨，对于洪水与诺亚方舟的"旧约"传说也深信不疑。（3）再以社会历史观而论，歌德一方面看到时代和社会关系的影响的重要性，把个人看成"集体性人物"，以至承认伟大人物比起整个社会来是渺小的；另一方面他又看不起下层社会和群众，许多时还强调天才的决定性的作用，并且主张社会幸福应以个人幸福为前提。总的来说，歌德在世界观方面的主流还是唯心主义（带有神秘气味的唯心主义），而不是唯物主义，是个人主义，而不是集体主义，是英雄史观，而不是群众史观。

可是，尽管我们在上面列举歌德的两面性的事例，他的弱点、缺点还是瑕不掩瑜，作为反映封建社会过渡到资本主义社会的时代精神和矛盾的诗人和思想家，歌德的成就和贡献是伟大的、不朽的。

（三）

歌德在《诗与真》第二部的卷头语题有一句古老的德意志格言："一个人在青春期所企望的在老年便得到丰收。"这句话也完全适用于歌德本身。尽管歌德中年以后的大半生是在魏玛这个鄙陋的小公国度过的，但他的最有代表性的杰作，如《威廉·迈斯特》和不朽的诗剧《浮士德》就是在他的晚年完成的。
他的副产品生物学和颜色学等自然科学的研究也是在这时期开花
结实。以《浮士德》而论，歌德根据民间传说，在这本悲剧中
通过浮士德博士的一生的发展，用艺术的手腕，概括了从文艺复
兴到 19 世纪初资产阶级上升时期西欧的进步知识分子一辈子不
断追求知识，探索真理和人生的意义的痛苦经历，以至在改造自
然的事业中展望人类的远景。它反映了当时德国和西欧进步的科
学的力量和反动的神秘的力量之间的斗争，同时也是歌德一生时
而战斗、时而妥协的曲折经历和内心世界以及远大抱负的写照。
正是由于《浮士德》及歌德其他一些作品具有这样的特色，有
点像后来列宁把托尔斯泰称为"俄国革命的镜子"那样，德国
革命诗人海涅也把他的这位先辈称为"世界（指西方世界——
译者）的一面镜子"。

　　即便以本书《诗与真》（四部）而论，也是歌德晚年在魏玛
陆续写成的。[①] 这本自传是老诗人主要根据自己的回忆写出来
的。它只叙述他二十六岁（1775 年 11 月）动身去魏玛以前的
事，也就是说，它只是他从幼年到青壮年的一段时期的回忆录，
以后的大半生都付诸缺如，不完不备，像是一个遗憾。但是，如
果爱克曼辑录的《歌德谈话录》是记下了歌德晚年最成熟的思
想和实践的经验[②]的话，《诗与真》却是这位伟大诗人亲自回溯
自己由诞生到成长以至成熟的历程。歌德说得好，"一个人最有
意义的时期就是他的发展时期"[③]。歌德对自己在这个"最有意

---

　　① 　歌德于 1809 年 59 岁时开始写第一卷，到 1811 年才脱稿，第二卷和第三卷
分别于 1812 年和 1813 年完成，第四卷则在二十七年以后，1830 年歌德 81 岁时（逝
世的前两年）才完成。
　　② 　引自朱光潜译的《歌德谈话录》的译后记。
　　③ 　引自上述《歌德谈话录》第 19 页。

义时期"的自我写照，正是《诗与真》的一个值得重视的特色。

（四）

在改译和通读本书的过程中，译者同时就注意到，《诗与真》的特点、优点，除了上头和旧序中所指出的以外，还可以做如下的一些补充。

（1）深刻的自我解剖和坦率的自我披沥，是《歌德自传》的第一个特点。歌德自己说过："无论在宗教方面、科学方面，还是在政治方面，我一般力求不撒谎，有勇气地把心里所感到的一切照实说出来。"[①] 不仅如此，在青少年时期，无论在家庭生活上、社会生活上，还是在恋爱生活上，他心底里想的，背着人干的，优点也好，缺点也好，他都毫不隐瞒。这类的例子不胜枚举。即便是电光石火似的一闪念，他也不讳言。比方说吧，歌德曾经自认，他"常以干出非常的事业自期"，初时并不明确，但"最有吸引力的就是能够戴上装饰诗人的桂冠"（见本书第四卷末）。这个大志终于实现了。可是，在十四五岁时，他曾经同出身低微的城市青年厮混玩乐过一段日子，当他们"纵谈种种赚钱的手段和门路时"，歌德也"欣然倾听着"（见第五卷"格丽琴和她的朋友"一节）。甚至在去魏玛的半年前，他在瑞士的旅游路上，瞻礼圣母修道院，当寺僧出示珍藏的一顶瑰丽的王妃冠时，他竟怦然心动，幻想把它覆在他的未婚妻银行家女儿丽莉的金发之上。他甚至幻想"一个人如果能成为青年的国王，获有这样的一个王妃和一个新的王国，那是多么值得企求和努力的事"（见第十八卷末）。这样的异想天开，歌德也如实地记了下

---

① 引自上述《歌德谈话录》，第 21—22 页。

来。上述的例子说明这一段时期的回忆录确配得上《诗与真》的这个名称，歌德的两面性的形成也早有它的根源。

（2）其次，在《歌德自传》对早期思想和生活的回忆中，我们也可以看到他所承袭的文化遗产，所接受的前辈和同辈人的教养和影响是丰富而复杂的。他接受文艺复兴运动的辉煌成果，承认"百科全书派"的启蒙运动对他的启迪，尽管在这一派人物中有抑有扬（贬抑伏尔泰和霍尔巴哈，而赞扬狄德罗和卢梭），对德国启蒙运动文学的杰出代表莱辛也推崇备至。在哲学和科学方面，他最佩服斯宾诺莎，认为受他的影响最大。在文艺方面，他对希腊神话，尤其是荷马，极其倾倒，但又强调影响他最深的还是莎士比亚，认为莎翁的创作尽善尽美，他由"莎翁迷"而进为"莎翁通"。在同时代的德国文学家中，克洛卜斯托克和赫尔德尔被尊为他的引路人。正是在这样的时代思潮和代表性人物的复杂错综的影响、启发之下，歌德的文艺思想，由"狂飙突进"运动逐渐转到古典主义，以至古典主义与浪漫主义的结合。

（3）再次，纵然歌德的文艺创作的"顶峰"的《浮士德》以及其他一些重要作品都是完成于魏玛时期，但是在这以前的时期，他在文艺方面初露头角的卓越成就已奠定了他在德国以至欧洲文坛的重要地位；例如他在一七七三年第一次出版的《葛慈》就受到文艺界的重视，这个作品抓住德国中世纪一个骑士的故事加以戏剧化和美化，在形式上模仿莎翁的历史剧，栩栩如生地塑造出一个反抗封建暴政，深受民众爱戴的英雄，在政治上它反映了德国人民争取自由和国家统一的意志，也体现了歌德自己当时的叛逆精神，因而成为狂飙突进运动代表作之一，并使歌德赢得了"德国的莎士比亚"的盛誉。接着第二年，歌德又进一步挑选希腊有名的神话作题材，开始创作了长诗《普罗米修斯》，描写和歌颂了这个"巨人"如何否定主神宙斯统治宇宙，创造人类的权威，并创造出像他那样蔑视宙斯的新人类。这一长诗虽未全部写出来，但留下来的片断，已显出歌德青年时代的更加强烈的叛逆精神，与《西游记》中孙悟空大闹天宫异曲同工。特别是同年的书信体小说《少年维特的烦恼》的发表，使得歌德马上誉满全欧，影响深远；关于这本自传体的小说的背景、内容和影响，已是众所周知，歌德在《诗与真》的第十三卷中又用了不少的篇幅来加以说明。最近我国已出版《少年维特的烦恼》的两个新译本（1981 年人民文学出版社版和上海译文出版社版，均附有译后记）可供读者参考，不用我细谈。我在这里只想给读者介绍梅林的有关的一段话。梅林指出，歌德通过《维特》的创作，"把使他不安、使他痛苦的一切，以及时代的骚动情绪所包含的病态和畸形的东西全部倾泻在他创造出来的人物的身上"，从而把他自己"从暴风雨的心境中拯救出来"，"从头再过新的生活"①。由此我们可以体会到《维特》这一出三角恋爱的悲剧，实际上也是当时要求个性解放、反对腐朽的宗教道德的思潮与封建社会种种束缚冲突的社会悲剧。

除了这三篇不同程度上表现出"狂飙突进"运动的叛逆精神的杰作之外，歌德在晚年完成的名著，如《浮士德》、《爱格蒙特》等在这时期也已开始酝酿、构思以至动笔写了初稿（如《原浮士德》）。这样说来，《诗与真》的撰写和出版，大有助于后世对歌德不少有名的作品的背景和主题思想的理解。

（4）《诗与真》和《歌德谈话录》在性质上同是回忆录之作，不同的只是前者出自歌德本人的手笔，后者是由别人记录，以内容而论，两者都丰富多彩，但前者更增添一个特点，就是有

---

① 引自前引梅林论歌德的文章。

不少地方烘云托月，妙趣横生。《自传》和《谈话录》还有一个
共同点，那就是都包含有不少的思想评论和文艺评论（包括文
艺创作方法的评介）。以自传来说，它对于诗和戏剧的形成、体
裁，对于文学艺术的各种流派，具体诗人、画家的介绍、评价，
都提出自己的看法，有所取舍和褒贬。严格说来，回忆录同一般
的文艺创作是有一些区别的，但《诗与真》像是更富于文艺性，
在某种意义上可以说本身就是一篇自传性的文艺创作，尽管在文
艺形式上不同于也是歌德自我写照的《浮士德》。但可以说，歌
德的《诗与真》有点像卢梭的晚年著作《忏悔录》那样，同是
用散文写成的诗篇。

　　首先，我们注意到歌德青年时期的几次旅游，把美因河和莱
茵河岸大自然的千姿百态的景色，古罗马和古日耳曼的废墟遗迹
以至哥特式的大教堂建筑物的古色古香都用艺术的笔触加以描
绘、渲染，既使读者欣赏到如画的秀丽风光，又逗引起我们怀古
的幽情。特别是当我们读到他的第一次瑞士之游的生动细致的记
述（见第十八卷末和第十九卷）时，恍如置身于这个"世界公
园"的层峦幽壑、山色湖光之间，目眩神迷，与大自然拥抱在
一起。这样的游记片断可说是一首引人入胜的散文诗。特别是歌
德对自己在青少年时期的恋爱故事的回忆，更是扣人心弦。虽然
同是一见倾心，一往情深，几篇故事的情节还是各有其特点。或
是风波突起，由爱而恨，或是闹"情人的脾气"不欢而散，负
疚在心，或是天真自然，饶有牧歌的意味；或是由缔盟而悔婚，
缠绵悱恻，有点《长恨歌》、《钗头凤》似的无可奈何的情调。
歌德为了这些恋爱生活写下了不少情诗，而故事本身的回忆追
述，也构成了哀艳动人的诗篇。

　　最后，《自传》比起《谈话录》来还有一个不同的地方，就
是它附录、摘录了不少他在那个时期的文艺作品。首先我们发现

歌德七岁时向小朋友们讲的他编凑的饶有诗趣的《新帕利斯》童话故事，相当完整地附录在本书的第二卷中。他擅长的讽刺诗，也摘录了几首，或类似彩调剧《刘三姐》中的山歌对唱，或近于打油诗，谑而不虐，或嬉笑怒骂，淋漓尽致。他自己的抒情诗也摘录了一些，特别是为怀念丽莉而作的情诗，给人以藕断丝连、此恨绵绵的深刻印象。附录的这些作品，虽然还是一鳞半爪，但也增添了本书的文艺色彩。

（五）

总的来说，歌德像但丁一样，是一个划时代的伟大诗人，但历史、时代、阶级地位的局限性，决定了他所具有的两面性。我们不能用今天的绳尺来衡量百多年前的歌德，拿社会主义文艺的标准来苛求反映资产阶级上升时代的歌德的创作。可以确定，他是资产阶级文化高峰时期的典型代表，恩格斯把他推崇为在文艺领域里"真正的奥林匹亚神山上的宙斯"，也不是溢美之词，歌德自己在逝世前夕说过："我在人世间生活的岁月所留下的痕迹不会消失在时间的长河里。"这句富于自信心的话不是自我吹嘘。我们为他的一百五十年祭举行隆重的纪念，就证实他留下的伟大业绩是永恒不朽的。再综观歌德的一生，正像他所刻画的浮士德一样，热爱生活，渴望光明，追求真理，自强不息。从这个意义来说，歌德在临终前以"一个战士"自命，也是当之无愧。这种战斗精神也值得我们学习。

列宁说过："当我们谈到无产阶级文化的时候……应当明确地认识到，只有确切地了解人类全部发展过程所创造的文化，只有对这种文化加以改造，才能建设无产阶级的文化。"①　列宁又说："要善于吸取、掌握、利用先前阶级的知识和素养，为本阶级的胜利而运用这一切。"②　列宁这两段话阐明了社会主义社会批判地继承历史文化遗产的重要性。对历史文艺遗产也应当同样采取批判地继承的态度。歌德在文艺方面给我们留下了极其丰富的精神财富，对于我们社会主义中国也是宝贵的、有价值的。特别是当我们正在积极努力同时建设高度的社会主义物质文明和精神文明的今天，鉴于文艺不仅是精神文明的一个重要组成部分，同时又是发展和提高精神文明，间接促进物质文明的一个锐利武器和强有力的杠杆，鉴于我们在物质文明和精神文明的建设方面不同程度上采取对外开放政策，腐朽的资本主义思想的腐蚀的可能性增大，鉴于党的三中全会以来我国的文艺创作既有显著的成绩，也出现过或仍存在着不少的缺点和问题，如何批判地继承和有选择地吸收歌德这一份重要的历史遗产，也是我们文艺界当前一个不可忽视的任务。这就像列宁所强调的那样，首先需要对歌德的生平及其著作有确切的了解，我们才能结合我国的现实状况和当前的需要，有选择地吸收，发扬歌德伟大、积极的一面，而摈弃他渺小、庸俗、消极的一面，来建设、丰富我们的社会主义文艺，达到古为今用，洋为中用的目的。而要确切了解、深入研究歌德，《诗与真》和《歌德谈话录》同是可以凭借的重要第一手材料。我在歌德逝世一百五十周年纪念之际，把 30 年代译得比较草率、粗糙的旧译《歌德自传》加以改译，固然是带有向歌德本人和向他的读者偿还旧日欠账的性质，但更重要的，还是希望本书的出版，对于繁荣我国的社会主义文艺和建设我国的社

---

①　列宁：《青年团的任务》。《列宁选集》第四卷，第 347—348 页。

②　列宁：《俄共（布）中央委员会的报告》。《列宁选集》第四卷，第 170 页。

会主义精神文明尽一点微薄的力量。

*　　*　　*

本书的改译，虽不是另起炉灶，旧译新翻，但也算是"大修"，而不是"小修"。因为改译本比起旧译本来有如下不同的地方：

（1）这次我是根据德文的一个较新和完备的版本——卡尔·海纳曼（Karl Heinmann）教授主编，莱比锡文献学研究所出版的《歌德全集》第十二卷和第十三卷，再参考明娜·斯蒂尔·史密斯（Minna Steele Smith）按照约翰·奥克逊福德（John Oxenford）原译而加以修订的英文本（伦敦贝尔父子公司出版）和小牧健夫译的日文本（东京岩波文库出版），把我的旧译从头重新校订，逐句逐字对照，力求忠实于原著的文字和精神，比较明白易懂和口语化，因而做了相当大的改动。

（2）原著中有些人名、地名、书名、典故等，旧译本也作了一些注释（有时写明译者注），大多数加上括弧插在本文中。这次改译所根据的德文本附有编者很多的脚注，日文译本的卷末也有一些注释，我酌量选用了一大部分（那些关系不大，对中国读者不需要的就不采用），也补译出来。除了一些很简单的注仍插在本文中之外，一般都采取脚注的形式安排。这可能更有助于读者对本文内容的了解，读起来也较方便。

（3）旧译本的人名、地名、书名等的译名有许多不是解放以后国内流行的译法，现在的改译本在译名方面也尽可能做到统一和标准化。

（4）旧译本按照原著的体例，文中没有小标题，这次修订，仿效和参照上述的英译本的做法，各卷文内都酌加一些小标题，以便于读者的阅读和检索。

尽管改译本的质量比起旧译本来多少有所改进，但由于译者本身不是专业的文艺工作者或翻译工作者，几十年来德文的理解能力没有多大的长进，对外国文学和世界历史的知识仍然很有限，改译本的文字不够文艺性和口语化，译得不贴切、准确以至错误的地方，两篇译者序言，也说了一些"姑妄言之"的外行话，都在所难免，热盼文艺界同志和读者予以指正。

最后，本书之所以能够改译重版，是与文化部门一位领导同志的勖勉，一些翻译界文艺界老朋友（如陈占元同志和已去世的叶启芳同志等）的深切关怀和大力协助，以及人民文学出版社外国文学编辑部的绿原和关惠文同志不惮其烦的审阅和世界历史研究所杜文棠同志在图片方面的提供分不开的，谨在这里表示衷心的谢意。此外，我这次动笔修改，是写在旧译本的书上的，几十万字的誊清和初步通读工作都由老伴和几个儿孙担任，本书的改译稿终于能够在短期内完成，亦有他们的一份苦劳，对此也铭记在心。

刘思慕

一九八二年三月十六日于北京

（摘自《歌德自传——诗与真》，人民文学出版社 1983 年版）

作者年表

1904 年 1 月 16 日 生于广东省新会县。原名刘燧元。曾化名刘希哲。笔名刘穆、刘君山、君山、小默、君默、张其佑等。常用笔名思慕。

1910—1911 年 进新会县杨家岩家的书馆读书。

1911—1917 年 就读于广东勤业小学，高小毕业。

1917 年 考入新会县立中学。

1918—1922 年 就读于广州南武中学。参加抵制日货的爱国学生运动。任广州市学生联合会学艺部长。开始阅读《新潮》、《新青年》等进步书刊，与同学合办专门阐述社会主义和新文化的小刊物《猛进》。

1922—1923 年 为筹集读大学的经费，进广州造币厂化验室当练习生。业余时间读了一些新文艺的著作，学写了一些新诗。

1923—1926 年 就读于广州岭南大学文科。1924 年在岭大附中兼课，教国文和历史。与梁宗岱、叶启芳等发起组织广州文学研究会，编辑出版了《文学》旬刊。1925 年，与茅盾结识，广州文学研究会成为茅盾主持的全国性的新文学团体"文学研究会"的广州分会。以刘穆的笔名为茅盾主编的《小说月报》

撰稿。

在岭南大学读书期间，和廖梦醒、李振（即李少石）是同级同学，在岭大附中又教过廖承志，因而有幸到廖家亲聆廖仲恺、何香凝的教海。受国民党左派人士的影响，1925 年参加国民党。同年参加著名的"六二三"广州沙基反帝示威游行。

1926 年 任国民党广东省党部宣传部秘书，兼任省立女子师范学校教员。

11 月 赴莫斯科中山大学读书，大部分时间是在该校东方研究室担任英文翻译工作。

1927 年 7 月 因蒋介石国民党背叛革命，回国途中扔掉国民党党证，脱离国民党。

1927 年秋——1929 年 在北平北新书局、上海远东图书公司任编辑；北平今是中学、艺文中学、孔教中学、民国大学、朝阳大学、上海大陆大学、华南大学任教；以刘君木、刘穆的笔名翻译出版了有关经济学原理等内容的书籍。

1929 年春 在上海与曾菀结婚。

夏 在上海拜访鲁迅。将与薛绩辉合译出版的苏联小说集《蔚蓝的城》送请鲁迅指正。

1930 年夏 应邀参加宋斐如、吕振羽、谭丕模等人发起组织以研究日本问题和东方民族解放运动为中心的东方问题研究会，并在该会编辑出版的《新东方》杂志任编辑，发表有关日本内政、外交政策的论文。

1932 年春 赴德奥游学，在柏林参加旅德华侨反帝同盟；几个月后转往法兰克福，在德国左派社会民主党办的社会科学学院学习。参加中国留学生德共支部组织的反法西斯示威游行；社会科学学院被封闭后，转到奥地利维也纳大学经济系学习。

1933 年秋 从德奥游学归来。专著《世界政治地理》由上海民智书局出版。

1934 年以小默笔名写的第一首长诗《流转》在上海《文学》杂志上发表；第一部国外游记——散文集《欧洲漫忆》先在《文学》上连载，后由上海生活书店出版。《欧洲漫忆》记录了欧战前 30 年代的西欧风云，描写了希特勒上台前后德国社会的缩影。

1934 年年初—1935 年春　打入南京国民党政府内政部和武昌行营，为中共和共产国际远东情报局提供重要情报。

1935 年 4 月　遭国民党政府通缉，逃亡上海，辗转苏州、太原、济南，历尽艰险，后在泰山受到冯玉祥掩护而脱险。

1936 年　春东渡日本避难。寓居东京时，翻译《歌德自传》巨著。分上下两册，分别于 1936 年 12 月和 1937 年 4 月由上海生活书店出版；以小默笔名在日本《东京新闻》发表了悼念鲁迅文章，与广州岭南大学时的日本旧同学草野心平（日本诗坛泰斗）合译了鲁迅最后的作品《死》；开始用思慕及其他笔名给国内报刊如上海《申报》、《世界知识》、《中流》等撰文。

1937 年 7 月　抗日战争爆发，返国投身抗日救亡运动。先在上海胡愈之领导的"国际宣传委员会"工作，后应冯玉祥之邀到武昌，与宋斐如、老舍、赖亚力等一道给冯玉祥及其僚属讲解国际时事及其他政治问题；帮助程远在她办的"量才图书馆"组织政治时事讲座；为韬奋主编的《抗战》三日刊写文章。

1938 年秋—1939 年　在香港参加胡愈之、范长江创办的国际新闻社，任编辑，担任撰写国际问题方面的专论；任中国青年新闻记者学会理事，并为中国新闻学院讲授"国际新闻"；应邀参加宋斐如发起组织的"战时日本研究会"，并为宋主编的《战时日本》撰文；与郑森禹等合编《战时日本全貌》一书，撰写出版《中国边疆问题讲话》。经常为《世界知识》写稿，一度代替金仲华主编《世界知识》。

1939年10月 被推举为香港文化界鲁迅逝世三周年纪念会主席。会上作纪念鲁迅报告。

1940年初 与金仲华、羊枣（杨潮）等在香港会见美国进步作家埃德加·斯诺。

2月 第二部国外游记《樱花和梅雨》完稿，在茅盾主编的《文艺阵地》和《申报·自由谈》上连载。这部日本游记，把战火笼罩下的日本畸形社会漫画化，又兼写国难与乡愁。

9月 赴荷属爪哇巴城（即今印度尼西亚的雅加达）任《天声日报》主笔。

1941年12月 太平洋战争爆发，走出爪哇，死里逃生，辗转回到昆明。

1942年春 在云南滇军第一旅第二团朱家璧部任政治顾问。

1943年春 到抗战前线城市衡阳，任《力报》总主笔。主要工作是写社论、时事述评及翻译外电。

1944年夏 在桂林《广西日报》任主笔，亲历伤心惨目的湘桂大撤退。

冬 辗转到达昆明，在美国新闻处心理作战部任编辑，从事抗日宣传；为闻一多、李公朴主编的《民主周刊》撰文。参加中国人民救国会。

1945年9月 抗战胜利，回到广州，继续在美国新闻处任职，并参与创办《自由世界》国际时事月刊。

1945年年底—1949年8月 举家迁到香港。参与筹备《华商报》复刊，任总编辑。兼任中国新闻学院院长，兼职主编《世界展望》半月刊，担任达德学院和中业夜校教师。曾任香港《文汇报》总编辑、《光明报》和英文《远东通讯》主编。

1946年 加入中国民主同盟。新中国成立初期，两度被任命为民盟上海市委主要负责人，历任民盟中央委员、中央常务委员。

1949 年　参加新政协，任中国人民政治协商会议第一届全国委员会委员，1978 年和 1983 年又任第五届、第六届全国政协委员。

1949 年 10 月—1956 年 4 月　任上海《新闻日报》总编辑。1950 年初起兼任上海市文化局副局长。兼任上海"和大"、"中苏友协"、"文联"、"记协"等团体一些领导工作。

1954 年 3 月　参加中国记者团采访日内瓦国际会议，任记者团团务委员。撰写的《日内瓦会议散记》，在《世界知识》上连载。

1954 年 8 月　当选为第一届全国人大代表，1958 年和 1964 年又当选为第二届、第三届全国人大代表。

1956 年 5 月—1957 年 7 月　任外交部国际关系研究所副所长，兼任世界知识出版社社长和总编辑。

1957 年　在北京加入中国共产党。

1957 年 7 月—1961 年　奉调回上海《新闻日报》任社长，后《新闻日报》与《解放日报》合并，任《解放日报》副总编辑。与金仲华一道发起成立上海国际关系学会，这是中国最早建立的国际问题研究人员的社会学术团体。1960 年 5 月，上海国际问题研究所成立，任副所长。

1961 年　回北京再度出任外交部国际关系研究所副所长，兼世界知识出版社社长和总编辑。

1962 年　以专家身份出席加纳阿克拉第一届非洲史学会议。

1964 年　出席北京国际学术讨论会。

1965 年　参加阿尔及尔第二届亚非会议的专家会议。

1966 年　遭"四人帮"迫害，被隔离审查。

1969 年　林彪下达"战备动员会"。被逐出北京，先后遣送湖南茶陵、江西上高"五七"干校劳动改造。

1973 年夏　患视网膜脱离，侥幸获准回京、沪两地治疗。

1976 年 10 月　"文化大革命"后复出，在外交部国际问题研究所当顾问。

1979—1985 年　调中国社会科学院世界历史研究所任所长、学术委员会主任，后任顾问；兼中国社会科学院研究生院教授，应邀在外交学院、复旦大学讲学；任中国日本史研究会名誉会长、中国非洲史研究会名誉会长、中国新闻社理事；《辞海》编委及《辞海·国际分册》主编。

1980 年　作为中国史学家代表团副团长出席布加勒斯特第十五届国际历史科学大会，会上宣读论文《中国抗日战争的特点及其国际意义》。

1982 年　任《中国大百科全书》总编辑委员会委员，《中国大百科全书·外国历史卷》主编，《冯玉祥选集》编辑委员会顾问。

1982—1984 年　重新翻译出版了 60 万字的《歌德自传》；将部分文艺旧作和国际通讯分别汇编成《野菊集》和《国际通讯选》出版。

1985 年 2 月 21 日　在北京逝世。

刘思慕部分专著和译著目录

《世界经济地理概要》1929年上海
远东图书公司

《蔚蓝的城》（与薛绩辉合译）1929
年上海远东图书公司

《国际经济与世界政治专辑》（译
作）1929年

《马歇尔经济学原理》（译作）1931
年民智书局

《世界政治地理》1933年上海民智
书局

《战后世界政治地理》1934年上海
民智书局

《欧游漫忆》1935年上海生活书店

《生命之歌》（诗集，与王统照合
刊）1935年上海生活书店

《世界经济地理讲话》1936年上海
生活书店

《中国边疆问题讲话》1937年上海
生活书店

《歌德自传》（译作）1937年上海生
活书店

《日本的财阀、军部与政党》1937
年上海生活书店

《战争途中的日本》1939年上海生
活书店

《弱小民族解放史读本》1939年上
海生活书店

《欧战纵横谈》1940年文化供应社

《樱花和梅雨》1940年香港大时代
出版社

《战后世界政治地理讲话》1947年
香港南侨编译出版社

《现代欧洲经济问题》

《世界经济地理概要》

《最近的世界经济和经济政策》

《战后日本问题》1948年士林书店

《战前与战后的日本》1949 年新中国书局

《马克思主义的经济危机论》（译作）1950 年世界知识出版社

《仇视·鄙视·蔑视美帝》1950 年劳动出版社

《怎样学习国际时事》1951 年世界知识出版社

《美国重新武装日本问题讲话》1951 年世界知识出版社

《美帝军事上狂想的破灭》1951 年世界知识出版社

《苏联的社会主义建设》1954 年华东人民出版社

《时刻记住资本主义包围的存在》1955 年上海人民出版社

《怎样学习国际时事》1956 年上海人民出版社

《中东的革命风暴与侵略火焰》1958 年上海人民出版社

《辞海》国际分册（主编）1980 年上海辞书出版社

《中国大百科全书》外国历史分册（主编）1982 年中国大百科全书出版社

《歌德自传》（重译）1983 年人民文学出版社

《野菊集》1984 年上海文艺出版社

《国际通讯选》1984 年重庆出版社

《第二次世界大战——历史与现实》1990 年国防大学出版社